U0533038

名山

礼仪下乡

明代以降闽西四保的礼仪变革与社会转型

刘永华 著

生活·讀書·新知三联书店

Copyright © 2019 by SDX Joint Publishing Company.
All Rights Reserved.
本作品版权由生活·读书·新知三联书店所有。
未经许可，不得翻印。

图书在版编目（CIP）数据

礼仪下乡：明代以降闽西四保的礼仪变革与社会转型/刘永华著．—北京：生活·读书·新知三联书店，2019.7（2024.9 重印）
（名山）
ISBN 978-7-108-06590-2

Ⅰ．①礼…　Ⅱ．①刘…　Ⅲ．①乡村－礼仪－文化研究－福建　Ⅳ．①K892.26

中国版本图书馆 CIP 数据核字（2019）第 091434 号

责任编辑	张　龙
装帧设计	蔡立国
责任印制	董　欢
出版发行	生活·讀書·新知 三联书店
	（北京市东城区美术馆东街 22 号 100010）
网　　址	www.sdxjpc.com
图　　字	01-2018-7379
经　　销	新华书店
印　　刷	河北鹏润印刷有限公司
版　　次	2019 年 7 月北京第 1 版
	2024 年 9 月北京第 2 次印刷
开　　本	635 毫米×965 毫米　1/16　印张 24
字　　数	310 千字　图 19 幅
印　　数	6,001-8,000 册
定　　价	68.00 元

（印装查询：01064002715；邮购查询：01084010542）

目 录

前言　1

第一章　导论：儒家礼仪与明清国家和社会　7
　　庶民、儒家礼仪与新儒家　8
　　儒家礼仪的挪用　15
　　四保礼仪的社会史研究　20
　　本书基本框架　26
　　主要史料　29

第二章　汀州和四保：在政治边缘营造文化中心　31
　　汀州：盗匪、族群与国家　31
　　四保：从边缘营造核心　38

第三章　谁是礼生？　50
　　礼生概观　51
　　礼生与四保社会　71

第四章　礼生及其礼仪　82
　　礼生与四保礼仪　82
　　祭文本　101

第五章　宗族社会的形成　123
　　马屋马氏宗族　124
　　雾阁邹氏宗族　140
　　严屋严氏宗族　147

第六章　仪式、系谱与土地　156
　　祭祖仪式　156
　　祖先、系谱与宗族建构　164
　　土地、宗族与地方精英　175
　　宗族建构的限度　190

第七章　乡约、乡村仪式与地域社会　200
　　明清乡约概观　200
　　明清四保的乡约　204
　　上保的村落与继嗣群　213
　　上保约的兴起　216
　　上保约与地域社会　227

第八章　土神与社公　235
　　邹公：神明与祖先　238
　　社与厉的转型　251

第九章　寺庙进村　273
　　寺庙修建与村落认同　273
　　寺庙、商人与商业　279
　　跨村落联盟与神明会社　293

第十章　结论　305

附录一　明清汀州进士统计表　316
附录二　四保村落与姓氏一览表　317
附录三　汀州礼生及其礼仪　319
附录四　五十种四保祭文本的内容（一）：基本事实　322
附录五　五十种四保祭文本的内容（二）：内容分类　326
附录六　宗祠祀典　328
附录七　上保约禁约五种　331
附录八　三种四保祭文本中的神明与祭文　334
附录九　四保盆地寺庙与神明一览表　336

参考文献　343

表格、插图与地图清单

表格

表 2.1　雾阁邹氏下祠士绅统计表　48
表 4.1　四保祭神仪式、文庙释奠仪式、里社坛祭祀仪式比较表　87
表 5.1　乾隆二十九年邹氏族谱修谱首事情况表　150
表 6.1　四保马氏与邹氏的科举功名　174
表 6.2　土改前夕清流县第五区土地情况表（1952）　176
表 8.1　明代汀州府的里社坛与乡厉坛　253
表 8.2　法师斗社公传说各版本比较表　265
表 9.1　龙翔社社友社会背景表　289

插图

图 2.1　四保雕版　45
图 2.2　四保印行的礼仪手册　47
图 3.1　"礼仪教授"　68
图 4.1　礼生祭祀平面图（四位礼生赞相）　83
图 4.2　祭龙头　94
图 4.3　拜堂　96
图 4.4　祭文本　102
图 5.1　马屋马氏世系简图　130
图 5.2　雾阁邹氏世系简图　141
图 5.3　雾阁光裕堂　142

图 5.4　严屋严氏世系简图　152

图 6.1　马氏家庙　159

图 6.2　雾阁邹氏抄契簿所见社会分类体系　195

图 7.1　长校乡约所　209

图 8.1　上保邹公像　243

图 8.2　马屋社稷坛　256

图 8.3　枧头厉坛　259

图 9.1　雾阁关帝像　277

地图

地图 2.1　清代汀州府　34

地图 2.2　晚清四保地图　41

地图 2.3　民国时期的雾阁　44

度量衡和货币单位

面积

1 亩≈0.067 公顷

1 挑＝1/4—1/3 亩≈0.01675—0.02233 公顷

容量

1 石＝67 升或 99 夸脱

重量

1 石＝110.23 磅

1 石＝100 斤＝50 公斤

1 斛＝30 公斤

长度

1 里≈1/3 英里

货币

1 两＝37.8 克

1 两＝10 钱＝100 分

1 元＝10 角

前　言

本书是在笔者的英文专著 *Confucian Rituals and Chinese Villagers: Ritual Change and Social Transformation in a Southeastern Chinese Community, 1368-1949*（Leiden：Brill，2013）的基础上改写而成的。本书的写作经历了漫长的过程。从1995年初次进入四保到21世纪初在当地开展长期的田野调查，从2002年底开始动笔撰写博士论文到2004年毕业后构思书稿，从编辑英文书稿到使用母语改写书稿，这个研究从开始启动到今日，已经经历了二十几个春秋。即使从2001年9月决定以四保为博士论文的田野调查地点，开始在这个地域长期蹲点算起，也已过了十八个寒暑。

本书英文版付印后，五位海外学者撰写了书评。这些来自世界各地的学者，从不同角度对本书内容进行了评论。为便于读者检视这些书评的内容，笔者将其作者、所在机构和刊布信息列举于下：（Ⅰ）C. Shirokauer（谢康伦，Columbia University），*Choice: Current Reviews for Academic Libraries* 51.7（March 2014），pp. 1282-1283；（Ⅱ）Evelyn S. Rawski（罗友枝，University of Pittsburgh），*Bulletin of the School of Oriental & African Studies* 77.2（2014），pp. 420-422；（Ⅲ）Koh Khee Heong（许齐雄，National University of Singapore），*Asian Studies Review* 2014，Doi：10.1080/10357823.2014.979748；（Ⅳ）Ekaterina Zavidovskaya（叶可嘉，Russian Academy of Science），*Monumenta Serica: Journal of Oriental Studies* 62（2014），pp. 359-362；（Ⅴ）Joseph Tse-Hei Lee（李榭熙，Pace University），http://chinet.

cz/reviews/religion/confucian-rituals-and-chinese-villagers。不管是褒是贬，都感谢这几位书评作者的耐心阅读。

在本次改写过程中，笔者对原书进行了大幅度的调整。修改内容包括：（一）原书分为五篇，中文版删除篇名，不过各章篇名基本保留，篇章顺序一仍其旧；（二）充实了导论的内容，对书中涉及的若干问题和概念作了辨析和澄清；（三）重写了结论部分；（四）其他主体章节中，以第五章、第六章和第九章改动较大，尤其是第九章，由于对相关课题有了若干新认识，笔者尝试将之整合到本书当中；（五）增加了若干注解，增补新出的相关研究成果，同时对书中征引的部分史料进行了更细致的考证，此类修改散见各章；（六）订正了几处明显的错误。通过上述修改，笔者希望呈现给读者一个更完备的版本。

在本书漫长的写作过程中，我得到了许多老师、朋友和亲人的帮助。在此首先要感谢四保人。我之所以能够翔实地叙述四保的历史经验，是因为他们热情好客，因为他们乐意慷慨地与一位不速之客分享其历史和地方性知识。我衷心感谢邹日昇先生和李升宝先生，他们为我提供了几种重要文献，还介绍我认识了许多朋友。我对已故的邹恒琛先生深表感激——他本身就是个礼生，经常跟我讲述四保礼仪和历史掌故，并不厌其烦地回答我无休止的追问。我也很感激吴德祥提供的帮助。十几年之后的今日，那次筋疲力尽却成果丰硕的黄石坑之旅依然清晰如昨。这里也感谢我的房东——邹金福、童九荣夫妇。他们提供的住宿和美食，让我在四保的田野调查经历变得格外愉悦。我很感激已故的邹降瑞先生，邹先生本身就是一个出色的报道人，他还帮我安排了双泉和洋背的访谈。包发生、江焕猷、李火仙、李锦斌、马传光、马家树、马俊良、吴长华、吴德荣、严仰华、周荣发、邹定斌、邹恒彦、邹洪康、邹锦腾等都曾帮助过我，对此我深表感谢。我也感谢中国四堡雕版印刷中心允许我拍摄部分馆藏实物与文献。

在学术方面，我得益于诸多老师的指导。首先应感谢我在厦门大学的几位老师——杨国桢、陈支平和郑振满，是他们把我引入明清史的奇丽世界。郑振满老师是我开展相关研究的引路人，他慷慨地付出宝贵时间，在蒙特利尔和厦门帮助我建立本书的框架，并分享他对明清社会文化史的深刻理解。我对麦吉尔大学的老师们——丁荷生（Kenneth Dean）、叶山（Robin D. S. Yates）、Thomas Looser、Tom Lamarre 和方秀洁——充满感激之情，感谢他们出色的讲座、对我的博士论文提出的建设性意见和对一位学术新手的悉心指导。从开启田野调查到本书交付出版，丁荷生老师自始至终提供学术支持和精神鼓励。他对本书书稿的不同版本都提出了修改意见。他对中国宗教和地方史的了解让我获益良多。Thomas Looser 引介我研习人类学理论和方法。王大卫（David Ownby）阅读了我的博士论文，并提出了几个颇有启发的意见。我衷心感谢他们的帮助。

我想谨此感谢包筠雅（Cynthia Brokaw）教授对本书的贡献。如果说我在四保的田野调查还算成功，那么首先应归功于包筠雅，是她把我带到这个社区。包筠雅还慷慨地提供了几种她搜集到的四保仪式文本，并允许我使用她拍摄的几张照片和她的专著 Commerce in Culture: The Sibao Book Trade in the Qing and Republican Periods（Cambridge, Mass.: Harvard University Asia Center, 2007）中的两张地图（Map 2.1 与 Map 2.2，即本书第二章的地图 2.1 和地图 2.2）。她对本书提出的各种意见，为本书的修改提供了绝佳的指引。

我还想借此机会感谢陈春声、刘志伟、科大卫（David Faure）、赵世瑜等老师，我曾就本书论及的明清社会史和制度史问题，听取过他们的意见。宋怡明（Michael Szonyi）阅读了本书的两个早期版本，提出了深刻而富有挑战性的意见。和他的对话，总是发人深省的。我也感谢王铭铭老师。他倡导并致力于汉学人类学的实践，这一方法激励我从人类学角度考察中国的社会与文化。我也想感谢王秋桂、蔡志祥、常建华、劳格文（John Lagerwey）、梁洪生和钱杭等老师多年来的关心和对本书触及的一些问题提出的意见。

在本书撰写过程中，不少老师、朋友和同行曾予以帮助。这些老师、朋友和同行包括：卞利、冯筱才、黄国信、黄向春、李平亮、李仁渊、梁永佳、林枫、罗仕杰、鲁西奇、卜永坚、饶伟新、盛嘉、苏堂栋（Donald Sutton）、谭伟伦、王见川、王振忠、魏德毓、温春来、吴滔、吴幸钊、谢宏维、谢湜、杨国安、叶涛、张侃、张亚辉、张应强、赵丙祥、郑莉等。特别是张侃、黄向春和饶伟新三位，他们既是我二十多年的好友，又是同一个研究中心的同事，更是切磋学问的对手，本书提出的不少观点，都得益于跟他们的日常交流。我在麦吉尔的同学Alvin、Paula、Sara、徐素凤、李小荣、林凡、黄巧乐等人，不但帮我处理日常事务，还给予学术上的帮助和精神上的支持。钞晓鸿帮助我复印了本书讨论的一部方志的重要部分。与陈进国的对话，有助于笔者对礼生在乡村社会中的角色提出更为明确的看法。

2002年夏，我在四保组织了一次田野工作坊。丁荷生和中山大学历史系提供了部分经费。陈春声、刘志伟、程美宝、蔡志祥、范金民、梁洪生、黄志繁等师友和我的部分同事参与了这次工作坊，感谢他们的参与和建议。本书的部分观点曾在2002年夏的中山大学历史系研究生历史人类学工作坊介绍过，感谢与会者提出的意见。

本书部分章节的修改，是在笔者访问哈佛燕京学社期间（2010.7—2011.7）完成的。感谢学社提供的慷慨资助。教育部人文社会科学青年项目（项目号：08JC770022）提供的资助，为笔者重访四保提供了必不可少的经费。本书英文书稿最后一稿的修改，还得到了厦门大学中央高校基本科研业务费（项目号：2013221001）的资助。

我想借此机会感谢长汀县档案馆、连城县档案馆和清流县档案馆允许我利用馆藏档案，尤其是土改档案。感谢周兴栋引介我接触连城县土改证档案。感谢连城县四堡乡政府在田野调查期间提供的帮助。

本书英文版的修改和出版，应感谢 Debra Soled 专业的编辑工作。Qin Higley、Thomas Begley 和 Michael Mozina 在本书出版过程中提供了不少帮助。Macabe Keliher 修订了本书书稿，并提出了若干有趣的意见。Kathy 和 Cora Dean 花了不少工夫，对第一章进行修订。林凡帮我解决了几张插图的技术问题。刘嘉乘制作了本书第五章的三张世系图。霍仁龙、黄学超和董乾坤制作了第二章的两张地图（中文版没有使用他们制作的地图）。感谢他们作出的贡献。我还想借此机会感谢本书英文版两位匿名评审人提出的富有启发性的修改建议。

本书部分章节和内容曾先行在学术期刊和集刊发表，现依照时间顺序，将相关刊发信息列举如下：（一）《闽西四保地区所见五种祭文本》，刊于《华南研究资料中心通讯》第 33 期（2003 年），第 13—17 页；（二）《明清时期闽西四保的乡约》，刊于《历史人类学学刊》第 1 卷第 2 期（2003 年 10 月），第 21—45 页；（三）《亦礼亦俗——晚清至民国闽西四保礼生的初步分析》，刊于《历史人类学学刊》第 2 卷第 2 期（2004 年 10 月），第 53—82 页（增补版：《民间礼仪、王朝祀典与道教科仪：近世闽西四保祭文本的社会文化史阐释》，收入刘永华主编：《仪式文献研究》，北京：社会科学文献出版社，2016 年，第 175—229 页）；（四）《墟市、宗族与地方政治——以明代至民国时期闽西四保为中心》，刊于《中国社会科学》2004 年第 6 期，第 185—198 页；（五）《明末至民国华南地区的族田与乡村社会——以闽西四保为中心》，刊于《中国经济史研究》2005 年第 3 期，第 52—60 页；（六）《道教传统、士大夫文化与地方社会：宋明以来闽西四保邹公崇拜研究》，刊于《历史研究》2007 年第 3 期，第 72—87 页［英文版："Taoist Tradition, Gentry Culture, and Local Societies: The Cult of Zougong at Sibao in Western Fujian Province since the Song and Ming Dynasties," *Frontiers of History in China: Selected Publications from Chinese Universities*, Vol. 3, No.

2（2008），pp. 195-229］；（七）《明清时期的礼生与王朝礼仪》，刊于《中国社会历史评论》第九辑，天津：天津古籍出版社，2008年，第245—257页；（八）《明清时期的神乐观与王朝礼仪——道教与王朝礼仪互动的一个侧面》，刊于《世界宗教研究》2008年第3期，第32—42页［英文版："Daoist Priests and Imperial Sacrifices in Late Imperial China: The Case of the Imperial Music Office (Shenyue Guan), 1379-1743," *Late Imperial China*, 33.1 (June 2012): 55-88］；（九）《从乡厉到无祀：基于闽西四保的考察》，刊于《民俗研究》2015年第6期，第68—71页。感谢以上期刊、集刊为本书相关看法的交流提供了不可或缺的平台。

本书中文版得以出版，应归功于三联书店的张龙博士。2015年底在京会晤期间，他邀请笔者翻译、改写本书，并多方联系本书版权，将之列入三联的出版计划，为本书出版做了尽心尽力的工作。本书英文、中文版的撰写和修改，是笔者在任教于厦门大学历史系期间完成的，在十三四年时间里，常有机会跟研究生聊起本书的内容，这无疑为笔者审视本书主要观点提供了契机，在此感谢各位研究生的聆听和讨论。

最后，我衷心感谢我的妻子赖海燕，从这个课题启动以来，她就为本书研究提供了无价的支持。2001年笔者回国做田野调查时，我的孩子加加尚在牙牙学语，如今他已举行成年礼，我想感谢他陪我度过了许多美好时光。

第一章　导论：儒家礼仪与明清国家和社会

2001年仲秋，凌晨3点。闽西连城县四堡乡[1]上枧村邹公庙内，依然是人声鼎沸，灯火通明。庙内，在香烟缭绕中，几位乐师正在演奏乐曲。在礼生的唱礼声中，来自附近几个村落的耆老鱼贯入庙，然后在面貌庄严的神像前，有条不紊地表演上香、读祝、三献礼、侑食、送神等各项仪节。仪式结束后，庙内外淹没于震耳欲聋的鞭炮声中。

对于熟悉中国乡村生活的人来说，这一幕情景一点也不陌生。地方耆老在礼生引导下行礼的情景，几乎可以在中国大多数地方看到，而政书、方志、族谱等历史文献中，更是充斥着相关的记载。[2]然而，这种乡村礼仪及相关仪式专家和礼仪手册，却长期不受关注。这些礼生是何许人也？他们从何而来？他们引导的是何种礼仪？他们在中国乡村生活中扮演何种角色？这些仪式专家及其文本是在哪些历史脉络下进入乡村的？礼生及其仪式传统进入乡村的历史，为我们了解明清社会文化史进程提供了哪些线索？很少有学者追问这些问题。

本书选取明初至1949年的闽西四保地区为研究对象，探讨儒

---

[1] 本书在行文中交叉使用"四保"和"四堡"两个地名，不过两者所指不同：一方面，本书遵从多数明清文献的用法，将长汀、清流、宁化、连城四县毗邻的数十个村落称作四保；另一方面，在提及目前行政归属时，"四堡"特指连城县四堡乡（现改为四堡镇）。

[2] 本书使用"礼"或"礼仪"特指儒家礼仪或具有儒家风格的仪式（如礼生引导的仪式），而"仪式"用于泛指各种类型的仪式（如道教、佛教和民间仪式）。

家礼仪与中国乡民之间的遭遇。本书将礼生及其礼仪作为讨论的起点,重构伴随着儒家礼仪进入四保地区出现的几个重要社会文化史进程,探讨地域社会如何引入并挪用这些礼仪。通过考察礼生及其礼仪手册与礼仪实践进入乡村的历史过程,本书试图探寻他们如何周旋于不同的地方文化机制并在其中扮演中介角色。礼生表演仪式的舞台随着时代而变动,在本书讨论的乡村中,相关舞台大体包括了宗祠、乡约所和地方神庙等仪式和社会空间。本书将揭示,在地方尺度的中国文化中,礼生扮演着非常重要的角色,他们是明清王朝和士大夫坚持不懈地在中国乡村推广儒家礼仪的一个重要结晶。

更为重要的是,本书将揭示中国乡民遭遇儒家礼仪的性质和影响,探寻使这一文化遭遇成为可能的主要机制。儒家礼仪在乡村的普及,带来了乡村社会结构和地方传统的转型。这一过程不仅有助于宗族和地域组织的缔造,还改变了地方神庙系统的构成,并在原有仪式传统的基础上加入了新的仪式成分。然而,这并不尽是自上而下的过程,因为地方文化精英在选择、挪用儒家礼仪方面,表现出引人注目的能动性。他们对仪式的典型态度,是折中主义而非本质主义的。最后,这一文化遭遇是以一群礼生为中介展开的,这些仪式专家有志于实践王朝和士大夫文化,而且在地方仪式传统的维系中,也扮演着常常被忽视的角色。他们在不同仪式和文化传统之间居间协调的过程,为儒家礼仪与地方仪式传统的接触和融汇提供了可能,从而开启了笔者称之为"文化合成"的过程。

庶民、儒家礼仪与新儒家

本书处理的主题是明清时期儒家礼仪与中国乡民之间的文化遭遇,这是明清时期社会文化诸多进程中最重要的插曲之一。它不仅牵涉到不同的社会阶层——从明清时期的封疆大吏到下层士绅[1]再到普通乡民——和文化等级体系的不同层级——王朝正统观点、士大夫文化、地方文化乃至不同的宗教仪式传统,还从总体上对明清社会文化带来了极大影响。这一过程发端于唐宋朝廷礼仪制度和宋明儒学礼仪观的演进。因此,在此有必要简单回顾一下唐宋以来的礼仪制度和礼仪思想的演进过程。

"礼不下庶人"一说,源出《礼记》。[2]作为儒家倡导和推广的正统仪式,儒家礼仪从很早开始就被视为庶民以上的社会阶层的"第二本性"。古代不为庶民制礼,不仅是由于庶民不具备行礼所需的文化背景与仪式器具,而且因为礼仪知识和礼仪表演是区隔早期中国贵族、士大夫和庶民的重要方式。

随着历史的演进,这一状况发生了重要的转折。自唐代中叶开始,尤其是自北宋末以来,朝廷已逐渐放弃了"礼不下庶人"的观念,开始为庶人制礼。[3]开元年间(713—741)编撰的《开元礼》,开始出现了庶人礼仪,不过还相当简略。[4]北宋末年制订的《政和五礼新仪》,方始订有"庶人婚仪""庶人冠仪""庶人丧仪"等专门

---

[1] 本书"士绅"取其广义,即包括所有官员、科举功名获得者和职衔持有者。而"地方精英"指的是所有士绅成员和没有科举功名但在地方经济、社会、文化和政治生活中扮演主导性角色的精英。
[2] "礼不下庶人"首次见于《礼记·曲礼》,参见孙希旦《礼记集说》卷四,《曲礼上》,台北:文史哲出版社,第81—82页。对这一说法的简单讨论,参见 T'ung-tsu Ch'ü, *Law and Society in Traditional China*, Paris: Mouton, 1961, p. 172。
[3] Patricia B. Ebrey, "Education Through Ritual: Efforts to Formulate Family Rituals During the Sung Period," in Wm. Theodore de Bary and John W. Chaffee, eds., *Neo-Confucian Education: The Formative Stage*, Berkeley and Los Angeles: University of California Press, 1989, pp. 277-306; Daniel Overmyer, "Attitudes Towards Popular Religion in Ritual Texts of the Chinese State: The Collected Statutes of the Great Ming," *Cahiers d'Extrême-Asie* 5 (1989-1990), pp. 199-221; 杨志刚《中国礼仪制度研究》,上海:华东师范大学出版社,2001年,第177—242页。
[4] 如在《通典》卷四八"礼八"之"诸侯大夫士宗庙"条下,标出"庶人祭寝附";卷一二八"礼八十八"之"亲王冠"条下,标出"百官庶人附";卷一二九"礼八十九"之"亲王纳妃"条下,标出"一品以下至庶人并附";卷一三八"礼九十八"之"三品以上丧"条下,标出"四品以下至庶人附"。

针对庶人的礼文。[1]《政和五礼新仪》修成后,"许士庶就问新仪",又"诏开封尹王革编类通行者,刊本给天下,使悉知礼意"[2],甚至一度下令在乡村设置礼生,专门负责在民间推行朝廷制定的礼仪。有论者称之为"礼下庶人"过程。[3]这个过程应视为理解王朝礼仪与乡村社会之间关系的一个制度史出发点。《政和五礼新仪》为庶民制礼的做法,为后来的《明集礼》《明会典》和《清通礼》等典籍所沿袭。可以说,在本书处理的明清时代,朝廷已为本书讨论的礼仪下乡过程的展开做出了制度安排。[4]

应该说,唐宋之间从"礼不下庶人"到为庶人制礼,是有其复杂的政治、社会背景的。美国学者魏侯玮(Howard J. Wechsler)在讨论唐代王朝礼仪时指出,唐代前期是中国礼仪史上的一个关键时期,在此期间,早先的"家天下"礼仪理念,逐渐为一种更为集权、更强调"天下为公"的礼仪理念所取代。[5]在这种新礼仪理念的指导下,朝廷开始思考如何重构王朝礼仪与乡村社会之间的关系,为庶人制礼也就被提上议事日程。

我们知道,经世是中国古代士大夫的一个核心理念,不少士大夫以重组世界秩序为毕生志业。[6]唐宋之间的政治-社会变迁,尤其是士族(礼仪表演的基本主体和传承者)作为社会中坚力量逐渐退出政治舞台,为重新思考礼仪与乡民的关系,从而建构新的社会、

---

[1] 杨志刚《中国礼仪制度研究》,第200页。
[2] 脱脱等《宋史》卷九八,《志第五十一》,《礼一》,北京:中华书局,1985年,第2423页。
[3] 杨志刚《中国礼仪制度研究》,第195—204页;杨志刚《"礼下庶人"的历史考察》,《社会科学战线》1994年第6期,第118—125页。杨志刚对这一问题的讨论,主要集中于王朝和士大夫为庶民制礼的演变过程,而本书更侧重这些礼仪如何进入乡村。
[4] 杨志刚《中国礼仪制度研究》,第201页;Overmyer, "Attitudes Towards Popular Religion in Ritual Texts of the Chinese State," pp. 213-214。
[5] Howard J. Wechsler, *Offerings of Jade and Silk: Ritual and Symbol in the Legitimation of the T'ang Dynasty*, New Haven: Yale University Press, 1985, pp. ix-x.
[6] Robert P. Hymes and Conrad Schirokauer, eds., *Ordering the World: Approaches to State and Society in Sung Dynasty China*, Berkeley and Los Angeles: University of California Press, 1993;张灏《宋明以来儒家经世思想试释》,收入《张灏自选集》,上海:上海教育出版社,2002年,第58—81页。

伦理秩序提供了必要性。[1]早在抗战期间，蒙文通就注意到宋代士大夫的"社会设计"不同于前代，认为他们"轻政治制度，而重社会事业"，又"重乡之自治"，"恒主于下之自为"，而社会事业中，尤重养、教二端。[2]本书讨论的礼仪，实为蒙文通所提宋人教养事业的核心内容之一。罗志田在最近的研究中，还将"礼下庶人"观念的兴起，与隋废乡官联系起来。隋废乡官后，引发了"郡县空虚"问题。从南宋开始，针对这一问题，士大夫开启了以"礼下庶人"的方式构建下层民间社会的持续努力。这种持续千年的尝试，侧重强调"地方""民间"在民众教养方面的重要性和能动性。[3]当中的种种尝试，当为"礼下庶人"的展开提供了持续不断的助力。

礼仪向下渗透的过程，与唐宋以降思想史的变动也有密切关系。根据日本学者沟口雄三、伊东贵之等人的研究，唐宋以来思想史演进的一条重要线索，是从"定命"论到"气质变化"论再到"礼教"的转变。[4]所谓"定命"论，又称"定分"论，大体指的是中古时期气质、人格无法改变的观念。而从唐代开始，出现了通过修养实现自身变革的观念，影响所及，北宋出现了"圣人"观的转型，圣人成为常人有可能达到的境界。其中最有影响的是北宋时期由张载（1020—1077）提出的"气质变化"论。这种观点认为，人们通过后天的努力可以实现自我超越，纠正气质的偏差，回归本来的"天地

[1] 内藤湖南《中国史通论——内藤湖南博士中国史学著作选译》，夏应元等译，北京：社会科学文献出版社，2003年。
[2] 蒙文通《宋明之社会设计》，载蒙文通《儒学五论》，桂林：广西师范大学出版社，2007年，第131—148页。此书初版于1944年。
[3] 罗志田《隋废乡官再思》，《社会科学研究》2015年第1期，第1—9页；罗志田《地方的近代史："郡县空虚"时代的礼下庶人与乡里社会》，《近代史研究》2015年第5期，第6—27页。
[4] 参见沟口雄三《礼教与革命中国》，《学人》第10辑，南京：江苏文艺出版社，1996年，第121—139页；伊东贵之《从"气质变化论"到"礼教"——中国近世儒教社会"秩序"形成的视点》，收入沟口雄三、小岛毅主编《中国的思维世界》，孙歌等译，南京：江苏人民出版社，2006年，第525—552页；伊东贵之《思想としての中國近世》，东京：东京大学出版会，2005年，第39—76页。

之性"。要达成这一目的，必须进行坚持不懈的自我修炼，而礼仪的学与习，乃是实现"气质变化"的唯一途径。在张载的基础上，朱熹区分了"本然之性"与"气质之性"，前者是本体的理想状态，而后者是因各自禀"气"之道不一，受气质影响的本体的现实状态。因此，自我修炼的过程也就是克服"气质之性"，回归"本然之性"的过程。另一方面，由于"礼"是"天之节文"，亦即"天理"在人间具体、客观的体现，因此，礼仪实践可以说成为达成上述转变的一个关键。在这种看法的基础上，朱熹编撰了《仪礼经传通解》和《家礼》，强调礼仪在改变"气质"上的重要性，致力于在士大夫中间推广礼仪。这就是从"定命"论到"气质变化"论的转变。在"气质变化"论的影响下，宋代不少理学家都面向普通民众推广士大夫礼仪，致力于进行"移风易俗"的改革。[1]

14世纪中叶，当朱元璋（1328—1398）致力于重建社会秩序时，理学"扮演了核心角色"，这并非因为理学"为文人活动家提供灵感"，而是由于它提供了重建新社会秩序的"模板"。朱元璋早期的不少谋士都来自浙江婺州，他们在加入朱元璋集团之前，就已拥有丰富的参与自愿组织的经验。他们相信，朝廷建立的新制度，比如乡村统治体系，必须融入互相扶持、道德学习和精英领导等要素。经由他们的努力，南宋逐渐形成的自我监督道德共同体观念，被"转化为"法律条文，其目的在于将这些理念普遍化、义务化。明初绝大多数的制度创新都受到这一理念的启发。[2]因此，明初在设计乡村统治体系时，已经致力于将民众纳入王朝的礼仪体系。明初实行的里社坛、乡厉坛祭祀制度，大致是与里甲制度同步推行的，是

---

[1] Ebrey, "Education Through Ritual"; Patricia Buckley Ebrey, "The Early Stages in the Development of Descent Group Organization," in Patricia Buckley Ebrey and James L. Watson, eds., *Kinship Organization in Late Imperial China, 1000-1940*, Berkeley and Los Angeles: University of California Press, 1986, pp. 16-61.

[2] Peter K. Bol, *Neo-Confucianism in History*, Cambridge, Mass.: Harvard University Asia Center, 2008, pp. 258-261.

后者的补充与强化。根据这一制度的安排，普通民众必须参与本里一年两次的里社坛祭祀和一年三次的乡厉坛祭祀，而这一祭祀体系的原型，就是在各级官府举行的社稷坛和厉坛祭祀制度。[1]

在庶民中间推广儒家礼仪的努力，在15和16世纪进入新时代。永乐年间（1403—1424），朝廷把《家礼》提升到前所未有的位置，其地位仅次于朱子四书注。结果，此书受到士大夫的热捧。《家礼》的19种改编本中，成书于15世纪的就有7种之多。丘濬（1421—1495）就是《家礼》的改编者之一，对他而言，儒家礼仪是对抗"邪说"（道教和佛教）的主要武器。他编撰了《家礼仪节》一书，将之付梓，并尝试在其家乡予以推广。[2]

进入16世纪后，礼仪进一步成为知识精英关注的焦点。在社会关系日益商业化的背景下，越来越多儒家士大夫强调借助礼仪来形塑人格、规范行为。在广东，黄佐（1490—1566）编纂《泰泉乡礼》，以此将儒家礼仪从家庭推进到乡民生活的其他领域。在陕西，吕柟（1479—1542）和马理（1474—1555）力图恢复"关学"，而关学的重点就是借助儒家礼仪改进乡村社区的道德水准。在福建，张岳（1492—1552）和林希元（1517年进士）倡导复活儒家礼仪。[3]

阳明学的兴起，在一定程度上改变了宋元以来思想史的方向，对儒家的民众化倾向起了推波助澜的作用。本来面向士大夫设计的礼仪，进一步被普及到其他社会阶层，这就是沟口、伊东等学

---

[1] 对里社坛祭祀制度的讨论，参见郑振满《明清福建里社组织的演变》，收入郑振满《乡族与国家：多元视野中的闽台传统社会》，北京：生活·读书·新知三联书店，2009年，第238—253页；Kenneth Dean, "Transformations of the *She* (Altars of the Soil) in Fujian," in F. Verellen, ed., *Cults of Saints/Cults of Sites, Cahiers d'Extrême-Asie* 9 (1998), pp. 19-75（中译：丁荷生《福建民神之转型》，刘永华译，载刘永华主编《中国社会文化史读本》，北京：北京大学出版社，2011年，第234—273页）。对乡厉坛祭祀制度的讨论，参见本书第八章。
[2] Patricia Buckley Ebrey, *Confucianism and Family Rituals in Late Imperial China*, Princeton: Princeton University Press, 1991, pp. 173-176.
[3] 小岛毅《中国近世における礼の言说》，东京：东京大学出版会，1996年，第130—179页；沟口雄三、丸山松幸、池田知久《中国思想文化事典》，东京：东京大学出版会，2011年，第237页。

第一章　导论：儒家礼仪与明清国家和社会

者所称的"礼教化"过程。对于朱子学与阳明学的差别,清人焦循(1763—1820)指出:"余谓紫阳之学,所以教天下之君子;阳明之学,所以教天下之小人。"[1]这句话一针见血地道出了这两种思潮所预设的对象的不同。根据伊东的归纳,中国近世乃至前近代的后期,"道学乃至朱子学以来的,将重点置于个人内在的'人性'变革('气质变化')的主观自我陶冶的方法,已在理论上陷入僵局;从而转为更向社会开放,能够为他人验证、模仿和反复的途径,即可根据'可视的'而且客观的、共同主观的'礼教'所制定的规则转换,从中可以描画出伦理观逐渐变化的轨迹"[2]。

从明中叶至18世纪,中国国内发生的一系列政治变动和思想进展,为"礼下庶人"的深化提供了进一步动力。明中叶在各地相继开展的乡约实践,其主要目的虽在伦理的教化或治安的维护,但礼仪的表演也是其基本内容之一[3],因此,这一组织也为民众接触王朝礼仪提供了机会。嘉靖年间推行的礼制改革,也对祭祖礼仪的变革及新祭祖礼仪的普及起了一定的推动作用。尤其是礼部尚书夏言(1482—1548)的上奏,扩大了祖先祭祀的范围,在某种意义上为祭祖仪式的推广提供了制度依据。有思想史学者认为,本来"不下庶人"的"礼","亦将庶民层纳入其中,使之趋于一般化、广域化,几乎可以成为革命性的事态"[4]。正是在这种背景之下,反对普及儒家礼仪的思想和意识形态障碍最终被排除,本来主要针对士大夫而设计的礼仪,被改编并有意识地推广至庶民中间。

最后,面对晚明商业化的冲击、士人风气败坏、佛道的流行及民众集体行动(如叛乱、抗租、奴变等)频发等问题,清初兴起了"礼

---

[1] 焦循《雕菰集》卷八,《良知论》,页20b,《续修四库全书》第1489册,第187页。
[2] 伊东贵之《从"气质变化论"到"礼教"》,第542页。
[3] Joseph P. McDermott, "Emperor, Élites, and Commoners: The Community Pact Ritual of the Late Ming," in Joseph P. McDermott, ed., *State and Court Ritual in China*, Cambridge: Cambridge University Press, 1999, pp. 299-351.
[4] 伊东贵之《从"气质变化论"到"礼教"》,第541页。

治思想"。这一思潮有别于明代士人的礼仪思想,在这种"礼治思想"下,"'礼'被刻意提倡,标举为思想及社会的核心价值,而且希望在日常生活的整个精神上符合'礼'的精神,或合乎《家礼》、古礼"。[1]至18世纪,一些学者甚至强调"经由丧祭等日常典礼之推行,以净化社会风俗,达到正人心厚风俗之目的",提出"以礼代理"的看法。[2]研究礼学,践行礼仪,成为思想界的一个风尚,这一风尚很可能为中下层士绅践行《家礼》、开展收族实践、推广祀典等提供了重要的文化氛围。当然,在整个18世纪,士大夫对礼仪的新认识如何走出书斋,扩散、落实到全国各地的宗族建构、祀典神明普及等礼仪实践,还有待于思想史与社会史进行正面的、深入的对话。

如果说礼仪不再是贵族和士绅的禁脔,而是逐渐被融入普通民众的仪式实践当中,那么这一过程如何产生?有何特征?如何影响乡村社会文化?笔者试图撰写一部历史民族志来回答这些问题:本书将考察儒家礼仪如何在明清时期被引入中国东南的一个社区,同时探讨地域社会,尤其是地方文化精英,又是如何应对这些礼仪的。

儒家礼仪的挪用

不过,笔者并不打算撰写一部讨论明清乡民的象征生活如何被改造的"政治史"。本书的确讨论了地方官和士大夫如何改造陋俗,推广儒家礼仪,但其主要关注点,则在于这段历史的社会文化史维度——礼仪实践如何成为王朝霸权和民众挪用相互拉锯的场域,而不同权力主体又是如何争夺霸权的。这牵涉到从草根的层面,尤其

---

[1] 王汎森《清初"礼治社会"思想的形成》,载陈弱水主编《中国史新论——思想史分册》,台北:"中央研究院"、联经出版事业股份有限公司,2012年,第355页。同时参阅 Kai-wing Chow, *The Rise of Confucian Ritualism in Late Imperial China: Ethics, Classics, and Lineage Discourse*, Stanford: Stanford University Press, 1994。
[2] 张寿安《以礼代理:凌廷堪与清中叶儒学思想之转变》,石家庄:河北教育出版社,2001年,第32—34页。

是从草根文化精英的角度,来考察儒家礼仪在中国乡村的传播。为理解这一视角,似有必要在此介绍几种理论和概念,对跟本书考察的主要社会文化史进程相关的脉络和机制稍作解释。

"二战"以来对文化过程与文化实践的讨论中,意大利马克思主义者安东尼奥·葛兰西(Antonio Gramsci)提出的"文化霸权"(cultural hegemony)是非常重要的一个概念,对讨论不同层级的文化之间的关系至今仍不乏分析价值。根据葛兰西的看法,文化霸权是经由妥协而非根除民间文化来达成的。[1]由于文化霸权的地位不是通过取代民间文化,而是通过在一定程度上默认民间文化来获取的,处于霸权地位的文化——如本书讨论的儒家礼仪——在具体实践中倾向于被地方化。这意味着以儒家礼仪的官方版本(如朱熹的《家礼》)来衡量其民间版本具有一定误导性。实际上,纯粹的儒家礼仪只存在于纸面上。因此,在付诸实践的过程中,儒家礼仪总是以某种地方版本的形态存在:在调适自身并在地域社会扎根的过程中,儒家礼仪几乎总是被地方性仪式实践改变和补充。因此,在讨论儒家礼仪时,本质主义路径具有很大的误导性。只有当考量地方脉络和地方过程后,才可能获取对儒家礼仪的全面理解。

如果文化霸权强调的是主流文化在建立霸权的过程中,如何为地方文化的存续留下一定空间,那么西方文化批评和文化史研究中提出的挪用(appropriation)理论,是从地方文化精英和普通民众的角度,探寻他们如何对主流文化作出应对。在对待明清时期儒家礼仪扩散与普及的问题上,挪用理论倾向于强调的是,儒家礼仪在乡村的传播,经常并非被动接受,而是能动获取的过程。套用法国学者米歇尔·德塞都(Michel de Certeau)的话来说,这个过程并非常规意义上的消费过程,亦即被动接受的过程,而是"一种截然不同的生产"。在这种

---

[1] 参见 Antonio Gramsci, *Selections from Prison Notebooks of Antonio Gramsci*, New York: International, 1971, pp. 80, 161。

生产中,"一种理性化、扩张主义、集权化、壮观和喧闹的生产,面临着一种截然不同的生产的对抗,这种生产被称作'消费'","其特征在于其功用,其碎片化(处境的结果),其偷猎行为,其隐秘风格,其毫不厌倦却悄无声息的活动,一句话,其准隐匿性……因为它并非经由其产品(它能把它们放置何处?),而是借助加诸其上的使用艺术来呈现自身的"。[1]这一视角转换,让我们的关注点从生产转移到这些产品的功用,从产品的推广转移到产品的"消费"。一如面对"借助武力或魅惑强加于他们身上的法律、实践和表象",西班牙统治下的印第安人"常常将之用于不同于其控制者预设的目的",精英文化的"消费者"也"将之转换成其他东西,他们从内部颠覆它们——不是通过拒绝它们,或是通过改造它们(尽管这也会发生),而是以不同于他们无从逃避的殖民化的服务规则、习俗或信念的方式,对它们加以利用。他们将主导性秩序隐喻化:他们让它们在不同的表象下运作。在他们同化并被外在同化的系统之内,他们维系其作为他者的角色"。对德塞都而言,这一消费行为就是"挪用"。[2]

正如罗杰·夏蒂埃(Roger Chartier)指出的,挪用这个概念的功用是,一方面,"在位于接受过程核心的创造性发明之中",挪用"让领会文化分配中的差异成为可能";而在另一方面,它"也让我们能够明白,那些旨在形塑思想和行动的文本或言辞,绝非无所不能,也不具备强大的塑造力",因为"挪用实践总是不停地创造出新功用或新表象,它们都难以化约为那些话语和规范的生产者的意志或意图"。[3]挪用和霸权存在一定的共通之处。两者都关注"消费"

---

[1] Michel de Certeau, *The Practice of Everyday Life*, trans. Steven Rendall, Berkeley and Los Angeles: University of California Press, 1984, p. 31.
[2] de Certeau, *The Practice of Everyday Life*, pp. 32-33.
[3] Roger Chartier, "Texts, Printing, Reading," in Lynn Hunt, ed., *The New Cultural History*, Berkeley and Los Angeles: University of California Press, 1989, p. 171. 同时参见 Roger Chartier, *The Cultural Uses of Print in Early Modern France*, trans. Lydia G. Cochrane, Princeton: Princeton University Press, 1987.

过程及"消费"的基本条件。它们之间的基本差别在于,霸权意味着为民间文化留下若干空间是有必要的,而挪用认为民间文化自身具备创造自身空间的可能性。对本书探讨的主题而言,这两个概念都在强调,必须更为关注对仪式实践而非仪式话语的分析,为此,史学分析应聚焦于草根、实践层面的仪式文本,而非士大夫编纂的礼仪文本。正因为如此,本书留出很大的篇幅,对礼生的礼仪手册以及礼生表演的礼仪与宏观社会文化过程之间的互动进行考察。

尽管挪用概念并不意味着存在一个本质上不同于精英文化的本真的民间文化,但笔者也难以接受没有民间文化这一假说,特别是在本书侧重关注的明清时期。[1]明清时代的民间文化可能早已被精英文化"污染"和"侵蚀"。不过,假如同意霸权是一个协商过程,而挪用是一个积极的生产或创造行为,我们必须接受民间文化拥有自身逻辑或生存空间的说法。更具体地说,生活在明清时代的乡民和地方文化精英,仍旧可以深切感受到不同于主流精英文化的传统。正如笔者将在本书谈到的,这些传统包括民间道教(特别是法师传统)和非正统或土著(亦即非汉族)的仪式实践。在这段历史当中,有一个饶有兴趣的事实:尽管数世纪以来,明清朝廷、士绅与现代政治运动曾不时对这些实践发动围剿,然而,不少为士大夫和现代知识精英所不齿的仪式实践,仍顽强地在现当代乡村生活中存续。历史展示自身的方式,并非儒家礼仪取代民间文化的过程,而是新要素(如儒家礼仪)叠加于先前的传统之上。本书力图集中讨论的,正是这样一个文化合成的过程,一个儒家礼仪被挪用于不同文化目的的过程。

从草根视角考察儒家礼仪的推广,也意味着尝试把握儒家礼仪与中国乡民这一对关系。也就是说,有必要探讨在乡民中间推广儒家礼仪的脉络和机制。更具体地说,本书关注对文化中介进行讨论,

---

[1] 约翰·费斯克(John Fiske)认为:"'本真的'俗民文化是不存在的,文化没有其他路径,因此民间文化不可避免地是将就使用手头物事的艺术。"参见 John Fiske, *Understanding Popular Culture*, Boston: Unwin Hyman, 1989, p. 15。

特别是注意着眼于他们留下的文本，探讨他们在儒家礼仪在乡村的传播过程中扮演的角色。同时，笔者还关注在具体的社会—仪式空间（如宗祠、乡约所、神庙）中，认识儒家礼仪、民间道教科仪与乡村文化之间的接触、交错与冲突。

本书强调礼生在明清社会文化过程中扮演的中介角色。从社会学意义上说，他们既是儒家礼仪的看门人，也是乡民自身仪式传统的看门人。明清时期的礼生并不纯然是仪式专家；他们一般具备士绅身份。四保礼生主要来自下层士绅，包括低级官员、生员和监生等。他们对儒家礼仪和意识形态的理解往往是肤浅的。这也许可以解释为何比起绝大多数理学家，他们对非儒家仪式传统的态度更为宽容、开放。由于本质主义相对淡薄，他们是天然的文化中介候选人。

谈起礼生的中介角色，笔者不想隐瞒处理这个问题的难度。事实上，由于中介过程本身没有留下多少正面的文字记载，我们很难重构礼生如何在不同仪式传统之间充当这个角色：他们面对哪些仪式资源？如何在仪式实践中处理它们之间的关系？其直接后果如何？对于这些问题，今天都已难考其详。不过，礼生自身编纂和传抄的文本，还是为理解其中介角色及所涉中介过程提供了重要的线索。礼生的礼仪手册，在一定程度上可视为儒家仪式主义（ritualism）在乡村世界的"复制品"，它们是现今历史学者所能发现的最贴近草根层次的儒家风格的仪式文本。因此，笔者认为应该把礼生视为分析不同文化传统互动的焦点，而非理解村落仪式和地方文化的障碍。[1] 由于这些礼仪手册仍在村落世界被继续使用，它们可谓是最贴近村落世界的仪式文本，因而也是介入村落生活最深的仪式文本。正因为如此，本书致力于考察礼生群体、他们的文本和

---

[1] 对中介在文化史研究中的运用，参见 Peter Burke, *Popular Culture in Early Modern Europe*, rev. ed., Aldershok, UK: Scholar Press, 1994, pp. 65-87。鲍勃·斯克里博纳（Bob Scribner）讨论了这一方法的局限性，参见 Bob Scribner, "Is a History of Popular Culture Possible?", *History of European Ideas* 10.2 (1989), pp. 175-191。

仪式以及他们开启或参与的中介过程。通过考察他们的生活、文本、仪式活动和在文化变迁中扮演的角色，我们可以近距离地探讨儒家礼仪与乡民的生活世界之间的遭遇。

最后，对中介过程稍作解释。作为仪式和社会伦理综合体，儒家礼仪不可避免地触及诸多不同的社会文化实践空间，因此，儒家礼仪与乡民之间的中介过程发生于一系列仪式—社会空间，如祭祖地点、贞节牌坊、神庙、义学和义仓等。为从整体上理解中介过程，我们不仅要考察礼生及其文本，还需要考察上述空间。本书的主体章节专门对这些不同的中介空间进行讨论，尤其关注跟宗族建构、乡约组织和地方宗教相关的仪式—社会空间。这些空间是礼生表演仪式的主要空间。在这些空间当中，我们可以观察到他们表演的仪式和他们对仪式文本的使用。对本书讨论的地域而言，这些空间是文化中介运作的核心场域。

四保礼仪的社会史研究

本书通过对一个东南社区的社会文化史进程进行细致分析，讨论明清时期社会文化景观的塑造过程。[1]笔者之所以聚焦于一个社区，是考虑到可以对乡村生活不同侧面之间的互动关系进行微观观察。本书讨论的并非某一个制度本身的历史，而是一个制度如何进入乡村社会，以及这一制度与社会文化生活如何交相影响。本书尝试在一个特定的地方史和区域系统中，将杜赞奇（Prasenjit Duara）所说的"权力的文化网络"（cultural nexus of power）加以"历史化"，也可以说是对丁荷生（Kenneth Dean）提出的"中国宗教的混合场域"（syncretic

---

[1] 不过，本书涉及的时段将超出明清时代。在追溯乡村制度的历史时，我们有时需要讨论明代以前的情形。假如明清时期某一问题的相关史料不够丰富、具体，我们也将追踪民国和当代的情形。

field of Chinese religion）的历史形态进行分析。[1]为此，笔者认为有必要结合社会分析和文化诠释。前者考察社会如何运作、如何变迁，而后者讨论人们如何赋予、沟通和磋商意义。此外，同时兼顾能动者导向路径与结构导向路径也是很重要的。如果不兼顾二者，我们只能看到历史剧的演员和舞台中的一个，而非两者。以这种折中路径为指导，我们将眼光投向具体的历史实践，亦即历史能动者如何在混合场域中生活、表演和思考，能动者如何塑造结构并与之进行互动。通过强调对关系进行分析，通过聚焦文化中介和中介过程，我们可以理解明清时期社会文化再生产和转型的动力。

在对礼生中介角色、礼生的文本及其社会文化脉络和相关历史过程进行研究的过程中，笔者得益于三个学术群体的研究。第一个学术群体包括丁荷生、科大卫（David Faure）、刘志伟、宋怡明（Michael Szonyi）、赵世瑜和郑振满等学者。在过去的30年中，他们在华南，尤其是闽粤地区开展了深入的社会文化史研究。这些研究不仅试图揭示礼仪表演和对民间象征的操控对于明清王朝的乡村统治的重要性，而且考察了朝廷和地方官对儒家礼仪的推广，如何影响乡村社会文化生活。[2]

---

[1] "权力的文化网络"是由杜赞奇提出的。文化网络是由分支性等级体系（宗族、市场）、地域等级体系（寺庙）、人际网络（庇护人—被庇护人关系、师徒关系）与自愿社团（水利会社、行会、扶乩崇拜）等构筑而成的，它们交汇于神庙、神坛和寺院。参见 Prasenjit Duara, *Culture, Power, and the State: Rural North China, 1900-1942*, Stanford: Stanford University Press, 1988, 第一章。根据丁荷生的定义，中国宗教的混合场域是指"围绕圣、灵两极，居于两极之间，并通过这些核心的相互吸引和排斥而形成的""形状不规则、多维度的力量域"。参见 Kenneth Dean, *Lord of the Three in One: The Spread of a Cult in Southeast China*, Princeton: Princeton University Press, 1998, p. 58。对"混合场域"历史转型的讨论，参见 Edward Davis, *Society and the Supernatural in the Sung*, Honolulu: University of Hawai'i Press, 2001。

[2] 参见 David Faure, *The Structure of Chinese Rural Society*, Hong Kong: Oxford University Press, 1986, pp. 12-13; David Faure, "The Lineage as a Cultural Invention: The Case of the Pearl River Delta," *Modern China* 15.1, pp. 4-36; David Faure, "The Emperor in the Village: Representing the State in South China," in Joseph P. McDermott, ed., *State and Court Ritual in China*, Cambridge: Cambridge University Press, 1999, pp. 287-297; David Faure, *Emperor and Ancestor: State and Lineage in South China*, Stanford: Stanford University Press, 2007; 科大卫、刘志伟《宗族与地方社会的国家认同：明清华南地区宗族（转下页）

这些研究反思了儒家礼仪在明清政治生活中扮演的角色，认为礼仪在文化整合的建构中相当重要。他们的研究超越了对礼仪的文本分析，尝试探讨礼仪的历史和社会维度，在具体的时空脉络中对之进行考察，进而强调地方文化精英在王朝象征使用方面的能动性。在他们看来，礼仪在国家认同的建构过程中扮演了至关重要的角色，是建构权力关系和国家认同的一个文化策略。这些成果提出的观点和概念，奠定了本书的学术基础。通过考察上述研究并反思前人研究的局限，笔者意识到，要理解儒家礼仪与中国乡民的遭遇，仅仅研究《家礼》的不同版本是远远不够的，更重要的是在草根层面挖掘礼仪手册，并考察跟这些手册相关的礼仪实践。礼生及其礼仪文本所处的居间位置，为我们考察儒家如何渗入乡村，在乡间流通，被居住乡间的士民改编和挪用，提供了一个弥足珍贵的机会。

第二个学术群体是从事《家礼》研究的学者，尤其是伊佩霞（Patricia B. Ebrey）。在一系列论著中，伊佩霞将朱熹的《家礼》译为英文，对书中的专有名词进行解释，并对该书及相关文本进行了深入研究，探讨了这个文本如何被复制、改编，如何在明清社会中流通。正如她的一部论著的标题指明的，她对这一重要的儒家礼仪文本进行了社会史研究。[1] 在这一意义上说，本书讨论的主题与伊佩霞的论著颇为相近，不过两者也有两个重要差别。其一，伊佩霞考察的是明清时期《家礼》及其不同改编本的社会史，而本书探讨

（接上页）发展的意识形态基础》，《历史研究》2000 年第 3 期，第 3—14 页；郑振满《明清福建家族组织与社会变迁》，长沙：湖南教育出版社，1992 年；Kenneth Dean and Zheng Zhenman, *Ritual Alliances of the Putian Plain*, Vol. 1, *Historical Introduction to the Return of the Gods*, Leiden: E. J. Brill, 2010; Michael Szsonyi, *Practicing Kinship: Lineage and Descent in Late Imperial China*, Stanford: Stanford University Press, 2002。赵世瑜对宋元以来华北乡村社会的讨论，与华南的相关讨论形成了有趣的比照，也很值得注意。

[1] Ebrey, "Education Through Ritual"; Patricia Buckley Ebrey, trans., *Chu Hsi's Family Rituals: A Twelf-Century Chinese Manual for the Performance of Cappings, Weddings, Funerals, and Ancestral Rites*, Princeton: Princeton University Press, 1991; Ebrey, *Confucianism and Family Rituals in Late Imperial China*.

的是另一种颇不相同的礼仪手册在乡村仪式专家中间的流通及相关仪式实践。尽管这些手册有时也被称为"家礼",但其内容颇为不同。其二,伊佩霞集中讨论的是一系列儒家礼仪文本的复制、流通、改编和"消费",而本书侧重讨论的是礼仪文本的生产机制和相关文本引入乡村之后带来的社会文化变动。

本书的主要关注点是这一转型发生的地方脉络,包括社会结构和地方文化。不过笔者同时也考察明清时期的全国性、区域性的经济、社会与文化进程,比如儒家话语、政治议题和乡村经济的商业化。换句话说,本书试图从一个互动或关联的框架下,考察"位于"上层文化与下层文化之间的礼仪和礼仪文本。笔者希望揭示的主要不是儒家思想如何在明清社会传播,而是来自不同文化传统的要素如何被合成为一个新型文化拼图。本书认为,地方文化与儒家思想二元对立的观点,是我们理解明清文化的障碍。笔者致力于揭示,本书讨论的礼仪,不仅是社会文化变迁的结果,它们在这些变迁中也发挥着中介的功能。

本书还得益于由劳格文(John Lagerwey)、杨彦杰、王秋桂等人主持的研究计划。本书讨论的社区地处明清时代的汀州府,这是近二三十年来劳格文和杨彦杰主持的大型民族志研究计划考察的重要区域之一,在他们主编的"客家传统社会丛书"中,他们共出版了8部跟汀州有关的民族志报告集。[1]在王秋桂主持的以出版、介绍中

---

[1] 这8部民族志报告集是:杨彦杰《闽西客家宗族社会研究》,香港:国际客家学会、海外华人研究社、法国远东学院,1996年;杨彦杰主编《闽西的城乡庙会与村落文化》,香港:国际客家学会、海外华人研究社、法国远东学院,1997年;杨彦杰主编《汀州府的宗族、庙会与经济》,香港:国际客家学会、海外华人研究社、法国远东学院,1998年;杨彦杰主编《闽西北的民俗宗教与社会》,香港:国际客家学会、海外华人资料研究中心、法国远东学院、岭南大学族群与海外华人经济研究部,2000年;杨彦杰主编《长汀县的宗族、经济与民俗》,两册,香港:国际客家学会、海外华人资料研究中心、法国远东学院,2002年;刘大可《闽西武北的村落文化》,香港:国际客家学会、海外华人研究社、法国远东学院,2002年;张鸿祥《长汀城关传统社会研究》,香港:国际客家学会、海外华人资料研究中心、法国远东学院,2003年;杨彦杰主编《宁化县的宗族、经济与民俗》,两册,香港:国际客家学会、海外华人资料研究中心、法国远东学院,2005年。

国科仪书和剧本为目标的两个研究计划中，也出版了3种跟旧汀州有关的田野报告集和科仪书、剧本汇编，这些著作的主题是这一区域的地方戏和道教科仪。[1]尽管这些报告存在这样那样的局限[2]，但它们提供了从明清至当代有关乡村生活诸多侧面的丰富信息，或借用欧大年（Daniel Overmyer）的话来说，它们"为理解中国大多数人的文化"提供了"丰富信息"。[3]这些报告揭示，进入村落世界对克服自我标榜的儒家大叙事是必不可少的，在村落当中，我们不仅可以搜集到民间文献，还可以倾听到乡民的声音，进而理解这个世界的逻辑。由于他们调查的地点遍及汀州各地，这些报告为本书对四保的讨论提供了颇具价值的区域脉络。在某种意义上说，本书可谓是对这些报告给予的启发和书中存在的局限的一个回应。

对一部以儒家礼仪为主题的著作来说，我们的讨论离不开仪式这个核心概念。为方便本书各章对儒家礼仪及其与地域社会关系的讨论，避免不必要的误解，有必要在此对本书讨论仪式的路径稍作解释。概而言之，本书对仪式及仪式与社会之间关系的处理，侧重从两个维度展开。

其一，仪式与仪式专家群体的关系。作为一套复杂的观念—实

---

[1] 参见叶明生《福建省龙岩市东肖镇闾山教广济坛科仪本汇编》，台北：新文丰出版公司，1996年；叶明生《闽西上杭高腔傀儡与夫人戏》，台北：施合郑民俗文化基金会，1995年；叶明生、袁洪亮《福建上杭乱弹傀儡夫人传》，台北：施合郑民俗文化基金会，1996年。

[2] 这些报告存在的问题，前辈学者已有所论及，主要问题可概括为以下三点。第一个问题涉及其调查方法。不少报告基于短期的田野考察。这意味着相关访谈不得不局限于预先圈定的几个主题。结果，这些报告所涉问题的深度、广度有时受到影响。在评论劳格文的计划时，欧大年建议，我们需要"在一个乡镇范围内对一组村落开展长期田野调查"（Daniel Overmyer, "Introduction," in Daniel Overmyer, ed., *Ethnography in China Today: A Critical Assessment of Methods and Results*, Taipei: Yuan-Liou, 2002, p. 10），他无疑是正确的。第二个问题跟他们处理民族志信息的组织方式有关。在不少案中，相关信息没有围绕某个中心论点进行组织。这些信息更像是根据预先圈定的论题和拟好的提纲来安排的（参见Dean and Zheng, *Ritual Alliances of the Putian Plain*, Vol. 1, pp. 19-20）。最后，这些报告很少将地方史放置于制度史和社会经济史的脉络中进行讨论。然而，由于这些报告的主要访谈对象是曾经生活于民国时期的老人，它们记录了后者提供的许多无法复制的信息，其价值将随着岁月流逝日渐珍贵。

[3] Overmyer, "Introduction," p. 6.

践体系，仪式的象征语言并非所有参与者所能理解，要掌握这一套象征语言，通常需要接受一段时间的专业训练，仪式专家就是系统接受过这种训练，并具备了表演仪式的基本能力的一个社会群体。本书讨论的礼生，就是这样一个群体。从这一维度考察仪式，侧重处理的是仪式的3个基本要素：仪式专家、仪式文本和仪式结构，其中尤以仪式结构最为重要，施舟人（Kristopher M. Schipper）称对仪式结构的分析，即是对仪式"句法"（syntax）的分析，或者说是对仪式结构的"形式分析"（formal analysis）。[1]这一分析路径，是了解不同仪式传统之间的交涉与渊源关系的最基本的方法。笔者在探讨礼生引导的民间礼仪与王朝礼仪、士大夫礼仪之间的关系时，就是侧重从仪式结构的角度进行分析和比较的。

其二，仪式与地域社会的关系。尽管仪式的表演主体和传承主体是仪式专家，但许多仪式面对的主要参与者和观众是普通民众。正是通过普通民众的参与和介入，仪式才有可能对地域社会中的社会关系进行建构、重组、强化和再生产。从这一角度看，仪式不仅可以复制、再生产复杂的社会关系，而且有可能建构社会关系[2]——这第二点是我们在讨论礼仪下乡过程时需要特别关注的。正因为如此，一种新的仪式（如士大夫祭祖礼仪）的传入，更多不是复制和再生产某种社会关系，而很可能是在建构或重组某种社会关系，或是缔造某种社会群体。从这种意义上说，"仪式研究，实为社会研究"[3]。

---

[1] Kristopher M. Schipper, "An Outline of Taoist Ritual," in Anne-Marie Blondeau and Kristopher Schipper, eds., *Essais sur le Rituel*, III, Louvain-Paris: Peeters, 1995, pp. 108, 97.
[2] 克利福德·格尔兹（Clifford Geertz）认为，宗教的重要性，在于它不仅是社会世界的投射（model of），还提供了观察、介入世界、投身社会实践的蓝图（model for），参见 Clifford Geertz, "Religion as a Cultural System," in Clifford Geertz, *The Interpretation of Cultures*, New York: Basic Books, 1973, pp. 87-125。跟宗教一样，仪式也具备这两种基本属性。
[3] 王铭铭《从礼仪看中国式社会理论》，载王铭铭《经验与心态：历史、世界想象与社会》，桂林：广西师范大学出版社，2007年，第245页。

上述两种路径，前者侧重处理仪式的结构面向，后者侧重处理仪式的社会面向。本书对礼仪下乡过程的讨论，尝试结合上述两种分析维度。本书第三、四章侧重从第一个维度出发，讨论礼生传承的仪式传统的历史源流。本书第四至九章则侧重从第二个维度出发，讨论儒家礼仪步入四保乡村后如何建构、重组当地的社会关系。只有同时兼顾儒家礼仪的结构面向和社会面向，才有可能对其进行更充分的把握。

本书基本框架

本书的撰写基于笔者对汀州四保地区长达一年多的田野调查。[1]笔者首先详细讨论了礼生及其礼仪文本。作为处理家庭和社区仪式的专家，礼生自明清以来就在四保社会和象征生活中扮演着重要角色。他们的文本触及四保社会的经济、社会特别是宗教面向，是明清四保社会文化变迁的重要见证。在考察礼生及其文本之后，笔者将讨论宗族、乡约和某些地域崇拜如何在四保乡村世界出现。本书将重构这些制度成为四保社会的组成部分的历史过程。

本书分为五个部分。第一部分（第一、二章）介绍本书的理论与方法，论述汀州和四保地区的生态和历史背景，概要介绍本书各个板块讨论的主题。第二部分讨论礼生及其礼仪和礼仪文本。第三、四、五部分分别重构跟礼生及其礼仪密切相关的三个重要社会文化史过程：宗族建构、乡约的推行和地方神庙网络的形成。最后一章概括本书基本看法，讨论其理论意涵。

第二部分（第三、四章）探讨礼生及其礼仪和文本。礼生起源

---

[1] 1995年11月，笔者作为包筠雅（Cynthia Brokaw）的研究助理进入这个社区。从1995年冬至1996年夏，我们共在当地工作了超过两个半月。2001年8月，笔者重访这个社区。从这个月起至2002年8月，笔者在当地进行了七个多月的调查。从2004年起，笔者多次回访这一地区，总时长达两个月以上。

于在朝廷礼仪中引导礼仪的仪式专家，其历史可追溯至西汉时期（前206—8）。他们在丧礼、祭祖和社区打醮等仪式中扮演着重要角色。他们还引导乡约礼仪，并与道士、和尚等仪式专家一道表演仪式。礼生留下的不少文本内容很丰富，涉及礼仪表演、社会事务和物权交易等诸多事项。通过比较仪式结构可知，礼生引导的仪式与王朝礼仪、士大夫礼仪在结构上非常相似。不过，他们表演的仪式跟当地道士和其他仪式专家表演的仪式也有一定关联。这些相似性表明，他们是居间于官方宗教、地方宗教和其他宗教传统的重要礼仪中介。

第三部分（第五、六章）讨论了四保的宗族建构过程及其影响与局限。15世纪前中期起，在几个曾担任朝廷命官的四保士绅的发起组织下，四保地区开始修建富丽堂皇的祠堂，编纂书面族谱。至16世纪末17世纪初，一群来自其他村落的下层官吏和士绅跟随其后，开启了本族的收族行动。18世纪，四保小族也开始启动收族实践。截至18世纪末，几乎所有四保父系亲属群体都成为宗族组织，宗族在当地普及了。我们可以从两个方面考察这一社会文化过程的影响。一方面，宗族的发展改变了祭祖的形式，强调对远祖的崇拜与祭祀，为大规模社会组织的建构提供了基础。宗族建构还给阶级结构带来影响，改变了建立于土地占有基础上的精英支配模式。另一方面，宗族建构过程也有若干局限。尽管18世纪四保成为宗族社会，不过不同的亲属群体可能对宗族具有不同的想象，有时连士绅自身也没有追随"士绅"文化预设的模式。

第四部分（第七章）重构了乡约进入四保社会的过程。作为明清时期一个重要的乡村制度，乡约也源自理学家的思想。晚明乡约大行其道，也就是在这一时期，乡约进入四保乡间。上保约是现存史料最为丰富的四保乡约。它出现于16世纪末，是由四保盆地边缘的几个小村建立的，其间经过几次改组，一直存续至20世纪初。这一组织创建的最初动机，是为了对付来自附近土匪和四保盆地中的强族的侵扰。这一乡约不仅发挥普通乡约的功能,如讲解《圣谕》和调解纠纷,还参与水利工程修护、神明祭祀筹办、新墟开设等公共事务。这一个案揭示了当地村民如何操控朝廷象征以服务于自身目的。它还显示了当前乡约研究的局限,提醒我们不要过度强调乡约与朝廷和理学话语之间的关联。

第五部分(第八、九章)讨论的主题是地方宗教。四保寺庙可分为三个历史层级:邹公信仰、社公和厉坛信仰及明中叶以后传入的神明信仰。邹公信仰的历史扎根于四保乡土,其渊源可追溯至明代以前。在当地若干传说中,邹公生前的法师面向被频频提及,不过在明代以前,他就已成为地方神。后经几位地方精英的多次改造,自晚明至清初,邹公被重新定义为杰出士大夫。同时,随着书面族谱的修撰,邹公被纳入当地邹氏的谱系,成为当地三个亲属组织的始祖。这一公共象征的"私有化",带来一系列反应,几乎影响到当地每个继嗣群。明初,作为帝国乡村统治制度的一个有机部分,社坛和厉坛被引入四保。从明中叶开始,当宗族/村落开始建立自身的社坛时,社公从意识形态控制的象征,转化为地域或会社崇拜的焦点。这一部分还讨论了四保地区流传的几个社公传说,揭示了这个帝国的关键象征在四保的际遇。第三组信仰是在明后期尤其是18世纪才被引入四保的。这些流行于全国或区域的神明的兴起,跟村落意识的兴起和社会的日益商业化有关,代表了尝试划清社区边界的一种诉求。这种村庙的兴起,和社坛、厉坛的分化一样,是笔者所说的"寺庙进村"的主要环节,显示了神庙与村落开始结合的新趋向。四保地方宗教的发展,显示了宗族与村落、继嗣群和地域信仰、经济与宗教及地方文化与上层文化之间的复杂互动。

总而言之,本书的研究显示了明清社会文化过程的复杂性。笔者揭示了从精英主义视角分析地方文化的局限,这种视角关注地方文化如何被上层文化征服和取代。跟这种"国家整合"观或"士绅化"观相比,笔者认为文化合成,亦即来自不同文化传统的要素合成为不断变动的新文化体的过程，是探讨明清文化的再生产和转型更有效的概念工具。

主要史料

在中国地方史领域，近三四十年的一个重要趋向是，对族谱的研究逐渐取代了方志研究的重要性。这不足为奇，因为族谱往往提供了有关县级以下经济、社会和文化的更为详尽的信息。现存汀州方志甚多，其中几部质量颇高，信息量大。它们提供了官方制度和地方行政演进的最为重要的地方性史料。不过在多数情况下，方志对地方宗教的记载甚为简略，几乎很少提及宗族、村落等非官方的社区、会社和组织，在这一方面，族谱是不可或缺的。

作为一部研究县级以下地域空间的著作，本书的基本史料是四保地区宗族编纂的族谱。幸运的是，尽管不少地方的族谱在1949年后的政治运动中遭到焚毁，但几乎每个四保宗族的族谱都完好无损地逃过了各种政治劫难。在四保调查过程中，我搜集到近30部族谱，有的存放在祠堂，有的由私人保管。这些族谱记载了乡村生活几乎每个重要侧面。不过，在学界族谱的名声并不太好，歪曲、篡改事实在族谱中时有发现。正如让·范西纳（Jan Vansina）指出的，族谱"位居现存最复杂的资料之列"。族谱既是"分类系统"，"在世界范围内被广泛用于推算祖源"，也是"社会宪章"，"将群体之间的关系合法化"。[1]然而，正是由于这一"缺陷"，被篡改的族谱如果谨慎加以利用，有时可以为理解地域社会提供饶有趣味的洞见。

笔者也充分利用了礼生所编的礼仪文本，这些出自礼生之手的文本，为了解礼生引导的礼仪及其进入乡村的历史提供了无法替代

---

[1] Jan Vansina, *Oral Tradition as History*, Madison: University of Wisconsin Press, 1985, p. 182. 范西纳在此讨论的是口头族谱而非书写族谱。不过他的评论也同样适用于书写族谱。

的信息。(有关这种史料的性质,笔者将在第四章详加讨论。)本书也利用了账簿、分关和地方档案。在过去近20年时间里,笔者搜集、解读了20多种账簿。这些账簿提供了有关祖先崇拜、神明信仰、土地买卖、借贷关系和书籍贸易等活动的详细信息。分关是另一种值得注意的史料。笔者在四保搜集到20多种分关。这种文献提供的信息不仅涉及亲属组织,在不少四保分关中,还记载了翔实可靠的印刷业和民间结社信息。至于地方档案,其价值很久以来就为学人所关注。不过也许由于政治原因,只是到20世纪80年代以后,史学工作者才开始利用20世纪50年代初的土改档案,来了解中华人民共和国成立之前的土地分配状况。姑且撇开档案中的政治话语不论,土改档案不仅给我们提供了土改前夕经济不平等的具体图景,而且生动地描述了乡民和干部之间在社会公正和道德平等等方面经常发生的冲突。这些文献资料为讨论地方制度的历史演变提供了可能。

为了理解社会结构和地方文化,笔者还在四保调查期间,致力于搜集口述史料,观察仪式表演。这些资料丰富了上文提到的文献史料。比如,口述史提供的重要信息包括晚清民国时期的定居传说、地方保护神、宗族关系及其他社会、象征生活。这类史料的缺陷是众所周知的,我们必须谨慎加以利用。具体来说,我们访问的每个个体,或多或少都从自身所属的社会群体出发讲述地方史。因此,利用其他史料来验证其说法是非常重要的。礼仪表演对于我们理解地方史的重要性是无法否认的。它们提供的信息包括礼生与道教之间的关系、社区结构和乡民世界观等。笔者观察了四保的生命周期礼仪、年节仪式、打醮和其他仪式,第三、四章将介绍其中一些仪式。从这些仪式中笔者得到的一个教训,是认识到对地方文化进行精英主义解读是有局限的,因此有必要从其他视角来探讨地方文化。

第二章　汀州和四保：在政治边缘营造文化中心

四保所在的汀州，是王朝国家控制和儒家文化精英分布都较为薄弱的僻远山区，历史上盗寇出没，一度是畲民的聚居地。四保也不例外，直到17世纪中叶印刷出版业兴起后，当地的社会文化景观才开始改观。经由其生产的特种商品——书籍——和所从事的书籍贩卖生意，四保商人直接、间接地受到王朝国家和文化精英的政治、文化影响，而这为礼生的出现与礼仪文本和儒家礼仪进入这一地区提供了不可或缺的土壤。

汀州：盗匪、族群与国家

汀州地处中国东南省份福建的西部山区。福建以山多地少闻名，其中汀州的地形对人类活动来说可能最具挑战性。低山、丘陵、台地和河谷在这一地区都有广泛分布。低山和丘陵分别占本区土地总面积的40%和35%以上。可耕地仅占5%—10%，这一比重在全省各区是最低的。这一复杂地形，形成了众多的山间小盆地。统计表明，闽西有小盆地100余个，大部分盆地的面积不足10平方公里。[1]这些盆地是当地的经济、社会、文化和政治活动中心。汀州是闽江、九龙江和汀江的发源地，它们分别流向东北、东南和西南，将汀州和福州、厦门、潮州及沿海地区的其他城市联结起来。

---

〔1〕童万亨主编《福建农业资源与区划》，福州：福建科学技术出版社，1990年，第247页。

在施坚雅（G. William Skinner）的宏观经济区（macroregion）分析模型中，汀州属于东南沿海宏观经济区。[1]这一区域北起浙南的瓯江流域，南及粤东北的韩江流域。由于汀江将汀州与粤东北连为一体，施坚雅将汀州划归韩江区。[2]历史上，汀州与粤东北的潮州府（今潮汕地区）和嘉应州（今梅州市）的关系非常密切，同时，汀州与赣南的联系也不容忽视——它们不但有着密切的经贸关系，而且社会文化的互动也相当频繁。三区在地理上连成一片，并拥有不同于周边地区的相对独特的生态、方言、历史联系和族群认同。它们同时联结和分隔了施坚雅所谓的三个宏观经济区：东南沿海，长江中游和岭南。它们属于这些宏观经济区的边缘[3]，远离福州、南昌和广州等区域都会和城市[4]。由于地处僻远山区，这一地区不仅为非汉族族群和外来流民，也为土匪和盗寇提供了藏身之地。

光绪《长汀县志》罗列了长汀历史上出现的各种名目的盗寇：江寇、虔寇、广寇、漳寇、海寇、峒寇、畲寇和盐寇。8世纪初，由于唐王朝的统治力量较为薄弱，这一带成为避难者的天堂。开元二十一年（733）汀州设治后，政府试图登记流民人口，把他们置于控制之下。进入宋代，盐寇不断骚扰汀州乡村，汀州陷入动乱达一个世纪之久。南宋绍定年间（1228—1233），汀州再次发生寇乱，蹂躏乡村20年，给乡村经济和地方政府的财税收入都带来毁灭性打击。朱熹曾抱怨说汀州"路远多盗"，这可谓不无几分理由。[5]

根据光绪《长汀县志》记载，元代汀州发生六次寇乱，其中最

---

[1] 有关中国宏观经济区，参见 G. William Skinner, "Regional Urbanization in Nineteenth-Century China," in G. William Skinner, ed., *The City in Late Imperial China*, Stanford: Stanford University Press, 1977, pp. 211-249, 尤其是 p. 214 地图1。
[2] G. William Skinner, "The Structure of Chinese History," *Journal of Asian Studies* 44.2 (Feb. 1985), p. 277.
[3] 本书的"边缘"包括施坚雅提到的基本特征。不过，除了经济地理学特征外，笔者还考虑到士绅的有限数量和国家行政的有限在场等因素。
[4] 这些宏观经济区的核心地区，参见 Skinner, "Regional Urbanization in Nineteenth-Century China," p. 214, map 1.
[5] 民国二十九年《长汀县志》卷二，页9a。

32　礼仪下乡：明代以降闽西四保的礼仪变革与社会转型

具破坏性的是至正六年（1346）连城人罗天麟、陈积万率领的寇乱，汀州六县在这次寇乱中都受到重创。[1]明代建立后，寇乱稍有停息。不过好景不长，15世纪中叶后，寇乱再次困扰汀州。[2]像福建其他许多地区一样，汀州在邓茂七叛乱（1448—1449）中受到严重打击。尽管一年后叛乱便被镇压下去，但社会动乱并未就此平息。天顺七年（1463）、成化十三年（1477），上杭县城两度沦陷于山寇之手。[3]15世纪末，情况更形恶化。成化二十三年（1487）刘昂率领的叛乱发生后，迅即扩张至数千人，叛军袭击了江西石城、广昌和信丰与广东揭阳等地。[4]另一支盗寇在15、16世纪之交盘踞闽赣边境的大帽山，不断骚扰周边地区。[5]尽管这些寇乱最终被王守仁镇压，但小规模的盗寇还是在嘉靖四年（1525）、嘉靖十九年（1540）、嘉靖二十二年（1543）、嘉靖二十六年（1547）、嘉靖三十六年（1557）和嘉靖三十九年（1560）骚扰汀州地区。[6]其后经历了将近半个世纪相对太平的日子。17世纪二三十年代后，叛乱、山寇和抗租再次爆发，有的地方一直持续至清代中叶。[7]

---

[1] 光绪五年《长汀县志》卷一五，页12b。
[2] 光绪五年《长汀县志》卷一五，页1a—1b。
[3] 民国二十八年《上杭县志》卷一，页7b, 9a。
[4] 民国三十年《武平县志》，武平：武平县志编委会1986年排印本，第7页。
[5] 光绪五年《长汀县志》卷一五，页16a—16b。
[6] 康熙七年《连城县志》，北京：方志出版社1997年排印本，第34—35页；道光九年《清流县志》，福州：福建人民出版社1992年排印本，第385页；康熙二十三年《宁化县志》，台北：成文出版公司1967年影印本，卷七，页52b—53a；民国三十年《武平县志》，第11页；李世熊《寇变纪》，收入余飏等《莆变纪事》，南京：江苏古籍出版社2000年影印本，第1页。
[7] 对宁化寇变的详细记载，参见李世熊《寇变纪》；森正夫《十七世纪の福建宁化县における黄通の抗租反乱》，《名古屋大学文学部研究论集·史学》第20号（1973年），第1—31页；第21号（1974），第13—25页；第25号（1978），第25—65页。并请参考傅衣凌《明末清初闽赣毗邻地区的社会经济与佃农抗租风潮》，收入傅衣凌《明清社会经济史论文集》，北京：人民出版社，1982年，第376页；刘永华《十七至十八世纪闽西佃农的抗租、农村社会与乡民文化》，《中国经济史研究》1998年第3期，第139—150页。对乾隆八年（1743）宁化粮食骚乱的描述，参见中国人民大学清史研究所、档案系中国政治制度史教研室编《康雍乾时期城乡人民反抗斗争资料》，北京：中华书局，1979年，第576—578页。对清代中叶闽西赣东南地区天地会的讨论，参见David Ownby, *Brotherhood and Secret Societies in Early and Mid-Qing China: The Formation of a Tradition*, Stanford: Stanford University Press, 1996, pp. 126-144。

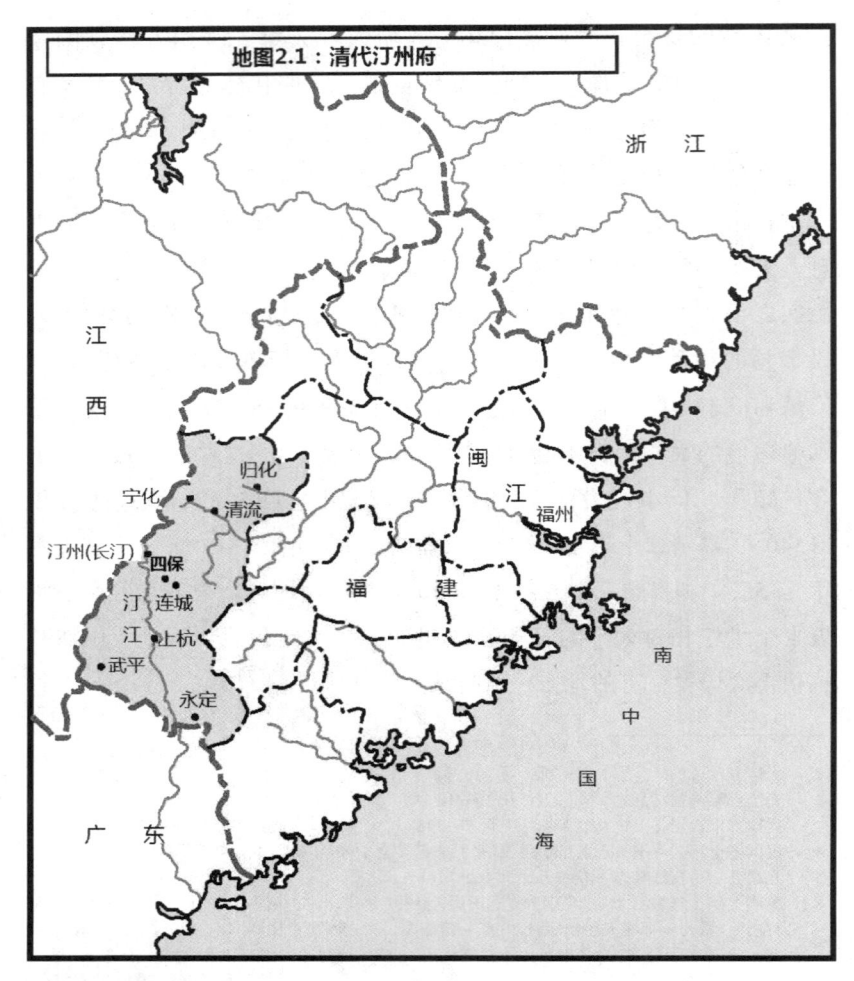

地图 2.1 清代汀州府

　　历史上的汀州不仅一度是盗寇出没之地，还是畲族和客家的聚居地。最近对福建早期历史的研究表明，在移民相继进入汀州，成为后来所谓的"客家"之前，闽、赣、粤毗邻地区原本是百越人聚居地。西汉控制这一地区之后，这些原住民据说被政府迁移至江淮地区。不过那些留在当地的土著，在唐宋时代逐渐演变为今日的畲族。[1]畲民通常被视为瑶民的分支，是山地民，以狩猎和刀耕火种的农业为生。[2]这些人很可能就是唐宋文献中提到的"峒蛮"或"洞蛮"，他们曾于唐乾宁四年（897）包围汀州。[3]南宋绍熙年间（1190—1194），上杭等地的峒蛮同时发难、寇首被政府捕获后，寇乱才平息下去。畲民可能还参加了绍定寇乱。根据方志记载，绍定三年（1230）二月，汀州、赣州、吉安、建昌等地峒蛮揭竿而起，骚扰整个地区。[4]

在蒙古铁骑征服华南之前，在陈吊眼、许夫人的统率下，"诸洞畲军"曾援助张世杰进攻泉州。[5]这一事件的有趣之处是，它明确体现了汉民与畲民之间的合作。在南宋灭亡前，忽必烈（1215—1294）曾下令，凡漳州、泉州、汀州、邵武及"八十四畲"愿意归顺者，地方官将得到提拔，而老百姓则会平安无事。[6]元代灭亡后，畲民跟匪寇的关系似乎有所减弱。嘉靖六年（1527）广西发生叛乱后，来自汀州和赣州的一支"畲兵"甚至被派往广西镇压叛乱。[7]这一转变背后的原因可能是，随着与汉族接触日益频繁，畲汉之间的族群界限日益模糊。晚明的文献显示，浙南棚民多来自汀州，作者解释说，棚民"一曰畲民，汀上杭之贫民也"。[8]光绪《长汀县志》

---

[1] 蒋炳钊《畲族史稿》，厦门：厦门大学出版社，1988年，第66—75页。
[2] Sow-Theng Leong, *Migration and Ethnicity in Chinese History: Hakkas, Pengmin, and Their Neighbors*, Stanford: Stanford University Press, 1997, p. 31; Herold J. Wiens, *Han Chinese Expansion in South China*, New York: Shoe String Press, 1967, p. 276. 对闽粤赣毗邻地区畲族相关史料的最新讨论，参见 Chan Wing-hoi, "Ethnic Labels in a Mountainous Region: The Case of She 'Bandits'," in Pamela Kyle Crossly, Helen F. Siu, and Donald S. Sutton, eds., *Empire at the Margins: Culture, Ethnicity, and Frontier in Early Modern China*, Berkeley and Los Angeles: University of California Press, 2006, pp. 255-284.
[3] 民国二十九年《长汀县志》卷二，页2a。
[4] 民国二十九年《长汀县志》卷二，页9a。
[5] 民国二十九年《长汀县志》卷二，页10b。并参见 Jao Tsung-i, "The She Settlements in the Han River Basin, Kwangtung," in F. S. Drake, ed., *Symposium on Historical, Archaeological, and Linguistic Studies on Southern China, Southeast Asia and Hong Kong Region*, Hong Kong: Hong Kong University Press, 1967, p. 102.
[6] 宋濂等《元史》卷一〇，北京：中华书局，1976年，第211页。
[7] 张廷玉等《明史》卷三一八，北京：中华书局，1987年，第8249页。
[8] 熊人霖《南荣集》卷一二，页39a—39b，崇祯十六年刻本。

在评论清初一条史料时指出，畲民文化可能曾与汉族颇不相同，但在清朝持续的教化政策影响下，两者的差距已经很小。[1]

畲民与其他非汉族族群的因素，对理解汀州文化史至关重要。客家人自称来自中原。应该说，今日被称为客家的民系，不能说与中原毫无渊源。不过，从不少证据看，他们与畲民之间的关系相当密切，很值得我们注意。比如，法名、郎名和数字命名的习俗，不仅一度盛行于客家地区，也流行于瑶民、畲民中间。从15、16世纪开始，这类名字逐渐在客家族谱中消失，但这一习俗在20世纪的瑶、畲族群中仍很常见。[2] 口头传说也显示，某些社群有祭祀盘瓠习俗，这是畲族最重要的文化遗产之一。四保一位老人曾跟笔者讲过一个传说，四保林氏就曾祭祀过盘瓠。据说林氏曾是大族，经常欺负邻村的邹姓。邹姓不堪欺凌，就谋划了血腥的报复计划。某年除夕深夜，待到所有林姓入睡后，邹姓溜进他们村子，锁上所有房门，然后点燃所有柴火。所有林姓及其牲畜都被烧为灰烬，除了一个妇女和一条狗。为维持其丈夫的香火，妇女与狗同居，生下一个男孩，这个男孩就是后来林姓的祖先。[3] 这个传说本身可能纯属杜撰，但林姓曾崇拜盘瓠的可能性很大。另有若干证据显示，某些乡村还祭祀开天辟地的英雄盘古。在四保西部的小山村萧屋岭，萧氏举行请神仪式时，要唱《盘古歌》。劳格文认为，这一习俗"几乎确切证明了萧姓源自畲族"，另一个证据是，直到最近，当地人都不吃狗肉，这也从侧面显示了他们跟

---

[1] 光绪五年《长汀县志》卷三三，页 2b—3a。
[2] 参见 Jacques Lemoine, *Yao Ceremonial Paintings*, Bangkok: White Lotus, 1982, p. 24；中国少数民族社会历史调查资料丛刊福建省编辑组编《畲族社会历史调查》，福州：福建人民出版社，1986年，第 17—18、37、267、291—292 页；Chan Wing-hoi, "Ordination Names in Hakka Genealogies: A Religious Practice and Its Decline," in David Faure and Helen F. Siu, eds., *Down to Earth: The Territorial Bond in South China*, Stanford: Stanford University Press, 1995, pp. 65-82。
[3] 这一传说的简短版本，参见余丰：《传统与嬗变：地方社会转型中的宗族与民间信仰——以闽西客家桂龙乡为例》，厦门大学硕士学位论文，2001年，第 29—30 页。艾伯华（Wolfram Eberhard）指出，盘瓠神话"是瑶族部落的特征"，参见 Wolfram Eberhard, *The Local Cultures of South and East China*, Leiden: E. J. Brill, 1968, p. 50。

畲族的密切关系。[1]因此，汀州历史上不仅是政府难以控制的地区，而且也是非汉族族群显示度较高的地区。这些社会文化因素，是地方官行使行政职责和推行教化的基本背景。

中央朝廷对汀州的军事、政治和文化控制，发端于东汉时期，不过只是到了8世纪二、三十年代，才对这一地区实行较为直接的控制。汀州设置于开元二十一年，下辖长汀、宁化、龙岩和沙县。[2]北宋时期，龙岩和沙县割与邻州，而上杭、武平、清流和连城分别于淳化五年（994）、元符元年（1098）和绍兴三年（1133）先后设县并置于汀州辖下。[3]朝廷还在汀州设置了六个指挥和十二寨，不过成效不佳。[4]同样，明代在汀州设置一卫五所，驻军约五千之众。[5]平定邓茂七叛乱后，朝廷在汀州新设二县，分别命名为"归化"和"永定"，[6]从县名看，设县意图是显而易见的。为更有效地控制闽西南地区，成化六年（1470）设置漳南道，直接统筹汀、漳二州的军事行动。弘治元年（1488），又在上杭设置兵备道。[7]正德四年（1509），为对付15、16世纪之交闽粤赣边区的"山寇"，在赣州设置南赣巡抚，其主要职能是协调赣南、闽西南、粤东北和湘东南地区的军事行动，同时兼顾地方行政。[8]王守仁主要借助这一制度，成功平定了这一带的寇乱。不过即使南赣巡抚也无法根绝这一带的社会动乱。

因此，尽管中央朝廷早在8世纪就开始将汀州置于直接控制之

---

[1] John Lagerwey, "Of Gods and Ancestors: The Ten-Village Rotation of Pingyuan Shan," *Minsu quyi* 137 (Sept. 2002), p. 124.
[2] 《永乐大典》卷七八九，台北：世界书局1977年影印本，页12a。
[3] 四县之中，上杭和武平于淳化五年同时设县。
[4] 《永乐大典》卷七八九二，页27a—29b。
[5] 嘉靖六年《汀州府志》卷八，页3a—3b，天一阁明代方志选刊续编本，上海：上海书店1990年影印本。
[6] 乾隆十七年《汀州府志》卷二，页4a；民国二十八年《上杭县志》卷一，页9b—10a；乾隆十七年《汀州府志》卷二，页5b。
[7] 民国二十八年《上杭县志》卷一，页10b、8b。
[8] 民国二十八年《上杭县志》卷一，页11a；光绪五年《长汀县志》卷一五，页16a—16b。对南赣巡抚的讨论，参见唐立宗《在"盗区"与"政区"之间：明代闽粤赣湘交界的秩序变动与地方行政演化》，台北：台湾大学出版委员会，2002年。

下,至少就军事控制与地方行政而言,它在这一边缘地区的力量一直不够强势。换句话说,从朝廷管治的角度看,在这一自然条件恶劣、盗匪啸聚、非汉族族群出没的地区,詹姆斯·斯科特(James C. Scott)所说的"国家空间"(state space),即使到了本书讨论的明清时代,其范围也是相当有限的。[1]只是进入18世纪以后,主要在地方精英的努力下,国家空间才出现了某种拓展之势,而本书讨论的礼仪下乡过程,乃是国家空间拓展的一种重要途径。

正因为如此,汀州不仅在经济地理学上是个边缘地区,在政治的意义上说也是如此,而这都影响到汀州的社会文化及其与王朝的关系。明清汀州的边缘地位,还可从科举功名的角度窥见一二。和福建沿海各府相比,汀州府的科举不可同日而言(参见附录一)。明清时期,汀州的进士数分别为50名和84名,与沿海地区相差甚远。根据何炳棣的统计,明清时期福州府分别考取654名和723名进士,而明代泉州、兴化分别有进士627名和524名。罗友枝(Evelyn S. Rawski)的统计显示,1513年至1541年间,福州考取进士112名,兴化112名,泉州65名;1549年至1601年,福州考取103名,兴化90名,泉州237名,漳州137名。[2]同期汀州仅分别考取2名和5名。考虑到进士在稳定社会秩序和教化方面起到的重要作用,汀州这一群体甚为单薄是值得注意的。

四保:从边缘营造核心

四保是位于长汀、清流、连城和宁化四县交界处的一个村落群。

---

[1] James C. Scott, *The Art of Not Being Governed: An Anarchist History of Upland Southeast Asia*, New Haven: Yale University Press, 2009, pp. 40-63.

[2] Ping-ti Ho, *The Ladder of Success in Imperial China: Aspects of Social Mobility, 1368-1911*, New York: Columbia University Press, 1962, pp. 245-248; Evelyn S. Rawski, *Agricultural Change and the Peasant Economy of South China*, Cambridge, Mass.: Harvard University Press, 1972, p. 89.

明清时期，四保包括大小近70个村落，包括长汀四保里44村，清流四保里22村，外加连城北安里和宁化会同里的几个村落（参见附录二）。[1] 从南宋开始，长汀和清流均设四保里。[2] 它们构成今日四保聚落的主体。20世纪50年代初，长汀四保里的主要村落划归连城县管辖。因此，从今日的行政区划看，四保主要由连城四堡乡、清流长校镇和里田乡以及长汀馆前镇、童坊乡的部分村落构成。2002年，这一地区的总人口约42000人。[3]

四保盆地是四保人口聚居地。这是一个南北走向的狭长山间盆地，南北约长15公里。盆地东起鳌峰山，西部是低山、丘陵，南北两端逐渐收缩，成为一个船形的盆地。四保盆地的西部和东北散布着一些小村，但主要人口集中于盆地中心，尤其是盆地中段地带（参见地图2.2）。盆地北段有小河北流注入闽江支流沙溪，南段则有小河南流注入汀州支流，不过两者均无法通航。四保和外界的交流主要靠陆路。过去有官道贯穿四保盆地，将四保与南部的连城和北部的宁化、清流联结起来。民国时期近代公路竣工后，这条官道的重要性才被公路取代。对明清四保商人而言，这条驿道不仅提供了相对便利的交通条件，而且带来了经济契机。汀州府城是这一地区的经济、政治与文化中心，但四保前往汀州城的交通状况不太理想。即使抄近路，四保民众也得徒步60公里才能抵达汀州城。再者，这条路的路况也不佳，必须穿越盆地西边的低山、丘陵，据说这里土匪出没无常。可能由于这些原因，20世纪50年代初土改时，原属长汀县的大部分四保村落，被划归连城县管辖。

尽管四保乡村分属不同县份管辖，但当地地域认同较强。当问

---

[1] 长汀四保里村落，参见光绪五年《长汀县志》卷二，页3a—3b。清流四保里村落，参见道光九年《清流县志》，第36页。至于连城和宁化哪些村落属于四保，我们获得的信息较少。不过四保报道人认为，连城焦坑、到湖、大坑源（均在今北团镇）和宁化的助背岭（在今治平乡）过去一般自称四保人。

[2] 这一数据主要基于当地民众的估计。

[3] 《永乐大典》卷七八九〇，页7a—7b。

及"你是哪里人"时,通常得到的答案不是"我是连城人"或"我是清流人",而是"我是四保人"。[1]这种认同的出现有几个原因。四保有相对独特的方言,据称属客家方言,不过其口音与清流、宁化、长汀和连城差别不小,尽管它们均属客家话系统。比如,四保人基本上听不懂连城话,连城人也只能听懂二三成四保话。这种口音差异可能在四保认同的建构中起了一定作用。四保人,尤其是那些生活于四保盆地中心的四保人,对其习俗与周边地区的差异有具体而微的认识。他们谈到宁化婚俗时就会忍不住发笑,因为宁化女子出嫁时,新娘是由其兄弟背出大门的。他们也知道,虽然四保人的聘金高于连城人,但后者逢年过节必须给丈人送大礼。习俗不同引起的争吵,有时甚至导致家庭破裂。笔者在当地还了解到,过去四保人在外经商时,常常自称"四保峒的"。所谓"峒",应即汀州早期地名中经常出现的"峒"。根据晚清长汀举人杨澜的说法,"峒者,苗人散处之乡"[2],亦即非汉族族群聚居之地。这再次提醒我们注意四保与非汉族族群之间的密切关系,也从侧面为这一地区相对独立的地域认同提供了解释。

  根据其规模、位置和聚居史,四保村落可大致分为三种类型。位于四保盆地中心地段的,是超出3000人的大型单姓村,他们据说定居于南宋末。雾阁、马屋、江坊和长校可归入此类。第二类是位于盆地周边的村落,包括双泉、上保、枧头、彭坊等。这些村子人口在1000人至3000人之间,通常也是单姓村,其定居史也可追溯至南宋。大多数四保村落属于第三类,其人口自数十到数百人不等,通常位于大族周边或僻远山间。他们定居四保的时间,通常不早于14世纪。黄坑、张坑、严屋、黄石坑就是这类村落的代表。因

---

[1] 一位四保人指出,这一带的民众认为不同行政归属并不重要,参见邹日昇《中国四大雕版印刷基地之一:四保——浅谈四保雕版印刷业的盛衰》,《连城文史资料》第4辑(1985年5月),第104—105页。
[2] 杨澜《临汀汇考》卷一,《方域考》,页14a,清刻本。

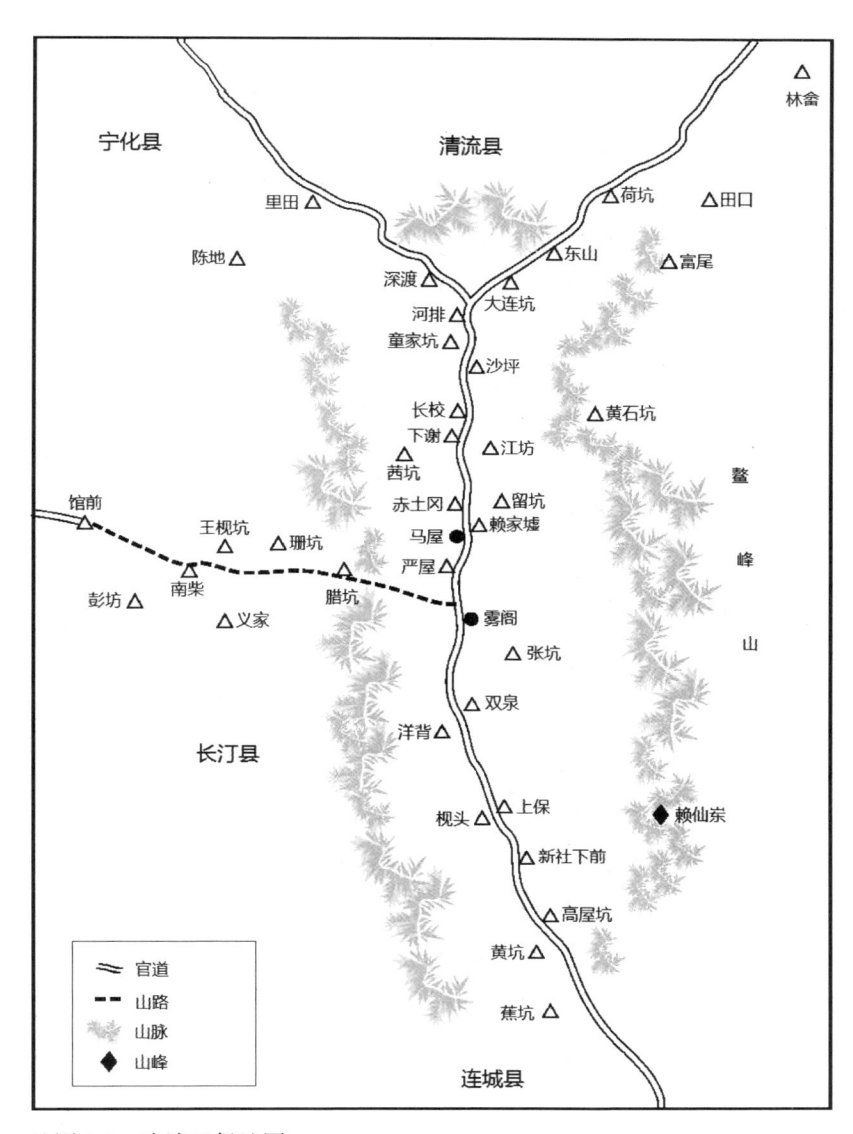

地图 2.2　晚清四保地图

此，明清时期四保几个大族和中等规模的宗族，应该是在明代以前就已来此定居。明代建立后，他们被编入里甲系统，成为编户齐民。[1]我们知道，里甲不仅是征收赋役的制度，且有一定社会文化内涵。进入里甲系统，意味着可以买卖土地，参加科举考试，还意味着这户人家属编户齐民，而非不纳税粮的"无籍之民"或"化外之民"。[2]这后一种意义对四保人也许特别重要。不管原先族群归属为何，他们已被纳入里甲系统。明清四保经历的所有重要的社会文化变迁，都是在这一体系之内发生的。

在明清四保社会文化转型中，印刷出版业扮演着非常重要的角色。[3]四保印刷出版业的兴起，最晚可追溯至17世纪六七十年代。[4]这一行业在这个相对偏远地区的兴起，一个主要原因是当地出产印刷业所需的大多数原材料。[5]再者，明中叶以降闽北建阳印刷出版业的衰落，也可说为四保印刷出版业的兴起提供了契机。[6]

18世纪至19世纪初，四保印刷出版业进入黄金时代。从17世纪末开始，在长达一个多世纪的时间里，最早进入这个行业的雾阁村和马屋村，成为四保印刷出版业中心。两村民众经营的书坊数量

---

[1] 参见孝思堂《马氏大宗族谱》，五集，第2页，1993年铅印本；敦本堂《范阳邹氏族谱》卷一，页6b，民国三十六年木活字本。
[2] 参见郑振满《明清福建家族组织与社会变迁》；刘志伟《在国家与社会之间：明清广东里甲赋役制度研究》，广州：中山大学出版社，1997年；Szonyi, *Practicing Kinship*, pp. 71-72.
[3] 对四保印刷出版业的讨论，参见邹日昇《中国四大雕版印刷基地之一：四保——浅谈四保雕版印刷业的盛衰》；陈支平、郑振满《清代闽西四保族商研究》，《中国经济史研究》1988年第2期，第93—109页；Cynthia Brokaw, "Commercial Publishing in Late Imperial China: The Zou and Ma Family Businesses of Sibao, Fujian," *Late Imperial China* 17.1 (June 1996), pp. 49-92; Cynthia Brokaw, *Commerce in Culture: The Sibao Book Trade in the Qing and Republican Periods*, Cambridge, Mass.: Harvard University Asia Center, 2007.
[4] 敦本堂《范阳邹氏族谱》卷三四，页9a，民国三十六年木活字本；同时参见Brokaw, "Commercial Publishing in Late Imperial China," pp. 55-56; Brokaw, *Commerce in Culture*, pp. 79-84。
[5] 邹日昇《中国四大雕版印刷基地之一：四保》，第105页；Brokaw, "Commercial Publishing in Late Imperial China," pp. 52-53; Brokaw, *Commerce in Culture*, pp. 94-96。
[6] 对建阳印刷出版史的讨论，参见Lucille Chia, *Printing for Profit: The Commercial Publishers of Jianyang, Fujian (11th-17thCenturies)*, Cambridge, Mass.: Harvard University Asia Center, 2002。

剧增。17世纪末，四保有超过13家书坊，其中马屋8家，雾阁5家。从18世纪至19世纪初，大约创建书坊46家，其中雾阁31家，马屋15家。[1]另有一些书坊散布于其他乡村。严屋、上保和枧头均至少有1家书坊和若干书商。[2]每年元宵节前后在四保举办书市，来自江西、湖南、广东和广西的书商齐聚四保进货。[3]

四保出版商不仅把书籍批发给前来四保的外地书商，还在南中国各地建立了自身的书籍销售网络，直接介入书籍贸易。根据杨澜的说法，四保全乡"皆以书籍为业"，"家有藏板，岁一刷印，贩行远近"。四保书商活跃于各地，"城市有店，乡以肩担，不但便于艺林，抑且家为恒产，富垟多藏"。[4]一如包筠雅指出的，四保出版商建立的销售网络给人深刻印象。尽管大多数书商主要在客家聚居的闽粤赣边境地区贩书，但有些书商的足迹北抵湖北武昌，南及广东南端，东达苏州，西至西南，甚至远及南洋各地。[5]

四保出版了何种书籍？包筠雅将四保印刷书分为三大类型：（一）教育类，（二）指南类，（三）文艺类。在这些类型中，第二类与本书主题最为相关。这一类型的书籍包括日用类书和礼仪指南、医药书、通书、风水和占卜书籍与善书[6]，其中就有与儒家礼仪密切

---

[1] Brokaw, *Commerce in Culture*, p. 86. 吴世灯对这一时期书坊数的估计要高得多：马屋53家，雾阁20家，共计73家。参见吴世灯《清代四保刻书业调查报告》，《出版史研究》第2辑（1994年），第136页。
[2] 有关严屋的印刷出版业，参见邹日昇《中国四大雕版印刷基地之一：四保》，第147页。有关上保的印刷出版业，参见敦敬堂《范阳邹氏族谱》卷一五，《兆化公传》，页1上，民国三十五年木活字本。上保的一位村民曾在广东贩书，参见敦敬堂《邹氏族谱》卷一五，《世赞公七代事实》，页1a，民国三十五年木活字本。有关枧头的印刷出版业，参见宣统元年木刻本《义方训子》扉页。几位清代枧头吴氏族人曾外出版书，参见睦本堂《吴氏族谱》卷八，《际善宗翁老先生大人传》，页1a，光绪二十五年上祠木活字本；睦本堂《吴氏族谱》卷八，《旺生宗翁老先生大人传》，页1a，光绪二十五年上祠木活字本；敦善堂《吴氏族谱》卷一，《金林公夫妇暨令嗣季任公季仰公季仕公季儒公季使公季杰公季仁公总序》，页1b，光绪二十五年下祠木活字本。
[3] Brokaw, "Commercial Publishing in Late Imperial China," p. 58.
[4] 杨澜《临汀汇考》卷四，页8a。
[5] Brokaw, "Commercial Publishing in Late Imperial China," p. 76; Brokaw, *Commerce in Culture*, p. 194.
[6] Brokaw, *Commerce in Culture*, chaps. 10-12.

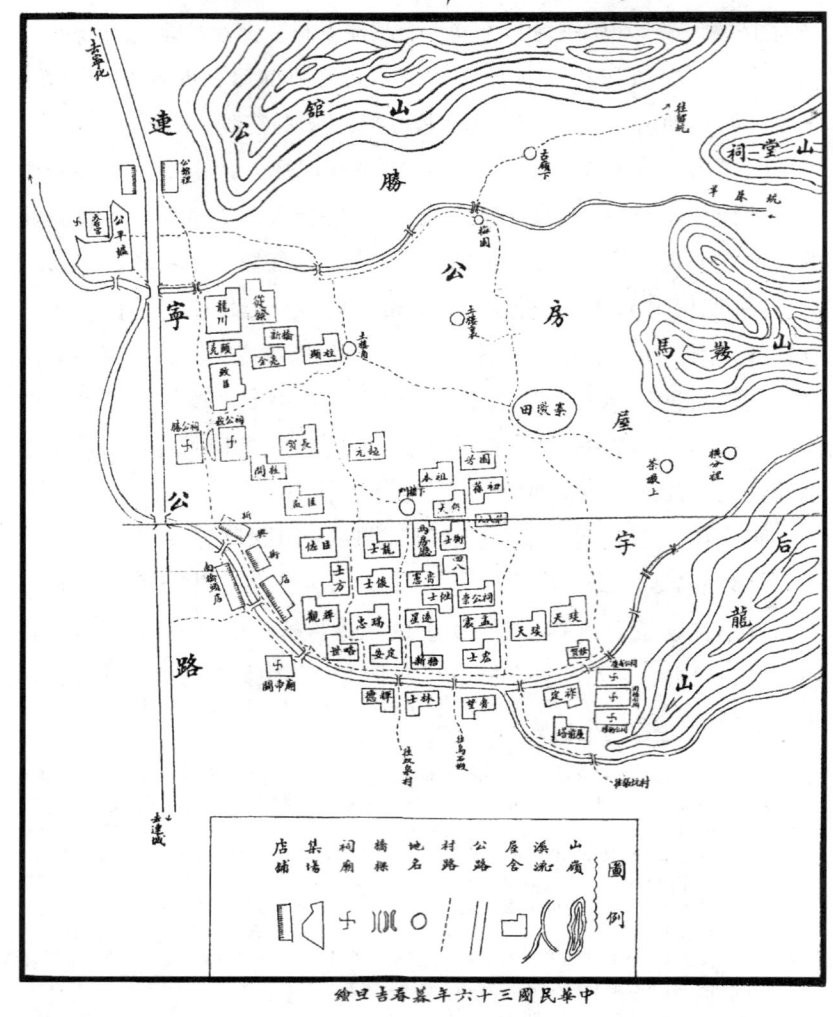

地图 2.3　民国时期的雾阁

图 2.1　四保雕版（刘永华摄）

相关的书籍，这些书籍可归入两小类：应酬类和家礼类。前者大体属日用类书，内容丰富，通常包括家礼；后者则包括冠、婚、丧、祭等礼仪，其主体内容与《家礼》相似，其中一本即为《家礼》一书（书名为《文公家礼》）。在晚清四保出版商的一份书名清单中，列入礼仪类的书籍有 15 种，其中应酬类占 11 种，家礼类占 4 种。在这些书籍中，值得注意的有应酬类的《酬世续编》《酬世精华》《酬世探囊》《酬世便览》《应酬四六新编》《酬世宝要》《酬世八珍》和家礼类的《文公四宝》《家礼集要》等书。

这些书籍跟本书讨论的乡村礼仪有关。作为日常礼仪的指南，这些书籍为礼生提供礼仪知识，并多少影响了后者的礼仪手册（参见第四章）。其中一些重要书籍是由四保文人编纂的。比如，《酬世锦囊》是清代中后期广为流传的一部日用类书，其编纂者邹廷猷（号可庭，1715—1803）及其次子邹景扬（1744—1809）是四保雾阁人，前者是位监生，曾编纂多种书籍，后者则是个武举。全书共分为五个部分，第二部分题为"家礼纂要"，收录了邹廷猷及其亲友撰写的一些文字，其中若干文字很明显是为举行礼仪撰写的。[1]

跟本书主题相关的另一类书籍，是堪舆、占卜指南和通书。在吴世灯列举的四保书中，这一类书籍共42种，如果扣除误认的3种，共有39种。[2] 在这类书籍中，与本书主题关系最密切的，当数历法类书籍，共有7种，其中5种是通书，这是礼生在挑选日子时必须参考的书籍（参见第三章）。[3] 历史上四保可能印刷出版过800多种典籍，其中不少跟朝廷礼仪和士绅文化有关。大量书籍的出版，意味着不少四保民众，至少是那些能识文断字的人，有可能受到士绅文化的影响。他们肯定多少了解正统礼仪，尽管这并不意味着他们接受这些礼仪，或是对之有深入的理解。

不少四保书商本身就是礼生，他们的自我意识，很自然影响到他们对儒家礼仪的态度。在邹氏、马氏族谱中，包筠雅发现了"贯穿于所有讨论家庭职业策略的文字当中"的"一个共同主题"："在科场一举成名，是压倒一切的期盼"。[4] 不过四保民众对一举成名的渴望，多半无法美梦成真（参见表2.1）。包筠雅认为，"科场失意为邹、马两族出版业的发展提供了源动力"[5]。因为书籍与儒家学问之间的关联，为书业带来了某些好处。比如在准备科考的过程中，这些未来的书商不仅掌握了识文断字的技能，而且为其进入文人网络打好了基础。科场失意的文人，发现这一行当跟其他行当颇不相同，因为贩书跟学问、社会精英联系起来。四保书商坚信，"他们并非寻常商贾，而是'士商'或'儒商'，他们没有汲汲于蝇头小利，而是在传播学问"[6]。

---

[1] 现存《酬世锦囊》版本甚多，可知此书流行颇广。该书第一篇序言作于乾隆四十一年（1776），但至今仍在再版。参见李清平《得利酬世锦囊》，香港：得利书局，1964年，此书是《酬世锦囊》的现代版。
[2] 《感应篇》《观音经》和《关帝明圣经》应归入宗教善书类。
[3] 吴世灯《清代四保刻书业调查报告》，第150—151页。
[4] Brokaw, "Commercial Publishing in Late Imperial China," p. 61.
[5] Brokaw, "Commercial Publishing in Late Imperial China," p. 63.
[6] Brokaw, "Commercial Publishing in Late Imperial China," p. 64. 同时参见 Brokaw, *Commerce in Culture*, pp. 268-301。

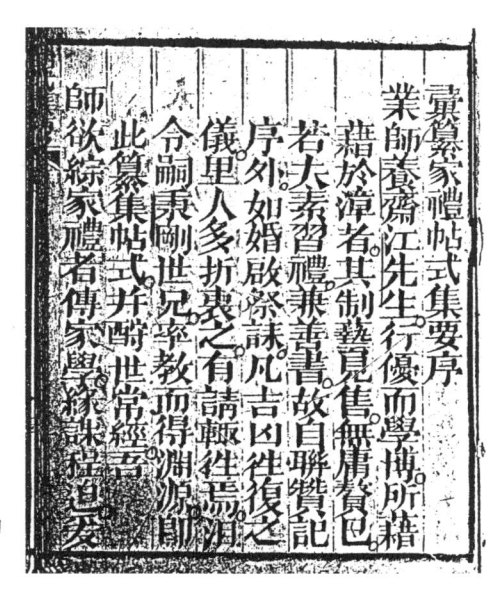

图2.2 四保印行的礼仪手册

理论上说，这种书商传记中的表述不应与书商自身的意识混为一谈，因为这种表述很可能仅仅是传记作者——大都是士大夫——创造出来的意象。不过在明清四保，这种表述很可能被书商接纳为自我意识，因为这有助于他们经营书籍生意，再说儒家作为一种正统与朝廷权力密切相关。此外，这种意象与现实也有几分关涉。没错，许多四保文人在科场失意后投身书业，但这并不意味着他们再与士绅无缘，实际上，捐纳制度为他们进入士绅群体敞开了大门。[1] 四保资料显示，大多数四保士绅是通过捐纳而挤进这个群体的。在雾阁邹氏下祠327名功名持有者中，208名或63.6%是通过捐纳获得士绅身份的，其中绝大多数是监生（参见表2.1）。其他房支、宗族与此相似。[2] 尽管我们无从准确知晓书商在其中所占比例，但其

---

[1] 有关清代捐纳制度，参见许大龄《清代捐纳制度》，载许大龄《明清史论集》，北京：北京大学出版社，2000年，第1—173页。
[2] 雾阁邹氏上祠的士绅，参见敦本堂《范阳邹氏族谱》卷末，民国三十六年木活字本；洋子边邹氏的士绅，参见敦敬堂《范阳邹氏族谱》卷首，页1a—8a，民国三十五年木活字本。

第二章 汀州和四保：在政治边缘营造文化中心

中多数监生应为商人出身,因为捐纳银两可能超出绝大多数农户和手工业者的消费水平。

表 2.1 雾阁邹氏下祠士绅统计表

时代	举人	贡生	生员	吏员	封赠	监生	耆民冠带,从九品	其他[a]	总计
明代	—	—	1	—	—	—	—	—	1
康熙	—	1	1	—	—	—	—	—	2
乾隆	12	2	17	—	1	—	—	—	32
嘉庆	—	2	7	2	1	—	—	—	12
道光	—	1	7	1	5	—	—	—	14
咸丰	—	—	—	—	4	—	—	—	5
同治	—	1	6	2	2	—	—	—	11
光绪	1	3	—	—	3	—	—	—	8
不详	—	1	—	1	3	208	36	8	262
总计	13	11	45	7	19	208	36	8	347

资料来源:新奕堂《范阳邹氏族谱》卷三〇,《题名》,1994年铅印本。
注:[a] 包括"乡宾"和"赐匾"(获取衙门匾额的地方精英)。

对本书讨论的主题而言,重要的是理解监生群体在四保社会文化生活中扮演的角色。韩国学者闵斗基认为,应将生员—监生阶层与进士、举人等高级士绅加以区分。[1]下文对收族与神明信仰的讨论表明,似可进一步区分生员和监生,因为他们对某些相同的社会事务,如宗族建构或寺庙修建,可能持有不尽相同的态度(不过总体而言,在多数社会事务中,生员和监生似乎并不存在明显的差异)。更重要的是,监生是地方精英的主体(占近三分之二),加之他们多半来自富裕的家庭,正因为如此,在宗族建构、乡约推行和

---

[1] Min Tu-ki, "The Sheng-yuan-Chien-sheng Stratum (Sheng-Chien) in Ch'ing Society," in Min Tu-ki, *National Polity and Local Power: The Transformation of Late Imperial China*, ed. Philip A. Kuhn and Timothy Brook, Cambridge, Mass.: Council on East Asian Studies, Harvard University, 1989, pp. 21-49.

寺庙修建等众多事务当中，他们扮演着举足轻重的角色。甚至可以说，从17世纪后期开始，随着印刷出版业的兴起，以书商为主体的监生—商人群体，成为社会文化变迁的主要推手。监生对这些活动的积极参与，只有从他们自身的"儒商"视野下才能获得完全理解。这样一种自我意识，可能为他们对儒家礼仪的热衷参与提供不可或缺的动机，从而解释了为何为数甚多的礼生来自监生群体。下面转入对礼生的讨论。

第三章　谁是礼生？

本章和下一章将重构礼生的历史，讨论其在四保社会中扮演的角色。直到最近，学界对礼生的关注还很少见。[1]他们从何而来？他们在中国社会与仪式生活中拥有何种地位？他们如何传承其专业知识和礼仪文献？对这些问题我们所知甚少。在搜集和解读正史、政书、方志和闽西等地发现的大量仪式文献的基础上，本章首先试图概述礼生在历代王朝礼制中的职能，进而讨论其渗入中国乡村的过程。然后，笔者将细致考察礼生在四保社会中扮演的角色。礼生

---

[1] 以下这些论著在不同程度上对礼生进行了讨论：David Johnson, "Temple Festivals in Southeastern Shanxi: The Sai of Nashe Village and Big West Gate,"《民俗曲艺》第91期（1993），pp. 641-734; idem, "'Confucian' Elements in the Great Temple Festivals of Southeastern Shanxi in Late Imperial Times," *T'oung Pao* 83（1997），pp. 126-161; idem, *Spectacle and Sacrifice: The Ritual Foundations of Village Life in North China*, Cambridge, Mass.: Harvard University Asia Center, 2009; 李丰楙《礼生与道士：台湾民间社会中礼仪实践的两个面向》，载王秋桂、庄英章主编《社会、民族与文化展演国际研讨会论文集》，台北：汉学研究中心，2001年，第331—364页；李丰楙《礼生、道士、法师与宗族长老、族人——一个金门宗祠奠安的图像》，载王秋桂主编《金门历史、文化与生态国际学术研讨会论文集》，台北：施合郑民俗文化基金会，2004年，第215—247页；刘永华《亦礼亦俗——晚清至民国闽西四保礼生的初步分析》，《历史人类学学刊》第2卷第2期（2004年10月），第53—82页；刘秒伶《万安一个乡村礼生的历史与现实生活——以我的外祖父为例》，《华南研究资料中心通讯》第39期（2005年4月），第5—10页；刘永华《明清时期的礼生与王朝礼仪》，《中国社会历史评论》第9辑，天津：天津古籍出版社，2008年，第245—257页；刘永华《明清时期的神乐观与王朝礼仪——道教与王朝礼仪互动的一个侧面》，《世界宗教研究》2008年第3期，第32—42页；Yonghua Liu, "Daoist Priests and Imperial Sacrifices in Late Imperial China: The Case of the Imperial Music Office（Shenyue Guan），1379-1743," *Late Imperial China*, Vol. 33, No. 1（June 2012），pp. 55-88; 王振忠《礼生与仪式——明清以来徽州村落的文化资源》，载王振忠《明清以来徽州村落社会史研究》，上海：上海人民出版社，2011年，第138—181页。Philip Clart 在 "Confucius and the Mediums: Is There a 'Popular Confucianism'?"[*T'oung Pao* 89.1-3（2003），pp. 1-38]一文中简单介绍了礼生。

引导的仪式及其文本将在第四章进行探讨。

礼生概观

王朝国家中的礼生

在明清文献中，礼生又称赞礼生、奉祀生、主礼生，他们引导吉、嘉、宾、军、凶五礼，参与神明崇拜、祖先祭祀、婚嫁丧葬等多种礼仪实践，其中尤在祭礼中最为引人注目。他们在礼仪中承担的职能，最为基本的是赞相礼仪。清中叶博闻强记的士大夫梁章钜称"今赞礼者为礼生"[1]，而清代官修《六部成语》对礼生的解释更为详细："祭祀圣庙及先贤祠堂，在旁提倡（唱）起、跪、叩首诸仪之员，曰礼生。"[2] 本书从宽泛的意义上定义礼生：他们是赞相礼仪的仪式专家，不管他们是否被称为礼生。之所以如此定义礼生，是因为礼生通常只是一个统称，不少文献使用其他名称称呼他们（详后）。

目前所知最早提及礼生的文献，是东汉末年应劭所著《汉官仪》。此书载云："春三月、秋九月，习乡射礼，礼生皆使太学生。"[3] 按，上古射礼有大射礼与乡射礼之分，其中乡射礼是各州州长于每年春秋两季，以礼会民而组织的射礼。两汉承袭了乡射礼的传统。每当春秋乡射之时，不仅陈钟鼓管弦，而且有升降揖让之礼，乡射礼有礼生之设，大约与此有关。另一条早期资料见于《梁书》。刘毅被任命为知县之前，曾任国子礼生。[4] 据周制，"凡始立学，必

---

[1] 梁章钜《称谓录》卷二八，长沙：岳麓书社，1991年，第384页，"礼生"。
[2] 内藤乾吉原校《六部成语注解》，杭州：浙江古籍出版社，1987年，第90页。
[3] 《汉官仪》已佚。这条资料引见范晔《后汉书》卷七九，《儒林列传》，北京：中华书局，1973年，第2547页，注六。
[4] 姚思廉《梁书》卷四一，《列传第三十五》，北京：中华书局，1973年，第584页。

释奠于先圣先师"[1]。作为朝廷重要的人才培养机构，国子监应该离不开释奠之礼。因此，刘毅很可能是在释奠仪式中担任负赞相之责的礼生。

对唐以前的礼生，我们所知甚少。唐代开始，相关史料渐多。在唐代官制中，礼生是职官名称。对礼生的基本职能，《唐会要》引贞元八年（792）四月太常寺奏称："本置礼生，是资赞相。东都既无祠祭，不合虚备阙员。且无功劳，妄计考课，年满之日，一例授官。比来因循，实长侥幸。"[2]这里的表述很清楚，礼生应是官府职员，其职能是在祠祭中赞相礼仪。考唐代在太常寺下设礼院，又称太常礼院，置有专职礼生，由礼院博士直接管理。[3]礼院礼生的数额，《唐会要》引长庆二年（822）太常寺奏称"两院礼生原额三十五人"[4]，而《新唐书》记载"太常寺、礼院礼生各三十五人"[5]。据此，则太常寺与礼院均有礼生，总共七十人，他们由四位博士管理。除太常寺与礼院外，唐代司天台也设有礼生。司天台主管天文、历法、天候等事务。[6]据《旧唐书·职官志》载，司天台置监一人，职员中就有"五官礼生"十五人。[7]这种礼生的职能与前述礼生当大不相同，可能与元明以后的阴阳生比较接近。这一职位为后代所继承。[8]

晚唐一些地方政府设置了伎术院，这既是掌管典礼祭祀、占卜

---

[1] 杜佑《通典》卷五三，《吉礼十三》，"释奠"条，北京：中华书局，1988年，第1471页。
[2] 王溥《唐会要》卷六五，《太常寺》，北京：中华书局，1955年，第1135页。
[3] Charles O. Hucker, *A Dictionary of Official Titles in Imperial China*, Stanford: Stanford University Press, 1985, p. 307.
[4] 王溥《唐会要》卷六五，《太常寺》，第1137页。"两院"之意不详，其一应即礼仪院，或礼仪院下分两院。
[5] 欧阳修、宋祁《新唐书》卷四八，《百官三》，北京：中华书局，1975年，第1242页。大约礼生先在礼院学习，业成后至太常寺服务。
[6] Hucker, *A Dictionary of Official Titles in Imperial China*, p. 456.
[7] 刘昫等《旧唐书》卷四三，《职官二》，北京：中华书局，1975年，第1856页。"五官"指春、夏、秋、冬、中五官。
[8] 如宋代在司天监设礼生四人，也属于"流外"人员。参见脱脱等《宋史》卷一六五，《职官五》，北京：中华书局，1985年，第3923页；卷一六九，《职官九》，第4044页。

阴阳、天文历法之事的职能部门，同时也招收官家子弟，分别教授吉凶礼仪、音乐、医学、历算、占卜、堪舆之学，而这些在院中修习阴阳、历法与吉凶礼仪的学生，也被称为礼生。[1]敦煌出土的唐代书仪中，即有两种出自礼生之手者。[2]这说明书仪可能是礼生修习的基本内容。这些礼生可能跟礼院毫无关系，他们很可能是职业性或半职业性仪式专家，为生活所在的地区提供礼仪服务。晚唐一则故事提到，一位礼生不仅引导郡县新旧任官员之间的交接礼仪，还赞相民间的丧礼[3]，可知由于谋生的需要，一些礼生既为衙门服务，也在民间引导礼仪。

宋承唐制，设置礼院。考《宋史·职官志》"流外出官法"条下，有"太常礼院"一目，内云："礼直官自补副礼直官后，六经大礼，出西头供奉官。礼生补正名后理，六选出簿、尉。"[4]这说明，宋代礼院仍有专职礼生之设，他们身份较低，属于"流外"人员，但尚有晋升的机会。

在宋代王朝礼制中，礼生仍行赞相礼仪之责。宣和元年（1119）礼部诏行的"太常寺参酌立到诸州府有祖宗御容所在朔日诸节序降到御封香表及下降香表行礼仪注"，是专为各地州府供奉先朝皇帝画像（所谓"御容"）而制定的仪注，其中赞相礼仪的职能，便由礼生承担。[5]政和三年（1113）修成《政和五礼新仪》一书后，宋徽宗

---

[1] 李正宇《唐宋时代的敦煌学校》，收入李正宇《敦煌史地新论》，台北：新文丰出版公司，1996年，第185—186页；李正宇《伎术院》，收入季羡林主编《敦煌学大辞典》，上海：上海辞书出版社，1998年，第596页。
[2] 商务印书馆编《敦煌遗书总目索引》，北京：中华书局，1983年，第293页。又参见李正宇《唐宋时代的敦煌学校》，第185—186页；李正宇《礼生》，载季羡林主编《敦煌学大辞典》，第597页。林凡提醒我注意《敦煌学大辞典》收录的"伎术院"和"礼生"条目，谨此致谢。
[3] 李昉《太平广记》卷二六二，页19b，《郡牧》，《笔记小说大观》本。
[4] 脱脱等《宋史》卷一六九，《职官九》，第4045页。
[5] 脱脱等《宋史》卷一〇九，《吉礼十二》，第2626—2627页。有关宋代政府对御容的崇拜，参考Patricia Ebrey, "Portrait Sculptures in Imperial Ancestral Rites in Song China," *T'oung Pao* 83（1997）, pp. 42-92. 其他由礼生赞相的王朝礼仪，计有南郊、明堂、朝日夕月、宰臣赴上仪等，参见脱脱等《宋史》，第2442、2467、2506、2820页。

下诏，凡天下百姓行冠婚丧葬之礼，均须严格遵行新仪。事隔六年（1119），开封府请停，其所列理由中，有"间阎比户，贫窭细民，无厅寝房廊之制，无阶庭升降之所，礼生教习，责其毕备，少有违犯，遂底于法"等语[1]，说明在推行《政和五礼新仪》时，政府是以礼生为依托的。

女真入主中原后，吸收了大量汉族政权的礼制。[2]靖康二年（1127）正月，金军诣开封国子监烧香拜孔子。皇统元年（1141）二月，熙宗亲诣孔庙奠祭，北面再拜。不过，当时祭孔礼制似乎尚不完备，迟至大定十四年（1174），国子监上奏中，尚称"岁春秋仲月上丁日，释奠于文宣王，用本监官房钱六十贯，止造茶食等物，以大小楪排设，用留守司乐，以乐工为礼生，率仓场等官陪位，于古礼未合也"[3]，说明当时赞相孔庙释奠仪式的礼生是由乐工充任的，因此，奏文中方才有不合古礼之说。

元代礼生包括两个群体：一类是隶属太常寺大乐署的专业人户，另一类是各地官方礼仪中赞相礼仪的仪式专家。两者的身份不同，前者是职业性的，而后者不是。元代户籍种类繁多，民、军、站、匠、儒、医户等之外，又有所谓的"礼乐户"名目，他们和军、站、民户一样，均须输赋。[4]查《元史·百官志》，太常寺大乐署，中统五年（1264）始置，设令二员、丞一员，"掌管礼生、乐

---

[1] 佚名编《宋朝大诏令集》卷一四八，页6b，《续修四库全书》本。又见于杨志刚《中国礼仪制度研究》，上海：华东师范大学出版社，2001年，第186页。陆游《家世旧闻》下（北京：中华书局，1993年）203页第6条云："蔡京设礼制局累年……又颁《五礼新仪》，置礼生，令举行。而民间丧葬婚姻，礼生辄胁持之，曰：'汝不用《五礼新仪》，我将告汝矣。'必得赂乃已。民庐隘陋，初无堂、寝、陛、户之别，欲行之亦不可得。朝廷悟其非，乃诏以渐施行，其实遂不行矣。"
[2] 王福利《论金对唐宋礼乐典制的继承》，《中国文化研究所学报》新第12期（2003年），第121—155页。
[3] 脱脱等《金史》卷三五，《礼八》，"宣圣庙"条，北京：中华书局，1975年，第815页。
[4] 《续文献通考》卷一三，《户口考》，"户口丁中"，第2889页，浙江古籍出版社2000年影印《十通》本；并参见蒙思明《元代社会阶级制度》，北京：哈佛燕京学社，1938年，第170页。

工四百七十九户"[1]。此处礼生与乐工并举，显示两者关系密切，似乎承袭了前述金代的做法。同时，此处礼生与乐工以户而非以员计，从侧面说明，大乐署的礼生、乐工可能从属于某一世袭的户籍。

礼生赞相官方礼仪的情形，可见于元代政书。《元典章》卷二十八记载了礼生赞相元日外路拜长仪的程序。[2]对充任礼生者的身份，至元十年（1273）中书吏部、礼部、河间路规定，"本部议得各路礼生，不须创设，拟合于见设司吏内，不妨委差一名勾当"。也就是说，元代在地方官府赞相礼仪的礼生，很可能都是非职业性礼生。这些礼仪场合除上文提到的迎接之礼外，还包括天寿圣节和祭孔仪式等。此外，这一文件对行礼时礼生穿戴的"公服"也有详细规定。[3]

礼生与明清王朝

检《明太祖实录》，洪武十三年（1380）五月，"诏免太常司斋郎、礼生之家徭役"。[4]这说明，明初很可能承袭了元代旧制，在太常寺设置礼生一职。又据《明会典·礼部》"陵寝"条及《明史·礼志》"山陵"条，洪武二年（1369），朱元璋荐其父仁祖墓号曰"英陵"，寻改称"皇陵"，"设皇陵卫并祠祭署"，置有奉祀一员、祀丞三员，又有礼生二十四人，"供祭祀执事"。[5]这些都是直属中央政府管辖的礼生。对太常寺礼生的身份，成化十二年（1476）八月户部尚书兼翰林院学士商辂（1414—1486）等上言中，有"郊祀所用

---

[1] 宋濂等《元史》卷八八，《百官四》，北京：中华书局，1976年，第2218页。
[2] 《大元圣政国朝典章》卷二八，《礼制一》，第306页，《续修四库全书》本（第787册）。
[3] 《大元圣政国朝典章》卷二九，《礼制二》，第310页。
[4] 《明太祖实录》卷一三一，上海：上海古籍书店，1983年，页7b，洪武十三年夏五月丙辰条。
[5] 参见申时行等《明会典》卷九○，北京：中华书局，1989年，第515页；张廷玉等《明史》卷五八，《礼十二》，北京：中华书局，1974年，第1446页。又见朱国祯《涌幢小品》卷六，页2a，"陵户"，《笔记小说大观》本。

执事并乐舞生皆神乐观道士为之"[1]一语；生活于嘉、万年间的田艺蘅（1524—1574？）亦称："我朝祭祀赞礼者，太常寺之道士，奏乐者，神乐观之道士，皆异端也。天神何为而格哉！至于府州县，则奏乐于道士，相礼者乃吾儒也。"[2]根据这些记载，在明代朝廷负责赞相礼仪的仪式专家，实际上不是儒生，而是神乐观的道士，这种状况一直延续至清代乾隆七年（1742）。[3]

在各王府，也有专职礼生之设。明代王府仿照神乐观之例，在治所修建演乐观或高真观，作为乐舞生的住所。这些乐舞生也由道士充任。[4]但与太常寺不同的是，王府的礼生应由儒生充任。据《明宣宗实录》，宣德四年（1429）五月，行在礼部奏云："一诸国教祭祀乐舞者，例于北京神乐观选乐舞生五人；所用乐舞生，选本处道士、道童，不足则选军余充之；烧香道士亦于本处宫观有度牒道士中选用；礼生、斋郎、铺排、厨役、屠人，于本处及附近有司取用。"[5]又《明英宗实录》载，景泰七年（1456）三月丙申，"岷王徽煣奏，新金斋郎、礼生、厨役、乐舞生皆无住宅，及奉祀、典仪、良医、纪善、典宝等衙门，俱未营建，乞将抄没犯人房屋改用，从之"[6]。而《明孝宗实录》载周王同镳奏世子安㶇专权嗜利，内又有"礼生、斋郎，不由有司编定，乃自选富家为之"[7]一条，这说明，按规定明代王府礼生的数量与人选，都是由政府控制和认定的。据《明武宗实录》载，正德四年（1509）八月，"礼部议覆：济宁州致

---

[1] 于敏中等《日下旧闻考》卷三五，《宫室》，"明三"，北京：北京古籍出版社，1983年，第547页。
[2] 田艺蘅《留青日札》卷二八，上海：上海古籍出版社，1992年，第519页，"道士主礼乐"。
[3] 参见刘永华《明清时期的神乐观与王朝礼仪》，第32—42页；Yonghua Liu, "Daoist Priests and Imperial Sacrifices in Late Imperial China," pp. 55-88.
[4] Richard Wang, "Ming Princes and Daoist Ritual," *T'oung Pao* 95（2009）, pp. 65-75.
[5] 《明宣宗实录》卷五四，上海：上海古籍书店，1983年，页4a，宣德四年五月己未条。崇祯十年（1637），徐弘祖在游湖南衡阳府时，遇艾行可，此人为桂王府礼生。参见徐弘祖《徐霞客游记校注》，朱惠荣校注，上册，昆明：云南人民出版社，1985年，第227页。
[6] 《明英宗实录》卷二六四，上海：上海古籍书店，1983年，页6a，景泰七年三月丙申条。
[7] 《明孝宗实录》卷一二〇，上海：上海古籍书店，1983年，页1a—1b，弘治九年十二月丁丑条。

仕训导张绍奏：各王府乐舞生、礼生，滥将民丁佥补，且僭用儒巾。宜通行天下王府，务遵原额。乐舞生先于有牒无犯道士，礼生于附近相应人户选补，不足则各以黜退生员补之，不许逾额。祭祀时许用礼服，余日仍初服，不许辄用儒巾。如富民额外营充，依律问拟。长史等官纵容不举，听各巡按御史参究。从之。"[1]

至于地方政府祀典中的礼生，据《明太祖实录》记载，明朝创建之初，"命郡县籍民充仪从，及选民生资质详雅者为礼生，遇迎接、诏赦、进贺、表笺及春秋祭祀，则令赞礼供事。"至洪武二十一年（1388），因有"郡县富民夤缘有司，假此为名，影蔽差役，或因以为奸"，命令废除这一制度，"遇迎接、诏赦之类，以儒学生员赞礼，事毕，仍令肄业。仪从则以弓兵、皂隶之徒为之"。[2]这说明，明初各州县一度有职业性礼生之设，当时大约各地有功名的士绅为数不多，因而从普通百姓中选充礼生，其主要职能是赞相迎接、诏赦、进贺、表笺及春秋祭祀等王朝礼仪，他们拥有减免差役的优待。正是由于这一原因，才造成富户假借礼生户逃避差役的情形，最后导致洪武二十一年彻底废除这一制度。此后，各州县举行的官方礼仪，应如田艺蘅所言，一般由儒学生员充任。当然，这些都属于非职业性礼生了。

考《清史稿·职官志》，礼部、太常寺、乐部等条下，并无礼生的记载，这说明礼生作为中央设置的一种职位可能已被取消，他们的职能可能已为其他专职人员取代。可以确定的是，国子监设有礼生，负责教习和赞相礼仪。《清世祖实录》云：顺治元年（1644）十一月，国子监祭酒李若琳条奏太学事宜，内称："一、学长之廪饩宜复。太学旧规，监生中有友伴、堂长、礼生等名，率诸生课习读书习礼。……至太学为礼法之地，旧设礼生十五人，文庙丁祭、释

---

[1]《明武宗实录》卷五三，上海：上海古籍书店，1983年，页4a—4b，正德四年八月甲戌条。
[2]《明太祖实录》卷一八八，页6a，洪武二十一年二月丁巳条。

菜、执爵、骏奔，皆所必需，应月给廪米六斗六升，俟效力年深，量补鸿胪，庶诸生乐业趋事，文教聿兴矣。"[1]尽管我们无从知晓这些建议是否被采纳，但国子监设有礼生则不容置疑。

一般认为，清初承袭明制，设置神乐观，隶太常寺，设神乐观提点、左右知观各一人，掌神乐之事，下设乐生一百八十人，舞生三百人。[2]这些乐舞生应仍由道士充任。[3]至乾隆七年（1742），下谕称："……闻向来太常寺乐员俱系道士承充，此亦沿袭明代之旧"，以"二氏异学，不宜用之朝廷，今纵不能使为二氏者尽归南亩，被服儒风，何乃用道士掌宫悬，司燎瘗，为郊庙大祀骏奔之选？暇日则向民间祈祷诵经，以糊其口。成何典制，岂不贻笑后世耶"，下令"嗣后毋得仍习道教，有不愿改业者，削其籍，听为道士可也"，此后由赞礼郎司礼仪之职。乾隆二十年（1755），神乐观改名为神乐署。[4]

清代在曲阜孔庙与浙江西安孔庙也有专职礼生之设。道光二十四年（1844）刊行的《钦定礼部则例》对此有以下三款规定："一、曲阜文庙设礼生八十名，以供祭祀陈设、鸣赞、引赞、读祝之事，于庙户、佃户子弟内选取四十名，曲阜县俊秀内选取四十名，由衍圣公办理造册，送部查核。一、浙江西安文庙设礼生四十名，由世袭五经博士于本族子弟内选取，如人数不足，准于浙江西安附近俊秀内挑取，造册送部，仍报明衍圣公。一、先贤先儒家庙祭祀，由各子弟赞襄，毋庸额设礼生，衍圣公不得私给执照。"[5]根据这些

---

[1]《清世祖实录》卷一一，北京：中华书局，1985年，页15a—15b，顺治元年十一月庚戌条。
[2] 赵尔巽等《清史稿》卷一一四，《职官志一》，北京：中华书局，1977年，第3284页；黄本骥《历代职官表》，上海：上海古籍出版社，1980年，第43页；William Frederick Mayers, *The Chinese Government: A Manual of Chinese Titles, Categorically Arranged and Explained, with an Appendix*, London: Kelly & Walsh, 1897; reprint, Taibei: Ch'engwen, 1970, p. 29。一种可能性是，神乐观的道士取代了礼生，承担了赞相朝廷礼仪的职能。
[3] Hucker, *A Dictionary of Official Titles in Imperial China*, p. 419.
[4]《日下旧闻考》卷五八，《城市》，"外城南城二"，第941—942页。
[5]《钦定礼部则例》卷五〇，《仪制清吏司》，"赞礼生"，台北：成文出版公司，1966年，页3b。按，《清史稿·职官志》载衍圣公属员，内有"典籍"一职，"掌书籍及礼生"，说明孔庙礼生是由典籍直接管辖的。参见赵尔巽等《清史稿》卷一一五，《职官二》，第3322页。

58　礼仪下乡：明代以降闽西四保的礼仪变革与社会转型

规定，曲阜（孔氏北宗）与浙江西安（孔氏南宗）两处之孔庙设有专职礼生，数量分别是八十名与四十名，前者一半由庙户、佃户子弟选充，另一半自本县俊秀中选拔，后者则由五经博士主要从本族子弟内选取，他们似乎都没有功名方面的要求。这些礼生都归属衍圣公管辖，并由他发给执照。

当然，上述制度上的规定与实际情形是有出入的。一方面，礼生存在不足额的情形。如西安文庙，额设礼生四十名，但在晚清事实上只有十二名。[1]另一方面，由于持有礼生执照之人，可以免除徭役，礼生的数量也有可能超出额定的数量。乾隆二十一年（1756）二月，河东河道总督署山东巡抚白钟山奏称："查山东无公役，惟支更、守夜、开沟、栽树、修堰，皆民间自卫田庐。据邹县知县大章详称：孔孟绅衿、礼生、庙户，十居其七，民仅三分，应差未免偏枯。经臣照例批准，嗣后礼生、乐舞免本身，庙户许一户承袭，余不准依附并免。"[2]这说明，孔庙礼生可免本人公役。正因为如此，在清代多次出现了盗卖、滥卖礼生执照的情况，从而使礼生的数量超出了朝廷规定的数量。乾隆十六年（1751）三月，礼部奏称："拿获伪造五经博士仲氏关防礼生执照，诓骗银两之张书等犯，除交部定拟外，恐各省博士尚有借充补礼生名色，滥给执照之弊，应令各督抚饬查。无论真伪，概追销毁，并饬五经博士，嗣后不得擅给，违者参处"，从之。[3]乾隆三十一年（1766）和乾隆五十一年（1786），又先后出现了出售空白礼生执照和揽捐、私捐礼生的情况。[4]

根据清代的规定，在地方各级政府，是不专设礼生的。《钦定礼部则例》称："直省府州县遇庆贺万寿、元旦、冬至三大节及文庙春

---

[1] 刘成禺《世载堂杂忆》，"再纪南宗孔圣后裔"，沈阳：辽宁教育出版社，1997年，第227页。
[2] 《清高宗实录》卷五〇六，北京：中华书局，1986年，页8a—8b，乾隆二十一年二月庚子条。
[3] 《清高宗实录》卷三八四，页2a，乾隆十六年三月戊戌条。
[4] 《清高宗实录》卷七七三，页4a—4b，乾隆三十一年十一月丙戌条；中国社会科学院近代史研究所中华民国史研究室、山东省曲阜文物管理委员会编：《孔府档案选编》，上册，北京：中华书局，1982年，第57—60页。

秋下（当作丁——引者注）祭，用赞礼生四人，以生员娴于礼仪者充之。"[1]不过，乾隆十六年议准，"直省文庙春秋丁祭，向设礼生四名，皆以生员充补"[2]，乾隆三十一年上谕内又称："至赞礼生，前经议定，直省文庙，准设四名，皆以生员充设"[3]，这说明直隶文庙准许设置四名礼生，这在全国应属特殊情况。又嘉庆二十五年（1820）题准直隶省额定耗羡章程中，有赞礼生养赡银三十六两八钱一款，[4]说明政府给这些礼生提供一定数量的经济资助。至于其余各省，康熙二十五年（1686）一度议准"各省府州县卫学赞礼生，照国子监例，选择在学肄业，文学兼优，仪表端整，声音洪亮者补充。大学六名，小学四名。考试时准为优等，仍行报部"。康熙三十三年（1694）又规定："凡地方大小各官，惟万寿圣节、元旦、冬至、春秋二丁祭，用生员赞礼，大、中、小学，均不得过四名。其准为优等之处停止。"[5]

根据明清政书的记载，明清礼生参与赞相中央与地方政府的各种主要礼仪。从明初编撰的《洪武礼制》看，礼生涉及了进贺、释奠、祭社稷、祭风云雷雨山川城隍坛、祭乡厉等礼仪。[6]而根据万历《明会典·礼部》记载，有明一代，从朝贺、朝仪、登极仪、册立到皇子皇女命名仪、上尊号徽号、视学，从藩王来朝仪、圣诞正旦冬至藩国望阙庆贺仪、藩国受诏仪到新官到任、新官祭神，从皇帝、皇太子、皇太孙冠礼到皇帝纳后仪、皇太子纳妃仪、亲王婚礼、公主婚礼，从郊祀、祀社稷到祀太庙、群祀、乡饮酒礼，从有司祀社稷、祀城隍到里社、乡厉之祀，以至丧葬诸仪，都有礼生的参

---

[1]《钦定礼部则例》卷五〇，《仪制清吏司》，"赞礼生"，页3b。
[2]《大清会典事例》卷三九二，《礼部》，"学校"，页1b，宣统元年商务印书馆石印本。
[3]《清高宗实录》卷之七二，页5b，乾隆三十一年十一月丙戌条。
[4]《大清会典事例》卷一七〇，《户部》，"田赋"，页5b。
[5]《大清会典事例》卷三九二，《礼部》，"学校"，页1b。
[6]《洪武礼制》，日本内阁文库本，第475—476、484—485、491—493、495—496、499—500页，收入张卤编《皇明制书》，下册，东京：古典研究会，1967年。

与。[1]在引导这些礼仪时，礼生通常是其中最为重要乃至唯一的礼仪专家群体。

还必须提到，尽管礼生是明清时期王朝礼仪中最为重要的一个仪式专家群体，但他们的社会地位是比较低的。清初理学家颜元（1635—1704）曾指出："礼、乐，圣人之所贵，经世重典也；而举世视如今之礼生、吹手，反以为贱矣。兵学、才武，圣教之所先，经世大务也，而人皆视如不才寇盗，反皆以为轻矣。惟袖手文墨、语录、禅宗，为至尊而至贵，是谁为之也！"[2]可能由于这一原因，很少士大夫以充任礼生为荣，对他们的记载也就不可多见。不过，在明代也曾出现礼生担任高官的情形，如奉祠所礼生李嘉担任礼部左侍郎，而且由神乐观礼仪专家担任礼部、太常寺高官的事例，也不少见。[3]

礼生与宋明以降社会

作为一种仪式专家，礼生在唐宋以降王朝礼仪中承担了重要职能，那么，他们在民间扮演的角色又是如何？笔者搜集到的证据表明，从宋代开始，礼生已经在家礼表演中扮演了不可或缺的角色。据司马光《司马氏书仪》，在举行婚礼时，新郎和新娘家均需指派"赞者"，"两家各择亲戚妇人习于礼者为之，凡壻（婿）及妇行礼，皆赞者相导之"。[4]在朱熹《家礼》中，这种仪式专家的在场也是不言而喻的。比如在行冠礼时，赞相礼仪的执事包括宾、赞、傧等名

---

[1]《明会典》卷四三至卷一〇二，第307—567页。
[2] 颜元《颜元集》，《颜习斋先生言行录》，卷下，"教及门第十四"，北京：中华书局，1987年，第672页。
[3] 王世贞《弇山堂别集》卷一〇，《皇明异典述五》，"文臣异途"，北京：中华书局，1985年，第177、179页；Yonghua Liu, "Daoist Priests and Imperial Sacrifices in Late Imperial China," pp. 61-62.
[4] 司马光《司马氏书仪》卷三，第34页，《丛书集成初编》本。

色，其中宾由主人"择朋友贤而有礼者一人"为之，赞由宾"自择其子弟、亲戚习礼者"为之，而俟则由主人"择子弟、亲戚习礼者一人"为之。[1]此三人引导整个冠礼仪节。尽管书中未称呼他们为礼生，但其所行职能实无异于礼生。

明中叶著名士大夫丘濬（1420—1495）在《大学衍义补》中，针对明中叶佛、道大行其道的现象，建议依托礼生推行礼教，以收移风易俗之效：

> 礼废之后，人家一切用佛、道二教。乡里中求其知礼者盖鲜。必欲古礼之行，必须朝廷为之主，行下有司，令每乡选子弟之谨敏者一人，遣赴学校，依礼演习，散归乡社，俾其自择社学子弟以为礼生。凡遇人家有丧祭事，使掌其礼。如此，则圣朝礼教行于天下，而异端自息矣。[2]

丘濬提出的这个建议，是否被同时代的士大夫付诸实践，今日已难以知晓，不过若干资料显示，在明清至民国的家礼和社区礼仪中，礼生扮演了重要角色。

近二三十年刊印的社会史和民族志成果显示，礼生在中国不少地区颇为常见。这些研究提供的丰富信息，为深化我们对中国各地乡村礼仪异同的理解提供了可能，为笔者进行四保礼生研究提供了不可或缺的脉络。

在明清以降的晋东南地区，盛行赛社仪式，引导这种仪式的专家，被称为主礼或主礼生。东南地区礼生多由下层士绅担任，而在晋东南地区，主礼通常由阴阳生充任。在当地，阴阳生是非常重要

---

[1] 朱熹《家礼》卷二，《冠礼》，《朱子全书》第7册，上海：上海古籍出版社，2010年，第890—891页。
[2] 丘濬《大学衍义补》卷五一，《明礼乐》，"家乡之礼上之下"，北京：京华出版社，1999年，第449页；Ebrey, *Confucianism and Family Rituals in Imperial China*, pp. 174-175。

的仪式专家，他们的业务涉及堪舆、择日及赞相家庭礼仪（如动土）等。[1] 在社区仪式中，他们最重要的职能是引导整个赛社的仪式。晋东南地区有一句俗语，"王八、厨子、鬼阴阳"，说的是赛社仪式中最重要的三种执事人员："王八"是对乐户的蔑称，"厨子"负责备办赛社供品，而"鬼阴阳"者即阴阳生。阴阳生是赛社仪式中唯一的仪式专家，经常负责引导长达五天的赛社活动。[2] 他们对赛社仪式的参与，并非始于近代，因为他们世代相传的某些抄本的传抄年代，可以上溯至明代中叶。[3] 不过，阴阳生的本业是堪舆、择日等事，与引导礼仪本无关涉，他们如何参与赛社，有待日后的研究。不过一项对元明时期阴阳学的研究显示，阴阳生本属政府职员，不拿薪水，至迟从明中叶开始，他们逐渐参与寺庙管理[4]，这一进展或许为他们参与并支配寺庙仪式，尤其是赛社仪式提供了最初的机缘。

在景军考察的甘肃西北一个孔家村中，礼生在村落仪式生活中占有显著的地位。此处的孔家自称孔子后裔。景军报告说，中共控制此地之前，村中小学不仅讲授普通的课程，还讲授礼生的基本技能。村中受过教育的耆老，在学堂讲授寺庙礼仪的原则与步骤，希望学生们继承祭孔传统。在1949年举行的孔庙祭孔仪式中，全村村民指派代表参与，而帮助行礼的执事中，四位是从学生中挑选出来

---

[1] Johnson, *Spectacle and Sacrifice*, p. 236.
[2] 对赛社仪式中主礼的详细讨论，参见 Johnson, *Spectacle and Sacrifice*, pp. 235-282。
[3] 根据现存抄本提供的信息，我们了解到明代中叶至少有三种抄本：其一抄于成化年间（1465—1487），其二抄于嘉靖元年（1522），其三抄于万历二年（1574）。参见 Johnson, *Spectacle and Sacrifice*, pp. 180-183, 243。
[4] 沈建东《元明阴阳学制度初探》，《大陆杂志》第79卷第6期（1989），第21—30页。感谢王见川教授提醒我注意这篇论文。阴阳生越来越积极参与寺庙事务管理的过程，还见于另一类事实。从16世纪初开始，在晋东南寺庙的创建和重修碑铭中，阴阳出现的数量逐渐增多。参见张正明、科大卫（David Faure）《明清山西碑刻资料选》，太原：山西人民出版社，2005年，第304、345、373、375、698页；冯俊杰主编《山西戏曲碑刻辑考》，北京：中华书局，2002年，第23、188、497、501页；冯俊杰《阳城县下交村汤王庙祭考论》，《民俗曲艺》第107—108辑（1997），第31—32页。对阴阳生历史的简单梳理，参见 Yonghua Liu, "The World of Rituals: Masters of Ceremonies (Lisheng), Ancestral Cults, Community Compacts, and Local Temples in Late Imperial Sibao, Fujian," Ph.D. dissertation, McGill University, 2003, pp. 103-108。

的。[1]这个村子曾有一本礼仪手册,为举行祭孔仪式提供具体的书面指导。[2]从景军提供的信息看,村中的礼生与阴阳生没有关系。

清代小说在描写婚、丧、祭礼时,也不时提到华北的礼生。晚清小说《儿女英雄传》就详细描写了一位礼生如何引导主人公的婚礼。小说介绍说,这位礼生是来自南方的秀才,科场失意,平日靠赞相礼仪为生。[3]在晚清另一部小说《官场现形记》中,作者描述了陕西乡村举行的一场祭礼。这个故事的主人公赵温乡试中式。为庆祝这个家族历史上的大事,族长决定举行祭礼,把此事报告给祖先。为此他雇请了一位礼生来赞相礼仪。不过由于族人从未行过祭礼,整个仪式过程无法做到整齐划一,难以成礼。[4]这个证据从侧面表明——或至少在作者李宝嘉看来,华北一些地区礼生较为少见,不少村民对礼生引导的礼仪所知甚少。

相比之下,不少证据显示,在南方地区,礼生较为常见。在明清徽州,礼生在丧礼、婚礼、冠礼、求雨及祖先祭祀、地方神祭祀中,都扮演着相当活跃的角色。[5]根据18世纪初婺源一个生员詹元相的日记,詹元相经常在祭祖礼仪中担任礼生,偶尔也赞相丧礼。作为回报,他和其他礼仪执事一同出席"礼生酒"。[6]另一个来自徽州的文本显示,在一个宗族的祭祖礼仪中,至少五位礼生引导了仪式:通赞两位,引赞两位,工祝一位。[7]在徽州丧礼中,题主、堂祭、祀土(后土)等仪式均需请礼生引导。[8]礼生还赞相地方神祭

---

[1] Jun Jing, *The Temple of Memories: History, Power, and Morality in a Chinese Village*, Stanford: Stanford University Press, 1996, p. 97.
[2] Jing, *The Temple of Memories*, pp. 103-114.
[3] 文康《儿女英雄传》,天津:百花文艺出版社,2003年,第518—522页。
[4] 李宝嘉《官场现形记》,沈阳:春风文艺出版社,1994年,第8页。
[5] 王振忠《礼生与礼仪》。
[6] 詹元相《畏斋日记》,载中国社会科学院历史研究所清史研究室编《清史资料》第4辑,北京:中华书局,1983年,第202—203、208、212、214、231、241、250、261、266页。感谢卜永坚兄提醒我注意这个文本。
[7] 王振忠《礼生与礼仪》,第141页。
[8] 王振忠《礼生与礼仪》,第150—154页。

祀。在婺源西北乡举行的一个求雨仪式中，五位礼生引导了向地方神献祭的礼仪。[1] 礼生甚至被编入杂字一类的启蒙读物。徽州地区流传的《逐日杂字》，描述了冬至祭祖的情景："做冬至，办祭仪，猪羊抬盘；悬山水，系棹围，挂灯结彩；设三牲，装祭菜，蕴藻□蘩；唤鼓手，使乐人，吹弹歌唱；请礼生，通引赞，读祝叫班；三奠毕，登场完，搭棹捱（俵）胙。"[2] 这本杂字对祭祖的描述虽然字数不多，但对祭祖的情形和礼生在礼仪中的角色介绍得相当清楚。

不少证据显示，礼生在福建颇为常见。像徽州一样，礼生也被编入福建的杂字。雍正年间汀州武平县举人林宝树所撰《一年使用杂字》，就形象地描述了礼生及其引导的丧礼："做礼生，要功名，秀才监生唱拜兴。身穿圆领头戴顶，诵读祭文面向灵。客主祭，先上香，拜跪口头要定场。左边行上三献礼，右边下来切莫慌。"[3] 这本杂字以简洁的语言，介绍了礼生的身份背景、穿戴、引导的礼仪及其与主祭的关系等信息。19世纪后期，美国公理会传教士卢公明（Justus Doolittle）在福州传教数十年，对福州地区的社会生活非常熟悉。他的著作描述了礼生在王朝礼仪和民间礼仪中的职能。书中介绍了1858年9月福州府文庙举行的释奠仪式。福建巡抚和其他官员出席了仪式。据卢公明观察，仪式开始后，五六个级别最高的地方大员，跪在神坛之前献祭，而大多数其他官员则在庙院内观礼。他们共献祭三次（应即三献礼，详见下文）。在整个仪式过程中，卢公明所称的"礼仪教授"引导大员们行礼，这些人有权穿戴秀才的行头，大员们对他们"总是充满尊崇和敬意"。很显然，这些所谓的"礼仪教授"，就是王朝礼仪中赞相礼仪的礼生。卢公明还提到另一种类型的礼生，他们"受雇于平民"。和衙门的礼生相比，他们没有

---

[1] 王振忠《水岚村纪事》，北京：生活·读书·新知三联书店，2005年，第155—156页。
[2] 引见王振忠《明清以来徽州村落社会史研究》，上海：上海人民出版社，2011年，第140页。该书所引徽州《略要杂字》，也提到礼生及其引导的礼仪，参见上揭书，第140页。
[3] 林宝树《一年使用杂字》，页20a—21b，上杭马林兰堂刻本。

政府津贴，而是靠雇佣所得、多少不一的酬金为生。这种礼生"为数甚多，影响颇大"，很自然，"他们受过教育，具备良好的社会关系，举止彬彬有礼，在需要的场合可以做到神色庄严，有自制力和威信"。[1]从各个方面看，这些人都是本书讨论的礼生。

福建其他地区举行的礼仪，也可见到礼生的身影。南安县的广泽尊王是闽南、台湾和海外颇具影响的一个神明。19世纪末，在广泽尊王父母坟前，每三年举行一次祭祀仪式，而礼生就是这个仪式的引导者。参与祭祀的各类执事中，有承祭官一位、陪祭官二位、司爵二位、捧帛二位、通赞生一位、读祝生一位、赞引生二位，其中司爵以后的执事，均属礼生之列。[2]丁荷生提到，在莆田平原，礼生被称为筵师，这个称呼的来历，可能是因为礼生除唱礼外，还常备办供品，组织仪式中的献祭。[3]

李丰楙的研究指出，在1949年前的台湾，礼生与道士是最为重要的两个仪式专家群体。礼生见于台湾大多数地区，在王爷崇拜盛行地区尤为普遍。他们参与表演的仪式很多，小至家庭的生命周期仪式，大至涉及整个社区的年节仪式，其中尤在台湾西南港口城市举行的迎王中最为活跃，迎王中的祀王又称宴王，就是由礼生举行的。在东港，他们在相关宫庙内成立"内司"，以组织的名义主持整个仪式。内司通常由近三十位礼生组成，一般由生员控制。尽管礼生在台湾不同地区扮演着不同的角色，但他们普遍参与各地的仪式表演。[4]

李丰楙还指出，1949年以前，礼生一般由识文墨、通礼仪的致

---

[1] Justus Doolittle, *Social Life of the Chinese*, London: Sampson Low, Son, and Marston, 1868, pp. 195-197, 291-296.
[2] 戴凤仪纂《郭山庙志》卷五，页2a，光绪丁酉诗山书院原刊，台南下林玉圣宫影印，无年份；Kenneth Dean, *Taoist Ritual and Popular Cults of Southeast China*, Princeton: Princeton University Press, 1993, p. 154.
[3] Dean and Zheng, *Ritual Alliances of the Putian Plain*, vol. 1, pp. 165-166.
[4] 李丰楙《礼生与道士》，第341—360页；李丰楙《礼生、道士、法师与宗族长老、族人》，第220—222、231—232页。

仕官员、生员和普通文人充任。其参考的礼仪文本包括吕子振《家礼大全》、张汝诚《家礼会通》以及手抄"家礼簿"等。李氏认为，在流传过程中，由于地方因素和族群差异的影响，这些文本（尤其是抄本"家礼簿"）呈现出一定的地方差异。

李氏还对礼生与道士的职业尤其是他们在礼仪中扮演的不同角色进行了富有启发的比较。他认为，礼生与道士有四点重要差别。首先，道士的职业相对封闭，其专门知识只通过家庭和师徒关系授受，而礼生向所有谙熟礼仪者开放，他们的礼仪知识的承传范围，不限于排他性的小群体。其次，礼生在仪式表演中负赞相之责，而道士直接表演仪式。再次，道士的学习期较礼生为长。最后，在台湾的节庆活动中，尽管礼生和道士经常在同一个空间表演礼仪，但他们各自有一定分工。礼生重在行祭礼，而后者长于道教斋戒和祈禳；礼生侧重社会和人伦层面，而道士偏重于人与超自然沟通的层面。正因为如此，他们可以在具体的仪式实践中相辅相成。[1]

根据魏捷兹（James Russell Wilkerson）的报道，台湾澎湖列岛的乡村举行一种叫作"侍宴"的仪式。这是一种具有士大夫风格的祭祖仪式，是由受过礼生训练的族中耆老举行的。在清代，这种仪式专家是受过教育的地方精英，有的还获得过功名。在侍宴仪式中，礼生身穿长袍，烧香，将茶、酒和供品等献给祖先。魏捷兹还写道："学做礼生，时下对年长的中年男人颇有吸引力"，在他做田野调查的村子，至少一位村民"正在积极接受村外师傅提供的训练"。[2]

在香港新界乡村，有一种被裴达礼（Hugh D. R. Baker）称作"司祭"（ritual officiants）的人物。根据他提供的田野调查材料，"他们是礼仪知识的保存者和诠释者，是这样一种人，他们出于对礼仪的癖好，随时准备投身组织礼仪的任务，他们研习礼仪服务的形式，

---

[1] 李丰楙《礼生与道士》，第331—359页。
[2] James Russell Wilkerson, "Other Islands of Chinese History and Religion," Ph.D. dissertation, University of Virginia, 1990, pp. 276-277.

图3.1 "礼仪教授"

资料来源：Justus Doolittle, *Social Life of the Chinese*, London: Sampson Low, Son, and Marston, 1868, p. 196。

牢记复杂的礼仪程式"。他们之所以担任司祭，既不是因为被推举，也不是由于被选派，更无正式的职位，而是为了获得"自身兴趣的满足"，同时"或许也是因为在担任执事的过程中，可以获得公众眼中的某种威望"。他们的数量不定，视仪式复杂程度而异。裴达礼谈到，一个村长在20世纪50年代去世前，"经常担任司仪"。[1]他还提到，在行礼时，仪式专家使用的部分语言与本地方言不同，村民指出，它们是清代官话，不过与国话颇不相同。[2]这里谈到的司祭、

---

[1] Hugh D. R. Baker, *A Chinese Lineage Village*, Stanford: Stanford University Press, 1968, p. 148. 书中第146—147页的插图展示了秋季扫墓的情景。在祖坟之前，站着若干排的参与者。在他们和供品之间，站着两个身穿长袍的男子。左边手持酒壶的男子看起来正向祖先献酒。这两人应该都是赞相祭祖仪式的礼生。

[2] Baker, *A Chinese Lineage Village*, p. 64. 许舒（James Hayes）指出，香港新界有一种"手册"，抄录了在地方神庙祭祀时诵读的祝文和适用于特定神庙的对联。其持有者通常是公私学校的教师及宗族、村落和乡镇的管事。在举行婚、丧等礼仪时，这些教师和村落耆老会出席仪式，充任礼生唱读祝文。参见James Hayes, "Written Materials in the Village World," in David Johnson, Andrew J. Nathan, and Evelyn S. Rawski, eds., *Popular Culture in Late Imperial China*, Berkeley: University of California Press, 1985, pp. 101-103.

司仪等，应即本书讨论的礼生。

在本书讨论的汀州地区，礼生是民间常见的仪式专家。在此笔者以闽西田野调查民族志资料为基础，对礼生参与汀州仪式的地域分布、类型等信息进行初步梳理，以便介绍礼生在整个闽西仪式生活中的地位。此处利用的田野民族志资料是劳格文主编的"客家传统社会丛书"刊载的田野调查报告。自1996年起，在劳格文、杨彦杰等学者的组织下，来自高校和研究机构的学者与地方文史专家一道，在福建、广东、江西等省客家聚居区开展了广泛的田野调查，在此基础上编成"客家传统社会丛书"三十余种。其中在旧汀州地区开展的田野考察，其主要成果刊载于《闽西客家宗族社会研究》《闽西的城乡庙会与村落文化》《汀州府的宗族、庙会与经济》《闽西北的民俗宗教与社会》《长汀县的宗族、经济与民俗》《长汀城关传统社会研究》《宁化县的宗族、经济与民俗》等田野调查报告集，[1]这些报告集为了解从晚清、民国至当代礼生在旧汀州的分布及礼生参与民间仪式的情形提供了不少线索。笔者对这些报告中提及的相关信息进行了整理，编制成附录三"汀州礼生及其礼仪"。

从附录三可以看出，礼生在旧汀州地区相当普遍。在《客家传统社会丛书》刊载的田野报告中，主题涉及祭祀的报告约有80篇，其中26篇（约三分之一）提及礼生。从地理分布看，礼生见于旧汀州府所属八县。他们最频繁参与的是围绕社区保护神举行的各种仪式和典礼，报告共提及此类活动达20次。这些仪式包括地方神的祭祀、巡游、神诞庆贺、打醮、进香等仪式活动。他们在祭祖礼仪中也扮演重要角色，提及此类活动者达8次。他们还赞相婚礼、丧葬、祭龙头等礼仪，这些仪式在报告中分别被提及3次、2次和1次。当

---

[1] 杨彦杰《闽西客家宗族社会研究》；杨彦杰主编《闽西的城乡庙会与村落文化》；杨彦杰主编《汀州府的宗族、庙会与经济》；杨彦杰主编《闽西北的民俗宗教与社会》；杨彦杰主编《长汀县的宗族、经济与民俗》；张鸿祥《长汀城关传统社会研究》；杨彦杰主编《宁化县的宗族、经济与民俗》。

然，这些田野调查报告并非现实的直接反映，而是经过了作者的取舍筛选，与实际情况恐有不符之处。比如，可能由于比较侧重对社区仪式的介绍，这些报告提及礼生引导丧事者不多，这与笔者在闽西田野调查所见是相左的。然而，通过这个表格还是可以看出，礼生在旧汀州地区的仪式生活中，可以说扮演了颇为重要的角色。

在田野调查报告中，参与仪式的礼生数量不一，但两位的情况似乎比较常见。当参与仪式的礼生超过一位时，人们使用不同的名称来称呼他们。通赞通常用来称呼仪式中最为重要的礼生，而亚赞和引赞则用来称呼较不重要的礼生。[1]不过也有例外。在连城姑田祭祀地方神时，引导仪式的礼生共有四位，而最重要的礼生被称为"唱通"，这一职事是由当地地位最为尊崇的士绅或乡老担任的。其余三位礼生被称为"陪通""引赞"和"陪引"。[2]

在大多数情况下，礼生不仅引导仪式，而且负责唱读祭文。在唱读祭文时，他们用的是所谓的"官话"。明清时期，礼生一般由拥有科举功名的士绅和政府职员担任；至民国时期，小学毕业便有资格担任礼生；而现在，礼生多半由高中毕业生担任。[3]只有在特殊情况下，才需要加上特别的条件，比如在祭孔仪式上，礼生就需由地位尊崇的地方文人担任。[4]至于礼生是否收取酬金，这些田野调查报告多半语焉不详，仅有一篇报告提及礼生收取酬金。[5]

总之，至迟从中古早期开始，礼生就与太常寺关系密切，其专业是赞相礼仪。随着儒家礼仪的庶民化，礼生开始在非官方的家庭和社区礼仪中扮演越来越重要的角色。在长达数世纪的漫长发展过

---

[1] 李升宝《清流县长校村的宗族传统调查》，载杨彦杰主编《汀州府的宗族、庙会与经济》，第283页；黄于万《清流县灵地镇黄姓民俗》，载杨彦杰主编《汀州府的宗族、庙会与经济》，第309页。
[2] 华钦进《连城县姑田镇正月游大龙》，载杨彦杰主编《闽西的城乡庙会与村落文化》，第131页。
[3] 童金根《清流县进士乡的民间信仰与民俗特色》，载杨彦杰主编《汀州府的宗族、庙会与经济》，第238页。
[4] 张鸿祥《长汀城关传统社会研究》，第233—234页。
[5] 赖建《长汀三太祖师神明信仰》，载杨彦杰主编《长汀县的宗族、经济与民俗》，第767页。

程中，他们所行礼仪逐渐受到其他仪式传统的影响，从而形成了见于历史文献记载和近代社会科学田野调查报告的具备某种"儒家风格"的区域仪式传统。这一过程出现的时间、过程和原因，将在下面的章节进行讨论。

礼生与四保社会

四保礼仪概况

为了解礼生在四保社会文化中的地位，这里还需对四保的主要礼仪及礼生在其中的地位作一交代。四保的主要礼仪计有以下几种。

一、祖先祭祀。祖先祭祀一般于重要节庆及特殊场合在家户神龛、祠堂、祖墓举行。家户神龛多立于厅堂内，上奉近祖遗照及书有"某某始祖一脉裔孙"的纸制神主牌，近年也有以大理石打造神主牌者。村民多于农历每月初一、十五及新年、清明、端午、七月半、中秋、重阳等重要节日烧香、设供。农历十二月廿四或廿五日至次年元宵节，村民在厅堂或祠堂内悬挂祖先画像。祠堂祭祖，一般在新年、清明和中秋举行。在家户神龛与祠堂之间，又有所谓的"众厅"（类似于闽南的祖厝），也是祭祖活动经常发生的所在。墓祭在祖墓进行，涉及的群体小至家庭，大至高等宗族。家祭和涉及少数家庭的墓祭，一般没有礼生参与；而祠堂的祭祀活动和大规模的墓祭，则需要礼生赞相祭仪。

二、地方神祭祀。地方神祭祀主要于节庆和当地人所谓的"会期"（可理解为举行庙会期间）在寺庙举行。在前一种场合，一些村民分头至寺庙烧香、设供，基本上属个体行为，一般没有礼生的参与。后者主要在庆祝邹公、天后、关帝等神明的诞辰或举办醮仪之时举行，村民除设供外，过去还多请戏班演出。1949年以前，邀请礼生参与属于常态，祭文本抄录的用于地方神祭祀的大量祭文，就是礼生参与神明祭祀的直接证据。也常请道士和香花和尚参加。20世纪80年代以来，这一活动基本上转由道士控制，而礼生与香花和尚基本上退出当地的地方神祭祀活动。笔者在四保调查期间，礼生参与地方神祭祀活动的场合仅见一次。[1] 从"客家传统社会丛书"所刊田野调查报告来看，在地方神崇拜活动中，礼生最主要的职能便是赞相祭祀，亦即在主祭的配合下，引导或表演请神、读祝、献祭、送神等仪式；而道士的主要职能，在于表演道教的斋醮科仪，目的是重建宇宙及更新社区秩序。[2]

三、人生礼仪。人生礼仪包括满月、婚礼、祝寿、丧礼、葬礼等。婴儿出生满一个月，例由家长设宴招待亲朋，此即当地所谓的"满月酒"。满月酒一般不请礼生。婚礼包括出门、拜堂等礼仪，过去通常不请礼生，现在，拜堂多请一位礼生赞相。祝寿一般在老人年满五十岁后举行，十年一次。有些祝寿请礼生。至于丧葬礼仪，1949年前，中人之家及下户不请礼生，富户则请礼生、和尚和道士表演仪式。现在，丧葬礼仪通常均有礼生和道士的参与。礼生在丧葬礼仪中的角色，与道士或僧人形成明显的对比。礼生最为重要的职能，是理顺前来祭奠的亲朋与死者的关系，引导他们对死者的祭奠仪式。而道士或僧人在其中最重要的职能，一则在于消减死亡污染，二则在于帮助死者灵魂的超生。[3]

四、乡约礼仪。自明中叶至民国初年，许多四保乡村都有行乡约之举。乡约组织涉及礼拜圣谕牌、燕礼等礼仪活动。尽管现在已无从考证礼生在其中的具体角色，但礼生的参与是不容置疑的（详

---

〔1〕 上保洋子边 2001 年农历二月二祭关帝仪式的执事当中，有主祭一人，礼生二人。见上保邹氏祠堂告示。
〔2〕 John Lagerwey, *Taoist Ritual in Chinese Society and History*, New York: Macmillan, 1987, pp. 51-52; Dean, *Taoist Ritual and Popular Cults of Southeast China*, pp. 45-49; 李丰楙《礼生与道士》，第 346—348 页。
〔3〕 Lagerwey, *Taoist Ritual in Chinese Society and History*, pp. 169-237; 李丰楙《礼生与道士》，第 349 页。

见第七章）。

五、其他。每年元宵节前后，四保各族组织抬龙灯或抬花灯活动，在活动开始前，例需行祭龙头仪式，祭祀活动都邀请礼生赞相。同时，当地还有所谓"拔龙"仪式，每年或每隔数年在正月、二月间举行，目的在于重建村落与后龙山的关系，拔龙前的祭龙头仪式，也请礼生。修建新房时，需举行动土仪式，1949年以前，有些主人会请礼生主持这个仪式。另外，从下文对祭文本的分析看来，礼生还参与驱虎、驱虫、驱疫、祭谱、祭龙灯和上梁等礼仪活动。至于收惊、出煞、扶乩等仪式，一般无须请礼生。

此外，从祭文本收集的一些契约文书看来，有些礼生还涉足土地买卖、典当、分家、立嗣等活动。不过，礼生参与这些活动，主要不是因为他们的礼生身份，而很可能是因为他们的其他社会身份。也就是说，以前的礼生一般由拥有科举功名者担任，凭借科举功名，他们已可在乡村社会经济生活中占有一席之地，而上述契约文书就是他们参与乡村社会经济生活的文献证据。总之，在四保的乡村礼仪中，最为重要的过关礼仪（rites of passage）[1]，或由礼生单独赞相，或由礼生与其他仪式专家共同参与。

在四保调查期间，笔者总共观察到五次由礼生赞相的礼仪表演，这些礼仪涉及对地方神/祖先的祭祀、龙头祭祀、拜堂和丧礼等。这里先介绍礼生参与邹公祭祀活动的情形，以使读者对礼生的礼仪有初步的了解，拜堂和祭龙头两个仪式将在下一章介绍。

邹公是四保地区最为重要的地方神之一，同时又是当地大姓邹氏的始祖（详见第五章、第八章）。每年元宵节前后，邹氏聚居的雾阁、双泉和上保三村，依次举行祭祀邹公的活动。活动地点是上保邹公庙。邹公庙有邹公雕像一座。2001年春节期间，神像被一个流

---

[1] 对过关仪式的经典研究，参见 Arnold van Gennep, *The Rites of Passage*, trans. Monika B. Vizedom and Gabrielle L. Caffee, Chicago: University of Chicago Press, 1960。

浪汉失火焚毁。此后不久，三村倡首族人捐款重雕神像，募足款子后，即雇请一位长汀木雕工匠开雕神像。这一工作于2001年8月初完成。神像运回四保的当晚，便举行了开光仪式，笔者所观察的礼生引导的礼仪，就是神像开光之后在邹公庙举行的祭祀礼仪。

神像是在8月11日运回四保的。当晚十一点，由雕匠在上保水口附近举行开光仪式，时间约半小时。仪式结束后，神像抬入邹公庙内，安放神像后，在庙内宰猪一头。8月12日凌晨3点左右，猪已清理干净，乡民将猪头、鱼、干鱿鱼、鸡、米糕和酒等供品摆放在香桌上。3点50分，祭祀开始，由雾阁、双泉、上保依次举行祭礼。雾阁的祭祀礼仪由四位礼生赞相，通赞、引赞立于庙左，亚赞和读赞立于庙右。主祭两位，面向神像立于香桌之前。雾阁邹氏有两大房，主祭两人即分别由两房指派，四位礼生当中，通赞和亚赞来自一房，引赞和读赞来自另一房。在举行祭祀礼仪的过程中，十位乐师组成的乐队全程伴奏，他们都是由邹氏雇请的。乐队有三人演奏二胡，三人敲锣，两人吹笛子，一人击铙，一人击鼓。三村祭祀时间不长，总共仅花了大约半个小时。

祭祀礼仪本身是根据当地世代相传的仪轨进行表演的。先由通赞唱击鼓、鸣钟、奏乐，开始祭祀，然后主祭就位参神，行三跪九叩礼。随后由主祭上香迎神，读赞至神像前跪读祭文。雾阁邹氏的祭文由本村老人邹恒琛作，其文本格式和内容是：

维

公元二〇〇一年岁次辛巳六月朔××越祭日××主祭裔孙日昇、光春等谨以香帛牲醴刚鬣茶果庶品之仪昭告于

敕封昭仁显烈威济广佑圣王太祖应龙邹公、昭德崇懿孚惠佑助圣妃陈、叶、李氏夫人之神位前跪而告曰

恭维

太祖

状元宰辅爵封公　　卅载宦途惠政平
　　除暴安良伸正气　　举贤抑佞树雄风
　　在朝在野皆为国　　或说或行总尽忠
　　经济文章垂不朽　　名标青史德声隆

　　征金保土铁心肠　　护国显灵英烈扬
　　广佑圣王皇帝敕　　宏施恩泽庶民康
　　欣逢诞日虔诚祭　　伏乞祖魂来格尝
　　庇荫后昆长发达　　文明富裕永荣昌

谨告

　　读毕，主祭至神像前行初献、再献和三献礼。每一献之前，均行一跪三叩礼。行献礼之时，由亚赞将各供品依次递给主祭，主祭再将它们献给神明。接着行一跪三叩礼，然后行侑食礼。礼毕，焚化祭文，辞神。主祭行三跪九叩礼后，通赞唱"平身，礼成"，宣告祭祀结束。

　　在整个祭祀过程中，除了读赞外，所有礼生均站在固定的位置唱礼，而主祭则必须频繁地在神像前和香桌前来回走动。他们要到盥洗处洗手，至香桌前上香，行三献礼、侑食礼等。读赞也必须到香桌前读祭文（参见图4.1）。礼生赞相礼仪，一般称作"唱礼"。唱礼和读祭文时，使用带浓重四保腔的官话。他们说话时使用的腔调，介于说和唱之间。四位礼生都穿着中山装。

　　总之，四保乡间举行各种仪式时，多半会请礼生。礼生被请来赞相婚礼、丧礼、祭礼、打醮等涉及个人、家庭、社区的"过关礼仪"。在当地两类仪式场合中，礼生似乎通常是在场的：其一，牵涉到规模较大的社会群体（如宗族、村落）的仪式；其二，处理重要人生关口的仪式，如婚礼、丧礼等。这两种场合，或牵涉的人数多，人事关系复杂，或处理生命周期中的重要危机，当地通常都仰赖礼生进行处理。

谁是礼生？

仪式表演，不管其宗教归属为何，是与仪式专家的策划、筹备和引导分不开的。假如说礼仪是表演，祭文本是剧本[1]，那么，礼生就是导演。这些礼仪的导演究竟是何人呢？根据老人回忆，过去要成为礼生，必须有科举功名（如举人、生员），或是官吏，或是监生。[2] 一位老礼生指出，一个人成为监生后，假如他想参加一年一度斯文（科举功名获得者）方可出席的酒席，不想被别人取笑，他需要做的头一件事，就是拥有一册祭文本。这不难弄到：他可以通过购买或抄录的方式得到它。他还必须开始学习如何撰写祭文和行礼。因此，学习礼仪似乎成了庶民进入士绅群体的必修课。通过学习礼仪，具备功名身份的人，才最终完成身份的转换，为地方士人所接受，成为他们的一分子。正因为如此，他们的身份转换过程（庶民→士人），也就体现为他们成为礼生的过程。

从这种意义上说，至少从四保乡民看来，一方面，礼生是一个职业，一种行当；另一方面，更为重要的是，它是士大夫身份认同的一个侧面，每个士大夫同时也是礼生。也就是说，至少可以从两个层面界定礼生：一是作为一种行当的礼生，一是作为角色、训练和认同的礼生。应该说，这种区分其实也是礼生自己的分类。笔者认识的两位礼生在聊天中提到，有的礼生经常赞相白事，从中赚了不少钱，他们说这些人是以礼生为职业的。不过，真正视礼生为职业的人，在四保乡间是不多见的。

1905年废除科举后，成为礼生的基本条件，是取得小学毕业资格（当时村民多将之等同于科举时代的生员）。现在，礼生名义上向

---

[1] 科大卫将"礼"比作剧本。参见科大卫（David Faure）《国家与礼仪：宋至清中叶珠江三角洲地方社会的国家认同》，《中山大学学报》（社会科学版）1999年第5期，第65—72页，引文见第65页。四保祭文本的内容以祭文为主，但是笔者所见四保祭文本中，大都收录了仪轨。

[2] 假如一个村落没有监生或其他拥有科举功名者，村民在需要的场合，可请邻村礼生赞相礼仪。

所有识字者开放。当然，有能力成为礼生的人并不多，而且目前在当地仅有少数村民对此表示兴趣。在现代教育的冲击下，礼生的地位已有所下降，有的村落甚至出现礼生后继无人的危险。而另一些村落的老礼生，则开始注意培养下一代的礼生，如在雾阁村，一位礼生有意识地指导两位初中生学习唱礼。

当然，这里谈到的只是一般情形。在特殊情况下，相关资格是会有所变动的。在徽州，礼生通常由有科举功名的士绅担任。但如果村中士绅人数不够，没有功名的读书人也可充任。某唐氏宗族在举行墓祭仪式时，由一位童生担任礼生。同样，汪氏宗族在举行祭祀时，同时指派有功名和没有功名的人担任礼生。[1]而在另一些场合，比方说文庙举行释奠仪式时，由于生员和小学毕业生资历较浅，不可担任礼生。在民国时期的汀州乡村，生员或小学毕业生已具备充当礼生的基本资历，但在汀州文庙举行释奠时，礼生是从获得学位的读书人和担任重要职务的官员中挑选出来的。[2]

很显然，具备礼生的资格，不等于拥有担任礼生的能力，这种能力的获取，有若干种途径。一个有意成为礼生的人，如果不知如何赞相礼仪，可以向村内外的礼生学习。祭文本通常提供了大多数礼仪场合所需祭文的样式，礼生只须知道如何准确地调整日期、名称等，这大概都不算难。不过，他还须会写像样的书法。1949年以前，小学就开始学习书法。但1949年后上学的村民，由于书法训练在学习中不甚重要，因而在成为礼生前，需要花费不少时间练习书法。

想要成为礼生，还面临着一个难题：称呼。这项知识不仅是应酬和进身不可或缺的前提，也是礼生必须掌握的基本技能。四保一位礼生的手稿，共抄录了近3000种用于不同场合的称呼用语[3]，要

---

[1] 王振忠《礼生与礼仪》，第2—14页。
[2] 张鸿祥《长汀城关传统社会研究》，第234页。
[3] 以笔者在清流县长校镇长校村收集到的一本称呼手册（抄本）为例，该手册共收录了各种称呼用语2981种，涵盖了社会关系的各个主要方面。

熟悉这些用语本身就是很难的事，更不用说默记所有用语了。一位四保礼生告诉笔者，称呼大约是礼生最基本也最困难的基本技能。一个不妥的称呼，不仅让礼生自己丢脸，还可能会影响到东家与仪式参加者之间的关系。[1]

其三，礼生尚须知道如何行礼：如何以"官话"唱礼，如何大声唱读祭文等。不过，对大多数礼生来说，这并非难事。礼生在礼仪表演的环境中长大，自小就耳濡目染各种礼仪，借用保罗·康纳顿（Paul Connerton）的说法，不少礼仪的动作已被"体化"（incorporated），成为村民身体技术的一部分。[2] 当然，1949年后，尤其对于集体化时代成长的年青一辈来说，情况有所不同。这段时间绝大多数礼仪被贴上"封建迷信"的标签，遭到政府的禁止，因此整整一代人在没有传统礼仪的环境中长大。1978年开始，尤其是20世纪80年代中期后，情形才开始改变。此后，在祭文本和老人记忆的基础上，多数礼仪都复兴了，礼生在村中重操旧业，村民经历了再"体化"的过程。

最后，有些地方的礼生还兼做择日，比如在与汀州毗邻的漳平县，礼生的主要职能之一，是根据死者的生卒时辰和生肖属相，选定大殓、辞世奠、盖棺、出殡、下葬等活动的吉利时刻，推算犯"丧煞"的生肖属相。[3] 在华北不少地区，这是阴阳生的基本技能。[4] 在

---

[1] Hayes, "Written Materials in the Village," p. 101 谈到了正确称呼在香港新界乡村的重要性。
[2] Paul Connerton, *How Societies Remember*, Cambridge: Cambridge University Press, 1989, pp. 79-88.
[3] 刘重宁、陈文玉《漳平风俗习惯琐谈（续三）》，《漳平文史资料》第12辑（1989年），第56页。
[4] 参见 Susan Naquin, "Funerals in North China: Uniformity and Variation," in James L. Watson and Evelyn S. Rawski, eds., *eath Ritual in Late Imperial and Modern China*, Berkeley and Los Angeles: University of California Press, 1988, pp. 55-57. 从近年在晋东南发现的赛社文书看，阴阳生与礼生的关系相当密切。但是，从历史渊源上说，阴阳生与礼生来源于两个不同的行业系统。参见 Yonghua Liu, "The World of Rituals," pp.103-108. 在汀州，阴阳生颇为罕见，在《客家传统社会丛书》中，仅提到阴阳生一次。参见赖光耀《汀州传统婚俗》，载杨彦杰主编《汀州府的宗族、庙会与经济》，第362—363页。笔者在四保调查期间，没有听说阴阳生一词。有一次，笔者在与一位老礼生聊天中提到"阴阳生"，这位礼生误以为是风水先生。

四保，不少礼生知道如何"拣日子"，但这一点似非礼生的基本技能。

无论从普通村民还是礼生的角度看，礼生都与四保的其他仪式专家有所不同。有调查报告称，江西万安一位曾学过道士的礼生认为："礼生与道士没有什么很大的区别，别人既可称他为'礼生'，又可称他为'道士'。更何况，在当时万安的乡间社会，他在学道期间所学的东西要比赞相礼仪有用得多，他对自己的身份并不看重，更没把自己想到具有'士大夫风格'那一层上去。"[1]从这份报告提供的信息，我们无法判断这种情形在万安是否普遍。不过，这位礼生对做礼生与"学道"做出了明确区分，从这一点看来，礼生与道士之间的分野意识还是清楚的。四保人经常无法分清和尚与道士之间的差别，但对于谁是礼生，他们是很清楚的。操办礼仪之时，他们很清楚在哪些场合应请礼生，哪些场合不必请礼生。同样，礼生也将自身与道士、和尚等仪式专家区分开来。在与笔者聊天的过程中，礼生经常在有意无意中强调，自身所行的是"礼"，亦即有"士大夫风格"的礼仪，以此区别于其他仪式专家。

从传承看，礼生与道士等仪式专家确有区别。李丰楙认为台湾的礼生是个相对开放的社会群体，这一看法也适用于四保。从笔者所接触礼生的情形来看，子承父"业"者固然有，从本村老人学习做礼生的事例更为普遍，甚至还有向外村老礼生学习的情形（详见第四章对洋背第0305号祭文本的讨论）。这一方面是由于大多数礼生并非职业性的，礼生群体没有必要对外封闭；另一方面，则是因为做礼生并不需要长期的专门训练，可以在潜移默化中慢慢习得，因而一个排他性强的群体难以形成。一般而言，是否传授礼生的知识，更多服从于实际的考虑。每个族、每个房每年都有祭祠、扫墓之举，赞相祭祀的礼生，当然以不从外族、外房雇请为佳。因此，培养本族、本房族人做礼生，在当地是颇为普遍的现象。至于这个

---

[1] 刘秒伶《万安一个乡村礼生的历史与现实生活——以我的外祖父为例》，第5页。

族人是否非得是礼生本身的子弟，并不是十分要紧的事。笔者接触过的许多礼生，其父母本身并非礼生。

在颜元生活的时代，礼生与乐户被视为"贱"业。在裴达礼研究的新界上水村，礼生在村民心目中似乎没有太高的权威，成为礼生类似于培养一种爱好。[1]相比之下，景军研究的孔氏礼生，更受村民的尊敬。[2]在四保，过去礼生也同样受到村民的礼遇，这可在账本中找到侧面的证明。根据1904年雾阁邹氏龙川公房的祭祖账本，两名来自本支的礼生应邀前往赞相墓祭。除作为本支成员应得份额外，他们还分得若干额外的米饭和猪肉。同时，只有他们和主祭享有乘坐轿子的优遇。[3]在老礼生的记忆里，坐轿子是很风光的事。在这个例子中，可能因为礼生来自本支子孙，祭祖为其本分之事，他们的服务并无酬劳。若是由私人或他族他村所请者，则例须支付酬金。一位名叫邹恒琛的资深礼生回忆说，受雇礼生的待遇是相当不错的。抗战期间，他自己曾赞相一个丧礼，共得银圆二十元。尽管如此，礼生对他来说至多是个半职业性的工作。

这位邹恒琛老人，是笔者在四保调查期间最为相熟的一位资深礼生。他生于1917年，六岁入私塾，中间因故辍学。十一岁时入小学，十三岁毕业，时值内战。1935年，红军离开四保后，他在邻村小学找到职位。老人做礼生，始于20世纪30年代早期，亦即小学毕业后。他认为，别人请他做礼生，首先是因为他是小学毕业生。对他而言，做礼生是自然而然的事。他一位堂叔是个监生，有册祭文本。他从后者那里借来祭文本，抄录了一份。至于如何赞相礼仪，他认为是从观摩其他礼生的表演中习得的。

1938年，老人参加了本县录用收税员的资格考试，通过考试后，他在附近乡镇担任收税员。1943年，他辞去职务，回四保乡公所任

---

[1] Baker, *A Chinese Lineage Village*, p. 148.
[2] Jing, *The Temple of Memories*, p. 97.
[3] 《龙川公祭簿》，雾阁，1897—1929年，第43页（此页码为笔者所编）。

职。老人指出，这段经历对他很重要。从村民的眼中，收税员是个不小的职位。村民请他做礼生，可能不仅因为他是小学毕业生，而且跟他的这个职位有关。1944年，老人离开乡公所，开一家布店。1947年，他加入国民党，很快担任本区党部头目。这个"历史污点"，让他在1949年后倍受磨难，他成了"反革命"。

只是到1978年后，老人才恢复了正常生活。此后，在乡村传统复兴过程中，他发挥了重要作用。在他主持和参与下，所属宗族的祠堂、族谱及礼仪相继恢复。村民重新邀请他赞相礼仪，他再次成为附近乡村较有名气的礼生之一。他的经历体现了改革时代四保社会中教育、礼生和传统礼仪复兴之间的关系。

第四章 礼生及其礼仪

在考察礼生的历史源流及其与四保社会的关系后，笔者将在本章详细讨论礼生引导的仪式与礼生的礼仪手册，并侧重从仪式结构和文献来源的角度，探讨礼生的仪式传统、王朝礼仪与道教科仪之间的历史关联。

礼生与四保礼仪

礼仪程式

四保礼生赞相礼仪，根据的是当地世代相传的仪轨。大体说来，当地仪轨可分成两类：四位礼生赞相的礼仪和两位礼生赞相的礼仪。前者用于比较重要的礼仪场合，如当地最重要的地方神邹公的祭祀和开基祖的祭祀等。后者则用于祭祀小神及近祖、婚礼、丧礼、祭龙头等仪式。不过，两种仪轨的结构大致相同。根据各自的角色，四位礼生分别被称为通赞、引赞、亚赞和读赞（或作读祝）。行礼之时，通赞左上角，引赞立于左下角，亚赞立于右上角，读赞立于右下角，主祭及陪祭则立于引赞与读赞的中间偏下（图4.1）。

四位礼生当中，通赞最为重要，他引导整个礼仪过程。其余三人均可视为他的助手。引赞与亚赞在礼仪中的职责相当，负责辅助通赞唱礼，只是前者唱礼次数稍多。读赞最重要的职责是诵读祭文。根据四保地区流行的一个仪轨，通赞唱礼十二次，引赞九次，读赞

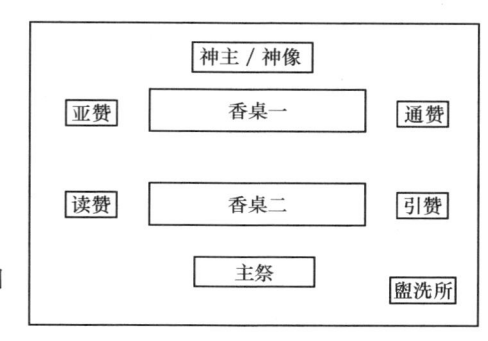

图 4.1　礼生祭祀平面图
（四位礼生赞相）

```
         ┌─────────────────────────────┐
         │         神主／神像           │
         │  ┌──┐  ┌──────────┐  ┌──┐  │
         │  │亚│  │  香桌一   │  │通│  │
         │  │赞│  │          │  │赞│  │
         │  └──┘  └──────────┘  └──┘  │
         │                             │
         │  ┌──┐  ┌──────────┐  ┌──┐  │
         │  │读│  │  香桌二   │  │引│  │
         │  │赞│  │          │  │赞│  │
         │  └──┘  └──────────┘  └──┘  │
         │        ┌──────────┐        │
         │        │   主祭   │ ┌────┐│
         │        └──────────┘ │盥洗所││
         │                     └────┘│
         └─────────────────────────────┘
```

八次，并诵读祭文一次，亚赞六次。为更具体地讨论这个仪式的结构，特将此仪轨抄录如下。

左上通赞　左下引赞

右上亚赞　右下读祝　祭神圣不用献牲

【通唱】起鼓、再鼓、三鼓。鸣钟，奏乐。主祭绅士就位。参神。跪。叩首、叩首、三叩首。

【亚赞唱】兴。

【通唱】跪。叩首、叩首、六叩首。

【亚赞唱】兴。

【通唱】跪。叩首、叩首、九叩首。

【亚赞唱】兴。

【通唱】诣神座前上香。

【引唱】主祭绅士诣神座前上香。跪。上香。献爵。降神。酹酒。献帛。读祭文。【伏俯读祝完唱】兴。

【引赞唱】复位。跪。叩首、叩首、三叩首。

【读唱】兴。

【通唱】行初献礼。

【引唱】主祭绅士诣神座前行初献礼。跪。初献酒。献牲。献汤。献馔。叩首。

【读唱】兴。

第四章　礼生及其礼仪　　83

【引唱】复位。跪。叩首、叩首、三叩首。

【读唱】兴。

【通唱】行再献礼。

【引唱】主祭绅士诣神座前行再献礼。跪。再献酒。献牲。献汤。献馔。叩首。

【读唱】兴。

【引唱】复位。跪。叩首、叩首、三叩首。

【读唱】兴。

【通唱】行三献礼。

【引唱】主祭绅士诣神座前行三献礼。跪。三献酒。献牲。献汤。献馔。叩首。

【读唱】兴。

【引唱】复位。跪。叩首、叩首、三叩首。

【读唱】兴。

【通唱】行侑食礼。

【引唱】主祭绅士诣神座前行侑食礼。跪。侑食。举瓶酌酒。献羹。献饭。献茶。献果。叩首。

【读唱】兴。

【通唱】捧爵望燎焚文奠帛。[1]复位。辞神。跪。叩首、叩首、三叩首。

【亚唱】兴。

【通唱】跪。叩首、叩首、六叩首。

【亚唱】兴。

【通唱】跪。叩首、叩首、九叩首。

【亚唱】兴。

---

[1] 笔者在仪式中没有看到帛。

【通唱】平身。礼成。[1]

根据这个仪轨，整个礼仪过程大致可分成七个部分：上香礼、初献礼、亚献礼、三献礼、侑食礼、送神和焚祝文（参见表4.1）。仪式开始后，先由主祭上香，然后代表社区请神，读赞诵读祭文，说明该礼仪的目的及所涉社区的名字。第二至第四部分的主要任务，是由主祭将供品献给神明或祖先。第五部分的目的是请求神明或祖先品尝供品。此后送神。礼仪的最后一部分是将祭文焚化。[2]这些仪节是由主祭的叩拜分开的。参神和辞神在整个仪式中比较重要，均行三跪九叩礼，而献祭则行一跪三叩礼。在整个礼仪中，主祭须跪拜十五次，叩头三十四次。对于担任主祭的老人来说，这个体力活并不轻松（主祭通常由德高望重的老人担任，他们多半在六十岁以上）。

比较这个礼仪结构与王朝祀典的结构，有助于我们理解礼生赞相礼仪的来源。除了《洪武礼制》《大清通礼》等朝廷编纂的礼书外，会典、方志等文献通常也会记载王朝礼仪。在地方政府层面，州县官主持、参与的礼仪包括文庙释奠，社稷坛、厉坛、风云雷雨、山川、城隍、乡饮酒等。[3]由于篇幅所限，这些礼仪无法在此一一介绍。下面选取《洪武礼制》所载释奠仪式和万历《明会典》所载里社坛祭祀仪式为例试加说明。之所以选取这两种礼仪，是考虑到两者对地域社会和地方士绅的重要性。[4]

释奠仪式每年于春秋二仲月（二月、八月）上丁日（第一个丁日）举行。[5]这个仪式的正祭有献官一人（通常是知县）、分献官若

---

[1] 本仪轨见于第0101号祭文本（雾阁，光绪间抄本）之首。笔者在雾阁、马屋等村收集到的祭文本仪轨，与此结构相同，只是在文字方面略有差别。
[2] 焚文的意图是将祭文传送给祭祀的对象。
[3] 《洪武礼制》，第481—506页。
[4] Johnson, *Spectacle and Sacrifice*, pp. 306-308 详细描述了光绪《山西通志》所载关帝祭礼的仪轨。
[5] 参见 Huang, *A Complete Book Concerning Happiness and Benevolence*, p. 511, No. 4。Thomas A. Wilson 简论述了5世纪中叶至明代的文庙释奠礼，参见氏著，"Ritualizing Confucius/Kongzi: The Familyu and State Cults of the Sage of Culture in Imperial China," in idem., ed., *On Sacred Grounds: Culture, Society, Politics, and the Formation of the Cult of Confucius*, Cambridge, Mass.: Harvard University Asia Center, 2002, pp. 76-79。

第四章 礼生及其礼仪　　85

干人。在州县，献官由州县长官担任，而分献官"以本学儒职及老成儒士"担任。[1]现存《洪武礼制》没有交代赞相释奠的仪式专家，从清代的情况看，赞相这个礼仪的通赞、引赞、司尊者、酌酒执事者、读祝者、进帛者等多由老成生员担任。

整个仪式分为正祭前和正祭两大部分。正祭前有斋戒、省牲两个仪节。释奠前三日，"献官并陪祭官、执事人等，沐浴更衣"。其后，"散斋""致斋"各一日。散斋期间，"各宿别室"；致斋期间，同宿斋所。散斋、致斋期间，对饮食、行事都有具体规定。正祭前一日，举行省牲仪式，此日检查祭祀的牲口是否符合要求，然后宰杀牲口，将之清理干净。[2]

正祭就是释奠当天举行的仪式。正祭一般分为八个仪节：迎神、奠帛行初献礼、亚献、终献、饮福受胙、彻（撤）馔、送神和望瘗。祭祀开始后，乐舞生、执事者、陪祭官、分献官、献官各就位，"瘗毛血"，即将祭牲的毛、血埋入提前挖好的地穴内，然后在迎神乐中迎神。初献，即是首次献祭品，由献官将帛、酒等祭品依次献给孔子、颜回、曾参、子思和孟子，由分献官将帛、酒等祭品献给文庙的其他圣贤。行初献礼时，乐作、舞作，同时还穿插诵读祝文的仪节。随后进行第二、三次献祭，称作"亚献礼"和"终献礼"。行亚献礼、终献礼时，也需乐、舞伴奏。初献、亚献和终献，一般合称为三献礼。三献礼之后，举行饮福受胙仪式。饮福，是由祭祀执事饮福酒，而受胙是给执事们发放胙肉。受胙之后，行彻（撤）馔礼，即撤走祭品，行礼时，乐作。彻（撤）馔完毕，送神，乐作。最后，行望瘗礼，焚化祝文和帛，亦奏乐。[3]

---

[1]《洪武礼制》，第481页。
[2]《洪武礼制》，第481页。
[3]《洪武礼制》，第484—485页。

表 4.1　四保祭神仪式、文庙释奠仪式、里社坛祭祀仪式比较表

仪节	四保祭神仪式	文庙释奠仪式	里社坛祭祀仪式
1	上香	迎神	迎神
2	初献礼	初献	三祭酒
3	再献礼	亚献	
4	三献礼	终献	
5	侑食礼	饮福受胙	—
6	—	彻（撤）馔	彻（撤）馔
7	送神	送神	—
8	焚文	焚祝帛	焚祝

资料来源：第 0101 号祭文本，无页码；《洪武礼制》，第 481—486 页；《明会典》，第 536 页。

大体而言，释奠仪式与上文介绍的四保礼仪有几个方面的差别。其一，四保礼仪的第五个仪节是侑食，而释奠是饮福受胙，前者对神，后者对人。其二，四保礼仪由乐队伴奏，而举行释奠时，通常伴有乐舞表演。在行礼过程中，伴随着三献礼（初献、亚献和终献），表演仪式舞蹈三次。其三，释奠礼请神时，无须烧香，[1] 同时举行瘗毛血仪节，而在四保礼仪中，没有瘗毛血仪节，但需烧香。其四，释奠由两位礼生赞相，而四保有四位礼生。其五，四保行礼时，主祭须跪拜十五次，叩头三十四次；而举行释奠礼时，主祭叩拜的次数较少：拜八次，跪十七次，叩首十七次。而且他在行礼时，向五位神明一一行跪拜礼，每位神明仅跪一次，而非三次。[2] 总体

---

[1] 不过，有的州县举行释奠礼时也烧香。参见光绪五年《长汀县志》卷一二，页 13a。
[2] 周绍明指出，五拜三叩礼是朱元璋对元代旧制的继续，16 世纪中叶，这种礼仪借由乡约制渗入乡村。参见 Joseph McDermott, "Emperor, Elites, and Commoners: The Community Pact Ritual of the Late Ming," in idem., ed., *State and Court Ritual in China*, Cambridge: Cambridge University Press, 1999, pp. 306-311。在晚清民国时期的四保，三跪九叩礼较为流行，这种礼节比周绍明谈的五拜三叩礼更重。根据当地方志的记载，祭祀孔子、关帝时，行三跪九叩礼。但祭祀较不重要的神明时，行二跪六叩礼（如天后、朱子、吕仙）或一跪三叩礼（如昭忠祠神主、城隍、芒神、社稷）。参见光绪五年刻本《长汀县志》卷一二，页 13a、28a、37a、41a—41b、44a、46a、47b。

而言，应该说这些差别是相对微不足道的。就仪式的基本结构而言，四保礼仪与释奠礼非常相似，两者的基本结构都是：首先是请神、读祝文或祭文；其次则是三献礼；最后，送神、焚文（参见表4.1）。

洪武二十六年（1393），令天下府、州、县文职长官祭祀社稷坛，州县以下，则每里举行里社坛祭祀。据《明会典》记载：

> 凡各处乡村人民，每里一百户内，立坛一所，祀五土、五谷之神，专为祈祷雨旸时若，五谷丰登。每岁一户轮当会首，常川洁净坛场。遇春秋二社，预期率办祭物。至日，约聚祭祀。其祭用一羊、一豕，酒果、香烛随用。祭毕，就行会饮。会中先令一人读抑强扶弱之誓。……读誓词毕，老幼以次就座，尽欢而退，务在恭敬神明，和睦乡里，以厚风俗。[1]

跟文庙释奠礼一样，里社坛祭祀也是每年举行两次，不过时间不同（里社坛祭祀在春秋社日举行）。据会典记载，主事者称作会首，由一百户轮流充当。祭礼中的执事，包括引礼、读祝及执事等，应均由本里人户充任。

正祭前一日，会首与预祭之人各斋戒一日，同时执事做好祭祀前的准备，如打扫坛场、挖掘瘗坎、洗涤厨房炊具等。当晚，宰牲。祭日天未明，准备好坛场。一切备办妥当后，开始祭祀。首先，行一鞠躬二拜礼，然后将牲口的毛、血埋入提前挖好的瘗坎中。接着，行三祭礼，即由会首先后跪于五土、五谷之前，祭酒三次。三祭酒之后，行俯伏礼。然后会首至读祝位跪，而读祝者取出提前写好的祝文，立于读祝位左侧读祝。读毕，会首行俯伏礼一次，复位后，又行一鞠躬二拜礼。接着，撤走祭品。读祝者取祝文，焚瘗于坎所。

---

[1]《明会典》，第535—536页。

礼毕，行会饮读誓文礼。[1]

　　跟四保祭祀仪式和文庙释奠仪式相比，里社坛祭祀仪式较为简单。里社坛祭祀开始时的一鞠躬二拜礼和瘗毛血，大约类似于四保祭祀和释奠的迎神。四保祭祀和释奠的核心是三献礼，即初献、亚献和终献各行一次，而里社坛祭祀行三祭酒礼，不仅祭品简单，而且三次祭酒动作大约一次性连续完成。四保祭祀是上香迎神后读祝文，释奠行初献礼后读祝文，而里社坛祭祀行三祭酒礼后才读祝文。四保祭祀无明显的彻馔仪节，释奠有彻馔仪节，彻馔后有明确的送神仪节，而里社坛祭祀没有明确的送神仪式，彻馔和送神可能同时举行。最后，里社坛祭祀会首的叩拜次数明显较少。不过，总体而言，跟文庙释奠一样，里社坛祭祀与四保祭祀的基本结构还是颇为相似的。

　　通过比较四保祭礼和文庙释奠礼、里社坛祭礼，我们可以看到，除了若干细节外，四保祭礼的结构与官方推行的州县、乡里层面的王朝祭礼相当接近。如何理解两者之间的结构相似性呢？笔者认为，对于四保人而言，无论是下层士绅还是普通乡民，都有若干机会接触王朝礼仪与士大夫礼仪。他们在观摩、参与王朝礼仪和士大夫礼仪的过程中，挪用了其中的基本要素，逐渐创制了自身的仪式传统。

　　首先，下层士绅和乡民有可能观察到朝廷的仪式表演。上文提到，北宋、明代都曾在乡村指派礼生，实践朝廷颁布的仪式，其中宋徽宗曾指派礼生赞相乡村礼仪，明太祖也曾选充礼生，只是这些政策实施的时日不长，可能影响有限。不过，明初在全国乡村推行的里社坛和乡厉坛祭礼制度，虽然各地实施情形有别，但在有明一代，作为官方的乡村政策，从未被废除。从明中叶开始各地推行的乡约制度，也有其特定的仪式（详见第七章）。里社坛和乡厉坛祭祀

---

[1]《明会典》，第536页。

第四章　礼生及其礼仪　　89

仪式及乡约的仪式，在结构上与州县举行的王朝礼仪相似，通过参与这些仪式，下层士绅与乡民可以接触到与王朝礼仪相似的祭文、仪式专家和仪式结构。

同时，在一些特殊的场合，下层士绅与乡民也有可能接触到朝廷的礼仪表演。笔者目前在四保地区寻获的最早的祭文，是收录于马屋《马氏大宗族谱》的五件丧礼祭文，这是明中叶马屋进士马驯（1421—1496）过世时由福建及毗邻省份的地方官所作，祭文作者包括江西巡抚金泽、汀漳兵备伍希闵、提学副使韦斌、汀州知府吴文度和福建布政司右参政王琳。[1]按《马氏大宗族谱》记载，弘治九年（1496）夏，马驯过世后，"其子综奏请葬祭，诏许之，敕工部进士严泰造坟，福建布政司右参政王琳致祭，动支官银一千一百五十两，葬公于所预卜之乐邱中"[2]。可见，这些祭文作于弘治九年，而致祭马驯的地点，很可能是在四保或马驯致仕后颐养天年的乐邱（长汀近郊）。这样一次祭祀活动，为下层士绅和普通乡民接触朝廷的祭祀仪式提供了直接的机会。

其次，我们知道，礼生通常由官吏、拥有科举功名的士人和监生等充任，他们中不少人曾参加官方祭祀，对其程式自然是耳熟能详。上引《大清会典事例》康熙二三十年间颁布的事例规定，各州县学赞礼生，"选择在学肄业，文学兼优，仪表端整，声音洪亮者补充。大学六名，小学四名"；又规定使用生员赞礼的仪式包括万寿圣节、元旦、冬至、春秋二丁祭。[3]也就是说，生员和普通官吏每年至少有五次观察、参与一系列朝廷礼仪的机会。至于监生，大概是没有资格参与上述礼仪的，但是他们有可能成为乡宾，参与州县举

---

[1] 孝思堂《马氏大宗族谱》，六集，《赠文》，第12—15页，《祭都察院右副都御史马公文》，1993年铅印本。
[2] 孝思堂《马氏大宗族谱》，五集，《列传》，第4—5页，《乐邱公传》。
[3] 《大清会典事例》卷三九二，《礼部》，"学校"，页1b。

办的乡饮酒等仪式，从而直接接触朝廷礼仪。[1]生员参与州县祭祀的情形，在笔者收集的祭文本中可以找到若干线索。在第0104号祭文本中，收录了《大成至圣先师孔夫子祝文》，祝文题目下题有小注云："每岁以春秋仲月上丁日祭，天下皆同，府学本府主祭，县学本县主祭，三跪九叩，跪献跪读。"又《乡贤祠祝文》下注云："教官主祭，一跪三叩，立献立读。"这些小注表明，这本祭文本的抄录者很可能曾参与文庙释奠和乡贤祠的祭祀礼仪。

最后，正如上文指出的，礼生还有可能通过市场流通的礼书和包含礼仪文献的典籍了解朝廷的礼仪制度。四保为清代南中国地区的一个重要出版中心，当地出版的书籍中有《会典》《福惠全书》等典籍，其中不乏对官方祭祀的详细描述。[2]同时，当地还刊印了大批应酬、家礼类典籍，这些典籍收录了不少祭文、仪注一类的内容。这些文本对四保乡村礼仪的影响，下文还将论及，这里仅举两例稍加讨论。

《酬世锦囊》是清中后期、民国时期颇有影响的一部日用类书，其编者是雾阁文人邹可庭（1715—1803）及其次子、武举邹景扬（1744—1809），此书在乾隆三十六、三十七年（1771—1772）成书后，在市面甚为流行，各地曾印行多种不同版本。其后，他们又与谢清漾于乾隆五十五年（1790）编成《新镌酬世锦囊》一书，此书包括《尺牍新裁》《家礼纂要》《对联隽句》《帖式称呼》和《天下路程》五部分。其中《家礼纂要》部分共五卷，卷一对冠、婚、丧、祭四礼仪注均有清楚的记载，而卷一上层、卷二上层、卷三和卷四收录了数量可观的帖式、祝文、书启和祭文。[3]

《家礼纂要》的编纂者邹尚义，应该也是四保人。他在序言中特

---

[1] 有关乡饮酒礼，参见邱仲麟《敬老适所以贱老——明代乡饮酒礼的变迁及其与地方社会的互动》，《"中央研究院"历史语言研究所集刊》第76本第1分（2005年3月），第1—79页。
[2] 参见笔者在四保收集的书帐，清末抄本，页46a—46b（页码为笔者所加）。
[3] 邹可庭纂《新镌酬世锦囊》，云林别墅藏板。序文作于乾隆五十五年。

别指明，此书并非原原本本照抄《家礼》，而是"备考成书，辑其简要，以合乡俗之易行，而省其无益之繁赘"[1]，也就是说，这是参照"乡俗"改编而成的简本《家礼》。有趣的是，此处所谓的"乡俗"，其实经常是邹氏家乡的习俗。他在谈到祭礼时，特地写了一段文字，介绍"吾乡"祭礼的若干重要细节：

> 吾乡祭礼，若降神、三献之仪，侑食、饮福之礼，先期斋戒，祭毕望馂，望族通行，极为整肃。凡祭祀，择族中知礼者一人为赞，一人读祝，衣冠年少者四人执事，如斟酒、置酒、跪而授爵、接爵之类，有配享及祔食之位，即用执事者奉酒，亦简便可行。[2]

不必说，像邹尚义这样一类的士人，是谙熟《家礼》的内容的，同时作为族人，他们本身肯定也不可避免地要参与本族祭礼，因此，有理由相信，他们是《家礼》传播、实践的一个重要文化中介。

总之，不管从朝廷推行礼仪的政策，还是从明清时期书市涌现的大量应酬类和家礼类出版物来看，四保下层士绅都有不少机会接触乃至参与朝廷礼仪和士大夫礼仪，这些机会为他们在乡村挪用这些礼仪提供了重要的经验和文本来源。从这种意义上说，四保所见礼生引导的乡村礼仪，很可能是对王朝礼仪的复制，而作为赞相四保乡村礼仪的仪式专家，礼生不仅是这一过程的产物，而且也在此过程中成为沟通王朝礼制与乡村礼仪的中介。不过，这种复制并非毫无限度，从下文对祭文本的分析看来，它并不排除礼生去借用其他仪式传统的礼仪。

---

[1] 邹可庭纂《新镌酬世锦囊·家礼纂要续编》卷一，《冠礼》，页1b。
[2] 邹可庭纂《新镌酬世锦囊·家礼纂要续编》卷一，《祭礼》，页27a。

行动中的礼生

在笔者观摩的四保仪式中，除了第三章介绍的邹公祭祀外，还有祭龙头、婚礼和丧礼等。下面试介绍这三场仪式的大致情形。

祭龙头

第三章谈到，农历元宵前后，不少四保村落都会组织游龙灯活动。在当地，这是一个颇为重要的社会文化活动。这个活动通常是由当地宗族或其房支出面组织的，应该是当地唯一由多达数百人共同完成的常规集体活动。在雾阁村，游龙灯通常由本族的房支组织，雾阁乡民最经常谈起的，是礼崇公房组织的游龙灯活动，这大概是雾阁最为出名、历史也最为悠久的游龙灯活动。

礼崇公游龙灯背后的组织者，是光裕堂龙灯胜会[1]，此会由礼崇公下属各房的房长组成。理论上，每个"灶"均需指派一人参与活动。这些参与者被分为执事人员和普通参与者两大类。执事人员共二十人，从所有参与者中拈阄选出。负责抬龙头的执事有时被称为"灯首"，他是通过拈阄方式从执事当中选出的。执事负责抬龙头、龙尾，敲锣告知村民巡游的日程安排，为龙灯会和执事本身准备食物，到本地各处神明坛庙内烧香，并在游龙灯过程中放炮。普通参与者被编入若干个甲，每甲十人。

2002年春节期间，光裕堂龙灯会组织的游龙灯活动，于正月十四、十五两日（公历2月25—26日）举行。活动三日前，公布执事和普通参与者的名单，他们的姓名被写于红纸上，贴在村中主街的墙壁上。[2] 正月十四下午，举行祭龙头仪式。根据旧例，这个仪式首先在灯首家的众厅举行，然后在光裕堂再举行一次祭礼。除地

---

〔1〕 光裕堂是礼崇公祠的堂号。
〔2〕 当年游龙灯的参与者被编为34甲。

图 4.2 祭龙头（刘永华摄）

点不同外，两处举行的仪式基本相同。下面描述的是在众厅举行的仪式。

行礼前，在众厅中间摆放两张桌子。然后将龙头、龙尾安置在桌子上，头、尾朝向门外。龙头、龙尾之前，摆上猪头、猪肉、鸡、鱼、鱿鱼干、橘饼、茶、苹果、玫瑰等供品。两位礼生赞相祭礼，一位乐师吹唢呐，另有两人敲锣鼓。礼生分别站立于桌子的两侧。祭礼始于下午4点，持续了近7分钟。祭礼的结构与上文介绍的仪式相似，主要的差别是赞相的礼生仅有两位。祭礼开始后，上香请神，读祭文。接着是三献礼。侑食之后，焚化祭文，在香炉前酹酒。然后，杀公鸡一只，将鸡血洒到龙头、龙尾上，其目的是赋予它们灵力，如此一来，龙神就会回应村民的祈福。[1]最后，一串鞭炮宣告祭礼结束。

2002年春节期间，双泉村邹氏宗族也组织了游龙灯，活动持续了三天，正月十三日开始，十五日结束（2月24—26日）。第一天

―――――――――

〔1〕 包筠雅，个人交流，2003年6月8日。

94　　礼仪下乡：明代以降闽西四保的礼仪变革与社会转型

搬龙。当地人认为，每村均有自身的龙脉，龙脉是自然的灵力进入村落或宗族的某种渠道。搬龙，意在更新龙脉的灵力，确保其顺畅地通过宗祠进入村落。搬龙之前，也需举行祭龙头仪式，时间是正月十四下午5点40分，地点是倒塌的邹氏宗祠门前。祭礼由四位礼生赞相，在众多村民和访客面前举行。这个祭礼的结构跟上面介绍的仪轨只有一个值得注意的差别：祭文是在送神之前，而非迎神之后颂读的。祭礼结束于6点15分。随后龙灯开始出游。

拜　堂

据村民介绍，1949年以前，婚礼通常不请礼生，不过如今一般都会请礼生。在四保做田野调查期间，我完整目睹了一场婚礼。四保人的婚礼，通常在冬季春节前举行，那时农活已干完，村民闲暇较多。我目睹的婚礼举行于农历十一月底（2002年1月10日）。新郎是位中学教师，家住清流县长校镇茜坑村。新娘是连城县四堡乡上枧村人，为长校邮局职员。整个婚礼分为两大部分：第一部分在新娘家举行，第二部分在新郎家举行。

成婚的日子和时辰由礼生选择，新郎家选定日子后，告知新娘家。婚礼前三日（1月7日），新娘家中堂开始挂起祖像，在祖像之前的桌子上，摆上若干祭品。婚礼前一日（1月9日）早晨，新郎家抬着三大箱子的礼物，送到新娘家中，这些礼物先被摆放在新娘家所在房的房祠中。而后，它们被挪到新娘家大厅的香桌上，供奉给新娘的先祖。这些礼节都根据约定俗成的规矩，有条不紊地进行，无须礼生的指导。负责送礼前来的新郎家属，把礼物送来后，暂时待在新娘家，到新娘出嫁时方才随新娘回到家中。

根据新郎家选定的时辰，"进门"的时辰定在1月10日凌晨2点。根据这个安排，新娘家决定，新娘出门的时辰定于1月9日晚上9点40分。当天晚餐后，本村一位谙熟礼节的妇人走入新娘卧

图 4.3　拜堂（刘永华摄）

室，似乎在给新娘传授某些知识。[1]同时，新娘开始梳妆。她穿上红色的衣服——红裙子、红鞋和红头饰。出门前半小时左右，新娘开始哭嫁。此时，新娘家已备好了一桌酒席，为新娘饯行。出门时辰到了，新娘跟家人道别。她在一位新郎家女眷的陪伴下，走出大门，女眷一边扶着新娘，一边举着一个米筛挡在新娘面前。[2]新郎家的来人匆匆走出大门，在房屋前点燃两个松木火把。一位负责提轿灯的男子在房前等候。鞭炮声响起。新娘走出大门，而女眷为新娘打雨伞。与此同时，屋内人关上大门，其目的是防止女方的财气被带走。[3]

---

[1] 很遗憾，此妇人不愿透露传授的内容。
[2] 米筛的用途是保护新娘免于煞气的侵害。举米筛的妇人不必熟悉礼仪。在这次婚礼中，举米筛的是新郎的嫂子。
[3] 类似的仪式见于香港新界。根据华若璧（Rubie S. Watson）的描述，新娘一走出娘家大门，"大门随即砰地关上"。她认为，这是在提醒新娘，"她以后不能把这个家当作自己家了"。参见 Rubie S. Watson, *Inequality Among Brothers: Class and Kinship in South China*, Cambridge: Cambridge University Press, 1985, p. 122。

新娘抵达新郎家时，天色尚早。她被领着从侧门进入新郎家，在此等候几天前由仪式专家选定的"进门"吉时。吉时到了，她从侧门走出房屋，再从大门重新进入新郎家。在此过程中，新郎家女眷一直陪伴着新娘，并举着米筛挡在新娘面前。在跨入大门的那一刻，杀公鸡一只，鸡血洒到地上。新娘进门后，被引入洞房。

拜堂是婚礼最核心的礼节，于1月10日上午10点举行，地点是新郎家的大厅。拜堂前，在大厅内侧摆放香桌一张，上放香炉一个，香炉内插香两支。在过去，拜堂时在中堂挂祖像，但由于新郎家的祖像在"文革"中被烧毁，在中堂挂的是个大"囍"字。香桌前，铺好垫子。为举行拜堂礼，新郎家特地请了一位礼生。在拜堂前，礼生提前给新郎介绍拜堂的规矩。吉时来临，新娘仍随女眷走到大厅，立于新郎之侧。在礼生的引导下，新郎、新娘行拜天地、拜祖先和夫妻对拜礼。在拜堂过程中，新郎跪在垫子上，拜天地需跪三次、叩首十二次，拜祖先叩首九次。新娘不跪拜、叩首，而是行鞠躬礼，次数相同。拜完祖先，新郎、新娘对拜，此时才将米筛拿走。至此，新娘完成了一个过关仪式，成为丈夫家的一分子。

丧　礼

像婚礼一样，1949年前四保普通人家举办丧礼时，通常不请礼生，这主要是因为丧礼请礼生花销较大，非家道殷实的人家付不起。如今，大多数丧礼都需请礼生，同时还会请道士、和尚前来做法事。在四保期间，我只观察到一场丧礼，还不是整个仪式，因为跟其他地方的人一样，四保人在办理丧事期间，不愿意受到陌生人的打搅。不过在礼生和几位报道人的帮助下，笔者了解了丧礼和葬礼的完整步骤。

2002年2月28日，枧头一位老人去世，其家人随即开始准备丧礼。3月1日，死者家人派了一位亲戚去往城郊的隔川村，请了四位道士前来做法事。在民国时期，四保丧事多由本地寺院的和尚办理。

"文革"结束后,四保开始恢复宗教仪式活动,隔川道坛随即渗入这一地区。他们逐渐控制了当地较为重要、昂贵的仪式,如打醮、丧事等——尤其是在四保南部。[1]死者家还从本村请来两位礼生协助料理丧事,并从邻村请来几位吹唢呐的师傅前来奏乐。此外,他们还向纸扎店订了灵屋和纸扎用品,这些纸扎都将在丧礼中烧给死者,让死者可以在阴间取用。

3月2日,掘墓穴。根据当地习俗,此事安排给死者的一位近亲。同一天,死者遗体入殓,在遗体上盖上几件衣服和被子。出殡之前,取走盖在遗体上的衣服,然后钉上棺材板。出殡路上,一路撒纸钱。在四保,通常是道士、礼生完成大多数仪式后,才会出殡。但举行这场丧事时,由于政府禁止土葬,死者家人对出殡时间作了变通处理,他们赶在事情被政府官员知晓之前,就偷偷将棺材送上山。因此,死者下葬后,丧礼才真正开始。

3月3日,道士开始做道场科仪。与此同时,礼生在附近的一间房屋内,忙碌地登记礼物、撰写祭文。每有亲友前来吊唁,礼生就要帮主家收礼,把礼物码好。不少礼物是布匹,它们被作为幡盖在棺材上,或是挂在主家大厅的墙壁上展示。每当前来吊唁的客人提出要求,礼生就要为他们写祭文一篇。当然,祭文无须原创,礼生只需依照祭文本提供的活套,依样写下即可,不过他们必须使用正确的称谓。在笔者观察的那场丧事中,礼生共写了三十多篇祭文。事情结束后,他们都抱怨说太累了。3月4日早上,为死者举行祭礼,这些祭文就是在这个场合使用的。祭礼是在死者神主牌(纸制)前举行的。由于礼生必须引导吊唁的客人一一行礼,整个祭礼持续了三个多小时。祭礼结束后,道士方才在死者家属和亲戚的跟随下,

---

[1] 隔川道坛较为可靠的渊源,可以追溯至康熙初年的道士姚蔡坊、罗羽真、陈华等人。参见华钦进《员峰山的赖仙公及其道士》,收入杨彦杰主编《汀州府的宗族庙会与经济》,第407—408页;魏德毓《明以来正一派道教的世俗化——对闽西火居道士的调查》,《社会科学》2006年第11期,第155—156页。

在墓地表演他们自身的科仪。[1]

出殡祭礼的仪注,四保祭文本通常都予以抄录。下面是第0104号祭文本抄录的《出殡孝子主祭仪注》,抄录者小字注明礼生人数及其分工:"相礼四人或二人,其引礼相同。若二人,则引赞兼通赞之事,读祝兼亚赞之事而已。"

【通赞】起鼓。奏乐。执事者各司其事。主祭_{孝子承重孙}就位。陪祭孝子孝孙各就位。披麻。执杖。举哀。哀止。拜。【亚】兴。【通】拜。【亚】兴。【通】拜。【亚】兴。【通】拜。【亚】兴。【通】诣盥洗所盥手净巾。复位。诣于灵前上香。【引】主祭_{孝子承重孙}诣于灵位前上香。跪。上香。搢爵。降灵酹酒。献帛。读哀章。俯伏。叩首。【读】兴。【引】平身。复位。拜。【读】兴。【引】拜。【读】兴。【通】行初献礼。【引】主祭△△诣于灵前行初献礼。跪。初献爵。献牲。献汤。献馔。叩首。【读】兴。【引】平身。复位。拜。【读】兴。【引】拜。【读】兴。【通】行亚献礼。(其亚献、三献、侑食与他祭差同,惟用四跪四拜与他祭异耳。再者,丧事从简。其孝子与至亲及外氏,则用三献礼。此外,其余亲朋叔伯,则三献连作一献可也。)[2]

从这个仪注可知,丧事祭礼的结构与神明祭祀基本相同,均包括上香、初献、亚献、终献、侑食等仪节。仪注特别交代,"丧事从简",只有孝子、至亲和外戚祭祀使用三献礼,其余亲戚朋友则"三献连作一献",其做法应类似于里社坛祭祀中行三祭酒之法。

---

[1] 丁荷生指出,在闽南漳浦的一场丧事中,礼生在墓地赞相祭礼。他首先"引导丧家亲属依次在棺材前摆放的祭品前,把酒洒到地上",然后"读祭文"。接着,孝子及其侄子"在墓穴右侧给后土倒酒"。四保没有这种礼节。参见 Kenneth Dean, "Funerals in Fujian," *Cahiers d'Extrême-Asie* 4(1988), p. 35.
[2] 第0104号祭文本,雾阁,光绪抄本,无页码。

在四保乡间举行的仪式中,礼生的重要性各有差异。在祭龙头仪式中,礼生是唯一出场的仪式专家,因此他们的角色是独占性的。在祭邹公仪式中,礼生在整个仪式中扮演着核心角色。在婚礼中,礼生也扮演了非常重要的角色,他负责赞相拜堂礼。不过在丧礼中,道士扮演的角色也相当重要,至少不亚于礼生。

礼生在丧事中的地位特别值得玩味。道士的科仪意在引导死者的灵魂顺利穿越阴间,确保其灵魂重生,顺利抵达西方极乐世界,从而将之从死者转化为祖先;而礼生的礼仪侧重进行死者家人与前来吊唁的客人、生者与死者之间的沟通。从笔者观察到的现象看,礼生长于行祭礼,即为超自然对象献祭。不过,在他们引导的献祭仪式中,献祭的主体并非礼生自身,而是因其社会身份适合进行献祭的人物(族人、本村人、死者之子等)。换句话说,礼生本身并未担任人间与超自然世界之间的中介。他们的主要职能是赞相礼仪,确保人间与超自然世界之间、不同人群之间进行顺畅的沟通。[1]

在四保仪轨中,主祭与礼生的关系颇值注意。施舟人与丁荷生指出,道教礼仪为民间宗教提供了统一的仪式框架,道士是社区和超自然之间的中介。[2]而韩明士(Robert Hymes)则认为,在道教的"官僚性模式"(bureaucratic model)亦即以道士为中介的模式之外,尚有村民与超自然之间直接打交道的"私人性模式"(personal model)。[3]四保礼生所行礼仪显示的,则是与上述两种都不尽相同的方式。在四保礼生的礼仪中,一方面,与施舟人与丁荷生提出的模式不同,四保村民与超自然世界的沟通,是由主祭也就是社区代表进行的,并不以礼生为中介。另一方面,这种沟通是在礼生的引

---

[1] 参见李丰楙《礼生与道士:台湾民间社会中礼仪实践的两个面向》,第331—364页。
[2] Kristofer M. Schipper, *The Taoist Body*, trans. Karen C. Duval, Berkeley and Los Angeles: University of California Press, 1993; Dean, *Taoist Ritual and Popular Cults of Southeast China*, pp. 50-53.
[3] Robert Hymes, *Way and Byway: Taoism, Local Religion, and Models of Divinity in Sung and Modern China*, Berkeley and Los Angeles: University of California Press, 2002.

导下进行的，礼生的仪轨提供了礼仪的具体程式，这些程式具有相当浓厚的官僚制度的色彩。它并不属于韩明士所说的世俗与神圣之间的直接交流。[1]毋宁说，这种沟通是与上述两种模式都不尽相同的一种方式。如果说道士在举行科仪时既是导演又是演员，仪式中的礼生担任的主要是导演的角色。

祭文本

祭文本概况

施舟人指出，在道教礼仪中，书写文字扮演着非常重要的角色[2]，同样，在礼生赞相的礼仪中，书写文字也十分关键。在所有的礼生礼仪中，撰写、诵读和焚化祭文，几乎都是不可或缺的部分，在这一点上，礼生和道士相似，与基本上不使用文书的神童颇为不同。礼生最为重要的仪式手册，就是这些祭文的集子，四保人一般称之为"祭文本"。其形式类似于闽南和台湾的"家礼簿"[3]、香港新界的"礼仪便书"[4]和山西上党等地发现的古赛写卷[5]。祭文通常用于颂扬祭祀的超自然对象的功德，邀请其享用供品，常常也祈求其

---

[1] 王斯福（Stephen Feuchtwang）对清代官方释奠仪与民间醮仪的比较显示，两种仪式都由仪式专家引导参与者。但是，引导打醮活动的仪式专家是道士，他们不仅主持各种仪式，主要参与者甚至授权他们供奉祭品。相比之下，引导释奠的仪式专家亦即礼生的职责，是站在主祭官的两边，引导他们行礼，将祭品交给他们，并唱出主祭官下跪和磕头的次数。参见 Stephen Feuchtwang, "School-Temple and City God," in Arthur P. Wolf, ed., *Studies in Chinese Society*, Stanford: Stanford University Press, 1978, p. 117。

[2] Kristofer M. Schipper, "The Written Memorial in Taoist Ceremonies," in Arthur P. Wolf, ed., *Religion and Ritual in Chinese Society*, Stanford: Stanford University Press, 1974, pp. 309-324.

[3] 李丰楙《礼生与道士：台湾民间社会中礼仪实践的两个面向》，第342—343页。

[4] Hayes, "Specialists and Written Materials in the Village World," pp. 81-82; Allen Chun, "The Practice of Tradition in the Writing of Custom, or Chinese Marriage from *Li* to *Su*," *Late Imperial China* 13.2 (Dec. 1992), p. 82. 据陈奕麟（Allen Chun）介绍，许舒（James Hayes）在香港收集了为数不少的礼仪便书，现收藏于斯坦福大学胡佛图书馆。

[5] 杨孟衡校注《上党古赛写卷十四种笺注》，台北：施合郑民俗文化基金会，2000年。

第四章 礼生及其礼仪

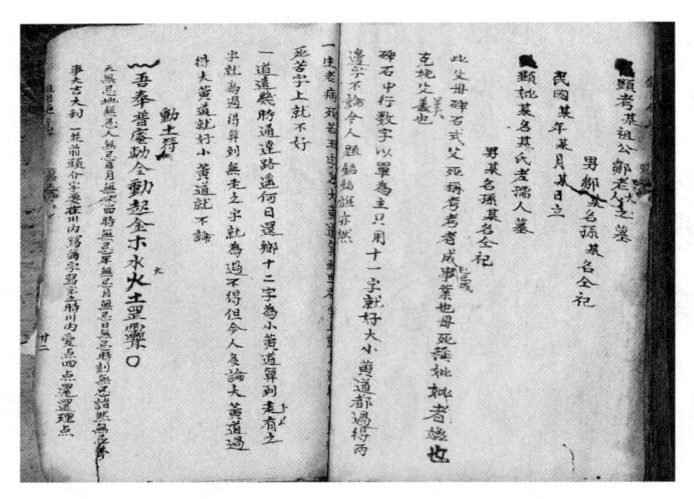

图 4.4　祭文本（刘永华摄）

庇护献祭主体（如家庭、宗族及其支派、社区等）。

　　附录四归纳了笔者在四保收集的 50 种祭文本的基本信息：发现地点、使用者、抄录者、制作年代等。大多数祭文本都是抄本，印刷的极为少见（仅见三例）。在这 50 种祭文本中，33 种传抄于晚清和民国时期，其余三分之一是在 20 世纪八九十年代传抄的，这些新近抄录的本子，一般也以旧本为依据。绝大多数传抄者和现持有人均为礼生，而这些祭文本是他们最重要的礼仪手册。[1]从表中可见，晚清的传抄者中，一般都有功名，这证实了笔者在田野调查访谈中获得的信息。附录四还显示，从民国时期开始，教师在礼生中所占的比重逐渐提高。

　　祭文本通常包括六个部分：仪注、帖式、祭文、对联、符咒和其他（详见附录五）。其中祭文当然是最为重要的，50 种祭文本总共

---

[1] 唯一的例外可能是第 0201 号祭文本的持有人，在笔者搜集这册祭文本时，此人是一位小学教员，他收藏这册祭文本是因为抄本的书法不错，不过这个抄本的传抄者是一位监生（现持有人的曾祖父）。

收录了8472件不同类型的文件,而祭文就占了超过7000件,约占总数的85%。根据祭祀的对象,可将祭文细分为神明祭文、祖先祭文和死者祭文三大类。其次,用于丧葬礼仪(死者)的祭文有4000多种,超出了用于祭祀神明和祖先祭文的总数。当然,这并不是说,丧葬礼仪比神明和祖先祭祀更为重要,而是说丧葬仪式涉及各种不同的社会关系,而每种社会关系几乎都需要单独的祭文,这样一来,祭文自然数量更多。仪注是礼仪的具体程式,提示了在某一具体仪式过程中礼生应该唱赞的言辞与主祭应该执行的动作,这一部分对仪式的重要性是不言而喻的。帖式涉及如何写请柬、礼单等各色柬帖,也是祭文本的基本部分。对联也是如此。在四保,几乎所有重要的仪式都需要写对联,因此,祭文本收录了数量可观的对联。有些祭文本还收录了符咒,这一点很值得注意,下文将详加讨论。最后,祭文本还收录了其他文书,如契约,这表明礼生不仅是仪式专家,还涉足当地的社会经济活动。

从附录四还可看到,这些祭文本为四保礼生乃至四保民众的社会、经济和象征生活提供了不同类型的信息,它们显示出礼生介入各种类型的仪式实践。比如,第0101号祭文本(雾阁)抄录了围绕天后、关帝、邹公举行的不同仪式的祭文。如天后祭文,有的祭文用于"天后娘娘神座前"跪告之时,有的注明是"有戏酒用",有的注明是"圣母出宫文",有的注明"建平安醮祭文"。再如关帝祭文,有的是用于祭祀神座的,有的注明是"回庙祭文",有的注明是"回庙中接案祭文"。邹公祭文也是如此。这本祭文本收录了《祭邹公正、六月出案预晚上寿文》,又有《案去邹公庙文》。从标题不难看出,有的祭文是用于祭祀的,有的是用于演戏、宴酒的,有的是用于打醮的,有的是用于游神的(上面提到的"出案""接案"均与游神有关)。

祭文本中抄录的祭祖祭文,大致可分为两类:一类是用于特定祖先的专用祭文,另一类是适用于不同祖先的通用祭文。仍以

第四章 礼生及其礼仪   103

第0101号祭文本为例。这本祭文本的抄录者是雾阁人,抄录了邹氏始祖至第二十一世先祖的祭文。同时,这个文本还抄录了不少所谓的"通用文",亦即适用于不同祖先的、内容较为笼统的祭文。还有不少祭文是针对不同的仪式场合的。如上述通用文中,有《祭祖考坟通用文》,有《春祭祖祠、坟文》,有《秋祭祖祠、坟文》,有《冬至日祭祖祠文》,有《祭有诰封祖考坟文》,相关的还有《祭族谱文》等。这些祭文涉及不同的仪式时间(春祭、秋祭、冬至日祭)、地点(祠堂、祖坟)和对象(普通的祖先、有诰封的祖先)等。

同样,丧葬祭文的类型也相当复杂,仅是涉及的仪式场合,就包括引魂、成服(有时写作承服)、入殓、发引(或出殡)、入厝(或入圹)、除灵(或烧金楼)、做七、小祥、大祥、入祠等类型。由于这些场合牵涉到不同的祭祀主体及与此相关的社会关系,相应地,每种场合都包含若干种特定的祭文。比如发引祭文,第0101号祭文本收录了《发引承重孙祭祖父母文》《孙祭祖父母文》《子祭父母发引文》《父发引祭文》《母发引祭文》《继父母发引继子祭文》《伯叔发引祭文》《伯叔母发引祭文》《伯叔祖发引祭文》《叔婆发引祭文》《兄弟发引祭文》《侄辈发引祭文》《姊妹夫发引祭文》《姑丈发引祭文》《姨丈发引祭文》《姻翁发引祭文》《宦家九十以上者姻翁发引祭文》《岳父发引祭文》《外祖发引祭文》《先生发引祭文》《男人发引通用祭文》《男少年发引祭文》《姻太母发引祭文》《外祖母发引祭文》《母妗发引祭文》《岳母发引祭文》《姑发引祭文》《姨发引祭文》《姊发引祭文》《姊妹发引祭文》《妹发引祭文》《嫂发引祭文》《女人发引通用祭文》等,丧葬祭文的繁杂,由此足见一斑。

应该注意到,这些不同类型的祭文,是在仪式过程中被使用的,而它们在仪式过程中被使用的环节,是有严格规定的。从上文所引仪注中,我们大致可以分出上香礼、初献礼、亚献礼、三献礼、侑食礼、送神和焚祝文等七个仪节,而祭文是在上香之后、初献之前,也就是在引赞唱"读祝文"之后诵读的。这个环节在整个仪注中的逻辑不难理解，在上香之后，祖先应该已经降临祭祀场所，在这一环节读祝文，可以在歌颂祖先功德的同时，告知祭祀的用意所在。只有在进行相关的说明之后，方可进入献祭的环节。

某些祭文本中抄录的契约文书显示，除了参与各种礼仪外，礼生可能还介入一系列的社会经济活动，如分家、继嗣、买卖土地等。而其中的乡约文书，则体现了礼生在乡约运行中扮演的某种角色——很可能是赞相乡约礼仪。[1] 另外，祭文本抄录的某些文书说明，礼生还介入若干从新儒家看来不甚正统的实践。比如，某些礼生可能曾画符念咒、驱邪出煞。这意味着，我们不能将礼生等同于纯粹的儒家仪式专家。

总之，这些祭文本属于在礼仪中被表演的文本，为我们了解礼生和乡村礼仪提供了相当丰富的信息，也为讨论礼生引导的乡村礼仪与王朝礼仪、士大夫礼仪和道教科仪的关系，提供了不少证据和线索。

谁是祭文本的作者？

祭文本抄录的祭文，均使用文言文书写。祭文篇幅不长，通常不超过一页。为了让读者了解这种文体，笔者选取了三篇祭文作为例证，它们分别是在祭祀神明、祖先和死者时使用的。

1.《祭天后文》：

> 惟神菩萨化身，至圣至诚。主宰四渎，统御百灵。海不扬波，浪静风平，舟航稳载，悉仗慈仁。奉旨崇祀，永享尝烝。

---

[1] 第0401号祭文本，上保，民国初年抄本，无页码。

兹届仲春／秋，敬洁豆馨。希神庇佑，海晏河清。尚飨。[1]

2.《入泮谒祖文》：

恭惟我祖，聿修厥德，忠厚开基，诗书为泽。今△奋志芸窗，操觚雪案，幸叨祖庇，俾得厕身于黉宫，采芹于泮沼。伏冀祖德阴扶八月折蟾宫之桂／阳春占鹰扬之选，先灵默佑立春／季秋探闻苑之花，则福衍无疆，庆筵靡既。谨于谷旦，芬苾明虔，不腆牲醴，聊荐尊茔。谨告。[2]

3.《孙祭祖母文》：

呜呼祖母，生我父亲。我父兄弟，厥有三人。遭家不造，丧亡频仍。我父与叔，相继归冥。止遗不肖，年方数龄。惟祖是依，顾复殷勤。长得怙恃，庶几有成。胡为一旦，舍我穉孙。形影相吊，孑立茕茕。今当发引，哭不成声。奠兹三酌，庶几来欣。伏惟尚飨。[3]

这些文本大致可分为三个部分。首先，祭文称道献祭对象的功德。颂词可以泛指（祭文2），也可以特指（祭文1、祭文2）。其次，仪式的时间和目的，如祭文1的神诞，祭文2的入泮，祭文3的发引。最后，请求献祭对象庇护献祭主体（祭文1的社区，祭文2与祭文3的特定个体）。这些文本的主要功用，是充当献祭主体与献祭对象之间的沟通媒介。

---

[1] 第0101号祭文本，无页码。
[2] 第0103号祭文本，雾阁，民国二十五年抄本，无页码。
[3] 第0401号祭文本，上保，民国初年抄本，页42a—42b。原题作"孙祭祖父文"，依照祭文，"祖父"当为"祖母"，已改。

这些祭文是由谁制作的？它们从何而来？它们出自当地礼生之手，还是从其他书籍传抄而来？

首先，不少祭文无疑是由四保礼生自己撰写的。这类祭文直接写明是某某祖先祭文，文中列举了各该祖先的功绩，它们应该是礼生在祭祀这些祖先时撰写的。有些祭文还明确注明了祭文作者。比如，第0104号祭文本中，就抄录了不少晚清雾阁士绅撰写的祭文。如这个祭文本抄录《祭关帝文》六首，其一题为"同治三年大兄星如拟作"，其二题为"大兄拟作"，其三题为"光绪七年拟作"，其四题为"光绪十二年拟作"，其五、其六题为璞山所作。又抄录《天上圣母文》四首，其一题为"同治三年大兄拟作"，其二、三、四均题璞山所作。这个抄本又收录《太祖邹公寿诞文》两首，一题为"同治三年大兄拟作"，一题为璞山所作。这里的璞山即邹联辉（1839—1911），星如是其兄长邹联奎（1833—1890），他们均为晚清雾阁的生员。[1]这个祭文本显示，邹联辉分别于光绪七年（1881）和光绪十二年（1886）撰写了关帝祭文，而邹联奎于同治三年（1864）撰写了关帝、天后和邹公祭文。

为应对晚清不甚太平的那段岁月，邹联辉还写了一系列祭文。光绪十一年（1885），虫吃后龙山的松木，他写了一篇祭文，请求关帝驱赶这些害虫。六年后，他请求关帝驱赶瘟疫。光绪二十一年（1895），他请求当地神明除掉剪人头发和割鸡翼尾的邪魔。光绪二十六年（1900），天旱，村民打醮祈雨，他写了一篇祈雨祭文。打醮后，天降大雨，他在祭文中特地记录道："建醮第二日，雨；第三、四日，大雨。"[2]又如祭文本0108中《祭叔姊文》系"元暄造"，《祭弟嫂文》注明系"克雍造"，《祭母哀章》系"江翰题"。这里的元暄（邹际虞，1795—1857）、克雍（邹希冉，元暄之侄）均为雾阁

---

[1]《范阳邹氏族谱》卷一八，页8a—11b，民国三十六年木活字本。
[2] 第0104号祭文本，雾阁，光绪年间抄本，无页码。这个本子没有交代祭文撰写时间。不过第0105年祭文本（雾阁，民国二十年抄本）抄录的同一篇祭文中给出了时间。

人，而江翰是晚清长汀著名的文人。因此，这几篇祭文都出自长汀或雾阁本地文人之手。

不过在大多数场合，祭文本不会记录祭文的作者和制作时间。比如，第0104号祭文本相当数量的祭文注明"旧本""抄旧本""改旧本""参旧本"等字样。如《本乡福主后龙山尊神台前》《谢雨文》《祈晴文》《谢晴文》《耆民冠带谒祖文》《寿诞谒祖文》等，下注"旧本"；《祭邹公冢文》《祭正梁文》《入泮谒祖文》等，下注"改旧本"；《祭水口文》等，下注"旧本改"；《建醮祝文》等，下注"参旧本"；《大成至圣先师孔夫子祝文》《崇圣殿祝文》《乡贤祠祝文》《名宦祠祝文》《祭文昌帝君文》《祭大魁星文》《祭先农坛文》《祭社稷坛文》《祭风云雷雨山川城隍文》《求雨文》等，下注"抄旧本"。这里所谓的"旧本"，应该是指在四保本地已经流传、传抄了一段时间的祭文，是为祭文在四保本地传抄的力证。

那么，如何处理祭文的制作者问题呢？首先，来看看上面引述的三篇祭文。第一篇的言辞较为笼统，适用于天后宫举行的不同仪式。这种祭文未必出自本地礼生之手，很可能是从其他文献抄录而来。相比之下，第二篇祭文较为专门，祭祀的主体是特定的人（刚进学的生员）。这篇祭文可能出自本地礼生之手，也可能从外来文献抄录而来。第三篇祭文的内容最为特别，因为祭祀主体的人生经历是特定的：此人年幼时父亲、叔父就已离开人世，由其祖母抚养成人。这首祭文适用范围较小，由本地礼生撰写的可能性较大。

我们还可以从另一个角度讨论祭文的制作和传抄问题。我们可以比较四保境内流传的不同祭文本，也可以比较四保祭文本与四保印刷的书籍、汀州其他地区搜集的祭文本、官方文献中的祭文以及中国其他地区的同类文献。在进行比较时，比较的重点不应放在那些可能出自本地礼生的较为特别的祭文。比如，在第0101号祭文本中，雾阁邹氏先祖祭文占了很大篇幅，这些祖先上自始祖，下至第二十一世。这类祭文的形式和言辞可能来自外来文献，但祭文本身应该是出自本地礼生之手。在通常情况下，这些祭文不大可能见于其他村子的祭文本，更不必说在外地流传的礼仪手册。因此，在进行比较时，应将重点放在适用于不同场合的祭文上（如祭文1）。

尽管我们掌握了50种祭文本，但由于祭文本的分布不甚均匀，要进行四保全境的比较是很难的，比较可行的是进行村落内部和不同村落之间的比较。

首先，笔者想比较一下雾阁村流传的祭文本，雾阁村是现存祭文本最多的村子，笔者共搜集到11种祭文本。我们以天后、关帝、社公和厉坛祭文为例，对这些祭文本进行比较。[1]经仔细比较发现，尽管没有任何一首祭文可以同时在所有祭文本中找到，但这些祭文本抄录的所有祭文之间，确有不少重复、相似之处。不少祭文同时见于两种或两种以上的祭文本，因此，不少祭文本在传抄方面互有关联。[2]

那么，来自不同村落的祭文本之间，情况又是如何？下面笔者

---

[1] 之所以选择这些祭文，是它们在祭文本中较为普遍，特别适合进行比较。
[2] 比较结果如下：（1）天后祭文：第0101号祭文本收录天后祭文7篇，第0103号收录8篇，第0104号收录7篇，第0105号收录6篇，第0106号收录3篇，第0107号收录5篇，第0108号收录16篇，第0109号收录11篇，第0110号收录3篇。只有第0112号没有收录天后祭文（第0102号内容与0101号基本一致）。2篇祭文分别见于0101、0106、0108、0109和0110号。5篇分别见于0101、0108和0109号。2篇分别见于第0103、0108和0109号。1篇分别见于0102、0108和0109号。另1篇分别见于第0103、0106和0110号。5篇分别见于第0104和0105号。2篇见于第0103和0108号。1篇见于第0108和0109号。（2）关帝祭文：第0101号收录关帝祭文4篇，第0103号收录19篇，第0104号收录9篇，第0105号收录8篇，第0106号收录2篇，第0107号收录17篇，第0108号16篇，第0109号7篇，第0110和0112号各收录2篇。2篇分别见于第0101、0103、0106、0108、0109和0110号。2篇见于第0103、0107、0108和0109号。8篇见于第0103、0107和0108号。2篇见于第0101、0108和0109号。6篇见于第0103和0107号。另6篇见于第0104和0105号。（3）社公祭文：第0101号收录社公祭文3篇，第0103号收录4篇，第0104号收录2篇，第0105和0106号各收录1篇，第0107号收录7篇，第0108和0109号各收录4篇，第0110和0112号各收录1篇。1篇分别见于第0101、0103、0106、0108、0109和0110号。1篇见于第0103、0104、0107、0108和0112号。1篇见于第0101、0108和0109号。1篇见于第0103、0107和0108号。1篇见于第0103、0108和0109号。1篇见于第0101和0109号。1篇见于第0104和0105号。（4）厉坛祭文：厉坛祭文数量最少。第0101号收录了2篇，第0103号收录1篇，0107号收录3篇，第0108号收录1篇，第0109号收录4篇，而其他祭文本没有收录相关祭文。2篇祭文分别见于第0101、0107和0109号。1篇见于第0103和0108号。

试对雾阁与洋背（第0302—0305号）和马屋（第0201—0213号）的祭文本进行比较。

笔者发现，雾阁和洋背祭文本之间的相似度很高。笔者从洋背搜集到祭文本4种，它们目前分别由包良连和包世雄持有，两人均为礼生。包良连持有的祭文本收录的祭文，只有5篇见于雾阁祭文本，而包世雄的祭文本与3种雾阁祭文本非常相似。其中第0304号与第0108号非常相似，而第0305号与第0104和0105号相似度很高（包括神明祭文和丧葬祭文）。第0305号收录的邹公祭文，甚至出现了"太祖"两字。很明显，这些祭文应该是从雾阁祭文本直接转抄而来的（因为邹公被视为雾阁邹氏的始祖，而洋背村民姓包）。这本祭文本还收录了一系列关帝和天后祭文，其中不少出自邹联奎、联辉兄弟之手。因此，这本祭文本的主体内容，应该是在19世纪末至民国近50年的时间里，从雾阁祭文本转抄而来。从笔者搜集的口述史信息看，包良连和包世雄与晚清民国时期洋背的一位礼生包良东有密切关系。包良连是良东的堂弟，而包世雄是其孙子（包世雄的父亲盛楷也是位礼生）。包良东是个监生，很久以来，他是村中唯一的礼生。洋背是四保的一个小村，居民均姓包，村子离雾阁不远。因此，我们也许可以这样推测：洋背本来没有礼生的传统，只是到了包良东那一辈，方才在转抄雾阁祭文本的基础上，建立了洋背自身的祭文本传统。

类似的跨村落传抄的情形，还见于第0504号祭文本。这本祭文本的抄录者是江坊村的江木环，封面题"案头随笔，二九年之春"，可见抄录于1940年前后。这本祭文本抄录了雾阁定敷公重修神主联文9副，其中4副注明是"双泉贺的""马屋贺的""茜坑贺的""肖楠老师贺的"。这些对联估计是从其他祭文本抄录的，或是直接从现场抄录的。这个文本又收录了署为金裕先生的祭文数篇，如《金裕先生代江水友哭母路祭文》《新屋升梁悬匾祭杨公先师龙神土地文（金裕先生作）》《祭欧阳真仙文（金裕先生作）》等，这里提到的金裕,是民国时期在江坊任教的一位教师(也是一位礼生)。这几篇祭文大概是从他的祭文本中转抄而来的。因此,这个祭文本既涉及村落内部的传抄,也涉及村落之间的传抄。

相比之下,雾阁和马屋祭文本之间的关联性就小多了。笔者在马屋总共搜集到12种祭文本,它们可分为6组,分别由6位礼生持有。就上述提及的4种祭文而言,超过半数(7种)的祭文本收录的祭文,与雾阁没有显示出任何传抄关系。在祭文相同的祭文本中,第0205号有4篇相同(天后、关帝、社公和厉坛祭文,与第0101、0103和0109号相同),第0207号有3篇相同(天后、关帝和厉坛祭文,与第0101和0103号相同),第0204、0206和0209号只有1篇相同(2篇厉坛祭文,1篇天后祭文,均与第0101号相同)。这说明雾阁和马屋两村之间确有转抄的情形,但数量相当有限。这也许是因为,马屋是四保地区士大夫传统较强的村落之一,估计较早就形成了自身的祭文本传承脉络,因而无须依赖其他村落来建立自身的祭文本传统;而由于长期与马屋存在竞争关系,雾阁在建立自身祭文本传统的过程中,也基本上没有参照马屋的祭文本传统。

如此说来,洋背和马屋代表了四保本地祭文本传承的两个极端:一个是几乎没有士大夫传统的村落,要在这里建立自身的祭文本传统,必须在很大程度上传抄其他村落的祭文本;一个是士大夫传统具有数百年历史、而且这一传统几乎没有间断的村落,这个村落可能很早就建立了自身的祭文本传承脉络,因此无须太多借用、转抄其他村落的祭文本。因此,即使在一个小尺度的地域之内,祭文本的传承也可能相当复杂,而这在很大程度上与不同村落自身的士大夫文化的历史有着相当密切的关联。

再次,可以进行四保祭文本与本地出版或流传的礼仪手册之间的比较,不过遗憾的是,目前只能找到三种完整的礼仪手册或是包括礼仪的书籍（如日用类书）。[1] 不过，通过比较还是可以看出，祭文本中的若干文书是从日用类书和礼仪手册传抄而来。四保作为一个印刷、出版中心，在清代曾相继刊行不少礼书，当地刊刻的日用类书当中，也大都包含礼仪方面的内容（详见第二章）。礼生在从事礼仪活动时，很自然会注意到这些书籍。比如，第0401号祭文本所收《伏丧重丧三丧日便览》和《初丧出葬礼重丧法》两件文件，也见于《汇纂家礼帖式集要》，此书由四保书坊刊刻，现在还能在当地找到。[2] 此外，第三章提到的称呼用语手册，与《汇纂家礼帖式集要》称呼部分的内容基本相同，可能是从后者传抄而来。[3] 第0401号祭文本抄录的乡约禁条《禁田禾》，与明末刊陆培编日用类书《云锦书笺》所收《田禾禁约》大同小异[4]，应该有相同的文本来源。不过，四保出版的《酬世锦囊》和《万宝全书》两书，尽管都编入了不少祭文，尤其是白事用祭文，但在当地祭文本找不到内容相似的祭文。总体而言，祭文本与四保刊刻的礼仪手册之间的关系似乎较为有限、间接。

我们还可以比较四保祭文本与方志、会典等官方、半官方文献所载祭文的关系，因为方志、会典等文献经常会收录祀典神明的祭文。四保寺庙供奉的神明中，列入官方祀典的有文昌帝君、关帝、天后、

---

[1] 四保还曾印刷《会典》《福惠全书》等书。参见笔者在四保收集的书帐（抄本，清末），页46a—46b（页码为笔者所加）。
[2] 江浩然、江健资编《汇纂家礼帖式集要》卷六，页9a—10b，此书成书于1810年前后。
[3] 江浩然、江健资编《汇纂家礼帖式集要》卷三，页1a—47b；卷四，页1b—14a。
[4] 第0401号祭文本，不分页。《田禾禁约》引见仁井田陞《中国法制史研究：奴隶农奴法、家族村落法》，补订本，东京：东京大学出版会，1980年，第812页。不过，在笔者掌握的两个四保书目清单中，并未提及《云锦书笺》一书。《禁田禾》内容详见附录七，而《云锦书笺》收录的《田禾禁约》内容如下："立禁约人某等为严禁田禾事。窃见国以农为本，民以食为天。故及时耕种，栽布禾苗，输纳朝廷粮税，供饍父母妻子。终岁勤苦，所系一家性命攸关。近有无耻人等，罔知稼穑之艰难，徒狥（狗，同"徇"）一己之私欲。或纵牛马践踏，或放鸡鹅嗛食。遍地荒芜，举目惨伤。特会乡众歃血立盟，尽行禁止。凡居民人等，务宜体谅遵守。各家俱要严固栏匣，毋得仍蹈前弊。同盟之人，逐一轮次早夜巡察。不拘何人田地，若遇牛羊鸡鹅等畜践食禾苗，即时拿获，会众赔偿。倘有恃强不服者，必鸣于官府；阿纵不举者，连坐以同罪。使物不滋害，人得安生；钱粮有所出办，举家有所倚靠赖矣。特禁。"

112　礼仪下乡：明代以降闽西四保的礼仪变革与社会转型

社公和厉坛等。每位神明至少有一篇祭文。第1010、0103与0401号祭文本，每种均有文昌帝君祭文一篇。不过它们各不相同，也不同于光绪《长汀县志》所载祭文。光绪《长汀县志》收录了关帝祭文三篇，两篇是关帝自身的祭文，另一首则是其父、祖和曾祖祭文。四保祭文本没有抄录关帝祭文，不过致祭关帝父、祖、曾祖的祭文，原封不动地抄录于第0401号祭文本。这篇祭文也见于第0103号祭文本，不少稍有调整。[1] 光绪《长汀县志》收录天后祭文两篇，一篇是致祭天后本身的，另一篇是致祭天后父母的。由于四保寺庙不供奉天后父母，当地祭文本没有抄录天后父母的祭文。不过致祭天后的祭文（上述祭文1），则原封不动地抄录于第0101号祭文本。[2] 有趣的是，第0103号祭文本的传抄者，在抄录过程中抄错了好几处，如误将"麻"抄成"麻"，将"肇禋"抄成"筆（笔）殿"，[3] 以致文句不通。这从侧面说明传抄这个祭文本的礼生的古文修养并不高。《洪武礼制》和《明会典》都收录了社稷坛和厉坛祝文、祭文。两书均收录社稷坛祝文两首，一首适用于州县祭祀，另一首适用于里社坛祭祀。四保文本收录的社坛祭文与上述祝文不同。两书也收录了厉坛祭文两篇，同样，一篇适用于州县厉坛，另一篇适用于乡厉坛。[4] 跟祭文本传抄的厉坛祭文相比，这些厉坛祭文篇幅较长，内容不尽相同。综上所述，在四保祭文本与方志、会典等官方、半官方文献之间，发生过一定程度的借用现象。四保祭文本中的某些祭文，很可能是从方志、会典等文献传抄而来。这从侧面解释了为何某些祭文本传抄的内容是相同的——因为它们来自同一个文本源。

---

[1] 光绪九年刻本《长汀县志》卷一二，《祀典》，页34b；第0103号祭文本，雾阁，民国二十五年抄本，无页码；第0401号祭文本，上保，民国初抄本，页7b。
[2] 光绪九年刻本《长汀县志》卷一二，《祀典》，页37a—37b。
[3] 第0103号祭文本，雾阁，1936年抄本，无页码。
[4] 《洪武礼制》，第489—490、496—497、500—502页；《明会典》，第534—536页。

上文进行的祭文本与其他文献的比较显示，若干祭文本的内容在一定程度上受到官方文献的影响。不过这并不意味着，后者是祭文本的唯一来源。相反，考虑到活跃于四保乡村的不同地方性、区域性仪式传统，我们应期待在祭文本中找到这些仪式传统留下的痕迹。就这一方面而言，在祭文本传抄的文书中，最值得注意的是两种文书：其一，符咒；其二，跟道教科仪相关的一组文书。

符咒在祭文本中不算普遍。据笔者统计，在50种祭文本中，收录至少一件符咒的共有5种，应该说这个比重并不高，不过，它们分别属于5个不同的礼生，也就是说，每4个礼生中，就有1个抄录了符咒。因此，尽管符咒在祭文本中并不常见，但不少礼生对符咒应该说并不陌生。

在江坊搜集的第0505号祭文本，是收录符咒数量最多的四保祭文本。这个文本是在20世纪二三十年代抄录的，抄录者江瑞恭，号清波，是民国时期当地小学的教员。一位江坊礼生告诉笔者，此人是当时四保地区最有名望的礼生之一。这个文本总共收录了12张符。这些符都用于婚礼，其中包括贴于洞房间门、大门、厨门、厅堂、左右栋柱、轿子和床门的符以及迎亲的妇女、新郎、新娘带在身上的符（分别称"接嫁娘带符""岁郎带"[1]和"新人带"）。

在枧头村发现的第0405号祭文本收录了8张符。这个祭文本是由村中一位礼生于20世纪末抄录的。这些符也都是用于婚礼的，分别张贴于大门、间门（应即洞房门）、厨房、男轿、女轿，或由新郎和新娘随身携带。这些符虽然在功能上与第0505号祭文本收录的符大致相同，不过它们的内容并不相同。

第0401号祭文本是在上保村发现的。笔者搜集这个文本时，其持有者是位礼生（已故），他说这个文本是在民国初年由一位拥有监生头衔的礼生抄录的。这个文本收录的2件符，分别用于婚礼

---

[1] 岁郎，即婚郎，女婿之意，四保方言岁、婚同音。

和动土。

另有2种祭文本收录了符各1张。第0110号是在20世纪八九十年代由雾阁礼生抄录的,这件符用于安太岁星君。第0205号祭文本是由马屋一位小学教员、礼生在90年代抄录的,这个文本收录的是《驱白蚁符》。

由于资料所限,目前难以断定这些符的来源。我们只能从符上提到的神明,对其来源稍作推测。第0505号和0405号祭文本提到了普庵,第0401号祭文本的动土符也提到这个神明。这是个半道半佛的神明,是佛教普庵派最为重要的神明。劳格文和谭伟伦等人的研究表明,普庵派在闽西北地区有较大的影响。劳格文还指出,汀州南部主要是道教闾山派的流传地区,而汀州北部则是普庵派的势力范围。[1]本章讨论的四保,恰好靠近这两个仪式传统的交界地带。因此,在这里发现与普庵派有关的符箓是不难理解的。[2]另一些符则不易解释。如《驱白蚁符》提到玄女娘娘和曾廖先师,第0505号祭文本提到高元帅、北帝、九天玄女和佛祖。这些符似乎与几个而不是一个仪式传统有渊源,其中曾廖先师也许是两位风水师傅。

相比之下,祭文本收录的另一类文本与道教科仪有着较为清晰的关系。在四保祭文本收录的祭文中,不少祭文与道教科仪而非朝廷祀典有关。以第0101号和0304号祭文本为例。祭文本第0101号收录了《建平安醮祭文》(二篇)、《入宅建醮送神祭文》《建禾苗醮送神祭文》《咸丰十一年长发贼入境叩许保安醮筵赛还送神祭文》《求雨建醮谢神祭文》《虫食后龙树木祭文》《虫食水口树木祭文》《虫

---

[1] John Lagerwey, "Popular Ritual Specialists in West Central Fujian," in Wang Qiugui(王秋桂), Zhuang Yingzhang(庄英章), and Chen Zhongmin(陈中民), eds., *Proceedings of the International Conference on Society, Ethnicity, and Cultural Performance*, Taibei: Center for Chinese Studies, 2001, pp. 435-507;谭伟伦《印肃普庵(1115—1169)祖师的研究之初探》,收入谭伟伦主编《民间佛教研究》,北京:中华书局,2007年,第205—243页。
[2] 不过还有另外一种可能:普庵祖师也是营造业的祖师之一,在动土符中出现普庵的名字,也可能体现了这个神明与泥水业之间的关系。

食禾谷祭文》《驱蚁祭文》《求社除虎患祭文》《六畜瘟疫祭文》(二篇)、《人受瘟疫求天地驱逐祭文》《驱疫祭文》《驱瘴疫祭文》等。而第0401号祭文本收录了《祭社坛除瘟疫保人口六畜文》(三篇)、《祷神除瘟疫文》《祭土地伯公除瘟疫文》《安龙祭社神文》《祭广佑圣王开光文》(二首)《新年谢醮文》《朝山谢醮文》《祭松毛虫文》《搬龙建醮谢神文》《祭竹虫文》《祭谷虫文》(四篇)、《求雨表文》(三篇)、《谢雨文》等。

从祭文名称我们可以知道，这些祭文涉及的仪式主要包括两大类：一是与打醮、开光、安龙等有关的仪式，如平安醮、禾苗醮、保安醮、求雨醮、新年谢醮、朝山醮、搬龙醮、开光、安龙等；一是驱逐害虫、猛兽、疫病等仪式，如驱逐食禾谷、树木的虫子，驱蚁，驱除虎患，驱六畜瘟疫和人疫。这两类祭文数量较多，也较为普遍，大多数祭文本都包含类似的祭文。尽管驱除凶猛野生动物的祭文，在儒家的仪式语境中并非没有先例——这里只需提到韩愈的《祭鳄鱼文》，但至少就明清时期而言，这些祭文中频频提及的醮仪，和那个时代主流的朝廷祭祀和士大夫文化并不太协调。那么，和这些祭文相应的仪式是由谁表演的？我们应该如何追溯这些祭文的渊源呢？它们与当地仪式传统有何关联？

1996年夏在当地调查期间，笔者刚好赶上当地雾阁村举行被称为"七吉会"的活动。这个节日的核心内容，其实是一场求雨醮。活动期间，村民的亲朋好友都会前来拜访，其热闹不亚于春节。同时，来自20公里外隔川村的一群道士，应邀前来在村中的关帝庙举行两天三夜的醮仪。这是一种宇宙重生的仪式，道士通过请求其最高神明的干预，理顺、调整村落与周遭环境、阳世与阴间及村落内部的关系，从而打造平安、吉利的村落环境。在这场仪式中，道士相继使用了一系列科仪本，如《请神科》《大乘经》《孤科》等。后来，笔者前往这些道士所在的村落，对他们进行了追踪访谈。随后，又通过跟本区其他道士进行接触，相继了解了他们的仪式和科仪本之梗概。在征得他们的同意后，笔者拍摄了他们传抄、使用的数十种用于打醮、丧仪、安龙等不同科仪的宗教科仪书。

通过跟他们进行较为频繁的接触，笔者了解到隔川两个正一派道坛的情况。经比较祭文本与道坛科仪本发现，两者之间存在密切关系。在一个道坛的科仪本中，有一册科仪本《榜文》。这个本子抄录于民国时期，抄录者陈维声是正一派道士，早已过世，本子现由其胞弟陈瑞声持有，而陈瑞声也是一位正一派道士，时常在四保乡村做法事。这个抄本包含100多篇的表文、榜、意等文本，其中意类文字的用意，在于说明各种科仪的主旨，显示了道士表演的主要科仪的种类及其意图，这类文字与本章主题的关系最为密切。综观《榜文》，跟本章主题相关的文字包括如下几种：《北斗醮意》《康朋醮意》《叩还雷醮意》《保六畜意》《俵忏华堂意》《忏庙意》《忏屋意》《忏观音斋意》《忏斋意》《仙公上寿意》《谢麻痘意》《保麻痘意》《遣虎醮意》《求雨醮意》《谢雨醮意》《保时病意》《虫食禾意》《保牛意》《虫食谷意》《虫食树意》《开光意》《求寿意》《庆驾中元意》《年例醮意》《求嗣意》《忏天灯意文》《观音寿诞意文》《三官大帝寿诞文》《帝寿诞意文》《魔痘意文》《五谷仙寿诞意》《寿诞意文》《玄天上帝寿诞意》《禾苗醮意》《禾苗风雨醮意》《春祈保禾苗意》《保秧苗意》《火醮意》《朝大丰山意》《朝山醮意》《秋季保苗意》《人口大醮意》《中元人口醮意》《七月人口醮意》《春景建醮意》《修谱意文》等。

从这些意的题目不难看出，这些榜文是为不同科仪撰写的：（1）属于醮类的有北斗醮、康朋醮、雷醮、虎醮、求雨醮、谢雨醮、年例醮、禾苗醮、火醮、朝山醮、人口醮等；（2）属于忏类的有忏华堂、忏庙、忏屋、忏观音斋、忏天灯；（3）属于庆祝寿诞类的有仙公上寿、观音寿诞、三官大帝寿诞、五谷仙寿诞、玄天上帝寿诞等；（4）另有保护六畜的保六畜、保牛，驱除害虫的虫食禾、虫食谷、虫食树，保禾苗的春祈保禾苗、保秧苗、秋季保苗，保麻痘的保麻痘、谢麻痘，以及求寿、求嗣、开光、祝寿、修谱等。在这些科仪名目中，与当下讨论的问题关系最为密切的，当属第1类的虎醮、朝山醮与第4类的驱除害虫的科仪。

比较祭文本和《榜文》抄录的文书，我们可以看出：一方面，这些文件的内容不尽相同，比如《榜文》与四保祭文本中的驱虎文件，同是请求地方神驱虎，但两者的行文并不相同。前者是以雷霆都司的名义，牒请地方神驱虎，后者则强调祀典，强调驱虎乃地方神的职责；另一方面，两者的风格和结构相当类似，而且祭文本抄录的不少祭文明确指出，祭文是专门为某种醮仪撰写的。这些证据当然不足以证明两者之间存在传抄关系，但至少说明，它们是为相同的仪式事件撰写、准备的。

这应如何解释？是否存在一种可能，举行驱虎、逐虫等仪式的是礼生本人？根据笔者的调查，有的仪式确由礼生表演。一位雾阁最有名望的礼生告诉笔者，以往如果在后龙山发现虫食树木的问题，村民一般会邀请礼生前来举行驱虫仪式。他记得一位教员曾撰写祭文一篇，在社公坛、伯公坛之前举行驱虫仪式，据说这两个神是管辖虫子的。整个仪式与上文提及的礼生祭祀仪式相同。这位礼生估计驱虎祭文也是用于类似仪式的，不过他从未亲身见过或听过当地曾举行这个仪式。笔者在江坊调查时，村中一位年长礼生提供了类似的信息。上文提及的江锡材先生是他的小学老师，此人以撰写祭文闻名。在旱灾来临时，他会写求雨祭文；而在瘟疫肆虐时，他会写驱疫祭文。他还写过驱虫祭文。

另一位来自江坊的礼生跟笔者提到了类似的信息。他说，江锡材是他小学时代的老师，写得一手好祭文。除了写逐虫祭文外，他还曾写过祈雨祭文和逐疫祭文。某次，村中一位教员打算修建坟墓，他雇请一位风水先生寻找合适的墓穴。风水先生定好了墓穴，不过挖下去后发现，下面是座古墓，根据当地习俗，这样的墓穴是不适于下葬的。尽管如此，工作还是继续下去。然而不久，做泥水的师傅病倒了，他请求江锡材为他写篇祭文。他欣然命笔，在祭文中交代说，做泥水的只是个工人，应该负责任的是风水先生。祭文焚化后，泥水匠很快康复，而风水先生在不久后死去。这个故事是否属实，难以证实，不过它表明，在四保这个地方，礼生除了赞相礼仪外，也为乡民做驱邪一类的仪式。

然而，祭文本中频频提及的"醮"字表明，不少祭文是为打醮撰写的。如果果真如此，那么礼生过去经常参加打醮仪式，而在当地的仪式传统中，打醮主要是由道士与和尚主持、表演的。事实证明，在1949年以前的醮仪和丧葬仪式中，礼生经常和道士一道在同一个仪式事件中表演仪式。只是到1949年以后，在意识形态等因素的影响下，四保礼生才逐渐从打醮仪式中淡出[1]，不过在丧葬仪式中，他们继续与道士和/或和尚进行合作，分工完成各自的仪式。

在离四保不远的连城县姑田镇，笔者曾访问一位当地颇有名气的正一派道士，了解到该镇洋地村的驱虎醮科仪。当地驱虎醮一般在每年农历十月二十五日举行，时间是两天三夜。第一天晚上的科仪包括安神、发表和扬幡，安神以本地神明为主，包括赖仙、欧阳真仙、罗仙、天后圣母、民主公王、真武祖师、银精光禄、金精光禄等，发表的对象是地府、水府、天宫，它们代表阴阳三界。第二天早上做早朝，早饭后表演开师科仪，然后诵读《大乘经》。中午做午朝。下午继续诵读《大乘经》。晚上做紫微大忏、拜北斗。第三天早上做早朝。饭后诵读《三元尊经》，外坛摆五方和颁赦，请求玉皇大帝赦免村民一切罪愆。下午出寒林，打发孤魂野鬼。晚上包括升坛秉烛、上香、谢师、什献、叱剑、请神和送神等科仪。礼生的仪式，是在第三个晚上的上香仪式中导入的。一般由六个礼生、三个主祭共同举行。在这整个打醮科仪中，礼生的仪式是完全"嵌入"道士表演的科仪之中的。

因此，对祭文本抄录的两类文书——符咒和建醮祭文、驱虫、

---

[1] 根据笔者的观察，目前只有上保的礼生在道士的打醮中赞相仪式。

驱虎祭文——的讨论说明，这两类文书是礼生与其他仪式专家，尤其是道士长期互动的见证。尽管大多数四保礼生不再参与道士的打醮，但在丧葬仪式中，他们继续与道士在同一个仪式事件中合作。在其他汀州地区，礼生仍旧参与道士的打醮仪式。这种长期存在的密切关系，为礼生熟悉道教科仪提供了一个重要契机。在长期合作、互动的过程中，礼生可能挪用、传抄了道士科仪本的部分内容，并因应后者的科仪，创制了相应的祭文。

在前些年出版的一部专著中，姜士彬对明清至民国时期晋东南的赛社进行了探讨。[1] 在晋东南，赛社仪式是由阴阳生主持的，和四保礼生一样，阴阳生有着自身撰写、传抄仪式文书的传统。姜士彬就阴阳生、赛社礼仪和仪式文本提出了几个有趣的问题。这些仪式从何而来？这些仪式传统为何没有被佛教或道教仪式所取代？晋东南赛社仪式与南方的仪式，尤其是打醮有何区别？

姜士彬是这样回答第一个问题的：赛社仪式可能是阴阳生基于自身的阅读和经验创造出来的。他解释说：

> 国家倡导的祭祀的某种基本模型或模板，[经由几种渠道] 传播至乡村。或许是通过官方设计的公共礼仪，比如乡约，这个仪式是以村民为对象举行的。或许是通过学校礼仪，比如释奠，这是所有生员都耳熟能详的。或许是通过官方的关公祭祀，这是所有官员都目击过许多次的礼仪。当地仪式专家也可能像四保礼仪手册的个案中看到的，基于朱熹的《家礼》或其他正统文本创制出自身的礼仪程式。[2]

---

[1] Johnson, *Spectacle and Sacrifice*. 也请参考 Johnson, "'Confucian' Elements in the Great Temple Festivals of Southeastern Shanxi in Late Imperial China"。
[2] Johnson, *Spectacle and Sacrifice*, p. 312. 姜士彬此处提到的四保个案，是指笔者博士论文提出的看法，参见 Yonghua Liu, "The World of Rituals," pp. 101-185。

本章对礼生及其礼仪传统、礼仪文本的讨论，基本上支持了笔者在博士论文和姜士彬在上面提出的看法。四保礼生一般由拥有功名和身份的士绅担任，跟其他社会群体相比，他们可能更愿意追随（他们认知的）正统礼仪的做法。从结构的角度看，他们赞相的礼仪与王朝礼仪较为相似。而对祭文本抄录祭文的讨论，也在一定程度上揭示了它们与某些官方、半官方文献之间的渊源关系。这说明，正如姜士彬指出的，礼生可能在他们参与的礼仪或新儒家礼仪文本（如《家礼》及其诸多改编本）的基础上创制了自身的礼仪体系。

　　综观全书，姜士彬对赛社的基本定位是，这是从阴阳生与他们提供礼仪服务的当地社区的互动过程中产生的区域性仪式传统。他写道："这种祭祀传统似乎基本上是独立于中国的僧侣（sacerdotal）宗教——道教与佛教——产生的，就像仪式戏剧传统的产生独立于中国主流戏剧一样。"尽管"在中国的仪式世界中"，赛社与醮"最为类同"，但实际上两者甚为不同。[1] 他讨论的仪式文本似乎证明了他的看法，因为它们既没有提及符咒，也没有抄录任何与醮有关的文书。不过考虑到晋东南道教相当强势[2]，姜士彬也许低估了道教的影响。即使他的看法没有问题，还是需要面对这些问题：为何道教因素没有在赛社仪式中留下印迹？这是由于新儒家士大夫在这一地区清洗道教因素的结果？[3] 还是因为在当地的宗教市场中，阴阳生成功击败了道士？不管原因为何，对这些问题的讨论，可为姜士彬的结论提供直接、间接的证据。

---

[1] Johnson, *Spectacle and Sacrifice*, pp. 315, 314.
[2] 由于目前学界对华北道教的研究较为薄弱，我们对晋东南道教史的了解还相当有限。不过，陈垣编《道家金石略》和笔者在当地的考察都提醒我们，至少在宋、金、元时期，全真道在这一带影响较大。
[3] 钟思第（Stephen Jones）指出："晋东南上党地区……似乎确有相当活跃的道教科仪传统。"参见 Stephen Johns, *In Search of the Folk Daoist of North China*, Farnham, UK: Ashgate, 2010, p. 86. 刘永华《正德癸酉平阳尧庙改制考：平阳尧庙〈三圣庙碑〉解读》[《民俗曲艺》第167期（2010年3月），第151—188页]为思考这个问题提供了若干线索。不过，这篇论文也指出，地方政府对道教的清洗政策，主要针对的是官方祀典庙的道教因素，而不是整个地区的道教科仪传统。

第四章　礼生及其礼仪

如果我们接受佛教、道教对晋东南赛社仪式没有影响的看法，那么四保礼生的仪式传统似乎与晋东南阴阳生存在重要差别。在创制自身的礼仪传统时，四保礼生不仅在很大程度上依赖官方认可的文本，而且也吸收了其他不那么"正统"的仪式传统。他们肯定对道教科仪多有借用，祭文本收录的符咒和祭文本与某些道教科仪本之间的相似之处都说明了这一点。礼生与道士之间频繁而密切的互动，激励了两者分享仪式知识。在这种意义上说，礼生不仅担任了官方、士大夫文化与村落世界之间的中介，也担任了儒家礼仪与其他仪式传统，特别是道教仪式传统之间的中介。

这种密切互动说明，在进行乡村仪式研究时，与其寻找被标榜为"儒家"或"道教"的宗教或仪式要素，并对仪式传统进行硬性分类，不如探讨地方文化精英如何挪用儒家礼仪要素，探究这些要素如何被整合入当地仪式传统，考察在村落层面不同宗教或仪式传统如何展开"对话"。正是在这种与其他传统的对话过程中，某些仪式要素被标榜为"儒家"。这些对话在不同的空间展开，这些对话本身，就是不同社会文化史过程的一个部分，下面各章探讨的是其中三种较为重要的空间与过程：宗族的建构、乡约的推行与地域寺庙网络的形成和变动。

第五章　宗族社会的形成

在马屋村西面，南山之麓，矗立着两座宏伟的建筑。两座建筑的门楣，都写着"马氏家庙"四字，门楣之上，题"恩荣"二字。乡老相告，这两座家庙分属马屋马氏的两房——千五郎公房与千七郎公祠。根据族谱记载，这两座家庙均建于15世纪，后经多次重修，保存至今，现已成为村中最古老的建筑之一。

位于右边的这座建筑，是马氏千五郎公房的家庙。进入家庙，步入大厅，中堂之上挂着一块牌匾，上书"孝思堂"三字，此为家庙之堂号。在大厅两侧墙上，张贴着多张红榜，上面写的是每年清明祭祖的人员安排情况。红榜开具了祭祠的主祭、礼生及各类执事的名单，也开具了祭扫坟墓的主祭、礼生及其他执事人员名单，还罗列了清明节应祭扫祖坟的地址与名单。这些红榜体现了宗族组织在乡村仪式生活中的重要地位和家庙在组织相关活动中扮演的主导性角色。

年复一年，在祖坟前，在宗祠内，四保人都举行规模不等的祭祖礼仪。祭文本抄录的为数甚多的祖先祭文，从侧面证明了这种礼仪的重要性。如附录五所列统计所示，这些祭文占50种祭文本所收文书总件数的19%，其数量仅次于白事用的祭文。对于生活在明清时代的四保人而言，这些祭文意味着在不同地点、由不同房支组织的一系列祭祖活动。比如，邹公祭祀通常在邹公庙举行，这个活动的参与者不仅包括雾阁人，也包括来自双泉和上保的邹氏族人。同样，对雾阁邹氏七世祖邹庆甫的祭祀，在其坟墓和祠堂举行，参与其事的包括雾阁邹氏宗族上祠（定敷公房）、下祠（叶胜公房）两大房的子孙。随着祖先世代的递减，祭祀的对象从远祖转移到近祖，参与祭祀的亲属群体的规模也逐渐缩小。[1]

每逢春秋二季，这些群体的所有成员或其代表，齐聚祖坟或宗祠，常常在礼生的引导下，向其祖先献祭。绝大多数的祖先祭文，就是为这些祭祀的场合撰写的，而礼生最重要的职能之一，就是赞相祭祖礼仪。因此，祭文本出现与传抄的历史，与本章开篇描述的祭祖仪式在四保出现与普及的历史，在本质上是密切联系的。随之而来的问题是，这些仪式何时传入四保？如何传入四保？四保人何时开始修建规模宏敞的祠堂，修建壮观的祖坟？他们何时开始编纂族谱，将远祖纳入自身的系谱？在此过程中，祖先祭祀与村落仪式之间如何互动？祠堂祭祖仪式的传入和普及，给四保仪式传统带来何种影响？要回答这些问题，我们首先需要重构四保各亲属群体的收族（lineage-building）过程。下面笔者以马屋马氏、雾阁邹氏和严屋严氏为个案，结合留坑谢氏、长校李氏、张坑李氏等家族的情形，探讨四保收族实践的历史进程。

马屋马氏宗族

这个过程起步于15世纪中叶。明正统四年（1439），马屋士绅马河图为自己编纂的本支家谱撰写了谱序。这应该是四保历史上最

---

[1] 第0101号祭文本，无页码。有关中国的亲属群体，在此稍作说明。明清文献在表述亲属群体时，使用了"家""房""支""族""姓"等各种词语，这些词语表达的内涵通常较为模糊，这给分析带来不少困难。不过在情况许可的场合，本书将尽可能使用准确的术语来讨论这些群体。在这一方面，笔者得益于华琛（James L. Watson）和伊沛霞（Patricia B. Ebrey）所作的讨论，参见James L. Watson, "Chinese Kinship Reconsidered: Anthropological Perspectives on Historical Research," *China Quarterly*, No. 92 (1982), pp. 586-622; Patricia Buckley Ebrey and James L. Watson, "Introduction," in idem., eds., *Kinship Organization in Late Imperial China, 1000-1940*, Berkeley and Los Angeles: University of California Press, 1986, p. 5.

早的一部家谱,可惜原谱已不复存在。在谱序中,马河图指出了修谱的重要性。他首先指出:"大凡天下之物,莫不有本,莫不有源。如木本固而枝必懋,水源深而流必长,理自然也。人之本乎祖者,亦若是已。"然而,"世代相沿,源流渐远,遂至谱牒湮废,而莫考其详"。因此,"苟谱牒不修,则世次何由而辨,本源何自而知,亲疏何从而别哉!此图谱所以不得不作也。"马河图接着交代道,他曾"寻厥坠绪,实出于唐监察御史周之后。"不过,由于难以建立这位远祖马周和四保马氏先祖之间的系谱关系,他编纂的族谱"断自迁鄞江之始祖",以马七郎作为马屋的开基祖。[1]

在介绍马氏祖源后,马河图接着交代道,自己着手编纂这个"故家大族"的族谱,是在选为贡生之后。他说,这是为了完成父亲未竟的事业。编纂这部族谱,有两个基本目的。其一,"俾后世子孙知服虽尽而情不穷,忧当吊,喜当庆"。其二,通过修谱,"尊卑不紊,亲疏有别",从而"其尊祖敬宗之心,水木本源之义,庶有昭于马氏之宗族矣"。[2]两者的目的都是建构一个亲属共同体。

马河图,郡庠生,正统三年(1438)岁贡,曾任河南彰德府磁州知州,是四保历史上最早出任朝廷要职的士大夫之一。除自写谱序外,他还邀请两位国子监教官撰写谱序。从他自身所写谱序判断,这部族谱包括祖先的基本信息,如名字、行位、生娶、卒葬等。此外,他还为其高祖以下四代祖先写了小传。[3]此谱既云"断自迁鄞江之始祖",应包括由马屋开基祖马七郎开启的,马河图所在的千七郎一脉(本地称上祠)十余代子孙的世系,马屋马氏另一支千五郎公后裔(本地称下祠)应未包括在内,是为当时收族所涉的亲属圈子。

马河图的传记提到,正统年间(1436—1449),他曾倡建宗祠

---

[1] 敦本堂《马氏大宗族谱》卷一,页6a,马屋1993年铅印本。
[2] 敦本堂《马氏大宗族谱》卷一,页6a。
[3] 敦本堂《马氏大宗族谱》卷一,页31a。

一座,位于马屋村外旧邹公庙左,"祀始、世祖以及高、曾、祖、父"[1]。致仕之后,马河图又拟定祠规数则,"每值月吉,集子姓讲诵之,而乡族之风庶不漓云"[2]。这里提到的旧邹公庙,位于马屋东南,现已不存。从这个位置判断,马河图所建宗祠并不在现在的位置,现今的马氏家庙,应是后来重建时才迁至现址的。这个宗祠的具体情形,族谱没有交代,不过从马河图所定"祠规",可了解宗祠运作的若干信息。此处所谓"祠规",当即《马氏大宗族谱》中所载《呈道公训辞》。

《训辞》共有十二条,包括和睦宗族(第一条)、元旦祭仪会饮(第二条)、尊长谨守礼法(第三条)、婚姻(第四、五条)、立继(第六条)、诫不忠不孝(第七条)、主仆名分(第八条)、倡行《家礼》(第九条)、辨昭穆(第十条)、祭祠当谨敬(第十一条)和赏罚宜公平(第十二条)等内容。此处稍作分析,以见马河图设计之收族模式之特征。

《训辞》第一条就是睦族的规定:

> 凡吾宗族出于始祖讳千七郎公府君之裔者,虽有远近亲疏之不同,贫富强弱之或异,要当相亲相睦,尊之爱之,以尽亲亲之道,切不可以亲为疏而不遵,厌贫昵富而不敬,有伤其本源焉。是故强不许凌弱,众不许以暴寡。无妒富,无欺贫,上行下效。

撇开这里对族人应相亲相睦的强调不说,此处值得注意的是《训辞》称千七郎为"始祖",如此一来,就将千五郎公一脉排除在外。这一点和族谱不同(族谱以马七郎为始祖)。在元旦祭祀礼仪中,睦族也

---

[1] 敦本堂《马氏大宗族谱》卷一,页48b,《宗祠》。下面讨论的《训辞》,也谈到在大宗祠举行元旦祭礼时,以"酒果致奠始祖暨列祖"(详下)。
[2] 敦本堂《马氏大宗族谱》卷一,页31b。

是核心的内容：

> 凡递年正月初一日，当行拜会礼。是日，合族子侄，俾咸集于大宗祠，值祭房以酒果致奠始祖暨列祖。行礼毕，咸退。凡长幼以次行礼，随就所有之物，设宴而坐。族长宜展玩家谱，使众知某之子孙，同出于某祖某房支派也。若是，则世次秩然而序，尊卑昭然而明矣。为族长者，宜先举酒告于众曰："凡在此会者，皆吾始祖某之子孙也，各宜忠君、孝亲，敬兄、友弟，勉励诗书，勤力稼穑，毋习赌博，毋殆事业，保守名节，毋堕卑污，玷辱祖先，实皆尽为子孙修身齐家之法也，尔众当谨守无违。"众皆应曰："诺。"然后果酒三行相欢洽，毋得强饮致醉，失礼乱节，有乖家教。每酒三行，宜会子孙讲说小学、教训、《孝经》等事，俾各知尊祖敬宗，以昌吾族。此宗族和睦之要道也，宜勉之毋殆。

可见，马河图设计的元旦祭祀活动，包括拜会礼和会饮两个部分，最值得注意的是第二部分中的告词以及会饮中的宣讲，前者类似于明初里社坛中举行的盟誓，而后者与明代申明亭制度中里老人读法和宣讲《圣谕》的做法甚为相似，也许体现了马河图将朝廷制度中的相关做法糅入祠规的尝试和努力。

关于冠婚丧祭一类家礼，《训辞》规定：

> 凡冠婚丧祭，宜遵朱子《家礼》而行。毋尚奢，毋佞佛。夫以荐亲之故而佞佛，犹为贤者之不取。况可以团花斩煞、结缘赛会之故，而信妖僧、魔道、师公、圣母，启淫奔之渐乎！吾族今后有此事之家，祠长即罪其夫与子，抗者送官究治之。

此处涉及的主要问题，是举办丧礼和祭礼时出现的"佞佛"现象，

《训辞》明确提出了辟除佛、道和民间教派影响，遵行朱子《家礼》的规定。对于马氏所处的15世纪中叶四保一带婚姻中出现的一些陋俗，《训辞》也作出相应的规定。对婚姻的择偶标准，《训辞》规定：

> 凡族内男女长成，宜结婚姻，务在先期告禀家长后通族，[1] 宜于世好阀阅相称之家结之，当以清白为尚，男女各择其德，慎勿贪财悦色，而向卑污之家结之。苟有不依家教故违者，族长会众明斥其罪，俾三年内不同其祭焉。

对于当时叔嫂收继婚习俗，《训辞》进行严厉的批评："凡人之所以为人也，以有礼义也。人无礼义，即禽兽若矣。乃若兄夭，而以己兄之聘未娶之嫂，转婚于弟，其于禽兽何若？吾甚耻之。"规定以后"吾族今后有贪财悦色，不顾礼义而为之者，祠长宜责主婚之人即时改正，倘事竟成，不能改正，祠长宜削其籍"。此处论及的问题，是对兄已聘未娶之妇人的处理，当时的做法大概是，若兄不幸夭折，此妇由其弟娶之[2]，而《训辞》以"人无礼义"为词，对此做法大加批评。

在主仆名分方面，《训辞》认为："主仆自有体统，冠履岂容倒置？"规定"今后吾族之仆，务守其分，不论五服内外之亲，事之如其主人。敢有无状侮慢者，遭侵之人，送入祠内，凭祠长依法重责三十板。其主人来争者，罚主人失教之罪银三两入祠公用"。若"有贪各仆酒数杯，或结为同年老友等色"，"众共攻之"。[3] 这里涉及的是良贱之分问题，对礼仪秩序的维护，也是撰写《训辞》很重要的一个目的。

---

[1] 此处疑有阙文。
[2] 这种做法当不同于北方草原族群之叔嫂收继婚，因为此处谈到的仅仅是对已聘未娶之嫂的处理，没有谈及已娶兄死、收嫂为妻的做法。
[3] 以上据敦本堂《马氏大宗族谱》卷一，页14a—15a，《呈道公训辞》。

尽管《训辞》在四保流传不广，但据笔者管见所及，这可能是汀州明代最早的祠规之一。同时，它对后来马氏宗族的祠规产生了很大的影响，下文谈及的马驯所订祠规，就是以此为蓝本修订而成的。总体而言，《训辞》传达了两个基本信息：其一，收族睦族，《训辞》规定了睦族的精神与相关做法；其二，对族人言行的干预，《训辞》不仅规定了宗祠如何运作，而且对族人应如何行事也制定了一些具体的规定。

如果马氏谱牒可信的话，马屋马氏定居的历史，可追溯至南宋远祖马七郎（参见图5.1）。据说，马七郎是从宁化南部的一个村子迁来的。在他定居马屋之前，赖、彭等姓氏群体已在此定居。在马屋马氏的早期历史叙事中，第六世的地位较为特殊。第五世马念一郎生三子，其中马千五郎和马千七郎（又名晋卿）成为目前马氏宗族两大房（上祠和下祠）的开房祖。

马河图的高祖马千七郎（晋卿）大约生活于宋元之际，在那个战乱频仍的时代，他远赴华北从军，获得了若干军功。他的传记引述了一段他写的《自记》，后署"大元至同三年"。[1]《自记》谓马千七郎"弱冠于宋元鼎革之际，盗寇四起，亘古优（扰）掠，烧城戮野，人各窜坵（？）岩穴间。君失其臣，父失其子，世之乱也，甚矣"，在这个乱世，"予窃愤之，爰投于开封府麾下，日奔走不遑，以共删除。至于壬戌岁[2]，四方稍帖，乃以积劳散功，授武略将军之职"。在此过程中，他应该积蓄了不少钱财。致仕后，他回到故乡，捐建了两座寺庙、两座桥。[3]根据现有资料，马河图的其他先祖没有获得过类似的功名和地位，不过马千七郎积累的财富，肯定给他的后裔提供了较为丰厚的、优越于寻常乡民的经济基础。马河图是本族第一位担任重要官职的族人。因此，在他修谱、建祠之时，他

---

[1] 按，元代并无至同年号。
[2] 壬戌为元至治二年（1322）。
[3] 敦本堂《马氏大宗族谱》卷一，页31a。

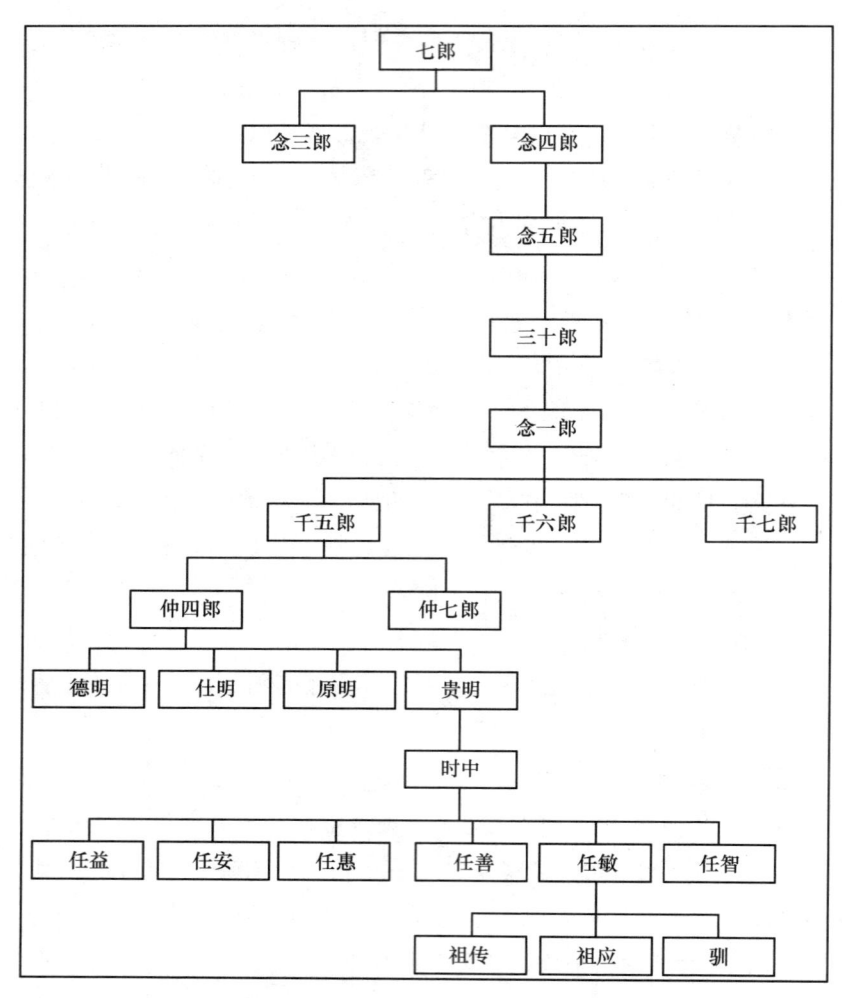

图 5.1　马屋马氏世系简图

所在的家族远非"故家大族",而是一个开始崛起的小族。

马河图在谱序中引用的隐喻,对生活于明代的人来说是耳熟能详的。"木本""水源"的意象,频频在族谱的序跋中出现。引述这样一个意象,目的在于激发族人对远祖的敬意。跟近祖不同,族人既不认识这些远祖,也没有多少相关的记忆。通过强调远祖而非近祖的重要性,这篇谱序力图在远祖乃至始祖的所有后裔之间创造某种"共同体"的意识。这个共同体应超出五服的局限。当然,这并非一个同质的共同体,因为族人之间存在长幼、亲疏之别。

马河图的修谱建祠活动,开启了15世纪至晚清长达四个多世纪的宗族建构历程。事隔五十年之后,在马驯的倡导下,马屋修建了另一座祠堂。马驯(1421—1496),字德良,号乐邱,比马河图低了一辈(十一世)。跟马河图不同,他是马千五郎的后裔。马驯的父亲马任敏(1378—1444)曾担任过明初长汀县四保里里长,其传记提到,他"尝为里正,均徭役,抑强扶弱,人多受其惠者"。又说他"凡周贫乏,拯急难之事,恒力为之"。[1] 这两方面的信息,均从侧面说明他拥有一定的经济实力和地方影响力。

作为里长的儿子,马驯接受教育的机会,大概要多于普通乡民。正统十年(1445),二十四岁那年,马驯考取进士。他正式担任的第一个职务是户部主事。数年后,擢为户部郎中,奉敕总督宣府粮刍,悉心区画,省运输费三分之一。在户部任职十六年后,擢升四川参政。马驯后来的官僚生涯,与明中叶的一系列军事行动关系密切。他担任四川参政后不久,播州发生叛乱,库房空虚,官方为之震动。马驯到任后,核已征未用粮百万斛,解决了粮荒问题,在镇压播州叛乱的过程中发挥了重要作用。由于出色的政绩,马驯被擢升为四川右布政使。马驯最后一个、也是最重要的任命,是以右副都御史的身份巡抚湖广等处。在七年任职期间,关中、湖湘等地先后发生

---

[1] 孝思堂《马氏大宗族谱》,五集,第3页,《任敏公传》。

灾荒，马驯发粮赈济前来荆襄地区逃荒的关中难民，又上奏申请减免湖南的税粮。六十六岁那年，马驯以右都御史致仕。致仕之后，筑室于离汀州城不远的乐邱。年七十六卒。[1]

马驯所在的千五郎公房修建宗祠时，他尚在湖广担任巡抚。他指派儿子监督整个修建过程。此后，他亲自撰写了《鼎建马氏大宗祠记》，解释建祠始末和缘由，这篇碑记的落款时间是成化二十一年（1485）。这篇文字很值得注意。首先，尽管马驯自称十一世孙，亦即他将马七郎视为始祖，他并未奉后者的神主牌入祠。根据他的表述，祠中供奉的是所谓的"一祖四宗"，亦即马驯的高祖（马仲四郎）及其四位儿子（马德明、马仕明、马原明、马贵明）。这意味着，马驯所谓的"族"只包括了马驯高祖之后裔。其做法与马河图修建的祠堂有所不同，因为后者供奉了"始祖暨列祖"，亦即马千七郎及其他先祖的神主。马驯的祠堂也不同于《家礼》提出的建议。根据《家礼》的说法，祠堂供奉高、曾、祖、考四代直系祖先，除特殊情况外，旁系是不放入祠堂的，相关的祭祀主体难以形成宗族。[2]

其次，这篇文字也披露了15世纪马氏族人之间亲属关系的实情。马驯在文章中指出："昔高祖创居此地，基址周围仅得百步。"到了下一代，"曾祖四人傍居四处，流传及今，子孙繁衍无虑数百人"。但由于族人"星散异处，各奉祖祢"，而高祖开拓的旧基反而无人照看，"以致高祖旧基芜秽不治"。同时产生的一个问题是，"未有祠堂，神无所依"。马驯指责道："背本而忘远，子孙不孝之罪安可逃耶？"也就是说，这个包括其高祖以下所有后裔的亲属群体，分散为若干个以供奉近祖为中心的、相对独立的社会单元。很明显，建祠的根本目的，不仅在于为祖灵提供一个栖息地，也意在将分散

---

[1] 何乔远《闽书》，福州：福建人民出版社，1995年，第3121、3123页；孝思堂《马氏大宗族谱》，五集，第4—5页。
[2] Ebrey, *Chu Hsi's Family Rituals*, pp. 7-20. 郑振满对《家礼》设计的祠堂之制与家族的关系有深刻的认识，他认为《家礼》设计的制度无法形成家族。

的族人整合为一个亲属共同体。再者,祠堂还可为举行一系列礼仪提供场所,借助这些礼仪(如马驯提到的"祭拜、冠婚、岁饮之礼"),族人的宗族意识可得到加强。

最后,从马驯所写碑记看,他建构的宗族还是一个道德共同体。他认为,成员之间应相互监督,防止非法或不合道德规范的事情发生,从而维护社会秩序与礼仪秩序。[1]

马驯致仕后,又于弘治八年(1495)命孙修纂本支族谱,梳理祖先谱系。[2] 根据马驯之孙马文明(庠生,授医学正科,十三世)的回忆,弘治八年三月的一天,马文明陪马驯游于长汀郊外乐邱的懒云亭。亭侧有梨树两株,鲜花怒放,香气扑鼻,马文明注视良久。马驯的一席话,把马文明带回当下:

> 汝毋赏其香艳也,斯殆有本道存焉。汝悟之否?大凡天下之物,莫不有本。如此梨也,非其托根者固,而欲其由干而枝,由枝而叶,又叶而蓓蕾,不可得已。惟其根植者既永固而深远,则其立干也必博大而高搴,故夫千枝万叶挺生侧出,蓓蕾盛而精光益焕也。人之本乎祖者,宁异是哉!然木之托原于一本者,枝叶上下位置,一定于自然。若人之托始于一祖者,其初仅此骨肉兄弟也,由骨肉而嫡从,而期功,派愈衍而枝愈繁,苟听其自然而不为谱牒以详之,则骨肉之亲,其不至相视为途人归者,盖亦鲜矣。[3]

在这里,马驯和马河图一样,引用树木的隐喻,提示收族的重要性,

---

[1] 马驯《鼎建马氏大宗祠记》,碑撰于成化二十一年,万历二十一年重立,今存连城县四堡乡马屋村马氏大宗祠内;碑文又见于孝思堂《马氏大宗族谱》,二集,《宗祠》,第3—4页。同时参见下文对马驯手定《祠规》的讨论。
[2] 孝思堂《马氏大宗族谱》首卷,第22—23页。
[3] 孝思堂《马氏大宗族谱》,二集,第22—23页。

第五章 宗族社会的形成 133

指出修谱乃是让族人意识到"一本"的重要途径。马驯还告诉孙子，其祖父马时中曾修谱一册，但不幸毁于邓茂七叛乱，因此他鼓励马文明编纂一部新谱。在祖父的建议下，马文明于次年春季梨花再次盛开之前，完成了新谱的编纂。[1]这部谱应该是千五郎公房一支的族谱。

在这篇谱序中，木本的意象再次出现。马驯对梨花的评论，从一个相当日常的情景，切换到相对抽象的原则。通过借用梨树的意象，他力图提醒孙子，应关注照顾远祖和修纂族谱的重要性。为了强化其感染力，他还引述了"骨肉"与"途人"的对比，这个说法可追溯至北宋的苏洵（1009—1066）[2]，在明清谱牒中颇为常见。跟马驯修建的祠堂比较，这部族谱包括的范围似乎更广一些。马文明在谱序中谈到，族谱的世系开始于马千七郎。不过由于这部族谱已不复存在，我们无法知晓此谱是否包括了马千七郎后裔的世系。

现存千五郎公房《马氏大宗族谱》收录了十五条祠规，前十四条据说由马驯手定。马驯的传记提到，马驯曾立《祠规》、作《谕俗》。《祠规》涉及《圣谕》、祖先祭祀、婚姻、继嗣、奴仆等方面的规定，对大逆不道族人的惩罚等，在内容上对马河图的《训辞》多有承袭，《祠规》第三、五、七至十三条基本上来自《训辞》，只是措辞稍有改动。对这些祠规内容的讨论，一方面可以看到马驯在建构宗族方面的具体做法，另一方面还可从侧面窥见那个时代面临的问题。

《祠规》第一条大体综合了朱元璋的《圣谕六言》的内容（详见第七章），体现了将《圣谕》纳入族规的意图。大体而言，这条祠规牵涉到《圣谕六言》中"孝顺父母"（第一条）、"和睦乡里"（第三条）、"教训子孙"（第四条）、"各安生理"（第五条）、"毋作为非"（第六条）各条。《祠规》第十二条和第十五条重申了相似的规定。《祠规》第二条至第六条的内容，主要涉及祠堂的运作。第七条是有

---

[1] 孝思堂《马氏大宗族谱》，二集，第23页。
[2] 曾枣庄、金成礼笺注《嘉祐集笺注》，上海：上海古籍出版社，2001年，第373—374页。

关违法族人的处理。第八条和第九条涉及不合礼法的婚姻，禁止良贱为婚，禁止叔嫂收继婚等。第十条是有关收养的。第十一条是对冠、婚、丧、祭等人生礼仪的规定。第十三条要求严主仆之分。[1]

通过这些规条，马驯力图规范本族乃至所在社区的经济、社会和宗教生活。首先，这些规条的目的，是在维持礼仪秩序与社会秩序的同时，倡导新的社会秩序。规条强调良贱之别、长幼之别，要求四民各安其业。前面提到，这些规定应该取材于《圣谕》，可能还吸收了《家礼》的部分内容。据说，马驯是首个在四保推行乡约的士绅。尽管他手定的乡约没有流传下来，其内容或与此处讨论的规条差别不大（详见第七章）。

同时，通过订立这些规条，马驯试图移风易俗，改变他不认可的宗教仪式。如第十一条规定差不多亦步亦趋地重申了《训辞》的内容，要求"冠婚丧祭，一遵朱子《家礼》而行"，不可佞佛，不可轻信"妖僧、魔道、师公、圣母"之言，否则将对其家属进行处罚。同样，第二条规定祠堂"乃礼法之所"，因此，禁止族人在祠内"妆扮故事"和"搬演杂剧"。

《闽书》称马驯致仕后，曾"书古人《劝世文》，揭之壁间，以诲子姓"[2]，而《长汀县志》称他曾"作《谕俗》四章，以诲子侄"[3]。《劝世文》与《谕俗》当为同一著作。《谕俗》今存《马氏大宗族谱》。[4] 这篇文章以宿命为依据，劝告世人生活毋求奢侈、毋惜

---

[1] 孝思堂《马氏大宗族谱》，二集，第7—10页。
[2] 何乔远《闽书》，第3123页。
[3] 光绪五年刊《长汀县志》卷二四，《人物·名宦》，页5a。
[4] 敦本堂《马氏大宗族谱》卷一，页15a—15b，《乐邱公谕俗》。四章内容如下：（一）"田不用多，屋不用高，奉身何用太奢豪？黄金屋，管弦歌，一安饱外枉奔波。陋巷箪瓢终是乐，阿房宫殿竟如何？不才子孙，如火燎毛。"（二）"富不用求，贵不用求，休夸肥马与轻裘。千顷屋，万顷畴，命中无时到底休。渔翁老尽无耕土，也曾安饱百年秋。问渠活计，一叶扁舟。"（三）"财也是宝，子也是宝，财子双全家更好。这般事，不由我，算来都是天公造。有财无子富何归？有子无财贫亦可。生也有靠，死也有靠。"（四）"金也可惜，银也可惜，不ой冥冥积阴德。人有善，天必格，管教滚滚生侯伯。富贵多养破家儿，着意贪酒与贪色。金也留不得，银也留不得。"

第五章　宗族社会的形成　　135

金银，要安于现状、多行善事、多积阴德。其说理方式与《祠规》迥异，而宗旨大体相似，其要皆在强调安分守己，以维持社会秩序和道德秩序为归依。

在马驯命子修建祠堂的同时，留坑谢氏的一位士大夫谢坚也创修了本族族谱。谢坚的先祖谢惠，曾在明初考取进士，是为四保历史上第一位进士。不过，谢惠的兴趣似乎并不在修谱建祠。据说他曾捐钱修建佛寺（详见第八章），似乎佛教更能引起他的兴趣。谢坚是所在家族的第十五世孙，曾出任华亭县县丞。在成化十九年（1483）写成的谱序中，他指出："坚奉承先训，亦得厕身仕籍，自分才疏识浅，不堪烦剧，乃解组归，而与二三父老共话桑麻，以娱目前。更与二三贤子弟商订家谱，序其昭穆，定其尊卑，教以相亲相睦，俾人知身之所出与身之所同出，而孝亲敬长之心，自油然而生矣。"可见，他是在致仕返乡后，才着手修撰族谱的。

谢坚认为，修谱的目的，是让族人不仅知晓"身之所自出"，而且了解"身之所同出"，前者可激发对祖先和长辈的孝思，而后者可营造族人之间"相亲相睦"的亲情。因此，谢坚指出，族谱之"关系不綦重哉"。此谱以谢氏南宋先祖谢伟人为始祖。[1]也就是说，此谱应该包括了留坑谢氏所谓族人的先祖世系。谢坚编纂的族谱内容简单，"只载乡图、世系、葬所而已"[2]。另有史料显示，在谢坚侄儿辈的谢燕堂和一位谁菴（两者似乎均为号）的倡导下，留坑谢氏修建了一座宗祠。这则史料没有告诉我们谢燕堂和谁菴的身份，也没有交代祠内供奉了哪些祖先的神主，不过从相关文字描述看，这座宗祠规模宏敞。[3]

此外，江坊江氏家谱据说始修于弘治二年（1489）（一说始修于

---

[1]《兰陵谢氏族谱》卷首，《谱旧序》，页4a—6b，乾隆十八年木活字本。
[2]《兰陵谢氏族谱》卷首，《凡例》，页1a。
[3]《兰陵谢氏族谱》卷首，《宗祠图说》，页9b—10a。

洪武年间）[1]，但此谱记载较为混乱，殊难考信，姑存于此以俟日后详考。

15世纪中叶前后，在三位中上层士绅——马河图、马驯、谢坚——的倡导下，四保开始出现了三个不同于以往的亲属群体。它们均有自身的祠堂和族谱，也都强调应超出五服的界限，将远祖纳入祭祀范围，并视之为祭祀的重心。这些群体也都组织对这些远祖的祭祀，强调通过各种仪式活动，整合这些远祖的所有后裔，将之打造成一个亲属共同体。

在讨论这些群体出现的历史脉络之前，有必要指出，严格说来，这里涉及的若干活动是不合礼法的。根据明初的规定，庶民只能祭祀三代祖先，亦即曾祖、祖父和父亲。品官可在住所之东修建家庙，祭祀四代直系祖先。[2]初看之下，马驯修建的祠堂是符合这些规定的。不过仔细阅读会发现，明前期官方的规定是，家庙供奉高、曾、祖、父，而马驯供奉的是高祖及其四子（所谓"一祖四宗"）。在官方的祭祀模式中，祭祀主体本质上是家庭，而马驯修建的祠堂背后的祭祀主体，包括了其高祖的所有后裔。同样，马河图修建的宗祠也供奉了四代以上的祖先。[3]这些不合礼法的做法显示，宋代以后

---

[1]《济阳郡江氏族谱》首卷，页24a，1990年油印本。

[2] 参见《皇明制书》，下册，第388—389页。也请参见郑振满《明清福建家族组织与社会变迁》，第228—229页。

[3] 某些马氏士绅意识到这一点。他们认为，由于马驯是高级官员，马氏是有权祭祀四代以上祖先的。比如马屋一位郡庠生马最良（1797—1861）在解释马驯修建大宗祠的行为时，引述了两个理由：其一，"缘情制礼"，这个理由与宋儒提出的"礼以义起"相似；其二，嘉靖十五年（1536）礼部尚书夏言（1482—1548）的上奏。夏言奏请朝廷允许三品及三品以上官员建立家庙，奉祀四代祖先。不过，马最良的第二条理由不成立。他认为马驯高居二品，因此马氏宗祠有权奉祀马驯高祖马千郎。但根据夏言的奏疏，马驯卒后，其子孙应收起马千五郎的神主，代之以马驯的神主。参见《马氏族谱》，二集，第1—2页；有关类似的说法，请参见敦本堂《马氏大宗族谱》卷一，页18a—48b；《兰陵谢氏族谱》卷首，页9a。有关夏言的奏疏，请参见井上徹《中國の宗族と國家の禮制》，东京：研文社，2000年，第178—199页；常建华《中华文化通志：宗族志》，上海：上海人民出版社，1998年，第98—101页。

第五章　宗族社会的形成

福建宗族组织的发展，尤其是宋以后福建祭祖仪式与宗祧继承方式的演变，"不仅冲决了官方宗法制度的桎梏，而且背离了宋儒宗法理论的要求"[1]。

如果说马氏和谢氏修建的宗祠不合礼法，那么，四保的士大夫为何热衷于此事？他们在四保乡村倡行儒家礼仪的理由是什么？从四保人的观点看，修谱建祠的一个理由是，通过这些活动，他们将自身区别于庶民，区别于其他亲属群体。四保留坑一带流传的一个故事说明了这一点。这个故事讲述道，留坑曾谣传某族族人涉嫌参与土匪，族人无法忍受这种侮辱，决定作出回应。一位族人在浙江做木工，有个东家是一位有钱人家。他寻找机会窃走了东家的族谱，回到村中。在这部族谱的基础上，这些家族编纂了一部新谱。以此为契机，原谱所载宗族的辉煌历史，被嫁接到新谱上，这个宗族也因此获得了一个新的家族史。这个故事的真实性很难确认，而且其目的似乎是在中伤故事中的家族。不过在这个故事的背后，故事的讲述者似乎相信，修谱是很重要的，凭借这个实践本身，可将一个卑微的亲属群体转化为一个令人尊敬的宗族。宋怡明认为，宗祠和族谱常常被当作社会距离的标签和"身份象征"[2]，这一故事为这个看法提供了一个旁证。

只要将目光从地域层面切换至区域层面，我们就会发现，在马河图和马驯生活的时代，通过修谱建祠进行收族的努力，并非一个地方性的现象。这种活动可以追溯至宋代新儒家倡导的社会改革和伦理更新计划。[3] 不过，从福建的情形看，这种做法到了15世纪

---

[1] 郑振满《明清福建家族组织与社会变迁》，第241页。
[2] Szonyi, *Practicing Kinship*, p. 97.
[3] Patricia Buckley Ebrey, "The Early Stage in the Development of Descent Group Organization," in Ebrey and Watson, eds., *Kinship Organization in Late Imperial China*, pp. 16-61；朱瑞熙《宋代社会研究》，郑州：中州书画社，1988年，第98—114页；清水盛光《中国族产制度考》，宋念慈译，台北："中国"文化出版事业委员会，1956年；Kai-wing Chow, *The Rise of Confucian Ritualism in Late Imperial China: Ethics, Classics, and Lineage Discourse*, Stanford: Stanford University Press, 1994, pp. 99-105.

才开始逐渐流行。根据生活于15世纪后期的莆田士绅彭韶的看法，明初莆田的士绅和庶民只能祭祀曾祖、祖父和父亲三代。永乐年间（1403—1424），《性理大全》编成后，《家礼》开始流传至全国各地，对远祖的祭祀逐渐普遍，不过当时供奉远祖神主的宗祠仍未普及。然而，到了彭韶生活的时代，在其莆田老家，建专祠供奉远祖的做法，"莆名族多有之"，成为一种较为普遍的现象。[1] 同样，在福州南台地区，修建宗祠的做法从明代以前就已出现，不过只是到了明中叶，才有越来越多的本地人修建宗祠。[2]

为何这一现象发生于明中叶？在拉开自身与其他阶层、群体之间差距的主观诉求和士大夫对新儒家的道德担当之外，收族是否还有其他重要理由？严格说来，这些问题已超出本书所能处理的范围，不过四保的史料还是为探讨这些问题提供了一个线索：这很可能是对那个时代的社会危机的一种回应。

我们知道，15世纪中叶，从遭遇"土木之变"到几个大规模叛乱的来临，都预示着明代历史上转折年代的开始。总体而言，除了明初的几次影响较小的盗寇外，15世纪40年代之前，汀州还是相对太平的。进入40年代后，形势急转直下。正统十二年（1447），叶宗留叛乱爆发。次年，邓茂七也发动叛乱。两者都给汀州社会带来了不小的冲击。除了叶宗留、邓茂七叛乱外，本地也爆发了中小规模的叛乱，给当地社会秩序和民众财产、生命安全带来了持续的威胁。马驯无疑意识到这一形势。同时还应注意到，马驯在长达四十多年的宦游生涯中，曾经历并参与平定过多次叛乱，包括15世纪后期的四川播州叛乱。在撰写宗祠碑记时，马驯尚在湖广巡抚任上，关中的难民问题正等着他去处理，此事若处理不当，叛乱定将一触即发。这些经历很可能影响到马驯对宗族，尤其是宗族在维护社会

---

[1] 郑振满《明清福建家族组织与社会变迁》，第230页。
[2] Szonyi, *Practicing Kinship*, pp. 96-137.

第五章　宗族社会的形成　139

秩序方面的功用的认知。很显然，跟其他缺乏内在团结的社会群体相比，一个组织完善的宗族，无疑具备更强的处理社会危机的能力。

雾阁邹氏宗族

明中叶马河图、马驯和谢坚开启的收族活动，是四保宗族建构进程的第一波。跟后来的收族活动不同的是，这一波活动是在中上层士大夫的推动下进行的。相比之下，后来四保地区收族活动的主角，是下层官吏、生员、监生乃至没有功名、身份的庶民。

事隔近一个世纪后，四保宗族建构活动的第二波来临了，引领本次活动的是来自雾阁的邹氏官吏与士绅。雾阁邹氏的开基祖是邹六郎。根据当地流传的说法，迁居雾阁之前，邹六郎和七郎、八郎兄弟居住于上保邹家山。后来，六郎迁居雾阁，八郎迁居双泉，而七郎留在了上保。六郎的五世孙邹庆甫生活的年代，似乎刚好是兵荒马乱的元明之际。他的两个儿子——邹叶胜和邹定敷——成为现今雾阁邹氏两个主要房支的开房祖（前者被称为下祠，后者被称为上祠）。[1] 清代中叶修建的两座规模宏敞的祠堂，分别被称为叶胜公祠和定敷公祠，显示了这两兄弟在雾阁邹氏家族史上的重要地位。这两座祠堂不仅是举行祭礼的仪式空间，还是讨论宗族事务的重要场所。不过20世纪50年代初土改以后，这两座祠堂被政府征用，成为区政府的办公地点。21世纪初，定敷公祠归还给上祠，被改建为四堡雕版印刷展览馆，而叶胜公祠早已于集体化时代被拆毁。

雾阁邹氏最早的收族实践，与邹雄（1488—1583）有关。邹雄创建的祠堂，名为光裕堂，又称礼崇公祠，也许是雾阁最早的宗祠

---

[1] 敦本堂《范阳邹氏族谱》卷一，页1a—8a，雾阁，民国三十六年木活字本。雾阁上祠、下祠的得名，是因为这两房祠堂的位置，跟长幼次序无关。

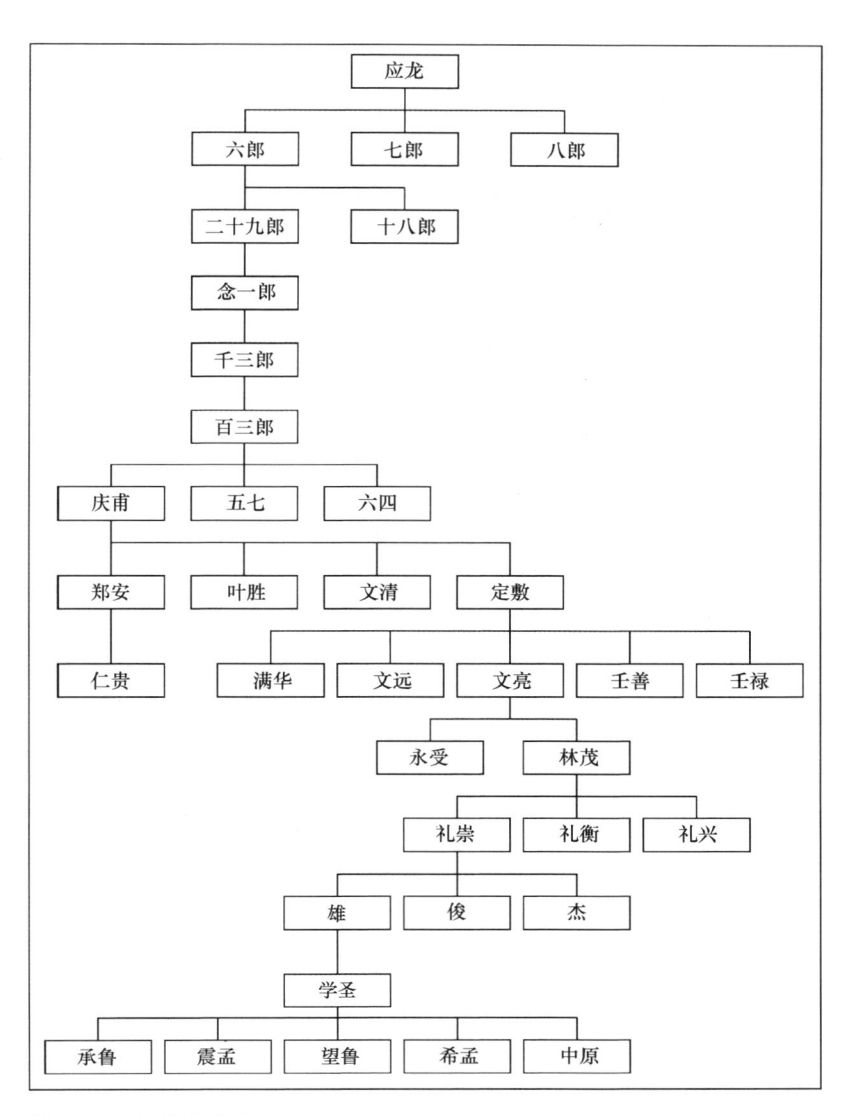

图 5.2 雾阁邹氏世系简图

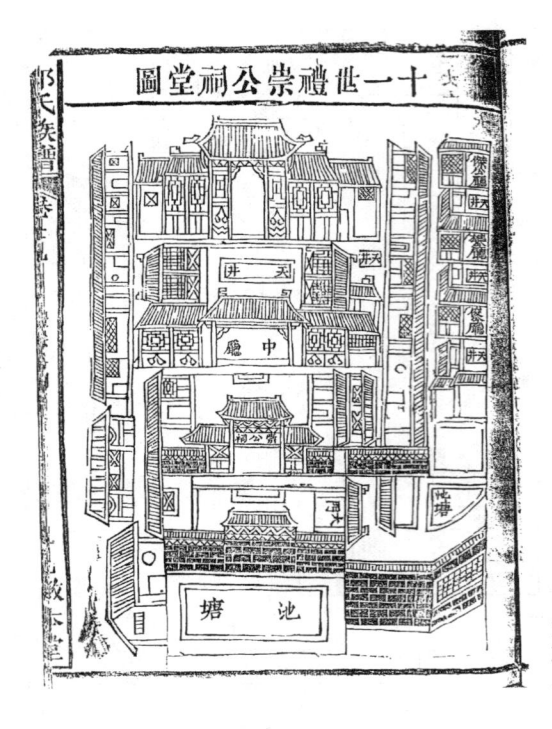

图 5.3 雾阁光裕堂

资料来源：敦本堂《范阳邹氏族谱》卷二九，页 19a，民国三十六年木活字本。

（图 5.3）。[1]邹礼崇的后裔一般称之为"祖堂"。严格说来，邹雄并不算士大夫，他既无功名，也从未获得过政府的封赠。在地方传说中，他是位风水名师，对堪舆有一定造诣。在一篇据传出自邹雄之手的祠堂记中，他自称"自幼性嗜山水，喜观地学，然好读书，而不求甚解"。长大后，他"负笈游江西，择名师，访益友，心专堪舆，焚膏继晷，历有年矣"。回到故乡后，他和兄弟先是构筑了父亲的坟茔，继而在本乡找到一个绝佳的祠基，在此修建了祠堂，供奉父母的神主，以此为"我子孙卜千年春秋祭祀之地"。他期待宗祠建成后，本族"世世簪缨，房房富贵"。最后，他告诫后裔"及时修整，不可私心自用，不可妄信堪舆谬言更改"。文后题"大明万历年

---

[1] 据雾阁邹氏谱牒记载，雾阁曾有座邹庆甫祠，其建置年代不详。这座祠堂被称作"香火堂"，似不同于此处讨论的专祠。

月日男雄、俊、杰三房仝谨志"[1]，大概祠堂记由他执笔撰写，三兄弟联署。

按，邹雄卒于万历十一年（1583），因此，这个祠堂应该是在16世纪70年代或80年代头两三年修建的。此祠今存，是雾阁礼崇公房的房祠，这个礼崇公房即第四章谈及的组织龙灯胜会的亲属群体。在16世纪后期，邹氏一般将祖源追溯至邹公，前面提到的邹定敷（1349—1417）是邹雄的高祖，而邹叶胜（1342—1407）是邹定敷的兄长，他们的父亲是邹庆甫，邹叶胜兄弟应是元末明初时人。不过，邹雄兄弟修建的祠堂，供奉的只是其父邹礼崇的神主，他们的高祖、曾祖和祖父的神主似乎并未供奉在内，应该也没有供奉始祖和邹六郎的神主。这种做法与《家礼》倡导的做法差别甚大。同时，有关修建这座祠堂的目的，邹雄的想法与马驯颇为不同，后者依据的是宋儒倡导的收族话语，而前者则诉诸风水话语，追求的是"世世簪缨，房房富贵"。这些差别反映出在一个由风水先生设计的祠堂，与由士大夫设计的祠堂之间的距离究竟有多大。

继邹雄之后，在一些低级官员和下层士大夫的推动下，雾阁邹氏定敷公房和叶胜公房也先后创修了本房族谱。定敷公房谱创修于万历二十六年（1598）前后。在邹邦贤所撰谱序中，他回顾了修谱的经过，解释了族谱的重要性。他回顾说，九年之前，在他回籍省祭期间，"恒慨夫人宗族无谱，则姓氏之来历、先人之出处泯息无闻，虽有肖子贤孙继乎其间，难以核其实也"，因此，"谱之系于人也大矣"。但是，创修族谱面临诸多困难，由于"谱籍无存"，"先代祖讳邙岁，多有失落，无繇（由）查考，幸《行程记》一册存焉"。另一个问题是"吾宗人心涣散，通族之谱一时难以修集"。[2]在这种情况下，较为现实的做法，是先修房谱，这就是四保族谱最初只

---

[1] 敦本堂《范阳邹氏族谱》卷二九，页20a—20b，民国三十六年木活字本。
[2] 敦本堂《范阳邹氏族谱》卷首，页10b—11a，雾阁，民国三十六年木活字本。

限于小范围亲属圈子的一个重要原因。邹邦贤等人所修家谱，乃是文亮公房谱。按，邹文亮（1377—1430）是邹定敷之三子、邹礼崇之祖父，这部家谱既称文亮公房谱，其世系应只收录了邹文亮一脉六七代族人，至于邹文亮之前的先祖，很可能只收录了直系祖先。我们注意到，这部家谱将始祖追溯到唐末一位来自江西的祖先，这就是明末邹氏谱牒中频频提到的邹公（详后）。从序文我们还可得知，这部家谱的修撰，很大程度上依赖于家族文献《行程记》，这部著作世无传本，大约此书内容涉及邹氏先祖之传说，因此可为家谱所本。

此次创修族谱，主持其事者是邹邦贤、邹学圣、邹运光、邹希道和邹希孟五人，而核心人物是邹邦贤（1546—1613）。邹邦贤没有获得过功名，但曾担任过长汀县吏员、海阳县典史、县丞、肇庆府仓大使等下层官吏。邹学圣（1523—1598），号清泉，也是个小官吏，曾任杭州仓大使，获九品衔。[1]邹运光（1530—1606），号可斋，十八岁就考中生员，是雾阁历史上第一个生员。[2]从其小传看，他长期牵头主持本地的一个诗社。[3]邹希道（1561—1617）是邦贤侄儿邹学舜之子，也是个生员。[4]邹希孟（1578—1643）是邹学圣四子，也是个生员。[5]在协助邹邦贤创修族谱时，才二十岁。他后来出外经商，致巨富，号称当时汀州东部身家最为殷实的人物之一。利用这些财富，他置买了大量田地，并拨出相当一部分土地充作"书田"，资助天资聪颖的后人参与科考。[6]土改前夕，这些土地列入邹希孟名义的族产，成为四保地区较为丰厚的族产之一。

在邹邦贤创修家谱后不久，雾阁邹氏叶胜公房也创修了本房家

---

[1] 敦本堂《范阳邹氏族谱》卷一，页12b，雾阁，民国三十六年木活字本。
[2] 敦本堂《范阳邹氏族谱》卷一，页39b；卷三三，页5a，雾阁，民国三十六年木活字本。
[3] 敦本堂《范阳邹氏族谱》卷末，页1b，雾阁，民国三十六年木活字本。
[4] 敦本堂《范阳邹氏族谱》卷一，页49a，雾阁，民国三十六年木活字本。
[5] 敦本堂《范阳邹氏族谱》卷一，页18b，雾阁，民国三十六年木活字本。
[6] 敦本堂《范阳邹氏族谱》卷三四，页5a—5b，雾阁，民国三十六年木活字本。

谱。这部家谱是由邹惟杬、邹惟棣兄弟编纂的。邹氏兄弟的父亲邹思松（1550—1607）号一升，似乎是个没有功名的乡民。[1]他的四个儿子中，以惟杬和惟棣最为出色。邹惟杬，号孔华，思松四子，在惟棣帮助下勤奋读书，后来成为生员。[2]邹惟棣（1587—1638），号宾华，是个商人。[3]自然，整个修谱过程是由邹惟杬主导的。

邹惟杬为新谱写了一篇长序。像其他四保士绅一样，他强调修谱的重要性，认为"世系之辨"乃是"人伦之所由叙，风俗之所由笃"。但是，他指出，"世牒之难理，更甚于史志"：

> 盖史寿之梨枣，藏之掌故，布之乡国，为天下所同存，即使世变所及，不无散轶，而得之名山，传之故老，购其所遗，足资采择，犹为全书也。若系牒，则一姓之私，非其支任，孰与存之？而亦孰与记之？至于人随世远，事与时更，而考据无出，渊源莫得。

可见，四保不少士大夫在修谱时，都碰到文献无征，而故老相传又不尽足信的问题。但是，修撰族谱的一项重要目标，乃是清理祖源，辨明世系，因此，他们又不能不面对上述困难，为重建先祖谱系费尽心机。和文亮公房谱一样，这部家谱也将邹公定为始祖，并指出："始祖邹公，敕封迭加，爵谥御葬，原有封茔，且建之庙，且镌之石，且登之志，威灵所覃，四海奉之，千禩如一日也。"这是雾阁邹氏家族文献中第一次提到他们的始祖，并且清楚地指出他就是当地崇拜的地方神——邹公。这部族谱的内容似乎相当简单，开篇是邹公的传记和显灵事迹，其后是先祖的世系。[4]另外，这部族谱只

---

[1] 敦本堂《范阳邹氏族谱》卷一九，页1a，雾阁，宣统三年木活字本。
[2] 敦本堂《范阳邹氏族谱》卷一九，页1a，雾阁，宣统三年木活字本。
[3] 敦本堂《范阳邹氏族谱》卷二〇，页1a—3b，雾阁，宣统三年木活字本。
[4] 新奕堂《范阳邹氏族谱》卷首，页1a—3b，雾阁，宣统三年木活字本。

第五章　宗族社会的形成

收录了叶胜公房世系，定敷公房世系应该没有包括在内。

在雾阁邹氏进行收族的同时，聚居于雾阁南面双泉村的邹氏也开始创修本族族谱。这部族谱的编纂者是两位邑庠生——邹志礼（生卒年不详）和邹彬（1604—1657），他们各为族谱撰写序言一篇，但均未署年代。按，邹志礼弟邹志乐，志乐的第二个孙子邹三福生于天启元年（1621），由此推断，邹志礼很可能是万历时人。同时，乾隆五十八年（1793）一篇谱序也提到"吾之家谱，自明万历时始辑"[1]。因此，双泉邹氏也是在万历年间创修族谱的。

邹志礼的序言除强调修谱可以明世系、辨昭穆外，进一步追溯了祖源，他指出："吾邹姓兴自曹挟，延及唐宋，至今历二千余年。予宗盖自邵武景初公之后也，以宋勋臣葛巾投老，其嗣八郎公兄弟者，由泰宁而迁居四堡，遥望诸峰蔚然深秀，且也古井双泉，渊源有所从来矣。"[2]邹彬在序言中也交代说："予宗肇自范阳，于宋季始由邵武泰宁分，历世久远，最为蕃昌。"他提到因"际元明交会之时，谱籍散亡，遂致先代祖讳茫然莫溯，犹幸行程所记一册存焉"，不过，此书"但存其名，未注其实"，先祖源流仍存在不少问题。[3]这里的"行程所记"当即邹邦贤谱序中提及的《行程记》，不过，邹邦贤将始祖追溯至唐末，而邹彬追溯至南宋末，两者相距数百年，可见，《行程记》对祖源的交代，大概也是含混不清。相同的是，他们都认定邹公为始祖。但在双泉谱序中，已在邹公与南宋状元邹应龙之间建立了联系。因此，在四保历史上，清初双泉士大夫邹鼎璜最早对邹公身份进行清理，并不是没有原因的（详见第六章）。

长校村位于马屋北面，属清流县，村中主要姓氏为李姓。据《李氏族谱》谱序记载，长校第一部《李氏族谱》是由村中李弃所

---

[1] 敦睦堂《邹氏族谱》卷首，页1a—2a，光绪庚子木活字本。
[2] 敦睦堂《邹氏族谱》卷首，页2a，光绪庚子木活字本。
[3] 敦睦堂《邹氏族谱》卷首，页3a—3b，光绪庚子木活字本。

编，惜无谱序传世。[1]李弃（1597—1678），字白也，号仇池，晚明邑庠生，明亡后绝意仕途，闭门读书，著有《评订史鉴》，并有诗集传世，清代见重于汀州著名士大夫黎士弘、雷铉[2]，由他创修《李氏族谱》的可能性是比较大的。若是如此，长校李氏的收族实践也是从17世纪开始的。

严屋严氏宗族

截至17世纪末，在马河图、马驯、谢坚等中上层士大夫以及邹邦贤、邹惟枟等小官吏和下层士绅的推动下，四保盆地的主要姓氏群体——马屋马氏、雾阁邹氏、双泉邹氏、长校李氏和江坊江氏——都先后建立了宗族组织。进入18世纪，特别是18世纪后半叶之后，宗族建构进入第三次高潮，修谱建祠基本完成了社会化，成为四保几乎所有亲属群体都参与的社会事务。这体现在两个方面：其一，宗族建构从较低层次的整合，转向更高层次的整合。其二，那些处于大族阴影下的亲属群体，也开始启动了自身的宗族建构实践。

有关宗族高层次整合的问题，此处以雾阁邹氏修撰合族族谱为例稍作讨论。雾阁邹氏的两个房派，在万历年间开始进行收族活动。经过明清鼎革之际的动荡之后，这两个亲属群体在18世纪初又开启了新一轮的收族实践。康熙四十五年（1706），雾阁定敷公房家谱创修一百多年后，在邹正国的组织下进行了续修。邹正国（1663—1716）是个生员。[3]在其传记中，他被描述成"辟佛崇儒""笃信程朱"的儒家卫道士。[4]不过，邹正国组织编纂的家谱，仍不是雾阁

---

[1] 光绪二年木活字本《长校李氏重修族谱》卷首，李森《重修族谱旧序》，页1a载："余族自二十一世祖白也公等纂修家谱。"
[2] 黎士弘撰《书李白也先生诗后》，雷铉撰《李白也先生书后》，均载于序伦堂《长校李氏重修族谱》卷六，页1a—2b；李升宝主编《清流县志》，中华书局，1994年，第739—740页。
[3] 敦本堂《范阳邹氏族谱》卷六，页12b—13a，雾阁，民国三十六年木活字本。
[4] 敦本堂《范阳邹氏族谱》卷三四，页14a，雾阁，民国三十六年木活字本。

邹氏合族的族谱，叶胜公房的世系并未被包括其中。同时，18世纪初，叶胜公房并无续修家谱之举。邹氏两房的合族修谱之举，必须等到半个多世纪以后。

18世纪后半叶的几十年，是雾阁邹氏家族史上非常重要的年代。首先，乾隆二十一年（1756），叶胜公房创建了供奉邹叶胜神主的祠堂。邹圣脉撰文介绍了祠堂的修建过程。他提到，在修建叶胜公祠之前，邹叶胜的神主和邹定敷的神主放在一起，供奉这两个神主的地方，应该是邹庆甫的"香火堂"。至18世纪初，邹圣脉的叔父试图修建本支的祠堂，但因故未果。直至18世纪中叶，族人又提出建祠的动议，却因风水方面的问题，一直无法付诸实践。邹圣脉似乎夸大了族中那些力持建祠的族人——比如他叔叔和自己——与许多"纽于习见"（风水）的族人之间的差距和矛盾。不过，邹圣脉叔父建祠未果一事，的确显示了宗族建构的构想，常常只是某些士绅的兴趣，不少乡民并不认同这些看法，即使他们赞同建祠动议，也常常是出于风水的实用目的，而非敬宗收族的愿望。[1]

乾隆三十三年（1768），亦即叶胜公祠修建十余年后，定敷公房在叶胜公祠附近创建了本房的祠堂——定敷公祠。叶胜公祠、定敷公祠和乾隆五十七年（1792）修建的天后宫，成为明清时代雾阁村最宏敞、最重要的三座公共建筑物。有关定敷公祠的修建过程，当时并没有留下文字记载。不过，嘉庆二十五年（1820）的重修祠堂记提到，祠基是由本房所属的两个支派提供的。[2]

乾隆二十九年（1764），邹氏的两个房编纂了雾阁邹氏家族史上第一部合族族谱。在征修谱引中，编纂族谱的首事们解释了合修原因：雾阁邹氏族人均为邹六郎的后裔，八代之后才分为两房。经过二十余代的繁衍，邹氏已发展成"千丁可考"的大族。宗族"食指

---

[1] 新奕堂《范阳邹氏族谱》卷二一，页2a，宣统三年木活字本。
[2] 敦本堂《范阳邹氏族谱》卷三五，页23a—23b，雾阁，民国三十六年木活字本。

虽多",但"素称和睦":"千枝万派,一本同源"。而合修族谱,可进一步促成族人"精神团结,血脉贯通"。[1]

在这个合修族谱的计划中,颇值注意的是监生在其中扮演的核心角色(参见表 5.1)。修谱首事共 12 位:邹雄飞、邹本祖、邹督臣、邹盈文、邹鸣魁、邹时端、邹徵耀、邹中彦、邹一彦、邹会彦、邹徵盛与邹徵璇。在社会背景可考的 11 位首事中,监生占了 8 位,其中 5 人明显参与了商业活动。第一位理事邹雄飞(1718—1766)是个商人,在广东和闽南漳州经商。[2] 邹本祖(1741—1826)经营了一家书坊,同时也是成功的书商。[3] 我们对邹督臣(1699—?,谱名都国)的情况不太了解,但他应该没有功名。[4] 邹盈文(1715—1791),号御祖,可能是位商人,也没有获得过功名。[5] 邹鸣魁(1707—1778),号秉衡,本身似无过人之处,不过他是富商邹秉均(1723—1796)之兄长,而这位富商邹秉均,在雾阁公平墟的开设过程中扮演了颇为重要的角色。[6] 邹时端(1723—1772),号龙川,是位成功的书商。[7] 邹徵耀(1720—1782),号怡轩,也是位书商,同时也是个武举,其子邹经担任过台湾水师副将。由于邹经的缘故,邹正耀被授予武翼大夫衔。[8] 邹中彦,号澹村,生于富商之家,其

---

[1] 新奕堂《范阳邹氏族谱》卷首,页 1a—3a,宣统三年木活字本。
[2] 敦本堂《范阳邹氏族谱》卷三四,页 37b—38a,雾阁,民国三十六年木活字本。
[3] 敦本堂《范阳邹氏族谱》卷三三,页 27b—28a,雾阁,民国三十六年木活字本。有关他的系谱信息,参见同谱,卷七,页 57a—57b。
[4] 有关邹督臣的系谱信息,参见敦本堂《范阳邹氏族谱》卷七,页 14b,雾阁,民国三十六年木活字本。
[5] 敦本堂《范阳邹氏族谱》卷三三,页 27a—27b,雾阁,民国三十六年木活字本。有关他的系谱信息,参见同谱,卷五,页 93b—94a。
[6] 有关邹鸣魁的系谱信息,参见敦本堂《范阳邹氏族谱》卷九,页 20a,雾阁,民国三十六年木活字本。邹秉均的传记,参见同谱,卷三三,页 40a—41a。有关雾阁公平墟的开设过程,请参见本书第九章的相关讨论。
[7] 敦本堂《范阳邹氏族谱》卷三三,页 43a—43b,雾阁,民国三十六年木活字本。
[8] 新奕堂《范阳邹氏族谱》卷二〇,页 30b—31a、31b—32a,宣统三年木活字本。有关邹徵耀的系谱信息,参见同谱,卷一〇,页 108a—108b。邹经的传记,参见同谱,卷二〇,页 52a—52b。

第五章 宗族社会的形成

父亲是位书商。[1]我们对邹一彦（1697—1785）、邹会彦（1701—？）和邹徵盛（1718—1809）了解不多，不过可以确定他们都是监生。[2]有关邹徵璇，笔者未能找到相关信息。监生在此次修族过程中扮演的核心角色，其实不足为怪。监生是礼生的主要来源之一，做礼生和修谱，其实都体现了相同的关怀：礼仪。不过，这些以书商/监生为主体的雾阁下层士绅，在18世纪中叶实现了本应由举人、生员等士绅完成的合修族谱的愿望，还是带有一定的反讽意味。

表5.1　乾隆二十九年邹氏族谱修谱首事情况表

姓名	房支	职业	功名
雄飞	上祠	商人	监生；登仕郎
本祖	上祠	书商	监生
督臣	上祠	不详	无
盈文	上祠	不详	无
鸣魁	上祠	不详	无
时端	上祠	书商	监生
徵耀	下祠	书商	监生；武翼大夫
中彦	下祠	不详	监生
一彦	下祠	不详	监生
会彦	下祠	不详	监生
徵盛	下祠	不详	监生
徵璇	下祠	不详	无

资料来源：雄飞：敦本堂《范阳邹氏族谱》卷三四，页37b—38a，卷末，页4b，雾阁，民国三十六年木活字本；本祖：同谱，卷三三，页27b—28a，卷末，页4b；督臣：同谱，卷七，页14b；盈文：同谱，卷三三，页27a—27b；鸣魁：见上文；时端：同谱，卷三三，页43a—43b；徵耀：新奕堂《范阳邹氏族谱》卷二〇，页30b—31a、31b—32a，宣统三年木活字本；中彦：同谱，卷二〇，页21b—22a；一彦：同谱，卷五，页61a—61b；会彦：同谱，卷六，页18a—b；徵盛：同谱，卷九，页81a—81b，卷一九，页20a—20b；徵璇：不详。

---

[1] 新奕堂《范阳邹氏族谱》卷二〇，页21b—22a，宣统三年木活字本。
[2] 参见《邹氏族谱》卷五，页61a—61b；卷六，页18a—18b；卷九，页81a—81b，雾阁，宣统三年木活字本。

宗族建构的社会化，也是 18 世纪宗族发展的一个新特点。对于那些规模较大的宗族而言，建祠修谱实非难事。但是，对那些族人少、势单力薄的亲属组织，情形又是如何？我们看到，继 15 世纪马屋马氏两支、留坑谢氏等少数亲属群体和 16 世纪末 17 世纪初雾阁邹氏、双泉邹氏、长校李氏等亲属群体开启收族活动后，18 世纪末，第三波的收族高潮来临。这一时期生活于四保盆地边缘和大族夹缝之间的小姓，也开始开展修谱、建祠活动。这包括了上保邹公庙附近的邹氏、吴氏、杨氏、赖氏（详见第七章）以及下面讨论的严屋李氏和张坑李氏等亲属群体。

严氏聚居的严屋村，是位于马屋与雾阁之间的一个小村落，主要姓氏是严氏。严氏的祖源可以追溯至严九郎（参见图 5.4）。据族谱记载，严九郎原先居住于长汀归仁里严坊村，后因到马屋附近的赖家墟经商，遂定居此地，其子德梅迁于今址。[1]据严氏族人的推测，此事大约发生于明初。从严九郎到第十世，这个家族的规模一直很小，只包括几户人家。从十一世，尤其是十五世开始，严氏家族的规模才逐渐扩大至包含数十户人家。[2]

严氏迁居四保后，似乎一直生活在马屋马氏的阴影下。从康熙五十五年（1716）一份《议字》看，在立《议字》之前，马姓是里长户，而严姓是甲首户，严氏经由马氏缴纳赋税，严氏的徭役也应由马氏摊派。通过订立《议字》，严氏试图通过交付一定银两，永久摆脱马氏在赋役方面的支配权。[3]不过，即使在立《议字》后，严氏和马氏的关系仍旧相当密切，马屋的邹公庙便由马屋主导，而严

---

[1] 衍庆堂《严氏族谱》卷一，页 1a—1b，民国二年木活字本。
[2] 衍庆堂《严氏族谱》卷一，页 1a—9a。
[3] 兹录《议字》如下："立议字里长马允兴，今有甲户严华选为经征人等，难以往来收取粮杂等务，马允兴户丁许严户凡钱粮本仓运米及凡有杂务，俱凭严户自行上纳。当日三面言定：严姓帮帖里长供应图差、带票、限礼等银伍两正。自议之后，有严户任从永远自纳里长，毋得异说。倘严户粮杂不应期完纳，或有原差往来，乃系严户自行支持，不涉里长之事。至于十年现役，照依丁粮均派。今恐无凭，立议字付执为照。一批其银系帮帖递年使费再照。"（衍庆堂《严氏族谱》卷四，页 1a—1b）

第五章　宗族社会的形成　　151

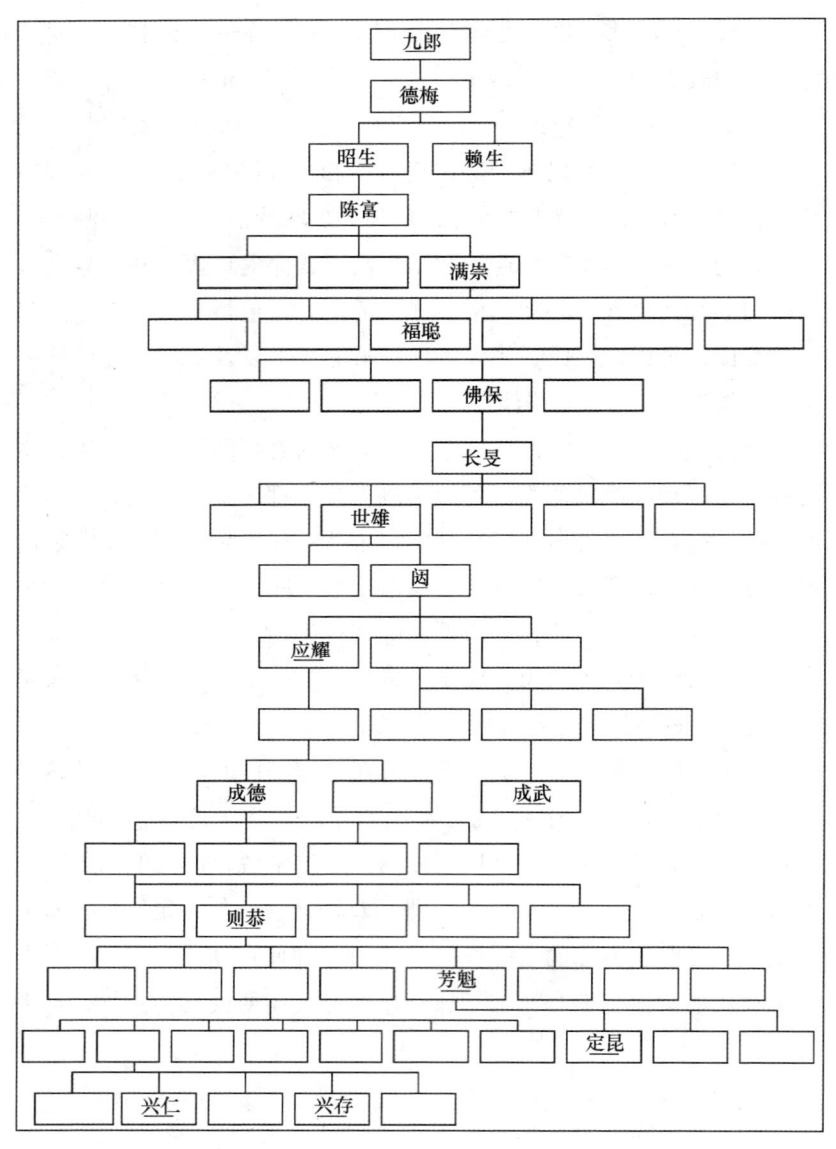

图 5.4　严屋严氏世系简图

注：图中带下划线的人名是拥有族产的祖先。

氏和赖氏等则参与该庙的仪式（详见第九章）。

严屋历史上曾修建过两座祠堂：一是九郎公祠，此为全族祠堂；一是周也公祠，供奉的是十三世祖严成德，此为房祠。九郎公祠今不存，址在清水堂，即今四堡中学所在，后毁于"文革"。这座祠堂建于乾隆四十三年（1778），其修建者、祠堂祭祀情形已不可考，不过从建祠一事，可推知18世纪后期严氏在收族方面所作的努力。成德公祠的建置年代不详。

严氏历史上的第一部族谱，编纂于嘉庆二年（1797），谱序由五位严氏族人起草，马屋文人马履新改定。在序言中，作者指出，严氏定居严屋已达数百年之久，"虽豪杰未兴，恒挟一艺以自食"，亦即族人并无出类拔萃或获得科举功名者。序言认为："水源木本之思，苟非谱牒以详记之，不将于世远而无征乎？"不过，"文学之士、素丰之家，修谱盛举，固其所易"，而严氏族人"挟艺自食"，编纂族谱洵非易事，但考虑到族谱的重要性，"以故勉强从事"。[1]

张坑也是个小村落，位于鳌峰山西侧，是李氏的聚居地，目前仅有数十户人家。张坑李氏来自四保盆地北部的长校村，开基祖李学成迁居张坑。[2]乾隆四十七年（1782），这个宗族修建了祖堂，作为供奉祖先神主之处。[3]次年，编纂族谱。从谱序可知，这部族谱是由族人李元福聘请当时在张坑开设私塾的邹锦标编纂[4]，大概当时李姓并无胜任此责的读书人，于是不得不假手于人，其情形与严屋严氏如出一辙，显示这些小族不同于大族之处。

通过梳理马屋马氏、雾阁邹氏、严屋严氏等亲属群体的收族过程，可以看到，从15世纪中叶至18世纪末，四保地区经历了三波

---

[1] 衍庆堂《严氏族谱》卷一，页1a—1b。
[2] 陇西堂《李氏族谱》卷首，页1a—3a，张坑，光绪乙未年（1895）木活字本。
[3] 陇西堂《李氏族谱》卷一，页8a。
[4] 陇西堂《李氏族谱》卷首，页1a—1b。

收族高潮。15世纪中叶，在几位中上层士大夫的推动下，四保首次出现了屈指可数的几个宗族组织。16世纪末、17世纪初，四保迎来第二波收族高潮。在小官吏和下层士绅的努力下，聚居于四保盆地中心的几个亲属群体，也开始了收族实践。18世纪后期，在来自大族的文人的帮助下，四保盆地较为偏远的聚落和生活于大族夹缝之间的那些小村落一道，也启动了修谱、建祠活动。至此，以祠堂、族谱为基本标的的宗族形态，完全在四保地区普及了。至18世纪末，四保境内几乎所有大大小小的亲属组织都修建了祠堂，编纂了族谱，置办了族田，并定期举行祭祀活动，四保成为一个名副其实的宗族社会。

本章对四保宗族发展过程的讨论显示，宗族发展本身不仅有"文化创制"的面向[1]，还涉及一个社会化的过程。四保宗族的社会化经历了三个多世纪的漫长过程。从18世纪末回望，宗族的兴起似乎是必然趋势，实则在此过程中，尤其是在16世纪后期之前，宗族的发展之路充斥着各种困难，包括族内的矛盾和分裂及与乡村其他社会组织的竞争。[2] 从这种意义上说，宗族的兴起带有一定的偶然。只是到16世纪末以后，四保宗族的发展才进入一个新阶段，出现了不可逆之势。明清宗族的理念，本质上源自宋代兴起的新儒家，但正如郑振满指出的，宗族的发展又以突破国家礼制为条件。[3] 然而，宗族建构的主要动力，来自地域社会内部。宗族建构过程与地方权力和地域控制的追逐和竞争有着密切的关系。下一章所谈邹氏长达数个世纪的对始祖身份的改编，只有放到四保地方权力结构的脉络中才能得到充分理解。

在这长达三个多世纪过程中，不同的群体介入到收族活动当中。

---

[1] Faure, "The Lineage as a Cultural Invention" 一文在标题中使用了"文化创制"一语。
[2] Joseph P. McDermott, *The Making of a New Rural Order in South China, I. Village, Land, and Lineage in Huizhou, 900-1600*, Cambridge：Cambridge University Press, 2013, pp. 430-431.
[3] 郑振满《明清福建家族组织与社会变迁》，第241页。

收族实践首先由中上层士大夫启动，但随后来自不同社会背景的士民，带着各自对宗族的理解，也参与到收族实践当中，宗族对于他们的意义是不尽相同的。大体而言，明代中后期的大多数时间里，四保收族过程的主要推动者，是来自不同阶层的士绅；而进入18世纪后，正如本章对18世纪雾阁族谱编纂的分析揭示的，生员尤其是通过捐纳获取功名的监生，成为收族背后的主要推手，这个群体的主要社会基础，是17世纪后期开始在当地兴起的书商群体。从这种意义上不妨说，假如说明代四保宗族是由不同阶层的士绅建构出来的，那么18世纪四保的宗族组织，在很大程度上是以书商为主体的商人—士绅群体（包括士绅化商人和商人化士绅）致力于收族实践的一个结果。

第六章　仪式、系谱与土地

作为一个复杂的社会文化过程，收族实践既牵涉到一套全新象征体系的引介，也涉及祖源的追溯和始祖的认定，还跟社会经济结构的转变密切相关。首先，随着富丽堂皇的专祠的修建，一套主要渊源于王朝礼仪和士大夫礼仪传统的相关理念与实践，步入乡民的象征生活，这一礼仪体系具备独特的结构、文本与专家，相关仪式实践为重组社会关系提供了一个框架。其次，在编修族谱的过程中，地方文化精英强调通过始祖的认定与祭祀，梳理始祖与族人之间的系谱关系，来强化同宗之间的亲缘关系。围绕始祖和远祖形成的亲属话语，成为型塑社会关系非常重要的一种途径。最后，随着宗族建构过程的展开，集体控产的理念也进入宗族组织的运作之中，而族产的形成与发展，带来社会经济资源的再分配，从而给乡村阶级关系和社区关系带来深远的影响。

祭祖仪式

马河图、马驯在修建宗祠，为祖灵提供栖息之所的同时，也引入了一系列礼仪。他们试图通过在宗祠定期举行祭礼，唤起族人之间的木本水源意识，打造具有较强凝聚力的社会组织。为此，马河图的《训辞》和马驯手定的《祠规》均对祭祖礼仪提出了多方面的要求。其一，《祠规》明确规定，祭祖必须依照《家礼》。其二，它对祭祖参与者的身份也做了明确规定。其三，在宗祠行礼时，参与者的穿着必须得体。服丧期间的族人不得参与祭礼。如不得已要参与，必须换成吉服。其四，扫墓时应优先考虑祠祭和远祖。只有进行祠祭、祭扫远祖坟墓之后，才能祭祀近祖，这意味着对宗祠集体祭祀的强调。其五，强调长幼秩序，在宗祠办席时，席位应以长幼为序。其六，族人拜堂三日内，应入祠拜见祖先。但若新娘出身卑贱，则不许入祠。如强制入祠，鸣官究治。[1]通过订立这些规条，马河图和马驯显然力图引入士大夫文化推崇的祭祖礼仪及背后的意识形态。

在马河图《训辞》和马驯《祠规》的基础上，马氏士绅系统地充实了对宗祠祭祖的规定，编成所谓的《宗祠祀典》（以下简称《祀典》，《祀典》全文见附录六）。他们试图规范跟宗祠运作有关的各个方面——从祠堂的日常维护到族产的管理，从神主的安置到祭祀的流程，这些规定为我们了解明清四保的祭祖活动，尤其是士绅推崇的祭祖礼仪提供了相当翔实的信息。

"祀典"一语常见于礼书和方志，是指罗列祭祀对象和相关程序的册籍，这些祭祀对象，通常是获得朝廷认可、被朝廷敕封的神明。所谓"名列祀典"，指的就是某一神明的祭祀获得了朝廷的认可。有趣的是，《马氏大宗族谱》的编者挪用了这一概念，来指称其祭祖的规定。通过挪用，他们似乎强调了相关程序和规定的合法性和准官方色彩。

根据《祀典》，马氏宗祠每年举行五次祭祀：元旦、清明、八月初一、冬至和除夕。另外还有若干不定期的场合，如奉主入祠，也会举行祭礼。除夕与元旦其实是连续的，而清明、八月初一和冬至祭祖可视为春、秋、冬三祭。在五次祭祖活动中，以清明祭祖礼仪最为隆重，相关规定也最为全面，下面以此为中心，对《祀典》的内容稍作讨论。

---

[1] 孝思堂《马氏大宗族谱》，二集，第7—10页。

在年节祭祖礼仪中,清明祭祖的持续时间最长。清明祭祖的筹办,开始于清明十天前,而整个祭祀活动,至所有祖坟祭扫完毕后,才算告一段落。清明一旬前,值祭房具帖通知各房子孙,同时具帖邀请各房六十岁以上的耆老及各房执事者出席祭礼,又另设帖安排祭祖的主祭、陪祭和相关执事。清明前一日,值祭房开祠洒扫、焚香宰牲。

清明本日子时(清明前一日23:00至清明本日1:00)、丑初刻(1:00),值祭房雇人先后在村中鸣锣各一轮。听到第一次锣声后,各房子孙盥洗;等到第二次锣声响起,各房子孙身穿盛服赴祠准备祭祖。祭祖于清明凌晨丑时(1:00—3:00)举行。这段时间乐队奏乐,乐作之后,如有子孙仍未到祠,会受到处罚。祭祀完毕后,给参与祭祀的各房子孙和相关执事分发熟胙。不过,"若夫该房子姓及唤使役仆,值祭房另自赏劳,不得在祭需内扣"。

清明日午刻,组织各房子孙赴各祖坟祭扫。对此,《祀典》也有具体的规定:"本日午刻,往祭历代祖坟。各房子孙即将家数录送宗祠交祭主,总计若干家,均分四路。具帖揭牌坊下晓谕,以便往祭。各房子孙俱要衣冠登坟拜扫,违者重罚。"这四路是:一于凹背起至茜坑隔,一于寮坪上起至砾头,一于赤土冈起至大丘背,一于余家田起至梧桐冈桃源,其实相当于四个片区。《祀典》还规定了祭墓分胙和四路分拨的原则,要求"衣裳俱在坟上分胙。四路照家平分均拨,不得以远近更换。胙仪、登坟亦照家分俵"。

对于清明祭祀的执事,《祀典》规定:"祠中执事人等,除司乐、司厨、陈设、纠仪而外,必须读书子弟,庶衣冠整肃,进退雍容,有光俎豆。或在外肄业,不足所派,方许另择贤肖子孙以充之。如混行妄派,并在帖请内推故不与者,俱以不孝罪论,罚银五钱。"若果真有事无法前来,"必须先告知值祭房,以便另行金请可也"。这里值得注意的是对"读书子弟"的强调。

图 6.1　马氏家庙（马屋，千五郎公房，刘永华摄）

每年清明，也是生子者助银入祠的日子。《祀典》规定："生子者，原设助银五分入祠。值祭房本日辰刻，金一公正者与纠仪者同收秤。收完后纠仪者即总计若干名、共计若干封，封押交值祭房暂贮，待交尝银之日，请各房祠长清算支销之外，所剩若干总封，次年值祭人用。"这种生子助祭的做法，是祭产形成的一个重要途径。

八月初一和冬至祭祖的程序与清明大体相似，不过较为简单。八月初一祭祖仅值祭房行祭礼，"各房不与"。祭毕，"随命子姓往各坟修划卦纸"。冬至祭祀分胙，但"不上坟，不纳银助祭"。除夕也仅由值祭房祭祀，当晚的主要活动是守岁，值祭房之间的交接也在当晚进行。交接之时，其实已进入元旦凌晨。交接完毕后，再次上香祭祖。此后各房子孙前来拜贺。候各房拜谒完毕，值祭房关门而

第六章　仪式、系谱与土地　　159

退，一年的祭祖周期至此告一段落。[1]

　　清明祭祖仪注《祀典》未载。不过根据当事人的回忆，我们可以大致复原其基本流程。祭祖由主祭一位、陪祭数位在四位礼生引导下进行。祭礼仪注与第四章讨论的祭祀仪注基本相同。祭礼开始后，主祭上香点烛。击鼓三通、奏乐后，开始行初献礼。献毕，读祝文。接着是亚献和终献。行三献礼毕，行侑食礼。祭礼结束后，陪祭、耆老和士绅在神主前行三叩礼。[2]

　　除了每年五次的祭礼外，每逢朔望，"值祭房启祠洒扫，点灯焚香，供献茶饭"。不过只设供品，不行祭礼。另外，每隔数年或十数年，举行一次奉主入祠仪式，举行仪式的时间是清明或冬至前一日，参与仪式的除相关子孙外，还有祠长、"题主者""赞礼者"（礼生）及其他执事，自然，相关费用由举行仪式的相关子孙负责。[3]

　　马驯指责马氏族人只关心祖祢，不看重远祖的祭祀。如果此话可信，宗祠的修建和远祖神主的供奉，引进了一套举行祭礼的新框架和新做法。在15世纪中叶士大夫推动收族实践之前，四保乡村已形成了祭祖的习俗。祭祖可在祖坟举行，也可在众厅基础上改造而成的所谓"香火堂"举行。[4]此期的祭祖活动，正如明清士绅频频指出的，重近祖而轻远祖，重视风水而不讲求敬宗睦族的伦常，因所涉人数不多，应该无须仪式专家引导，也没有一套预先设计好的祭祀流程。相比之下，士大夫引入的祭礼，通过强调始祖的祭祀，把数量众多的远房同宗聚集一堂。面对为数甚多的族众，一套行礼的新流程也被引入，而这个流程的引入，又进而为礼生及其礼仪和祭文本的出现提供了一个直接的契机。以此为契机，主要渊源于王

---

[1] 以上讨论，综合了孝思堂《马氏大宗族谱》二集第12—14页的内容。
[2] 马传永《连城县四堡乡马屋村民间习俗》，第320—321页。
[3] 孝思堂《马氏大宗族谱》，二集，第14页。
[4] 当然，也有修建功德寺院、供奉祖先神主的事例，如上保邹氏，不过从现有文献难以判断这种做法是否普及。

朝、士大夫的礼仪，与普通乡民遭遇了，普通乡民开始定期目击、参与乃至资助这种礼仪。这种新祭礼的引入，为社会关系的重组提供了一个仪式框架：明清士绅所说的收族，正是通过对始祖、远祖的祭祀，把原本相对疏远，乃至形同"途人"的社会关系，整合到更大规模的亲属群体（宗族）当中。从这种意义上说，这种祭祀礼仪为宗族社会的形成提供了一个重要的平台。

随着士绅倡导的祭祖礼仪步入乡村社会，与之相关的礼仪规条、仪注和重要祭文或祝文，也逐渐被收录于族谱当中，成为家族文献的一个基本组织部分。马屋下祠《马氏大宗族谱》收录了马驯祭文五篇，它们可能是在马驯丧礼上使用的。该谱还收录了八篇其他祖先的祭文。[1] 同样，在枧头《吴氏族谱》中，我们可以发现《祭祀图》和几张服制图，这些文书都被印入族谱。该谱还收录了对祭祀的具体规定，内容涉及时间、费用、供品、酒席和参与者等，所涉年节包括元旦、清明、冬至等，还规定了参与祭祀的礼生的数目及报酬。[2] 枧头吴氏的近邻上保洋子边邹氏的族谱中，也收录了《祭祀图》《家礼大宗小宗之法图》《本宗五服制图》《大清律丧服总图》等类似文书，另有一份文书详细罗列了宗祠的神主、祖图和祭器，并说明了这些器物是如何置办的。[3] 与此相似的还有马屋千七郎公房的《马氏大宗族谱》。这部族谱收录了祭祠仪注和祭坟仪注，并特地注明祭祠四人唱礼，祭坟二人唱礼。谱中还有送神主入祠仪注，并提供了在此仪注中使用的《送神主入祠告文》。大概是为了让新手了解祭文的书写格式，谱中收录了"祭文头"，亦即套用在普通祭文之前的书写活套。[4]

---

[1] 孝思堂《马氏大宗族谱》，六集，第 12—15、23—24、34、40—41、42—43、52—55、57—58 页。
[2] 睦本堂《吴氏族谱》卷首，页 7b 以下；卷八，页 1a—2a，枧头，光绪二十五年木活字本："（正月）初二辰刻祭祠。预日具帖请礼生，备全猪。早膳饮福酒：礼生二位，猪主一位，屠户二位，生员监生，鼓乐一位，值年十位。"
[3] 敦敬堂《范阳邹氏族谱》卷首，页 1a—2b，民国三十五年木活字本。
[4] 敦本堂《马氏大宗族谱》卷一，页 16a—16b。

四保族谱中收录的这些文书,证明了祭祖礼仪在宗族建构与运作中的重要地位。它从侧面显示,跟举行祭祖礼仪的宗祠一样,这些文书——不管收录于族谱还是抄录于礼生的祭文本——和相关礼仪,实际上都是明中叶开始的收族实践的产物。从辩证的角度看,也不妨说,礼生赞相的礼仪及其文书传统,本质上说也为宗族组织的创制与存续创造了某种条件。

因此,新式祭祖礼仪的引入,并不单纯是将相关仪注引入乡村。这个过程还蕴含了若干不可忽视的社会文化进程。归根结底,士大夫在推广祠堂祭祀礼仪上所作的种种努力,其意图并不限于把一套礼仪的"躯壳"带到乡村,他们也注意以此为契机,建立隐含在礼仪背后的伦理秩序,亦即一套官方认可的长幼、尊卑的社会秩序。马河图、马驯等四保士绅一再重申反对叔嫂收继婚,反对娶奴婢之女为妻室,反对违背礼法者及其祖先的神主入祠奉祀,反对佞佛和妄信师巫之言,强调祭祀的执事必须由"读书子弟"担任,其实都意在建立这种社会秩序。当然,这些意图并不总是能够转化为现实。在士大夫倡导的祭祀理念中,强调长幼、尊卑、士庶之分,而在四保祭祀实践中,强调的是另一套不尽相同的理念,如在主祭人选的确定上,民间讲究的是"多子多福""福寿双全"的理念,[1]这样一来,士大夫倡导的礼仪秩序,就被以"福"为核心的民间观念折中。

随着宗祠祭祀制度的建立,一套书写传统也进入乡村。这当然不是说,这是书写文字首次进入乡村,而是说,宗祠祭祀制度的建立,为文字进入乡村提供某种契机和助力。[2] 对于宗祠文书、簿册

---

[1] 马传永《连城县四堡乡马屋村民间习俗》,第320—321页。笔者在四保观看祭祖礼仪时,也多次观察到类似做法。
[2] 有关家族文献进入乡村的历程,请参见 Ren-Yuan Li, "Making Texts in Villages: Textual Production in Rural China During the Ming-Qing Period," PhD dissertation, Harvard University, 2014, 尤其是第一、三、四章。

的使用，族谱常有具体而微的交代。比如，马氏《祀典》就为此订立了五条规定：

  一　祠中田票并一切文簿支销数目，每年清明日请祠长到祠逐一面行点过，轮房交领，不得疏失。如违，罚银十两正（整）。
  一　或修祠宇，或置祭器，一切支销，俱于清明日在祠面行给发登簿。
  一　凡登簿，要择善写者直行楷书，不许糊涂浪写，填塞满纸，违者罚银一两正（整）。
  一　祠中祭器什物，详载尝簿，［遁］（递）年上下房逐一交明具领。如疏失一件，即该房置赔，仍照物轻重攻罚。
  一　宗祠田［祖］（租）、屋税，其数目悉载尝簿。［遁］（递）年值祭房按（簿？）收取，无得增减。[1]

笔者在四保田野调查期间，陆续搜集到不少账簿，其中一些便是祠堂运作的相关记录，特别是每年祭祖的收支记录。当然，这些文书仅仅是历史上实际使用文书的一小部分，但它们无疑是文字通过宗祠运作进入乡村的实物证据，体现了祭祖礼仪的引入给四保乡村带来的一个文化后果。

  在阅读《祀典》过程中，给人感受至深的还有四保士绅对祭祖日程安排之细致。在这个文本订立的日程安排中，若干重要的时间节点都规定了具体的时间——具体到时辰乃至时刻。如清明祭祖的不少流程，都规定了具体的时辰：清明前一日，"未刻，焚香宰牲"。清明本日，"子刻，值祭雇人再鸣锣一轮。各房子孙起，［盆］（盥）洗"。"丑初刻，仍雇人鸣锣一轮。各盛服赴祠。""丑中，概宜齐乐作，乐行祭。不到者罚。"辰刻，生子者助银入祠。"本日午刻，往祭历代祖

---

[1] 孝思堂《马氏大宗族谱》，二集，第14—15页。

坟。"[1]类似的时辰安排，也可见于四保的其他一些族谱。[2]这种具体的日程安排，已基本上超越了对自然时间的依赖，从侧面显示了时辰制度对乡村社会生活的渗透。[3]在这种意义上说，宗祠祭祀礼仪的引入还有一个意外后果：一种新的时间制度开始进入乡村生活。

祖先、系谱与宗族建构

宗族建构过程，是祭祖仪式转变的过程，而这祭祖仪式的转变，又带来社会关系的重组和若干文化方面的变动。笔者一再强调，在宗族建构的过程中，祖先祭祀的焦点，从近祖转变为远祖。在编修族谱和修建宗祠时，一位远祖被标识为始祖，与此同时，在这位祖先和现世子孙之间，清晰的系谱关系也被建立起来。那么，为何是这个祖先而非其他祖先被标识为始祖？始祖与近祖之间的系谱关系是如何建立的？始祖的出现和系谱关系的建构，对族人具有何种意义？始祖的选定和修谱的编纂，实际上是所有宗族都无法绕开的问题。不过，在雾阁邹氏的家族史上，这个问题远比其他宗族突出，而且几乎一直困扰着每一次重修族谱的编者。雾阁邹氏面临的境遇，清楚显示了族谱编纂过程与本地社会文化史进程有着难以分割的关系，也为思考新儒家的宗族建构计划提供了一个重要契机。

在被认定为雾阁、双泉、上保等村邹氏的始祖，并在这位始祖与现世子孙之间开始建立清晰的系谱前，邹公是四保地区最为重要的一个地方神。[4]早在明代之前，马屋、上保两村就建庙奉祀这个

---

[1] 孝思堂《马氏大宗族谱》，二集，第12—13页。
[2] 睦本堂《吴氏族谱》卷八，《具开祭祖祠规例》，页1a—2a，光绪己亥年木活字本。
[3] 应该指出，这种祭祀的日程安排，提出了对计时器的要求。不过对此笔者几乎一无所知。为了把握时间，明清时期四保人是通过漏刻还是印香计时（笔者认为使用漏刻的可能性很小）？还是另有其他人工计时方式？这些问题都有待于日后探讨。
[4] 当然，此前邹公被四保邹氏奉为祖先的可能性也不能排除。不过，当时邹公与泰宁状元邹应龙之间的关系尚未建立，邹公与邹氏近祖之间的系谱也尚未建立。

神明，而进入明清时代后，其他一些村落则以各种方式参与到邹公的祭祀当中（详见第八章）。

有关邹公的身份，早期的记载含混不清。邹邦贤在万历年间所撰《文亮公房谱序》中，仅有"余宗出自江省，来于唐季"寥寥数语的交代[1]，也就是说，四保邹氏是唐末自江西迁来的，但其始迁祖是谁，该谱语焉不详。在稍后编纂的雾阁邹氏叶胜公房的家谱中，编者邹惟柽对祖源的交代较为具体："始祖邹公，敕封迭加，爵谥御葬，原有封茔，且建之庙，且镌之石，且登之志，威灵所覃，四海奉之，千禩如一日也。"[2]这里明确指出，四保邹氏的始祖为邹公，亦即上保邹公庙所奉神明。邹邦贤等人对祖先谱系的梳理，依靠的是故老口耳相传的传说，还是书写文献呢？邹邦贤序文称，尽管邹氏"谱籍无存"，但尚有"《行程记》一册存焉"。[3]这本《行程记》的内容今已无考，大约来自先祖有关祖源的口头传说，但中间是否记载了邹公的事迹不得而知。不管如何，在士大夫有意识地整理祖先谱系之前，在四保邹氏中间可能已流传了关于祖源的若干传说。到后来士绅开始编纂族谱，有意识地对祖源和谱系进行比较系统的清理时，这些传说就成了编纂族谱的基础。

明末对四保邹氏祖源最为详尽的记载，见于今清流县黄石坑村村口邹公庙崇祯十二年（1639）所立《邹公庙记》一碑，碑称：

> 粤考《邹氏家谱》，公讳应龙，字仲恭，景初其号也。生于唐元和七年壬辰，娶陈氏、李氏。其先自邵武太宁（当作"泰宁"——引者注）迁于长汀上保，其裔即二十二公于宋开庆元年迁于黄石者也。公幼颖异，事孀母以孝闻。年二十四，登状元及第。历官凡十五任。公为人温良慈恕，宽易爱人，所至

---

[1] 敦本堂《范阳邹氏族谱》卷首，页10 b—11a，雾阁，民国三十六年木活字本。
[2] 新奕堂《范阳邹氏族谱》卷首，页3b，宣统三年木活字本。
[3] 敦本堂《范阳邹氏族谱》卷首，页10 b—11a，雾阁，民国三十六年木活字本。

第六章　仪式、系谱与土地　　165

民皆歌乐之，惟恐其去。因年满七十，告老而归休焉，封为鲁国侯。林游五载，而终于光启二年丙午，敕葬于龙子围，赐庙祀焉。及宋绍兴、绍定间，虏犯中原，掠荆襄、虹县及两淮，［逮］（建？）康、灵［辟］（璧）、江［洲］（州）诸路，公以神兵剿之，寇繇（由）是戢，遂追赠为昭仁显烈威济广［佑］（祐）圣王，陈氏、李氏为孚惠夫人。[1]

作者李于坚是清流县人，明崇祯五年丁丑科进士。[2]根据碑记记载，邹公名应龙，字仲恭，号景初，唐代状元，其先祖自邵武泰宁迁居长汀上保。邹公死后，至南宋时期屡次显灵庇护朝廷，最后被敕封为王，他的两位妻室也被封为夫人。了解这些细节，能帮助我们更好理解清初的变化。

据李于坚交代，有关邹公的信息，来自黄石坑某部邹氏族谱。事实上，这部族谱很可能是由黄石坑生员邹徽提供的。邹徽认识李于坚，他在编纂第二修《谷城邹氏族谱》时，曾请求李于坚写序。[3]进一步追问，《谷城邹氏族谱》的信息来自何处？也许来自口头传说。不过令人不解的是，碑记对邹公的生平的记载相当明确，似有所据。因此，这些信息提供给李于坚之前，某位对历史稍有了解的文人，曾对这些信息进行过加工。这些加工之后的信息，成为崇祯十年新修《汀州府志》相关记载（详见第八章）、邹徽编纂的《邹氏族谱》以及双泉《邹氏族谱》的基础。不管如何，这通碑刻的记载，体现了将邹公生平事迹进行改编并写进文字传统的最初努力，其做法是将可能来自书面文献的信息（邹应龙的科举功名、任职经历）与本地流传的口头传说（邹公显灵、朝廷敕封）糅合在一起。

---

[1]《邹公庙记》，崇祯十二年（1639）立，现存于清流县长校镇黄石坑村邹公庙内。
[2] 道光《清流县志》作崇祯四年辛未科。见道光九年刊《清流县志》卷八，福州：福建人民出版社，1992年，第339页。
[3]《谷城邹氏族谱》卷一，页2a—2b，黄石坑，1992年木活字本。

明末至清初的某个时候，双泉邹氏士绅在清理谱系时，开始将邹公与宋代泰宁状元邹应龙（1173—1245）联系起来。这位邹应龙是泰宁县人，庆元二年（1196）状元，曾任起居舍人、江西提点刑狱、中书舍人、太子詹事、刑部尚书、礼部尚书等职。[1]我们知道，双泉邹氏大约在明末开始创修本支族谱，在此过程中，邹氏士绅对邹公的身份进行了认定。最早建立这一联系的可能是双泉人邹志让。邹志让是个生员，生活于明清之际。在为本族《邹氏族谱》撰写的谱序中，他明确指出："予宗盖自邵武景初公之后也，以宋勋臣葛巾投老，其嗣八郎兄弟者，由泰宁而迁居四堡。"另一位双泉人、生员邹彬也在另一篇谱序中指出："予宗肇自范阳，于宋季始由邵武泰宁而分，历世久远，最为蕃昌。"[2]与李于坚的《邹公庙记》一样，他们都认定邹公是泰宁状元邹应龙。不同的是，《邹公庙记》称邹应龙为唐人，而邹志让、邹彬称其为宋人，而这个宋代的邹应龙实有其人。

至康熙十五年（1676）前后，双泉邹氏二修族谱，族人、郡庠生邹鼎璜（1645—？）撰成《景初公考》与《景初公事实》两文，对邹公的身份进行了进一步的梳理。在前文中，作者交代了作《景初公事实》的缘由：

> 予迩年来无事咕哗之劳，得以优游自适……忽检架上残篇，得本府志书，取而观之，载吾鼻祖景初公为唐元和进士，书其生前正直，卒后助国，得以敕封。予阅《唐宪宗实录》，只有策试制举之士，何尝有状元名色？又何尝有应龙其人？不知吾祖乃宋庆元时人也，殿试第一，历任显宦，屡参大政，及其解组归田，理宗御赐"南谷"二字，赠太子少保，谥文靖，炳然于史可稽也。况庆元乃宋宁宗年号，由庆元而上溯元和，历唐、

---

[1]《宋史》卷四一九，北京：中华书局，1985年，第12550—12551页。
[2] 敦睦堂《邹氏族谱》卷首，页2a—3a，光绪庚子木活字本。

第六章 仪式、系谱与土地　　167

五代，由北宋而下至南渡，以及宁宗，凡数十代，阅三百余年，何啻天渊。不查事实，而载于志，使千载而下，莫知适从也。因实书之，俾后人有所考据而不为所惑也。[1]

由于乾隆府志刊于乾隆十七年（1752），上距邹鼎璜生年已在百年之外，而嘉靖《汀州府志》尚无邹应龙的记载，文章中所谓的"本府志书"只能是崇祯《汀州府志》，他提及的有关邹公的信息，应该就是崇祯府志的相关记载。在这篇文字中，邹鼎璜侧重叙述了邹应龙的生平，在文章的最后，他提到邹应龙之子六郎、七郎与八郎兄弟，"因避乱由太宁乔迁于汀之四堡邹家山居焉，六郎为龙足之祖，七郎为上保之祖，八郎公则居双泉乡而为我之始祖也"[2]。

邹鼎璜对邹公身份的梳理，值得注意的地方有两点：其一，他明确指明邹公即宋泰宁状元邹应龙；其二，四保邹氏的三个开基祖即邹应龙之子。这就是说，宋泰宁状元邹应龙已被明确纳入谱系，指认为四保邹氏的始祖。与此同时，邹鼎璜只字未提邹公显灵受封的故事，这可否认为，邹鼎璜对邹公身份已作了重新认识呢？从逻辑上说，既然他认定邹公就是宋泰宁状元邹应龙，那么，再去谈论他在南宋绍兴、绍定年间显灵受封的事，就犯了时代颠倒的错误。这种做法，其实是采信文献既有的说法，删削与文献不合的来自口头传说的信息。

那么，邹鼎璜对邹公的新认识从何而来？一种可能是，邹氏在修谱时，曾派人前往外地（包括泰宁）查阅邹氏族谱，在此过程中确定了泰宁祖源。事实上，上保邹氏在18世纪末创修族谱时，就曾派族人到泰宁查阅族谱（详下）。这些信息也可能通过商人和手工业者流传到四保。四保银匠和锡匠在闽西北地区相当活跃。他们可能

---

[1] 敦睦堂《邹氏族谱》卷首，页 1a—1b，光绪庚子木活字本。
[2] 敦睦堂《邹氏族谱》卷首，页 1a—1b，光绪庚子木活字本。"太宁"当作"泰宁"。

从泰宁邹氏的族谱中复制了相关信息。[1]还有一种可能，邹鼎璜可能通过崇祯《汀州府志》中的邹应龙记载及其前辈邹志让、邹彬等所作的考证，进而搜集、整理了邹应龙的详细信息。在崇祯府志中，尽管卷六《祠庙》"邹公庙"条的记载认定，邹公即邹应龙乃唐代元和进士，但在卷一七《人物志》列举南宋汀州进士时，又提供了"庆元二年丙辰邹应龙榜"的记载。[2]邹鼎璜之所以得以锁定邹公就是宋代状元邹应龙，侧重依据的很有可能是这一条线索。

应该说，双泉邹氏对邹公身份的认定，最初仅流传于本族。细读清初雾阁的谱序，对邹公身份的记载还比较混乱。康熙四十五年（1706）前后，雾阁定敷公房重修族谱，编者邹正国的谱序称："余始祖邹公讳应龙，字仲恭，号景初，原自良田沙县，迁居于上保之邹家山。因唐季逆房侵疆，我祖助国有功，历唐迄宋，叠受荣封，皇皇庙食，照耀千古。"[3]文中提到的良田沙县，不可考。李于坚碑记认为邹公显灵受封的时间是南宋，这里则追溯到唐末。同时，这里也没有提及邹公高中状元一事。看来，邹正国似乎并没有读过《邹公庙记》，对双泉邹氏的说法不是不同意，就是并未耳闻，因此，最后他还是沿袭了晚明旧说。

从乾隆朝以降，四保邹氏各支家谱谱序，除雾阁一支对邹公身份没有多少交代之外，其余各支基本上都已在邹公和宋泰宁状元邹应龙之间建立了确切的联系。[4]上保邹丹岩在乾隆五十九年（1794）撰写的《邹氏源流考》一文，便明确指出其始祖邹公就是南宋泰宁状元邹应龙。这不足为怪，因为他们在修谱之时曾派人前往泰宁查

---

[1] 上保一个传说认为，上保某种《邹氏族谱》的某些文字，就是由一个锡匠从江西的某部《邹氏族谱》抄录而来。
[2] 崇祯十年刊《汀州府志》卷一七，页7a。
[3] 敦本堂《范阳邹氏族谱》卷首，页13a—13b，雾阁，民国三十六年木活字本。
[4] 敦本堂《范阳邹氏族谱》卷首，页14a—15b，雾阁，民国三十六年木活字本，孙拱极、巫履端及邹本祖等人所撰序文三篇，均作于乾隆二十九年前后。

第六章　仪式、系谱与土地　169

阅《邹氏族谱》。[1]到了嘉庆朝，雾阁邹氏也明确认定其始祖邹公即宋泰宁状元邹应龙了。[2]

不过，迟至晚清咸丰年间（1851—1861），四保邹氏对谱系的重构还没有结束。民国三十五年（1946）重修的上保《范阳邹氏族谱》有这样一段文字：

> 余族原系元初由泰宁移居汀之四保邹家山。至国朝乾隆甲寅年，其谱始修源流，乃十九世丹岩所辑，去元窎远，无所稽考，始祖勇夫公失载。后咸丰年间，族人南丰携归谱，系大明洪武三十年江西按察司副使何道旻所撰，时去元未久，历代行实，条分缕析，凿凿有据，但与前篇不相吻合。余小子管见，不敢以蠡测海，妄行增减，姑存之，以俟后之贤嗣胤博览者参考而核实焉，则本源清而昭穆序矣。[3]

作者署名是二十一世孙斯勋，此人生活于晚清，为上保洋子边自然村人，本身似乎没有功名，但在当地社会活动中相当活跃。

此处提到的何道旻所撰谱序，分别见于现存雾阁、双泉与上保三村的族谱。按，何道旻，字伯清，泰宁人，洪武末至宣德年间，历任大理寺评事、监察御史、江西副使、广东按察佥事、永州府知府等职。[4]这篇序文作于洪武三十年（1397），当时他尚在江西副使任上。序文简要记载了泰宁邹应龙的先世世系。在文章开头，何氏首先提到泰宁邹氏始祖邹勇夫的事迹，然后谈到邹氏历代的科举功名，继而说到勇夫十世孙应龙的事迹，最后，他提到应龙之玄孙隆

---

[1] 敦本堂《范阳邹氏族谱》卷一页3b（圳边，光绪二十年木活字本）云："乾隆五十九年正月，添九、贵生、洪兆、玉贵等往邵武泰宁祖家阅谱，录出应龙公源流事迹携归，敬修谱首。"
[2] 敦本堂《范阳邹氏族谱》卷首，页17a—17b下，雾阁，民国三十六年木活字本。
[3] 敦敬堂《范阳邹氏族谱》卷首，页4a，民国三十五年木活字本。
[4] 何乔远《闽书》卷一一六，第3504页；光绪二十六年刊《邵武府志》卷一九，页73b—74a，台湾成文图书公司影印原刻本。

钦作家谱，请作者撰写谱序。这是雾阁定敷公房《范阳邹氏族谱》收录何道旻序文的主要内容。[1] 这篇谱序是在20世纪90年代雾阁定敷公房新修族谱时自泰宁抄回的。[2] 在双泉《邹氏族谱》中，有一篇《景初公远祖考》，作者署名为江西按察司副使"何文旻"，当为"何道旻"之误。[3] 这篇文字与上保《范阳邹氏族谱》所收《邹氏族谱原序》相同，却与泰宁《厚坊邹氏族谱》所载《邹氏族谱序》存在若干重要差别[4]，这些差别披露了四保邹氏重编谱系的若干细节，颇值得注意。

经仔细比较，笔者发现，《景初公远祖考》乃是根据《邹氏族谱序》删改而成。两篇文章的内容基本相同，许多地方连措辞都完全一样，但两者有几处关键的不同。其一，后者增入了邹应龙夫人的情况。《邹氏族谱序》只字未提邹应龙的妻室，《景初公远祖考》则指明邹应龙"元配陈氏，继娶李氏，皆敕封孚惠懿德夫人"。其二，后者增入了邹应龙的封号。《邹氏族谱序》没有提到邹应龙受封一事，而在《景初公远祖考》中，此事被大书特书，声称："公性乐山林，去家百步一邱，曰南谷，上特赐'南谷'二字，加太子少保、光禄大夫，又赐紫金鱼袋，封开国公，食邑三千九百户，实封食二百户。"其三，后者增入了邹应龙三子迁居四保一段。《邹氏族谱序》仅提到邹应龙"次君亦领曹荐，任韶州知府"，《景初公远祖考》则增入邹应龙其余三子的事迹："龙子四：长讳恕颜，字六郎；次讳恕曾，字七郎；三讳恕思，字八郎；四讳恕恭，字九郎。颜、曾俱陈氏出；思、恭皆李氏生。恭任韶州知府，为韶州创业始祖。颜、曾、思皆致仕，各携眷室移居于汀州四堡之［务］（雾）阁、上堡、

---

[1]《范阳邹氏族谱》卷一，第64—65页，雾阁，1996年铅印本。
[2] 何道旻作的这篇序文，至今还保存在泰宁《邹氏族谱》内，见《厚坊邹氏族谱》卷首，页1a—4a，泰宁，民国庚申年（1920）刊本。
[3] 敦睦堂《邹氏族谱》卷首，第7—9页，双泉，1995年铅印本。
[4] 敦本堂《范阳邹氏族谱》卷首，页1a—3b，洋子边，民国三十五年木活字本。

第六章　仪式、系谱与土地　171

双泉乡，为各该乡之始祖。"其四，后者删去邹应龙玄孙隆钦请序于何道旻一段。《邹氏族谱序》明确指出作者作谱序是因应龙玄孙隆钦之请，而《景初公远祖考》则在上引段落之后，含糊地添入"兹以家谱示余"数字。根据上述四点可大致断定，《景初公远祖考》一文很可能出自四保的邹氏族人或是其外迁支派之手。其作者以何道旻所撰《邹氏族谱序》为基础，对其内容进行了较为系统的改编，在关键的地方植入若干重要内容，从而达致将邹应龙纳入四保邹氏谱系的目的。但是，这篇序文不知何时辗转传至江西南丰邹氏中间，到了咸丰年间，又回传到上保。不管如何，通过对何道旻谱序的系统改编，两个基本事实被建立起来：其一，邹公是泰宁状元邹应龙；其二，雾阁、双泉和上保邹氏的开基祖是邹应龙之子。

一直到20世纪，邹公的身份问题还在困扰着雾阁邹氏。民国三十六年（1947）定敷公房新修族谱时，收录了邹文峻所撰《源流新考》。在这篇文章中，邹文峻考证了邹氏的姓氏来源、祖先谱系和邹应龙生平。让他倍感困扰的，是邹公的显灵故事，因为这些记载和邹应龙传记存在若干难以弥缝的漏洞。出于同样的原因，他对邹正国的说法提出了质疑。他指出，如果邹公果曾显灵，那么显灵应该发生于南宋后期，而非唐代或是北宋。[1]笔者认为，这个困境其实可能源自书面传统与口头传统之间的裂缝。

从晚明至20世纪40年代，《范阳邹氏族谱》几乎每一修的编者，都试图处理始祖的问题，对家族早期的历史进行讨论。在推动收族实践的过程中，他们首先确定了始祖与地方神邹公之间的关系。进而，这位邹公从一位唐末的神明，与南宋的一位状元建立了关联。笔者花费大量篇幅来梳理这个过程，其目的并非要考证这些说法是否符合历史事实，而是试图搞清它们是何时提出的，它们对四保邹

---

[1] 敦本堂《范阳邹氏族谱》卷首，页6a—8b，雾阁，民国三十六年木活字本。

氏有何意义：一代代邹姓士绅对先祖身份的不断改编和讲述，不管这些被改编和讲述的信息是否符合通常意义上的"历史事实"，其本身就是社会文化史学者需要进行诠释的颇具意味的历史事实。

早期祖先系谱的编纂和改编，与宗族建构过程可谓密切相关。这个过程牵涉到家族史书写和祭祀的焦点从近祖到远祖的转移，也涉及近祖与远祖之间系谱关系的建立。在此过程中，这些祖先的世系被整理并记录下来。不过，如何理解邹氏认定始祖的做法呢？在认定邹公即邹应龙时，他们究竟在强调什么？要回答这些问题，有必要简单回顾从明中叶至清代四保地方政治的变动轨迹，尤其是邹氏与马氏之间的复杂关系。

我们对邹氏在明万历前的情形了解不多。可以猜想，在马河图、马驯等人的推动下，早在15世纪中叶，马氏就已成为当地颇具影响的地方势力，雾阁邹氏为其近邻，所受影响想必较他族为多。嘉靖二十九年（1550），邹礼崇的父亲邹林茂与马屋马天锡发生了土地纠纷，最后告到县衙门，为了打赢官司，据说邹姓花费了80两银子。[1]二十二年之后，聚居雾阁的一支邹氏因涉嫌逃避军役卷入官司，他们花费了大量精力与钱财，才将事情摆平，而据说此事背后的主使，就是马屋的一位生员。[2]这些事件从侧面说明，从明中叶开始，邹氏与马氏之间已开始发生摩擦，而邹氏在冲突中基本处于劣势。从这一脉络下说，认定或强调一位在本地颇具影响的地方神为自身的祖先，至少可以理解为较为弱势的亲属群体对抗大族的一个象征举动，对于邹氏本身是具有一定意义的。

那么，在邹公与状元邹应龙之间建立关系，究竟强调的是什么？笔者认为，这或许与邹氏士人在科举方面的表现不甚出色有关。明中叶马氏开展收族实践之时，邹氏似乎还只是当地一个小族，既

---

[1] 敦本堂《范阳邹氏族谱》卷一，页6a，雾阁，民国三十六年木活字本。
[2] 敦本堂《范阳邹氏族谱》卷三四，页4a，雾阁，民国三十六年木活字本。

第六章　仪式、系谱与土地

无获取功名的士人，更无出仕当官之人。到了万历年间，这种情形有所改变，在邹氏族人中间，出现了由低级官吏和下层士绅组成的士大夫群体。入清以后，雕版印刷业在雾阁、马屋等村兴起，邹、马等亲属群体在经济上步入辉煌时代，在雾阁出现了许多亦商亦儒的书商，其中尤以与印刷出版业关系密切的生员/监生群体最为值得注意。随着邹氏在经济、科举方面的成功，邹氏与马氏对地方权力的角逐也愈演愈烈。乾隆四十三年（1778），雾阁邹氏在本村开辟新墟场，其墟日安排与马屋控制的赖家墟完全一样，这当然不仅仅是与赖家墟开展商业竞争的一个举措，更应理解为对马氏主导的地方权力格局的正面挑战（参见第九章）。马氏与邹氏的摩擦一直持续至近现代，酿成了道光年间（1821—1850）、光绪二十六年（1900）、民国二十七年（1938）和1963年的多次械斗。[1]很可能为了对抗马氏，雾阁邹氏还通过参与上保邹公庙祭祀，加强了与双泉、上保邹氏的联系（参见第九章）。

表6.1　四保马氏与邹氏的科举功名[2]

时代	进士 马/邹	文举 马/邹	武举 马/邹	贡生 马/邹	吏员 马/邹	例仕 马/邹	奉赠 马/邹	总数 马/邹
明	1/0	1/0	0/0	9/0	1/4	0/0	2/0	14/4
顺治	0/0	0/0	0/0	2/0	0/0	0/0	0/0	2/0
康熙	0/0	0/0	0/0	1/1	0/0	0/0	0/0	1/1
乾隆	0/0	3/0	1/12	3/0	0/0	0/0	2/0	9/12
嘉庆	0/0	0/0	0/2	3/1	0/0	0/0	0/0	3/3
咸丰	0/0	0/0	0/0	1/0	0/0	0/0	0/0	1/0

---

[1]《马氏族谱》，三集，第61—62页；四集，第80页；五集，第130—131、141、204—205页；马传永：《连城县四堡乡马屋村民间习俗》，第314页。这些械斗都是由马千五郎坟墓的风水纠纷引起的。马千五郎的坟墓位于马屋与雾阁两村交界处，因而很容易爆发产权纠纷。

[2] 本表所示功名数据与表2.1稍有不同。这个差别有两个原因。其一，表2.1只计入邹氏下祠（叶胜公房）的功名数据，而本表计入所有四保邹氏的数据。其二，表2.1是根据下祠房谱编制的，而本表以民国《长汀县志》为依据。

续表

时代	进士 马/邹	文举 马/邹	武举 马/邹	贡生 马/邹	吏员 马/邹	例仕 马/邹	奉赠 马/邹	总数 马/邹
同治	0/0	0/0	0/0	2/1	0/0	0/0	0/0	2/1
光绪	0/0	0/0	0/1	3/0	0/0	0/0	0/0	3/1
不详	0/0	0/0	0/0	1/0	1/0	1/0	0/0	3/0
总计	1/0	4/0	1/15	25/3	2/4	1/0	4/0	38/22

资料来源：民国二十九年铅印本《长汀县志》卷一四，页3a—16b，并综合敦本堂《范阳邹氏族谱》和新奕堂《范阳邹氏族谱》的相关记载。

到了18世纪，邹氏的经济实力已然不容小觑，但他们在科举上的成就，与马氏仍有不少差距。从民国《长汀县志》的记载看，明清两代，马氏的科举成就总体胜于邹氏。邹氏士绅的主体是武举人，共有15人之多；而马氏主体是贡生，共有25人之多。马氏共有文举人4人，而邹氏没有文举人（县志所列光绪举人邹励成是上保人）。另外，雾阁邹氏历史上没有出过进士（参见表6.1）。还应看到，马屋马氏也崇奉邹公，位于马屋附近的感应庙，据说创建于元代，是由马氏、严氏、赖氏三姓合建的，庙中奉祀的便是邹公（详见第八章）。另外，旧时在汀州城内也建有邹公庙一所，据说是因马驯渡江遇险得邹公默佑后，于明景泰年间（1450—1456）建立的。[1] 从这个背景看，认定四保一位重要的、与马氏渊源甚深的地方神为始祖，并在邹公与状元邹应龙之间建立联系，抬出一位名列科举榜首的祖先，来对抗科举更为成功的宗族，不仅符合士大夫的文化趣味，而且从地方政治的角度看也是颇具意义的。

土地、宗族与地方精英

对于生活于明清时代的四保人而言，宗族建构不仅意味着新式祭祖

---

[1] 敦睦堂《邹氏族谱》卷二一，第3—4页，1995年铅印本。

礼仪的引入和始祖的认同,这还是财产——尤其是田产——逐渐从个人或家庭之手转移到集体的过程。早在1992年,郑振满就注意到这一重要过程,并称之为"财产关系的共有化"。[1]笔者在此试图进一步揭示,这种共有化过程在一定程度上改变了四保的阶级结构、社区关系和地方精英的支配方式,因而给明清以降的四保社会带来了深远的影响。

共有土地所占的高比重,很早就给研究华南的学者留下了深刻的印象。[2]跟其他不少华南地区一样,四保共有土地所占比重也很高。1951年土改前夕,连城县四保区(今连城县四堡乡)"公轮田"有6789亩,占全乡耕地总数的51.12%,而地主仅有266.10亩(共12户),仅有公轮田的4%左右,占全区耕地总数的1.75%。[3]所有"公轮田",是土改时期对乡族共有田的称呼,通常包括族田、神庙田、桥梁渡口等公益设施的田产等,其主体是族田,当地一般称为"祖公田""太公田"或"蒸尝田"。清流县第五区(今清流县长校镇和里田乡)的情形与此相似(参见表6.2)。本区耕地总数为23000亩,公轮田占46%,而个体地主的比重仅占不到9%。

表6.2　土改前夕清流县第五区土地情况表(1952)　　　单位:亩

地名	耕地总数	地主土地数	百分比(%)	公轮田土地数	百分比(%)
李廖	2545.85	452.72	17.78	885.20	34.77
留茜	2536.25	103.95	4.10	524.04	20.66
田坪	2235.59	304.52	13.62	841.52	37.64

---

[1] 郑振满《明清福建家族组织与社会变迁》,第257页。
[2] 比如,Chen Han-seng, *Landlord and Peasant in China: A Study of the Agrarian Crisis in South China*, Westport, CT: Hyperion Press, 1973 [1936], chapter 2。
[3] 综合《连城县土改中各区乡没收征收情况统计表及分配遗留封建财产统计表》(1951年,连城县档案馆《连城县土改档案》第1宗第24号)与《连城县土改中各区乡各阶层占有土地情况统计表》(1951年度,连城县档案馆《连城县土改档案》第1宗第29号)之《连城县四堡区各阶层占有土地情况统计表》(1951)。四保区共有田的高比重,在福建并非例外。土改时期福建省农民协会对永定和永安两村的调查显示,共有田在两村耕地总量所占比例分别是60%和56.6%。参见福建省农民协会编《福建农村调查》,无出版地点:华东军政委员会土地改革委员会,1950年,第109页。也请参见郑振满《明清福建家族组织与社会变迁》,第257—259页。

续表

地名	耕地总数	地主土地数	百分比（%）	公轮田土地数	百分比（%）
沙河	2319.13	410.49	17.70	1686.75	72.73
里田	4690.50	253.00	5.39	2586.00	55.13
长校	3323.70	174.24	5.24	1779.48	53.54
江坊	2869.58	233.98	8.15	1060.24	36.95
黄石坑	2397.47	37.71	1.57	1190.33	49.65
总计	22918.07	1970.61	8.60	10553.56	46.05

资料来源：《清流土改档案》第15宗第67号，《第五区各乡有关土改成果统计表》。

注：（一）本表数据计入该村个体和集体在其他村落所占的土地，但未计入其他村落所占该村土地。

（二）本表公轮田数据计入"机动田"数据。机动田是用于桥梁、水利工程等公益事业维护的田产，其数量不多。

由于四保共有地所占比例很高，当地的租佃率也较高。土改前夕，个体地主和团体地主共租出7787亩土地，而中农和贫农分别租入2792.72亩和4732.26亩土地。也就是说，83.98%的四保人口（包括29.8%中农和54.18%贫农）租入了本地土地市场提供的96.66%土地。[1]此处特别值得注意的是，在四保这种土地占有格局下，大多数佃农打交道的对象不是个体地主，而是团体地主。

土改前夕所见四保共有土地的高比例现象，是明清以来社会经济转型的一个结果。这个现象跟四保手工业、商业活动的兴起密切相关。特别值得注意的是印刷出版业在四保的兴起和繁荣，为置买土地提供了直接的资金来源。这个现象与第五章讨论的收族过程更是有难以分割的关系。祠祭和墓祭都以某种类型的公共基金为基本条件，而置买田产被视为提供公共基金的最佳途径。至迟从明末开始，在分家之际提留公产，成为四保的一种习俗。[2]分家提留的土

---

[1]《连城县土改档案》（1951）第1宗第29号，《连城县土改中各区乡各阶层占有土地情况统计表》。

[2] 邹希孟的家产被分割时，数量可观的土地被提留用于公共事务。参见敦本堂《范阳邹氏族谱》卷三六，页1a—12a，雾阁，民国三十六年木活字本。

地有时高达土地总量的70%以上。[1]此类土地用途颇广，但其基本功用是通过收取租金，支付祭祖仪式的相关费用。此外，通过捐助的方式设置族产，也是一种常见的方式。雾阁《邹氏族谱》曾概括本族历代祭田设置情形云：

> 予始祖六郎公发祥龙足，七世单传，八世至叶胜公而始大为[2]，考其时皆无祭田贻后。后之人因生齿日繁，定议岁添新丁，醵金助祭，频年铢积，始置祭田，于是列祖禴祀蒸尝，咸仰给于此。迨中世仁茂公以降，祭田之置，无代不有。薄者可供祭祀有余，厚者祭祀而外，生人衣食资之，婚姻死葬赖之，是祭田不仅为事死计，而且为养生谋也。[3]

此处提及的"岁添新丁，醵金助祭"，就是第一节《宗祠祀典》所云生子者助银入祠习俗，这种习俗以集腋成裘的方式，为族产的形成和增长提供了基础。

明末开始频频在汀州出现的佃农抗租问题，也是四保共有土地较多的一个历史动因。自明末至清代中叶，四保所在的汀州府，是以抗租闻名的地区，曾相继发生过九次具有一定规模的抗租风潮，其中尤以明末清初宁化黄通的抗租影响最大。[4]在抗租风潮的影响

---

[1] 笔者对五件四保分关的统计显示，分家时提留公产的比重，占总量的17%—73%，其中四件在50%以上或接近50%（17%一件，47%一件，63%一件，71%一件，73%一件）。参见Yonhghua Liu, "The World of Rituals," p. 262。这种高提留比例并非特例。有关闽北的类似习俗，参见郑振满《清至民国闽北六件分关的分析》，《中国社会经济史研究》1984年第3期，第32—36页。
[2] "大为"之后疑佚二三字。
[3] 新奕堂《范阳邹氏族谱》卷二二，《田片》，页1a，宣统三年木活字本。
[4] 参见刘永华《17至18世纪闽西佃农的抗租、农村社会与乡民文化》，《中国经济史研究》1998年第3期，第139—150页。有关黄通抗租的具体情形，参见森正夫《17世纪福建宁化县における黄通の抗租叛乱》，《名古屋大学文学部研究论集•史学》20, 21, 25（1973—1978）。值得注意的是，闽西的集体性抗租至18世纪中叶以后逐渐消失。这一现象是否与团体所有制的发展有关，还有待于进一步研究。但如下文所论，在团体所有制下，佃户抗租的可能性和必要性都有所下降。

之下,田主收租变得相当困难。以公产的形式,通过群体的合力处理抗租,可以多少缓解这一问题,这点一些四保人曾清楚地意识到。雾阁下祠邹茂明、邹茂亨兄弟在提留公产时,就充分考虑到这个问题:

> 明公与亨公当明季之乱,历险同商,数获重赀,乃于宁（化）、清（流）二邑合置田产,会计收租叁百石有奇……公念田庄遥远,佃户顽梗,难以收租,所以田租两未分析,谆嘱儿孙轮次公收,故名之曰公田。[1]

邹茂明、茂亨兄弟生活在明末清初社会动荡的年代,他们以经商所得,在宁化、清流两县购买田产。这些田产在分家时没有分割,原因是"佃户顽梗",收租较为困难。值得注意的是,邹氏兄弟所置田产,正是位于当时集体抗租最为激烈的宁化与清流两县境内,他们以公产的形式经营这部分土地,并不是偶然的。

那么,土地的共有化如何影响四保乡民的生活呢?首先,与个体地主下的租佃关系不同的是,在族产的运作中,佃户面对的不再是一个个体或家庭,而是整个宗族或某一房支。因此,从消极的角度来说,佃户即使有抗租的动机,实际上成功的空间也变小了。不过,更为重要的是,团体所有制本身不同于私人地主制,由于团体所有制下的佃户状况,一般来说优于私人地主制,因此相对而言,这种制度本身能够多少缓和主佃关系,预防佃户采取集体行动。

要讨论族田占有制下的主佃关系,关键是认识租佃相应土地的佃户,对这块土地是否"有份",也就是说,他们是否有权分享这块土地的地租收入。一般而言,族田都有特定的名色,归属于某某祖先所有,而各该祖先的子孙,一般都可分享该族田的收益,上引

---

[1] 新奕堂《范阳邹氏族谱》卷二二,页 4a—4b,宣统三年木活字本。

《范阳邹氏族谱》称族产"不仅为事死计,而且为养生谋也",指的正是这个意思。而佃户是否有权分享族田的收益,亦即他是否属于同一亲属群体的一分子,是会影响到地租率的。假如某佃户对某种族田有份,他不仅在租用这块土地时有优先权,而且还可得到低租率的优待。

具体而言,在四保地区,个体地主制下土地的租率通常是年收成的50%左右,而族田对本族(房)族人的租率,通常只占年收成的30%以下。[1]曾经租种5亩族田的雾阁老教师邹光锦指出,"有份"族田的普通租率,只有年产量的30%。曾经租种5亩余族田的同村村民邹恒善,也认为族田的租率很低:他每年只交出年收成的30%给本房。有时候,族田的租率还会更低。马屋村村民马序育曾经租种过两块族田:一块有9挑[2],每年交租谷2.2挑;另一块有12挑,每年交租谷6挑。假如每挑土地年产1.6挑稻子(这是土改前四保中等土地的年平均产量),那么第二块土地的租率是31%左右,而第一块土地的租率还不到15%。雾阁村民邹恒抚曾经租种过50挑族田,根据他的说法,每挑族田的租钱一般是银圆3毛,按照他的估算,土改前每亩土地的年平均产量大约是400市斤稻子,假如100市斤稻子的卖价是银圆3元,每元值18毛,而且每亩等于4挑的话,那么,租率还不到年产量的10%。雾阁村民、前任村长邹金福也支持这一估计,他指出族田的租率一般是年收成的10%左右。[3]

在这种情况下,我们不难想象,乡民是很希望租种族田的。已

---

[1] 对雾阁邹日昇(1995年11月12日)与邹录成(1995年12月5日)的访问。只有两位报告人声称族田的租率是年收成的一半(对邹林生的访问,1995年11月13日;对邹鲁成的访问,1995年12月5日,两者均为雾阁村村民)。
[2] "挑"是当地一种度量稻子的量词,1挑相当于1石。它也被用来度量土地面积,1挑土地相当于耕地0.25—0.33亩。
[3] 上述数据来自对以下人士的访问:邹光锦(1995年11月9日),邹恒善(1995年11月11日),马序育(1995年11月29日),邹恒抚(1995年11月13日)与邹金福(1995年11月13日)。

故马屋退休教师马嘉树引述他父亲的话说："租祖公田比种自己的田还合算，因为租种祖公田不用自己交公粮，所以租种到祖公田后就不肯让给别人种，因此这里因租种祖公田经常有争执，每人都想种，但往往房大、人多的家庭才租得到。"[1]的确，由于族田的租率较低，有的村民甚至愿意租出自有土地，同时却租入族田来耕种。比如，雾阁退休干部邹日昇家就曾将自有120—130挑土地中的80—90挑出租，同时又租入几块族田来耕种。[2]

另外，碰到天灾人祸，族田的租谷也会酌情减免。正如邹光锦所言："在收成不好时，可以少交租，族田管理人很宽大。"[3]因此，这样一种族产管理制度，对佃农当然是有利的，邹恒善解释说："收成不好时，可适当减少租谷。因为收成不好时，大家会议论，大家都是自己祖宗（的后代），自己的兄弟。"[4]

应该说，四保的情形其实并非特例。团体地主与个体地主在租率上的差别，在不少地方都可看到。民国福建社会科学家章振乾在20世纪40年代所记闽西农村调查日记中，记录了多个类似个案。在上杭县蛟洋乡陈坊村，他发现在1929年以前，"该村无大地主，100担租以上的地主不过6家，佃租也并不太重，大抵占总收获之50%左右；如属祖田，则仅纳等于收获量40%的佃租"。在沂溪村，"宗族地主之佃户只纳租30%（对总收获量而言），耕私人地主田地之佃户应纳40%以上。"[5]不仅闽西如此，广东、云南、河北等地的情形也很相似。杨庆堃在土改期间对位于广州附近南景村的调查发现，该村王氏宗族的族田在三四十年前的租额只占总收成的10%以下。在离南景十英里处的保村（Po Tsun），吴氏宗族族田的租额只

---

[1] 对马嘉树的访问，1995年11月25日。
[2] 对邹日昇的访问，1995年11月12日。
[3] 对邹光锦的访问，1995年11月9日。
[4] 对邹恒善的访问，1995年11月11日。
[5] 章振乾《闽西农村调查日记（1945年4月—7月）》，第107、139页。在本书第142页，章氏又记录说，茶境全乡，"祖田过去收租仅达租额的25%"。

占年收成的 7%。[1]

类似情形也见于费孝通于 20 世纪 40 年代调查过的云南禄村。禄村的团体所有田在该村农田分配中占有颇为重要的角色，该村 27% 的土地属于团体所有田。[2] 承租的人大部分是团体中的成员，"以族田说，本族中生活较苦的可以要求族里租田给他。他们虽名义上有交租的义务，但是他们若拖欠，管事也没他们奈何。……管事的若是清白些，还能说话。不清白的，佃户和管事大家相让些，让不开口的公家吃些亏"。同时，团体地主基本上没有撤佃的自由，因此，佃户常有相当永佃权的性质。[3] 弗里曼等人在河北饶阳五公村的调查也发现，1936 年前后，该村有 150 亩宗族和寺庙的土地，租给同族的 70 多户半自耕性佃农，"地租只有平均水平的 1/3"。[4]

甚至土改时期的政策也考虑到这一事实。1950 年 8 月 4 日政务院第四十四次政务会议通过的《中央人民政府政务院关于划分农村阶级成份（分）的决定》，在"管公堂"项下有这样的说明：

> 管理各种祠、庙、会、社的土地财产，叫做管公堂。在农村中，管公堂无疑是封建剥削的一种。……但有些公堂不是被少数人把持操纵，管理者并不能从管公堂的行为中获得收入，另有些小公堂，为工、农、贫农群众轮流管理，剥削数量极小，则不能作为构成管理者阶级成份（分）的一个因素。[5]

---

[1] C. K. Yang, *A Chinese Village in Early Communist Transition*, Cambridge, Mass.: M. I. T. Press, 1972, p. 47.
[2] 费孝通、张之毅《云南三村》，天津：天津人民出版社，1990 年，第 69 页。
[3] 费孝通、张之毅《云南三村》，第 104—105 页。
[4] 弗里曼（Edward Friedman）、毕克伟（Paul G. Pickowicz）、赛尔登（Mark Selden）《中国乡村，社会主义国家》（*Chinese Village, Socialist State*），陶晋山译，北京：社会科学文献出版社，2002 年，第 40、43 页。
[5] 北京政法学院民法教研室编《中华人民共和国土地法参考汇编》，北京：法律出版社，1957 年，第 53—54 页。

团体所有田对本族佃农采取一些优惠的待遇，其实并不奇怪。俗话说，"亲帮亲，邻帮邻"，这种优惠实际上是亲属之间社会义务的一种表现。上引邹恒善的看法很具代表性，在团体所有田在租佃问题上，一切都好商量，因为大家都是"自己的兄弟"。[1]

从理论上说，租种外族或外房族田的佃户，是无法享受族田对本族或本房族人的优惠待遇的。他们在这种租佃制度中的处境，较对族田"有份"的佃户为劣，是毋庸置疑的。对他们而言，族田的租额与个体地主土地的租率相差无几，通常是年收成的一半。[2] 因此，在制度上说，这些佃农是无法享受族田的好处的。但在实际的操作中，外族佃农仍可得到一些实惠。已故厦门大学经济学者钟其生20世纪40年代后期在调查闽西族田时发现，族田的"出租方式，如是出租给他族或他姓的农民，则与私人地主一样"，不过，"不定期佃的佃约虽可随时解除，但由于这种土地田租较低，大大的减少了佃农退佃的事件；复由于这种土地的所有权是属于族人共有，在管理上自无如私人地主之严密，结果只要佃农不欠租，佃期自然更易延长"。[3]

---

[1] 需要指出的是，章有义与韩国学者田炯权等学者认为，族田或义田的生产关系与一般的佃作关系没有本质区别，后者还通过对于义田的考察来分析地主制的问题。章有义考察的对象是徽州地区，田炯权考察的是两湖与江南地区。参见章有义《近代徽州租佃关系案例研究》，北京：中国社会科学出版社，1988年，第316—318页；田炯权《中国近代社会经济史研究——义田地主和生产关系》，北京：中国社会科学出版社，1997年，第7页及全书各处。不过，根据笔者的推测，这可能与族田、义田经营制度的地域差别有很大的关系。江南地区（包括徽州）的族田和义田，一般来说深受范氏义庄经营模式的影响，大多数土地都出租给外族人耕种。关于范氏义庄这方面的规定，请参见 Denis Twitchett, "The Fan Clan's Charitable Estate, 1050-1760," in David S. Nivison and Arthur F. Wright, eds., *Confucianism in Action*, Stanford, Calif.: Stanford University Press, 1959, pp. 111-112; 章有义《近代徽州租佃关系案例研究》，第317—318页。不过，即使在这些地区，也可以看到与华南地区相似的情形：若是族田租予本族人耕种，则租率相对较低。华东军政委员会土地改革委员会在调查安徽乡村的公堂后指出："这些公堂的起源都是祖上弟兄分家留些养老地，等上人一死即存公作扫之用，由弟兄们分别经管。……这些公堂土地较分散，租额较轻，其收入每年除祭扫外，还作月半、过年接祖宗等用。"参见华东军政委员会土地改革委员会编：《安徽省农村调查》，无出版地点与出版社名，1952年12月出版，第188页。

[2] 对邹恒善的访问，1995年11月11日。

[3] 钟其生《论福建宗族土地》，《社会科学》（福州）第5卷第1—2期（民国三十八年六月），无页码。

第六章　仪式、系谱与土地

在四保，外族佃户和个体地主在租率方面差别很小，但就外族佃农可在租种族田时得到若干实惠这点而言，其情况和钟其生调查所得是相似的。曾经帮助本族收租的邹恒善回忆说："收租之时，假如佃户为外族人，租额对半分。原来规定每年都派人去看田，看田时耕田的佃户需办一桌酒席，请他们吃，这叫'吃禾饭'……吃禾饭不会白吃，有价钱讲，如果收成不好，可看情况少收，让点，比如收50挑，说一下只要45挑就算了。只要（佃农）不拖欠租谷，不耍赖皮，就可世代耕种。……事情到后面很马虎，族田轮来轮去，最后不去看田，有菜有酒吃就行了，所以有的族田被偷卖去，有的族田则被割成小块后卖去。"[1]因此，较之租种私人地主土地的佃户，这些租种族田的外族外房佃户的情况，相对来说要好些。

总之，在团体所有制下的主佃关系与普通意义上的主佃关系之间，存在相当大的差距。尽管作为一套经济制度，两者都或多或少受到社会关系与伦理因素的影响与约束，因为即使是个体地主与佃户之间的关系，也很少是单纯靠两者之间的经济关系来维系的。但是，它们受社会文化结构影响的方式并不完全相同。在团体所有制下，亲属的意识形态较为浓厚；而在普通的地主制中，田主与佃户的"感情"，更有待于双方去"营造""培养"。[2]因此，协调他们之间关系的，其实是两套不大相同的社会机制：一是亲属的，一是非亲属的。结果，主佃关系的形态也表现出不小的差距。

团体所有制给乡民带来的好处，不应过分夸大。首先，并不是所有族人都可平等地租种族田，有些村民即抱怨"祖公田很难租

---

[1] 对邹恒善的访问，1995年11月11日。所谓"吃禾饭"，指的是田主前往佃户家收租时由佃户办席招待的习俗。在土改前的四保地区，这种习俗相当流行。
[2] 傅瑞德（Morton H. Fried）在考察土改前安徽滁县田主—佃户关系时，对两者之间的"感情"因素进行了系统讨论。参见 Morton H. Fried, *Fabric of Chinese Society: A Study of the Social Life of a Chinese County Seat*, New York: Octagon Books, 1974, pp. 99-135。

到",上引马嘉树就提到房大、人多的农家在租种族田方面较有优势。同时,族田管理人贪污族产的情况也时有发生。一份20世纪40年代对闽西族田的调查即指出:"由于宗族土地是属于全族共有,在管理上需要推出专人来负责,而这些负责管理的所谓总理、经理之流,大多是由强房士绅担任,这班管理'蒸尝田'的人们,在'蒸尝田'的收支上很少能有清白,营私舞弊,明掠暗吞已成普遍现象。"[1]

更为重要的是,族田对"有份"族人与"无份"外人的不同待遇,在不同宗族和同一宗族的不同房支之间,制造了社会经济区隔。在明清土地共有化过程中,土地的流向并不是均匀分布的。那些在商业扩张中获利的村落和宗族,通过转化工商业利润,积聚了大量的土地;相反,另一些村落和宗族则在此过程中丧失了大量土地。那些拥有大量族田的宗族和房支成为团体地主,而那些仅有很少土地、不得不租种外族外房族田的宗族或房支,成为其佃户。以四保的双泉村为例。土改时期的材料表明,土改前夕该村土地中,47%(共922亩)控制在邻村的个人和团体手中,其中绝大多数属于"死地主",也就是团体地主。[2]

上杭县白砂乡的土地分配情形提供了另一个例子。白砂乡位于上杭东北部的山间盆地,聚居于盆地中心的袁姓占有大量土地。1945年前后,乡中约有2万亩田地,其中"袁姓私人占60%,祖田占40%"。同时,袁姓在附近的茶境、古蛟等乡也占有很多土地。当地人报告说:"当时袁氏一家族收1年租谷,3年吃不完。"相比之下,袁氏附近村落的土地,多数控制在袁氏等大族的手中。1929年土地革命之前,袁姓聚居地"四面村庄环绕,居民尽为袁姓之佃户"[3]。在土地革命中,袁姓基本上丧失了在外乡的土地。红军离开后,地主向佃户村庄要求分给一部分耕地,遭严拒。结果,袁姓聚

---

[1] 钟其生《论福建宗族土地》,无页码。
[2] 邹春攸《双泉村史》,双泉,1996年,油印本,第48页。
[3] 章振乾《闽西农村调查日记(1945年4月—7月)》,第145、146、127页。

居的村落与四周村落的关系激化，形成了"地主村庄"与"佃农村庄"对立的格局，几乎酿成严重的械斗。[1]

应该说，白砂乡的情形是个比较极端的例子。在正常的历史情境下，地主村庄与佃农村庄的区分远非如此明显，因为即使最为贫困的宗族，也拥有少量的族田（如第五章讨论的严屋严氏）。但作为一种大体的趋向，这无疑是存在的。这种社会分化的方式，不同于经典马克思主义的"阶级分化"（class differentiation）模式，也不同于俄国学者恰亚诺夫（A. Chayanov）所说的"人口学分化"（demographic differentiation）模式[2]，而是一种"共同体分化"（community differentiation）的路径，因为分化的双方不是个体，也不是处于不同人口发展周期当中的小农家庭，而是共同体——不管这里涉及的是一个村落、宗族还是其中的某一房支。[3]

必须指出，共同体分化涉及的并不单纯是土地和其他经济因素。在上文讨论的四保地区，社会分化不仅表现为经济上的贫富分化，它还通过社会、仪式等手段（如抬龙灯、地方神崇拜等）来表达和强化。从这种意义上说，共同体分化是个涉及经济、社会和文化的"立体"的社会变迁，土地在村落之间重新分配的过程，只是这一"立体"变迁的一个侧面。

土地共有化的进程，对地方精英的支配方式也带来了一定影响。由于越来越多的土地集中于某些宗族和房支之手，个体地主所占土地的比例逐渐下降，以致土改前夕，一些村落已难以找到名副

---

[1] 章振乾《闽西农村调查日记（1945年4月—7月）》，第148—149、176、145页。
[2] 参见 A. V. Chayanov, *The Theory of Peasant Economy*, ed. Daniel Thorner, Basile Kerbley, and R. E. F. Smith, Madison: University of Wisconsin Press, 1986, pp. 52-69. 恰亚诺夫所说的"人口分化"指的是家庭规模和构成与家庭的经济活动量之间的正比关系。也就是说，农户家庭的经济状况，在成年父母不需供养而又没有子女时为最佳，在没有劳动能力的消费者最多时为最差。
[3] 华若璧曾指出华南地区"兄弟间的不平等"亦即亲属组织内部的社会分化这一现象，与本书结论颇为相似。不过，华氏涉及的是血缘共同体，而这里还包括了其他类型的共同体。参见 Watson, *Inequality among Brothers*, pp. 55-82.

其实的地主。清流县某乡土改干部抱怨说,在该乡2764亩耕地中,半数以上属团体所有田,而"乡中土地占有一般不多,故地主不明显,全乡比较明显的有谢春园一户,仅廿亩土地(连霸占公田),马发汝一户,十五亩土地",因此,群众"对地主阶级认识比较模糊,认为我乡没有地主,有的话要到外乡去找,或只有死地主和逃亡地主"。[1] 这里所说的"死地主"就是团体所有田。有些经历过土改的老人也撰文指出,在土改前夕,闽西已没什么大地主,而小地主的收入也很微薄。[2] 这意味着,尽管拥有地产仍旧是获得社会地位的重要条件,随着团体地主所占比例的逐渐提高,许多人必须通过其他途径获取进身之阶。

在这种背景下,借贷作为一种社会支配的方式,在四保乡村扮演了越来越重要的角色。在土改前夕的连城县四堡区,被划为地主的家庭仅有12户,他们实际占有的土地仅有266亩,与此形成对比的是,一些村民通过借贷积累了可观的财富。在当地,借贷最常见的方式是加入钱会或谷会。由于篇幅所限,此处不拟讨论这种会社的运作方式。[3] 此处需要交代的是,钱会或谷会的债务人每年通常需支付20%—40%的利息率,由于这个利息率不低,通过会社借贷变得有利可图。

根据20世纪50年代初的一个调查,土改之前,两位雾阁村民通过这种借贷方式发家致富。其中一个村民加入了10个谷会。他共借出100石稻谷,每年收取40石的利息(年借贷利率40%)。另一位则借出40石稻谷,每年收取12石利息。尽管大多数村民无法像

---

[1] 《清流县土改档案》第15宗第75号,《第五区留茜乡》,《留茜乡土地改革方案》(1952年3月4日),第5页。
[2] 参见陈铁城《科举意识与社会风气》,《龙岩文史资料》第十四辑(1987年5月),第117页。
[3] 对这个问题有兴趣的读者,可参考 Maurice Freedman, "The Handling of Money: A Note on the Background to the Economic Sophistication of Overseas Chinese," in G. W. Skinner, ed., *The Study of Chinese Society: Essays by Maurice Freedman*, Stanford: Stanford University Press, 1979, pp. 22-26.

第六章 仪式、系谱与土地

这两位乡民那样，借出如此之多的粮食，但加入这种借贷会社的村民数——当然他们多数是为了借入钱谷——比重非常高。根据这份调查，四保区90%以上的人加入某个会社。调查还提到，加入会社的投资者包括了个体和组织两种：前者包括"地主""土豪""富农"和管公堂的等，后者包括祖公田、神会、基督堂、林业会等。[1]作为这样一种在四保社会扎根如此之深的制度，借贷会社无疑为社会支配提供了重要方式。

最后，随着土地的共有化，四保形成了一系列控产组织，而这种组织的兴起，为管理群体的出现提供了制度基础。四保人通常称祠堂为"公堂"，族产的管理人被称为"管公堂的"。当然，并非所有族产都需要专人管理，只有数量较大的族产才有这个必要。1952年的一份调查介绍，土改前留坑、赤土岗和茜坑三村族产的经营方式有两种。大地产由地主和大户经营，他们将土地出租给佃户，收租金。小地产无须专人管理，它们通常由受益者轮流种植或出租。[2]在土改中，一位族产管理人被评为地主，他占有20亩土地，其中包括了据称被他"霸占"的公田。[3]

在长校村，经管村中最大祖公田（五郎公田）的是李桐芳。土改前夕，他的家庭规模较大：包括他、妻子、长子、长媳、次子、次媳六口。从土改调查看，他的主要收入包括以下几项：（一）自有土地21亩，出租19亩土地，自耕2亩，每年收取租谷1781斤；（二）经营布匹生意，1947年以前，雇工经营生意，到南昌贩布，雇人挑担，约年可得利润40—50石稻谷，1947年后因通货膨胀、土匪等原因停止；（三）"占有"14余亩"公轮土地"，调查说，这些土地"经常是他种，交租极少"，每年收谷3000余斤；（四）借贷，每

---

[1]《连城县土改档案》第74宗第3号，《四堡区雾阁重点乡会谷情况调查材料》(1953年8月30日)。
[2]《清流土改档案》第15宗第75号，《留茜乡工作组第四次工作会报》(1952年3月21日)。
[3]《清流土改档案》第15宗第75号，《留茜乡土地改革方案》(1952年3月4日)。

年借出稻谷10多担，可收利息谷6石左右。另外，他还经管五郎公总数达400多担的土地（族田），他从中所获收益不详。[1]可见，尽管这个家庭较为富裕，但对族产的经营，还是在其生活中占据了一定地位，可想而知，这个活动不仅能给他带来一定收益，还能带来一定社会声望。

在上引调查报告中，钟其生提供了更详细的族产管事的信息。他认为，由于族产是族人共有的，管公堂的人是必不可少的，他们通常由族房长担任。管事或由耆老推举，或在祭祖时由族人推选。此人通常来自士绅群体或来自强房身家富裕的族人。一旦接手，他可以终生管理族产。管事的基本工作，不仅包括租出土地、起佃、收租入仓，而且负责族产收入的日常开销。利用这些职责提供的便利，管事可以动用其他族人无法接近的资源。正如钟其生指出的，那些管公堂的，"在'蒸尝田'的收支上很少能有清白，营私舞弊，明掠暗吞已成普遍现象"。通过牺牲公共资源，肯定有相当数量的公堂管事养肥了自己，同时强化了自身对普通乡民的支配权力。

民国和土改时期的多数调查都认为，经管族产的是地主和富户。这一经历不仅为族产的管事提供了新的支配方式，也让他们在土改中常常被划为"地主"。在处理这个问题时，笔者认为，我们不仅要了解地主如何获得管事的职权，也需要弄清族产管事这一身份，是否也为一个人成为地主提供了社会经济条件。不过，笔者想要在此强调的，并非革命前四保的社会经济结构是独特的——本节提供的不少证据显示，这其实是不少地区都能发现的现象——而是这种结构的兴起本身，乃是明中叶开始的收族实践，尤其是祠堂祭祀仪式的引入这一复杂社会文化进程的一个意外后果。

---

[1]《清流土改档案》第15宗第70号，《清流县土地改革阶级成份（分）批准登记表：李桐芳》。"五郎"通常写作"伍郎"。

第六章　仪式、系谱与土地

宗族建构的限度

在其收族计划中,马河图和马驯力图建构一个充满和睦和亲情的亲属共同体。通过借用若干富于启发的隐喻,他们强调了齐心和合作对族人的公共福利的重要性。这些观念,至少在话语的层面,被其四保追随者所追捧,他们在建祠修谱过程中,一再重申类似的修辞。不过,在这种流行修辞的背后,我们可以察觉到若干不甚协调的社会实践,它们透露出对宗族的颇不相同的心态,体现了马河图、马驯开启的收族计划的局限。

2001年夏天再访四保前夕,朋友告诉我,四保某村发生了一场官司。一位村民控告本族修谱的主编,控称他利用修谱之便,"抹黑"他的出身。据说,此人的祖先并非该族的嫡亲,而是从外姓收养来的。可能这种身份影响到他在村中的地位,这次修谱启动后,他曾要求主编将族谱中对其祖先的相关记载进行调整,特别是将表述其祖先身份的"继子"的"继"字删除。这一要求遭到了主编的拒绝,此后他就向法院提起诉讼。在访问四保期间笔者了解到,这场官司让该族分裂了。那位上诉的族人邀集本房的若干家庭,从原定的修谱计划中撤出,转而编纂自身的族谱。

无论在这个村落还是整个四保,这都不是第一次。笔者首次访问四保时,还是1995年。那时,类似的事情已发生过一次。当时,某村长房之下的两大房因意见不合,其中一房遂决定独立编纂本房家谱。20世纪90年代初,当该姓氏计划编纂全族族谱时,次房决定独立修谱,其理由是:长房内部争议较多,难以形成统一意见。而后来长房内部的某支也因故退出,独立修谱。结果,该村编纂合族族谱的计划宣告失败,最后以编纂四部族谱告终。从四保或该族自身的修谱历史看,这个结果并不出人意料,因为各房之间的矛盾是司空见惯的现象,只是在该族的例子中,情况较为极端而已。事实上,自明末该族创修族谱开始,合修族谱之举只进行过一次。相比起来，四保另一个大族的情况更糟。自明代创修族谱以来，该族的两大房似乎从未有过合修族谱之举。

各房之间不愿合修族谱，只是宗族内部分裂和矛盾的一个外在表征。更糟糕的是，一些族人认为，编修族谱乃是无益或不急之务，无法认同这种士大夫倡导的收族方式。在新修所在的一堂公房的房谱时，邹圣脉曾抱怨道，"子姓中之愚者，狃于目前之礼，视谱牒为不急之务，以为妄费梓工无益，多方阻挠"[1]。他指责的具体对象是何人，我们无从知晓，但他面临的问题是很清楚的。编纂、印刷族谱是相当昂贵的事务，如果族人视之为不急之务，整个工作是很难开展的。邹圣脉也许夸大了他遇见的困难，但显而易见的是，并非所有族人对修谱都抱有同样的兴趣。

这一情形不限于修谱，族产也存在类似困境。族产分布的不均匀，是宗族内部的基本事实，是族人社会分化的重要动因。以雾阁上祠为例。从民国谱看，邹氏前十代祖先名下的祭产，比某些后代少得多。[2]比如始祖邹公名下的祭产仅有7.39亩。作为邹氏两房开房祖之父，邹庆甫名下只有区区0.81亩祭产。他的儿子邹定敷有4.86亩。邹定敷的孙子邹林茂有1.28亩。[3]相比之下，邹希孟（十四世）的田产多达100亩左右。[4]类似于雾阁邹氏上祠的族产分布格局，在四保是较为常见的。实际上，就连严屋严氏那样的小族，其族产分布也呈现出某种分化的倾向（参见图5.4）。不过，某些宗族的远祖的确拥有较多族产。长校李氏开基祖李伍郎的祭产多达200多亩。在留坑村，各族前十一代的祖先共有祭产102.50亩，而十二代以下的祭产共有160亩。[5]

---

[1] 新奕堂《范阳邹氏族谱》卷二一，页19a—19b，雾阁，宣统三年木活字本。
[2] Yonghua Liu, "The World of Rituals," p. 264, Table 4.5.
[3] 敦本堂《范阳邹氏族谱》卷二九，页14b—18a，雾阁，民国三十六年木活字本。
[4] 敦本堂《范阳邹氏族谱》卷三六，页1a—13a，雾阁，民国三十六年木活字本。另有十三处田产没有给出具体亩数，未计入。
[5] 《留茜乡工作组第四次工作会报》。

第六章 仪式、系谱与土地

远祖不仅常常只获得为数甚少的祭产，在祭祖仪式中，他们的地位也往往没有得到充分的认可，结果是四保宗族大多显得较为分散。雾阁邹氏尽管视邹六郎为开基祖，但并未为其建立专祠，他的神主供奉于其六世孙邹庆甫的祠内，而庆甫公祠本来并非专祠，而是在众厅基础上形成的香火堂，即使到了18世纪末，也远非雾阁最重要的祠堂。雾阁规模最宏敞的祠堂，实际上是叶胜公祠和定敷公祠，亦即以供奉邹庆甫的两个儿子为目的修建的宗祠。在上祠房内部，邹礼崇和邹礼衡（均为十一世）均建有祠堂。在礼衡公房内部，还建有两座祠堂，其一是华中公祠（十四世），其二是龙川公祠（十九世）。[1] 同样，在下祠房内部，修建了至少四座祠堂，其一为茂亨公祠（十七世），其二为周桢公祠（十八世），其三是明胜公祠（十八世），其四是仁声公祠（十九世）。[2]

对于马驯而言，建立宗祠、举行祭礼的目的是敬宗收族，不过不少四保人可能并不认同这个看法。比如，邹雄在创建祠堂时，其主要意图是"世世簪缨，房房富贵"。遗憾的是，在某些本房的人看来，即使是这种对物质和声望的承诺，也未必能为整个家族所分享。四保流传一个说法，某族重要先祖的一位弟弟的房派之所以没能传下香火，是因为有人在修建祠堂时"动了手脚"，结果宗祠的风水对其他房派不利。这种类型的宗祠并未达到睦族的目的，相反，它制造了各房之间的摩擦和矛盾。

因此，不管从族谱、祠堂还是族产的角度看，四保宗族的现实形态都表现出一种不同于马河图、马驯设想的内在结构。他们建构宗族的目的在于收族，而四保宗族的实际演进，走的是弗里德曼描

---

[1] 敦本堂《范阳邹氏族谱》卷二九，页21b、27a—28b，雾阁，民国三十六年木活字本。
[2] 新奕堂《范阳邹氏族谱》卷首，页1a—1b，宣统三年木活字本，《茂亨公祠图》《周桢公祠图》《明胜公祠图》。明胜公祠修建于乾隆四十七年（1782）。周桢公祠修建于光绪二十五年（1899）。茂亨公祠与仁声公祠修建年代不详。

述的路径——分支（segmentation）。[1] 其结果是，在四保形成了一系列宗族分支，它们关注的是本房派而非整个宗族的利益。这个现实离明清士大夫宣扬的收族理想颇为遥远。不过，即使是马河图、马驯自身，又何尝建立过合族的祠堂呢？

如果在现实运作中，宗族建构常常偏离士大夫的设计理念，那么，宗族建构过程又如何影响士绅群体呢？作为接受过儒家经典教育的文化精英，他们理应了解、认同马河图、马驯的收族理想。但又该如何了解这些士绅的所思所想呢？笔者认为，或许可以分析他们使用的社会分类框架。之所以将焦点放在社会分类框架之上，是考虑到宗族建构不仅是社会重组的过程，也是社会关系重新分类的过程。当礼仪焦点从近祖转移到远祖，父系亲属的意义也发生了转变，这个范畴包容的社会内涵更广了。这一变动是否影响到四保士绅？或者更准确地说，四保士绅是否认真对待过这种更具包容性的父系亲属范畴？下文对一本四保抄契簿的解读，也许可为讨论这个问题提供一个线索。

这个文本应由雾阁书坊万卷楼主人所记，因此此处称为万卷楼抄契簿。[2] 从其序文可知，这个文本开始抄录的时间是嘉庆十七年（1812）前后，账簿抄录的内容，上自乾隆四十一年（1776），下至

---

[1] Maurice Freedman, *Lineage Organization in Southeastern China*, London: The Athlone Press, 1958, pp. 46-50.
[2] 《万卷楼抄契簿》，雾阁，道光三年至道光二十三年（1823—1843）手写本，无页码。该账簿现藏于中国四堡雕版印刷展览中心。文本前有序两篇。一篇题为《自序》，序文后题"八十叟潜斋自序"，可知出自邹明之手（潜斋为邹明号）。另一篇署名邹徽猷，道光二年（1822）作。按，邹明生于雍正十年（1732），卒于嘉庆二十四年（1819），从邹明自序可推断，抄契簿成立年份当为嘉庆十七年前后。不过他于嘉庆二十四年去世后，由其子续编而成。又按，从抄本手迹看，道光三年二月之前的笔迹相同，而同年十一月之后则有较明显差异，可推断开始进行抄写的时间或在道光三年二月前后。当时，邹明已过世近四年。邹明所生八子，似仅长子邹绍芳、八子邹绍英长大成人，可知这个本子必由其中一人所记。又文本后附录了道光二十六年（1846）阁书抄本，共福、寿、康、宁四件，相关家产分割给邹绍芳之四子。综合上述考证，可推断：（一）此簿成立之时间为嘉庆十七年前后；（二）嘉庆十七年后、道光三年某月前，邹明之子重抄、补充了邹明手抄账簿，其抄录者应为邹明长子邹绍芳；（三）道光三年后的某一时间，邹绍芳某家人增补了道光三年十一月之后的田产置买信息。

第六章　仪式、系谱与土地　193

道光二十三年（1843），所有条目均为土地购买信息。记账者应为邹明与其长子邹绍芳（整个文本共抄录田产置买事件110次，其中早于嘉庆二十四年者78次，嘉庆二十四年后者共32次，可知账簿主体应由邹明手定）。邹明（1732—1819）是个生员，从事印书贩书的书商。邹徽猷在抄契簿的一篇序文中，称邹明考中秀才后，曾"从事舌耕"，生活节俭，"迨至幸有［嬴］（赢）余，缘聚缃帙，而谋梨枣，权子母，而创田园"。利用贩书利润和放贷所得，邹明生前先后置买了不少土地。邹明去世后，其子邹绍芳（1783—1858）和邹绍英（1791—1842）继承父业，继续从事印书贩书事业。同时，兄弟二人还援例捐了监生，挤入士绅行列，后来邹绍芳还捐了贡生。此外，在父亲去世后，兄弟俩还继续购置田产。从抄契簿看，从乾隆四十一年至道光二十三年半个多世纪的时间里，邹明父子共置买了150多亩田产。抄契簿提供了每笔买卖的时间、地点、亩数和税粮数、田价与出售者姓名与/或村名，并且在多数情况下交代了他们与邹明父子的社会关系。

《万卷楼抄契簿》使用一系列词语来描述这些社会关系，它们可大致归为四大类：本家、本房、本乡与本图，另外一些卖主提供了姓名和村落名。这些词语体现了记账者自身对社会关系的分类，下面尝试对其内涵进行讨论。在仅提供卖主姓名的场合，卖主的姓氏通常不同于邹氏，这意味着他们与邹明并不属于同一父系亲属群体。在提供村落名但没有标识社会关系的场合，我们也可大致推断卖主与邹明的关系，因为四保的村落基本上是单姓村，它们与万卷楼主人的社会关系是可以明确认定的。在直接标明社会关系的部分，"本图"只出现过一次，对明清基层制度稍有了解的人都知道，这里的"图"是里甲/图甲制下的一个单位，"本图"意味着买卖双方属于同一图。在明清四保文献中，"乡"和现在的自然村基本同义，因此，"本乡"意味着卖主也来自雾阁村。"本房"的内涵较为模糊。通过对照《范阳邹氏族谱》可推知，在使用这个词语时，买卖双方均为六代前的邹宾华（十六世）的后裔。[1]因此，"本房"指的应该是邹宾华的后裔。在现代的日常用语中，"本家"笼统地指代姓氏相同的人。不过在这本账簿中，其内涵较为特别、专门。在这个文献提供的九个使用事例当中，六例指称的是邹周桢（十八世）的后裔。超出六代以上的实例只有一例。另外两例邹明与卖主的关系不可考。[2]这意味着，在多数情形下，"本家"的内涵比"本房"要小，从记账者的角度看，大致指称的是邹周桢的后裔。

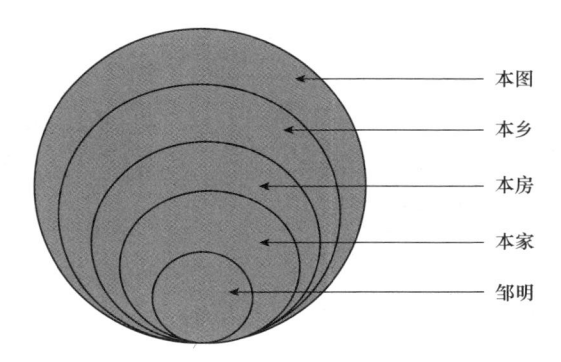

图6.2 雾阁邹氏抄契簿所见社会分类体系

弄清这些词语的内涵后，邹明的分类体系就基本显现出来了。这是一个以邹明自身为重心的拥有一个共同切点的数个内切圆组成的图形，其基本形态类似于费孝通提出的"差序格局"概念[3]，不过较为详细、具体。在这个图形最里面一圈，应该是邹明自身的家庭，这个圈子在其抄契簿中没有出现。第二层是属于"本家"的群体，亦即由邹明五代祖邹周桢的后裔构成的亲属群体（与马驯的宗族概

---

[1] 此处的代数是从邹明起算的，因为此处讨论的主要是邹明的社会分类体系。
[2] 有关邹明和邹绍芳的系谱信息，参见新奕堂《范阳邹氏族谱》卷八，下册，页76a—78a，宣统三年木活字本。账簿列入"本家"的卖主是：邹征德、邹传芳、邹征恩、邹祖官、邹文士、邹传杰、邹良官、邹果祖和邹嗣宗。有关上述名单中前七人的系谱信息，参见同谱，卷九，下册，页21a；卷八，上册，页60a；卷九，下册，页103a；卷九，上册，页23a；卷一〇，页125b；卷九，上册，页13a；卷一三，页35a。
[3] 费孝通《乡土中国》，北京：北京出版社，2005年，第29—40页。

第六章 仪式、系谱与土地 195

念相似)。第三层是"本房",大体包括了其七代祖邹宾华的后裔。第四层是所谓"本乡",这包括了与邹明同姓的本村村民,考虑到雾阁是个单姓村,村民均自称邹六郎之后裔,也可以说这些村民属于邹明的同宗。最外一层是所谓的"本图",即来自本图的民众,主要包括来自其他村落和其他亲属群体的村民,其中包括了来自双泉和上保的邹氏,他们跟邹明一样,也自称邹公的后裔。

在这个分类体系中,最值得注意的是从第三层("本房")到第四层("本乡")的跳跃。所有本房之外的雾阁邹氏族人,均被归入"本乡"的范围。也就是说,"本乡"包括了所有来自雾阁上祠和下祠的既非"本家"又非"本房"的族人。在邹明的分类体系中,我们无法找到的是"本族"的概念。此外,尽管双泉、上保邹氏与邹明有共同的祖源(邹公),在邹明没有特别标识他们的社会关系,是否可以说,这从侧面显示,从邹明看来,这种共同祖源的关系,与普通的非亲属的社会关系并无明显的不同?

这个个案告诉我们什么?我们谈到,随着收族实践的展开,祭祖的焦点从近祖转移到远祖,至少就功能层面而言,宗族的内涵更广了。从局外人的角色期待看,作为受过儒学教育并获取科举功名的士人,邹明本应接受这种亲属实践,对自身的亲属范畴进行调整,但事实上他似乎并非如此。因此,邹明的个案从侧面显示了新儒家亲属话语和实践的限度:18世纪是雾阁宗族建构进入高潮的时代,尽管如此,那个时代的核心话语似乎并未深入邹明的观念世界。

那么,马驯给马屋留下的遗产有何遭遇?事实上,马驯创建的宗祠,在他身后遭遇了一系列戏剧性的事件。马屋士绅马孟复在万历初年所撰《书大宗祠碑阴》一文,对这个宗祠的命运与遭遇的事件进行了详细的描述:

……自嘉靖乙丑元旦,族叔廷玭公命孟复、伋弟曰:"大宗祠虽都宪公记在,然祠毁久矣。基址不可虚也。虚之,无论祖宗失祀，且滋觊觎之心。尔与吾儿顺颐辈共图之。"复、伋谢不能。然公之意深，故屡为诸长者颂，而建祠之议渐急矣。

万历甲戌正月，尚义叔、铠兄急建祠，遂呼族众等拆世雄叔等在祠基所架仓厨及猪牛等圈，而势益不可止矣。复、伋遂昌言诸长老曰："时固当建，财亦足建，第不得其人，曷以纲之纪之？"长者曰："某某可任。"复、伋曰："恐不免倦勤，必也天典叔与乎？"诸长者曰："诺。"叔强而后可。乃闻之府而佥各执事。……斯时也，无少无长，谁不愿祠之。一日遽成，故率股银则出，率丁银则出，率义助则又出，约近五百金。遂计木三百竿，竹五百竿，砖七十千，瓦九十千，灰五千斤，土石各二万斤。自乙亥七月始，担者负者扛而运者，陶者斤者绳而尺者，济济纶纶，百手并作矣。

顾不虞有为祠祟者，捏词告之，蒙府批县，幸县令伍公主吾建，建且高一丈七尺。十二月十四日戊寅竖柱，十九日壬子上梁，又明年正月初九日进主。又不虞其污吾主也，呜呼痛哉！忽言耶。[1]吾乃告之府，府亦批县。时伍公北觐，署印者龙岩黄璘也，反出彼罪入吾罪，呜呼冤哉！六月，伍公自北旋矣，往诉焉，乃如前断。令亲识包蒙、邹正凤为立合同，各执存照。数年间，讼[岳]（狱？）所费又不下三百金，财亦匮矣，如之何完祠以奠主也？

先是，丙子岁，天典叔充银十六两发各匠，则以墩上篱基偿之。庚辰，转逊与元禄叔，议偿二十二两，叔止收原银十六两，其六两捐之祠。又复亦以所得题主润笔数金益之，夫然后祠以落成而进主虔祀焉。……[2]

---

[1] 此处疑有误漏。
[2] 孝思堂《马氏大宗族谱》，二集，第6页。马孟复，贡生，曾任婺源县典史。

根据马孟复的记述,早在嘉靖四十四年(1565)元旦,亦即修建八十年后,马氏宗祠已"毁久矣"。祠基也为族人占用,在上面架设了仓库、厨房、猪圈、牛圈等。在族人的倡议下,万历三年(1575)七月,祠堂重建工程方才启动。但在重建过程中,文中没有透露姓名的村民,大约以祠堂过高为由[1],控告到汀州府,中间因故案情反复,官司经过了相当长的时间才结案,为此马氏前后花费了300余两白银。

本章对明代以降四保宗族发展的讨论,揭示了宗族建构对地域社会的影响。笔者认为,这些影响比较明显地体现祭礼、系谱和族产三个方面。

宗族建构的第一个后果,是新式祭祖礼仪的引入,礼生及其礼仪应该就是在这一过程中进入四保乡村的。这种礼仪强调祖先祭祀,尤其是对远祖的祭祀,它在一定程度上改变了四保早期关注近祖、注重风水的祭祖方式,也为社会重组提供了一个仪式框架,其结果是以祠堂祭祀为核心形成的宗族组织,成为四保最重要的社会组织之一。新祭祖礼仪的引入,也带来若干值得注意的文化后果,本章讨论的书面文字和时辰制度的引入,就是其中两个比较重要的后果。

系谱的书写与重编,是宗族建构的第二个后果。跟宗祠祭祖类似,士大夫倡修的族谱,注重超越近祖,对始祖进行认定,对始祖以下的系谱进行清理。笔者的讨论显示,始祖认定和系谱书写,是每个宗族都会面临的问题。特定始祖的认定,常常与相关宗族所处的地方权力脉络密切相关,特定始祖认定的方式,常常曲折地体现了相关宗族的社会文化与政治诉求。因此,系谱的书写与重编,可

---

[1] 有关这次官司的原因,马孟复只交代了"有为祠祟者"数字。因宗祠过高引发官司,估计原因有两个:其一,宗祠过高影响其他宗祠或民宅的风水。其二,宗祠高度超过了朝廷规定的建筑规制。

视为地方政治运作的一个环节。此外,系谱书写、重编的过程,也常常牵涉到社会关系的建立与重组。很明显,认定邹公而非邹六郎为始祖,对于处理雾阁、双泉和上保邹氏之间的关系是具有很深远的意味的。

最后,族产的形成与扩张,也给四保社会带来不容忽视的影响。通过各种方式置办的族产,本意在支付祭祖开销和为族人提供某种福利,但它们给社会结构也带来了若干意外的重要后果。随着越来越多的土地进入宗族之手,地方精英的权力支配方式发生了某种变动,土地占有的重要性下降了,借贷一直是建立社会经济支配的一种重要方式,但随着族产的扩张和个体地主经济的衰微,这种方式在社会经济支配中扮演的角色可能被强化了。同时,随着土地的集中,某些村落的土地沦入其他村落之手,它们对后者的社会经济依赖也有所增加,结果出现了笔者称之为社区分化的过程:这一地域的宗族/村落的社会经济地位变得日益分化,而这为那些积累了大量地产的大族聚居的社区支配那些不那么幸运的社区铺好了道路。

总之,随着收族实践的展开,以祠堂、祖坟等作为基本社会空间,来自王朝、士大夫的礼仪、话语体系与普通的乡民遭遇了。但必须指出的是,新儒家亲属意识形态给乡村带来的影响不应夸大。尽管截至清末,四保已成为宗族社会,四保民众看待宗族的方式,经常有别于马河图、马驯的视角。在某些极端事例中,这两位先行者的教诲被完全漠视。宗祠的修建和公产的设置,通常考虑的是小集团而非全局的利益——这正是他们所批评的。因此,四保宗族的发展过程,在某种程度上应视为一个选择性的过程,在此过程中,跟士大夫生活方式密切关系的仪式、话语,被挪用于地方性的目的,而组织父系亲属、举行祭祖礼仪的新方式,并未完全取代原先存在的祖灵观念和仪式实践。

第七章　乡约、乡村仪式与地域社会

在笔者搜集的50种四保祭文本中,来自上保的第0401号祭文本对于理解礼生在四保地域社会中的地位——不管是在仪式方面还是社会经济方面——至关重要。这个文本传抄的文书中,既有分家、收养、租佃和买卖土地、合伙的文书及若干符咒,还包括一系列跟乡约有关的文书,比如以上保约名义发布的几张禁约和用于邀请乡约的帖式(详下)。

祭文本抄录的这些文书,从侧面显示了礼生及其礼仪与明清乡约制度之间的某种关联。明清时期在四保推行的乡约制度,是否跟士大夫推动的收族实践一样,为王朝礼仪和士大夫步入四保乡民的生活世界提供了一个契机?本章试图通过讨论乡约制度在四保地区的推行过程,对这一问题进行探讨。同时,笔者的讨论还涉及乡约制度与四保地域社会之间的关系,以此考察一个源自宋儒的政治制度理念在乡村社会经历的一段看似奇特的遭遇。

明清乡约概观

作为一种理念和制度,乡约起源于宋代。[1]最早的一个乡约,是

---

[1] 朱鸿林《二十世纪的明清乡约研究》[《历史人类学学刊》第二卷第一期(2006年),第175—196页]对20世纪的明清乡约研究进行了系统梳理,同时还讨论了明清乡约演进过程中的一些重要议题。在明清文献中,乡约通常被用于指称乡约组织,也常用于指称规范该组织运作的相关文本。

由宋儒吕大均（1031—1082）于北宋熙宁十年（1077）拟定的《吕氏乡约》，因行于吕大均的老家陕西蓝田，亦称《蓝田乡约》，其目的是规范士绅的社会生活。后来，朱熹对这一乡约的内容作了删订，编成《增损吕氏乡约》，将乡约改编为由普通民众（而不是受过科考教育的精英）组织的自愿结社。[1]这两种版本的乡约，特别是后者，成为后世乡约的蓝本，影响颇大。

明清福建乡约研究显示，早在15世纪前半叶，福建士绅就有行乡约之举。[2]正统年间（1436—1449），龙岩人苏克善"与邱存质、蒋永迪讲《蓝田乡约》，行《文公家礼》"[3]。宣德四年（1429）考中举人的龙岩士绅蒋辅，也曾"与乡人讲行《蓝田乡约》"[4]。成化年间（1465—1487），梁崧、李颖在上杭县推行乡约，名为《杭川乡约》，其内容以整顿风俗为主。[5]弘治初，归化县知县姜凤"梓《蓝田乡约》以训民，身率而行之"[6]。总体而言，15世纪行乡约的事例不多，它们规模小，持续时间短，对社会生活带来的影响也很有限。[7]

进入16世纪后，随着社会危机的加深，乡约从原先维持"礼仪统治"的工具，转化为维护"法律统治"的工具。[8]在此过程中，乡约逐渐在各地普及。这个世纪最有影响的乡约，当推王守仁的

---

[1] Monika Übelhör, "The Community Compact (*Hsiang-yüeh*) of the Sung and Its Educational Significance," in de Bary and Chaffee, eds., *Neo-Confucian Education*: *The Formative Stage*, pp. 371-388.
[2] 汪毅夫《试论明清时期的闽台乡约》，《中国史研究》2002年第1期，第131—144页。
[3] 道光十五年修、光绪十六年重刊本《龙岩州志》卷一二，《人物志上》，页41a。据本传记载，苏克善行乡约的时间应在邓茂七叛乱发生前。
[4] 何乔远《闽书》卷一一九，第3599页。汪毅夫《试论明清时期的闽台乡约》将蒋辅讲行乡约的时间定于宣统年间，恐误。
[5] 民国二十八年铅印本《上杭县志》卷二三，页1b—2a；汪毅夫：《试论明清时期的闽台乡约》，第132—133页。
[6] 康熙《归化县志》卷二三，《秩官》，转引自汪毅夫《试论明清时期的闽台乡约》，第133页。
[7] 曹国庆《明代乡约研究》，《文史》第46辑，北京：中华书局，1998年，第200—201页。
[8] 铃木博之《明代徽州府的乡约について》，明代史研究会论丛编集委员会《山根幸夫教授退休记念明代史论丛》，东京：汲古书院，1990年，第1056页。

《南赣乡约》。这个乡约是王守仁在平定闽、粤、赣边区的盗寇后，于16世纪早期在这一地区推行的。其目的不仅在于移风易俗，也意在为进入王朝体系的"新民"与国家建立关系提供制度安排。[1]嘉靖年间（1522—1566），朝廷下令州县推行乡约。[2]

明代后期，乡约和保甲制度逐渐合流，其结果是乡约保甲法的出现。这种做法在福建地区日益流行，并传播至其他地区。[3]这一时期，福建巡抚赵参鲁（1571年进士）、许孚远（1535—1604）、陈子贞（1547—1611）和黄承玄（？—1619）等都先后推行乡约保甲制。根据许孚远、黄承玄等的设计，乡约保甲制是在自然村的基础上建立的，以聚会为基本组织形态。每月朔望聚会一次，聚会期间，处理周济贫困、彰善惩恶、调查案情、调解民事纠纷及修建、维护地方公共工程等事务。这种制度与官方关系密切，可视为半官方组织，但在实际操作中，往往演变为乡族自治组织。[4]

清代沿袭了乡约制度，地方政府利用这个制度，强化对乡村的意识形态控制和行政控制。每个地方都要求建立乡约，定期宣讲"圣谕"。[5]到了晚清，由于社会危机的深化，乡约逐渐和警察制度（如保甲）、地方防卫制度（如团练）合流，维持地方治安和防

---

[1] 曹国庆《明代乡约研究》，第202页；Kandice Hauf, "The Community Covenant in Sixteenth Century Ji'an Prefecture, Jiangxi," *Late Imperial China* 17.2 (Dec. 1996), pp. 7-11; Wang Yang-Ming, *Instructions for Practical Living and Other Neo-Confucian Writings*, trans. Chan Wing-tsit, New York: Columbia University Press, 1963, pp. 298-306.

[2] 叶春及《石洞集》卷七，页1b，上海古籍出版社1993年影印《文渊阁四库全书》本。

[3] Joanna F. Handlin, *Action in Late Ming Thought: The Reorientation of Lü K'un and Other Scholar-Officials*, Berkeley and Los Angeles: University of California Press, 1983, pp. 48-49, 126.

[4] 郑振满《明后期福建地方行政的演变》，《中国史研究》1998年第1期，第155页；三木聪《明清福建农村社会の研究》，札幌：北海道大学出版会，2002年，第296—302页。

[5] Hsiao Kung-chuan, *Rural China: Imperial Control in the Nineteenth Century*, Seattle: University of Washington Press, 1960, pp. 185-186. 有关《圣谕》宣讲的方法与内容，参见Hsiao, *Rural China*, pp. 186-191; Victor H. Mair, "Language and Ideology in the Written Popularizations of the Sacred Edict," in Johnson, Nathan, and Rawski, eds., *Popular Culture in Late Imperial China*, pp. 325-359; 周振鹤《圣谕广训：集解与研究》，上海：上海书店出版社，2006年。

卫的职能越来越重要。结果，乡约原先的若干职能——如宣讲《圣谕》——几乎被完全忘记。[1]

从其设计理念看，明清乡约是围绕一系列仪式组织起来的。乡约举行的礼仪，各地可能差别甚大，不过举行仪式通常是这个制度的一项基本职能。尽管后来乡约的职能逐渐增加——从社会控制到地方防务，但仪式仍然是其基本职能之一，而礼仪表演需要相关的仪式专家、仪式手册和仪注。比如，嘉靖二十三年（1544）湛若水（1466—1560）及其弟子伍克刚在珠江三角洲一个乡村推行乡约，这个乡约的仪式就是由礼生赞相的。[2] 又如在嘉靖四十五年（1566）起草的乡约中，徽州知府何东序要求，在行礼时必须指定礼生。[3] 下面谈到的是 16 世纪徽州婺源县北部沱川乡余氏宗族所行乡约对相关仪式的规定。

乡约于每月十五日举行一次活动。当天卯刻（5：00—7：00），约正副等通知约内执事及约众齐诣乡约所讲约。辰刻（7：00—9：00），轮值甲长击鼓三通，催促大家前来约所。俟执事、约众到齐，"向《圣谕》牌前行五拜三叩头礼"。此时，"约赞对立香案傍（旁）唱：'排班。'班齐。[唱：]'鞠躬。拜。兴。拜。兴。拜。兴。拜。兴。三叩首。兴。平身'"。拜毕，"族父老列立于东，乡绅列立于西，诸约众列立于东西班后，约讲对立约赞之下"，开始宣讲《圣谕》、读律。然后将善事记于彰善簿，将不善记于记过簿。记毕，处理约内细故、纠纷。事毕，轮值甲长击鼓一声，大家齐向《圣谕》牌前站立，约赞唱："揖。平身。礼毕。"大家作揖后解散。如宣讲结束后，"愿歌诗者，歌《国风》《小雅》诸篇，或周、程、邵、朱、薛、陈、

---

[1] Hsiao, *Rural China*, pp. 201-206.
[2] 朱鸿林《明代嘉靖年间的增城沙堤乡约》，《燕京学报》新第八期（2000 年），第 119—121 页。
[3] 铃木博之《明代徽州府の乡约について》，第 1052 页。

王诸先儒诗足以畅涤襟怀、感发志意,听"[1]。

尽管礼生一词没有在文本中出现,但此处负责赞相礼仪的执事——约赞应该就是礼生。文本很明确地指出,他们在赞相礼仪时,"对立香案傍(旁)"。他们唱礼的内容包括每一项需要集体完成的礼仪动作,从拜揖、叩头到宣告《圣谕》宣讲开始,从读律前提醒"静听读律"到宣讲结束后宣告"礼毕"。很明显,约赞执行的正是礼生的职能。

从这一意义上说,上保祭文本收录的乡约文书,体现了礼生不仅在祭祀死者、祖先和神明的仪式中不可或缺,在乡约组织的象征生活中也曾扮演过不容忽视的角色。笔者掌握的具体证据显示,在明清时期的上保,乡约每年举行三次活动,而每次均需邀请礼生参与(详下)。尽管上保的文献没有明确说明礼生在这些活动中的职能,但几乎可以肯定,他们应邀是因为乡约礼仪离不开他们的引导。[2]不过,本章探讨的重点,并非礼生是否应邀赞相乡约仪式,而是这些礼仪何时、如何、为何进入四保,以及乡约进入四保后,如何被改造、重组,转变成为一个跨村落的地域组织。为了回答这些问题,我们需要重构四保乡约的历史。

明清四保的乡约

据《马氏大宗族谱》记载,四保第一个乡约,可能是由马屋的某位士人于15世纪的某个时间倡行的。马驯《鼎建马氏大宗祠记》提及,"若夫家训、乡约,则先正已有言,具载典籍,兹不复赘"[3]。从上下文判断,马驯提到的乡约,应非坊间习见的吕氏《蓝田乡约》,而

---

[1]《婺源沱川余氏宗谱》卷四〇,《礼俗》,页1a—3a,光绪三十二年刊本;McDermott, "Emperor, Elites, and Commoners," pp. 299-300。
[2] 敦善堂《吴氏族谱》卷八,《具开祭祠规例》,页2b。
[3] 孝思堂《马氏大宗族谱》,二集,第4页。

是出自本地某位"先正"之手。马驯所说的这位先正，或为马河图。第五章谈到，马河图致仕后，曾拟定《训辞》数则，"每值月吉，集子姓讲诵之，而乡族之风庶不漓云"[1]。这种宣讲祠规的方式，应与乡约宣讲活动大体相似[2]，故而马驯视之为乡约，与家训并列。只是马河图并未使用乡约二字，故笔者姑记于此，以俟来日考证。

大约一个世纪后，当马屋士绅在本村倡行乡约时，马河图倡行乡约一事很可能已被人遗忘，无人提及马驯在上引碑记中谈到的乡约。万历十一年（1583年），马屋马氏以马孟复为首，率叔辈子仁、子能、敬夫、国儒与弟辈汝思、朝宗、敬舆、益谦共九人倡行乡约。这是目前四保有确切记载的最早的乡约。马孟复（1545—1619），字汝阳，号南陆，是万历年间马屋较为关心地方事务的一位乡绅，笔者在第六章已论及此人。他是一位廪生，五十一岁被选为贡生，曾任婺源县少尹（典史）。[3]他很可能是在婺源任官时形成自己的乡约理念的。在他的倡导下，马驯创建的大宗祠得到重建，千五郎公房的家谱也得到重修。[4]

马孟复倡行乡约的内容，没有流传下来。不过从他所撰《乡约跋》中，我们可以窥见这个乡约的宗旨。马孟复指出，当时的社会"乡俗日薄，百孔千疮"，在这种情况下，假如想"塞其流焉，难之难者也"，因此，他认为必须如治河一样，浚其源流，然后可以防止洪水泛滥。行乡约，其根本目的在于"攻心"，首先攻的应是守约者九人之心，达到"吾九人者无私心，无忿心，无予予心，无煦煦心"，如此，乡民见之乐从，最后达致"堤防不必设，而俗敦淳美"的境界。[5]从这些表述可看出，这个乡约的主要宗旨，是在于改良乡俗。

---

[1] 敦本堂《马氏大宗族谱》卷一，页31b。
[2] 马河图的《训辞》和马驯的《祠规》都把"圣谕"的基本内容列为首条。
[3] 孝思堂《马氏大宗族谱》卷三，第1—2页；五集，第16—17页。
[4] 孝思堂《马氏大宗族谱》卷首，第15页；二集，第6—7页。
[5] 孝思堂《马氏大宗族谱》，六集，第145页。

马孟复的文章没有提及乡约的运作方式。不过其他文献显示，其基本构架与那个时代通行的做法基本一致。《马氏大宗族谱》提到一条信息，族人马文才因"秉性率直"，被"举为约正"，"乡中争竞者，往质之为论孰曲孰直，无或阿徇，人咸服之。有邑令欲坦庇一人，呼公谕之，意而使之处分，公固执不可，令恕之，公曰：'然则某不为约正，如何？'"[1]按，马文才与马孟复为兄弟行，《乡约跋》没有提到他，说明他可能是在后者倡行乡约之后才参与乡约事务的。从《乡约跋》这篇文字推敲，这个乡约所覆盖的范围，最初应是马屋一村。而且，它并没有提到与地方政府的联系，这说明它可能是个民间发起的乡约组织。

最后，据马屋老人的说法，本村邹公庙亦称"六约所"，马屋的马氏宗族和周围的赖氏宗族（居赖家墟）与严氏宗族（居严屋）都参与约务，以此推断，马屋的乡约很可能曾以此庙为约所，而且后来参与乡约的，除了马氏宗族之外，还包括了赖氏与严氏两个宗族。这两个宗族历史上生活在马氏的阴影下，与马氏有十分密切的渊源。因此，赖、严两姓被纳入马屋的乡约体系，并非出人意料之事。不过，从《乡约跋》看，赖、严两姓进入乡约的时间，应该是在马孟复时代之后，很可能是明清之际或清代才开始的。

马孟复所行乡约，基本上是个民间组织，与官方关系不大。相比之下，同期组织的长校乡约，与政府的关系颇为密切。上文提到，16世纪末、17世纪初几任福建巡抚都致力于推行乡约保甲制。长校乡约很可能是在这种政策推行过程中组织起来的。长校乡约两位耆老的行述，就将其参与乡约一事与福建巡抚、巡按联系起来：

> 公（李守经）易直宽和，毫无钩棘。虽能少于维世，而义每多好施。祖庙之修，跃龙桥之建，首倡为一人。然不理乡曲

---

[1] 孝思堂《马氏大宗族谱》，五集，第17页。

之是非，不趋豪门之声势，乃其高致耳。赵督抚行乡约，公评推为约副，允惬众心。

公（李常茂）扶幼侄，留寡嫂，拾金还主，甘守清贫。万历二十三年，蒙陈按院点乡约，举善册，而以"尚义"之匾旌焉。[1]

在这两则行述中，传主都与当地的乡约组织有关。在第一则资料中，传主因种种义行被推举为约副；在第二则资料中，传主的义行，经由乡约组织的推荐，引起了地方长官的注意，得到后者的表彰。第一则行述中提及的赵督抚，即福建巡抚赵参鲁。赵参鲁，字宗传，浙江鄞县人，隆庆年间（1567—1572）进士，万历年间担任福建巡抚。任上也曾"行乡约保甲法，境遂少盗"[2]。第二则行述提及的陈按院，为万历年间担任福建巡抚的陈子贞。[3]《长校李氏族谱》还提及一位李纯德，"晚年遇赵抚台之约正旌善瘅恶，阮县尊奉举公有孝义之风，以'善人'之匾旌之焉"[4]。

可以看出，长校乡约是在政府的倡导下组织起来的。约中设有约正、约副等职，他们由约众公举。约正、副的推举标准，似乎无须科举功名，上引资料中的李守经就没有获得过任何功名。但从他乐善好施这一事实来看，他应属身家殷实之人。乡约具有"旌善瘅恶"的职能，专门置有旌善册，凡约中有善行、义行卓著者，约正、副负责将之上报政府，由政府酌情给予奖励。长校约是否有约所？若有，具体位置在何处？清中叶以前的情况已不可考，道光十八年（1838）的一篇文字表明，当时约所位于李氏祖庙之左（参

---

[1]《长校李氏族谱》卷首，《文艺类》，页3a、4b，民国三十四年木活字本。
[2] 康熙甲子年刊《福建通志》卷三〇，《名宦一》，页41a，北京：书目文献出版社影印本，无出版日期，第1880页。
[3] 康熙甲子年刊《福建通志》，卷一九《职官二》，页15a，书目文献出版社影印本，第1610页。
[4]《长校李氏族谱》卷首，《文艺类》，页4b，民国三十四年木活字本。

见图 7.1）。[1]但没有证据显示，这个乡约与万历长校约有关系。

四保可考的第三个乡约，是同期在四保西部的南柴村（又称南柴坑）建立的，因其约所建于南柴八将庙，这个乡约被称为"八将约"。当地的《马氏族谱》有一段文字，对这个乡约的早期情况作了较为具体的记载：

> 再下冈屋地名下庵原立庵一所，举凡春秋祈报，两门共作醮筵。[2]至万历四十年，伯祖万泰、文宝、新庆两门人等，议庵太近人家，出入僧人不便，将庵移至水口，以作通乡保障，总名八将约。云窝为约正，竹园、溪背为约副，魏家坊为约赞，芦坑、黄枧坑为约通。凡官府往来点册及期会公事以迄春祈秋报，四约众等帮垫消耗之费，同集公所。故八将约下庵老基，万泰、新庆共议两门建学馆以延师德后。[3]

从这段文字来看，八将约是一个跨村落联盟。八将约所在的南柴村，是马氏和赖氏的聚居地。马氏于明初自宁化马家围迁来。其始祖马五郎据称是马屋始祖马七郎的兄长。[4]后来，与一位马氏族人一同打猎的好友赖氏，也迁居南柴，并得到马氏的接纳，成为村中赖氏的始祖。[5]南柴的马氏老人告诉笔者，马氏现分为两大房（"两门"）：其一为马五郎的后裔，另一房据称是马五郎妻子前夫儿子的后裔。上述资料中提及的云窝、竹园和溪背，均为南柴的角落名。魏家坊，又名义家，是南柴东南面的一个小村，其村民是马氏和王氏。马氏来自马屋，王氏则于万历十一年（1583）从永定县前来。[6]

---

[1]《长校李氏族谱》卷首，《祖庙记》，页 2b，宣统元年木活字本。
[2] 此处所谓"两门"，是指南柴马氏宗族的两个房。
[3]《马氏族谱》，不分卷，无页码，《老谱遗诏》，2000 年手抄本。
[4]《马氏族谱》，南柴，无页码，无传抄年代。
[5] Lagerwey, "Of Gods and Ancestors," p. 93.
[6]《太原郡王氏宗公世系》，第 1 页，抄本，无年代。

图 7.1　长校乡约所
资料来源：《长校李氏族谱》卷首，页 2a，宣统元年木活字本。

芦坑是南柴附近的小村。黄枧坑，又名王枧坑，是南柴东面的小村，其主要姓氏是李氏。八将约所在的八将庙，是主祀杨家将的一座小庙。[1] 2002 年夏笔者考察南柴时，还在村中找到此庙。

　　从上述引文看，万历四十年（1612）之前，八将约似已存在，至此年八将约乃以庵场为约所。跟当时各地推行的乡约相比，这个乡约具有若干值得注意的特点。在明代文献记载中，约正、约副、约赞和约通等乡约执事通常指派给具体的个人[2]，但在八将约，它们被指派给特定的村落。同时，尽管八将约援用了乡约的组织框架，

---

[1] 按，"八将"也可能指东岳泰山神辖下的颜都督（牛头神）、都总政、都给绪、柳都督（马头神）、七爷（白无常）、良愿司、八爷（黑无常）和郑家将等八位部属。对这组神明的崇拜，在福建颇为流行。参见叶明生《论"八将"在福建的流布、变异及傩文化意义》，《民俗曲艺》第 85 期（1993 年 9 月），第 74 页。
[2] 明代乡约的首领中，约正、约副、约赞是常见的职务，其具体职责大体应如曹国庆《明代乡约研究》第 204—205 页所论，但《马氏族谱》所见"约通"一词，曹国庆文并未提到。

第七章　乡约、乡村仪式与地域社会　　209

但其主要职能并非宣讲《圣谕》、读律或讲行某种乡约文本。它更像是为了处理地方衙门的差役和公共事务而建立的跨村落组织。这个乡约的主要职责有三：一是协助官府"往来点册"等公事，支付其费用；二是负责约内的"期会公事"及其开销；三是主持春祈秋报的酬神活动（八将的祭拜？），并帮垫活动开支。第一项职能类似于里甲"勾摄公事"的职能，而第三项职能与围绕里社坛举行的祭祀颇为相似。

八将约存续了多长时间？没有文献提到这一点。不过，义家村水口附近立的一通禁碑显示，这个组织可能存续至18世纪中叶，或是在18世纪得到复兴。禁碑立于乾隆十八年（1753），由于风化问题，部分文字已漫漶不清，下面是笔者释读出来的碑文：

> 立禁碑八将约黄枧坑、魏家坊等为严禁后龙水口松杉竹木盗贼强丐川溪毒鱼□事。窃惟后龙水口种植树木，乃人民风水之［悠］（攸）□（关？）焉。窃盗强丐，属□□□□□□吾吾乡内后龙水口久蓄树木，无□近□无良之□□□砍伐剪□叶田园蔬果□□□□□□迭□控，而乞丐者藉（借）乞为由，□□强砍□木，□急□财，偷鸡毒［犹］（狗？），夜则行窃，□□□□□□头者遭□流直下，拆破□为□胆。今经官仝禀请□□，仍今勒碑永禁。凡有父母兄弟到此一庙，此碑了然在目，如官法在心。各宜告戒（诫）子侄遵禁□石，如有□□此禁者，一经提获，定严罚。如不遵者，禀□官□□□，此碑永禁。
> 乾隆壹拾捌年（1753）叁月拾贰日众　立[1]

此碑虽然文字漫漶，但立碑的具体缘由还是清楚的。其目的在于禁止盗砍黄枧坑、魏家坊等村后龙山的竹木以及禁止毒杀附近小溪之

---

［1］　此碑现存于长汀县馆前镇义家村水口善福庵附近，碑文凡十三行，额题"禁碑"两字。

鱼虾。碑文明确标明立碑的主体是八将约,而且黄枧坑、魏家坊都属原八将约系统。这个乡约与《马氏族谱》所载乡约是否同一个组织?目前虽无明确资料,但从相同的名称与相似的范围来看,答案很可能是肯定的。

四保的双泉与雾阁村,当地文献虽未提及两村组织乡约的具体时间,但是,它们都各有自己的乡约组织,这应是毫无疑问的。敦睦堂《双泉乡邹氏族谱》收录了两则传记,均与该村乡约有关:

> 公讳一柱,字文正,为人正直刚方。康熙甲子年,贵乡(双泉)修筑三元古陂,因龙足乡恃强阻修,以致误伤人命。时公属乡约,株连在案,波累多年,迭审无休,公之招供并无游移。岂非正直刚方人耶?

> 公讳文芳,字承苾,号可馨,三让公之克家令子也。少负大志,不拘拘于寻章摘句,不逐逐于势利纷华。令伯父静璋公深钟器之。甫冠,觅贸于江右省垣,数年间,声名远播,大获蝇头之利,归与父兄谋大创华厦,广置良田,然后援例游雍。……其持家也,量入为出;其处世也,推己及人。邑宰谢公见其正直和平,存心宽恕,举为通约之保正。嗣是乡里中争论曲直,而投诉者门庭如市。公以至诚排解,人咸心悦诚服,立为冰释。[1]

从上述传记来看,双泉乡约建立的时间,不会晚于康熙甲子年(1684)。该村的乡约组织有乡约(应即约正)、保正等名目,可窥见乡约与保甲合流的做法。邹一柱显然不是士绅,他之所以被推为乡约,可能即如传文所云,是因为他"正直刚方";邹文芳则有功名,先经商,后捐得监生头衔。《双泉乡邹氏族谱》还收录

---

[1] 敦睦堂《双泉乡邹氏族谱》卷首,《赠文》,页35b、14a—14b,光绪庚子岁木活字本。

了一位族人的传记,谈到传主邹国仪从商致富后,凡义举无不乐为,曾主持修建约所。[1]这也为当地乡约的存在提供了旁证。可以看出,双泉乡约的主要职能,一是在打官司时充作证人,一是处理地方民事纠纷。根据双泉老人邹降瑞先生回忆,直至民国初年,双泉还有乡约名色。他指出,这些经地方士绅提名、由忠厚老实之人担任的乡约,实际上是政府与地方精英之间的缓冲,这种介于国家与村落内生政治结构之间的缓冲角色,与清代华北的乡保、乡地颇为相似。[2]

笔者知道雾阁村曾倡行乡约,也是得自对该村老人的访谈。据已故邹恒琛老人的回忆,雾阁最后一位乡约叫邹新寿,是个民国初年的种田人,读过几年书,性格刚直,比较能干。乡约的主要职责是解决地方纠纷,地方有事,可以请求乡约处理,这叫"投乡约",而乡约一般邀请乡里"懂事的人"会同出面处理。投乡约的费用,好像由纠纷的控方负责。从这个信息看,作为一个职位,乡约并非由地方头面人物担任,而是由没有功名、身份的民众担任。这种安排与明代前中期各地乡约的通行做法不尽相同,而更像明后期的乡约保甲制的运作办法。从雾阁两房不同版本的族谱均未提及这个乡约看,乡约组织在雾阁的社会生活中并未承担重要职能。相比之下,在四保盆地南端几个村落的文献中,对乡约的运作多有涉及,这从侧面显示,乡约在这些村落的经济、社会和宗教生活中扮演着远为重要的角色。

---

[1] 敦睦堂《双泉乡邹氏族谱》卷首,《赠文》,页 9a—9b,光绪庚子岁木活字本。
[2] Philip C. C. Huang, "County Archives and the Study of Local Social History: Report on a Year's Research in China," *Modern China* 8.1 (Jan. 1982), pp. 137-138; idem, *The Peasant Economy and Social Change in North China*, Stanford: Stanford University Press, 1985, pp. 225-231; Huaiyin Li, *Village Governance in North China, 1875-1936*, Stanford: Stanford University Press, 2005, chapter 3.

上保的村落与继嗣群

在四保盆地南端，散布着上保、枧头、社下前和黄坑等几个小村。这些小村均为单姓村。从 16 世纪末开始，聚居在这些小村的亲属群体建立了上保约，另有若干亲属群体是后来加入的。这个组织一直存续到 20 世纪早期。这个乡约为我们理解四保乡约的具体运作提供了一个颇为详尽的个案。在重构上保约历史之前，有必要先简单讨论一下这些村落及其村民的历史。

上保约是由上保及周边几个小村组织的。上保位于四保盆地南端，明清两代，它位于长汀县四保里与连城县北安里的交界处。上保本身共包含了洋子边、圳边和大坪头三个角落。上保周围又有枧头、社下前、高屋坑、黄坑（又分为上黄坑、下黄坑）等聚落，这些村落构成了上保约的主体。

居住在上保的，是邹氏宗族。跟四保其他邹氏一样，他们也将祖源追溯至邹公。根据当地传说，邹公迁居四保时，最初居住于上保邹家山。后来，其子邹六郎、邹八郎分别移居四保雾阁（龙足）、双泉二村，而邹七郎留在上保，是为上保邹氏的开基祖。邹七郎生有七子，其第一、三、六子，即社郎、祯郎、祐郎，定居于洋子边（又称阳紫轩）；其二子福郎定居于大坪头；四子祥郎定居于圳背；[1]第五子礼郎、七子禄郎定居于圳边。七子当中，邹社郎、福郎与礼郎的后裔较多，仍聚居于上保，其余四子的后裔或迁出上保，或没有后人。[2]现在居住圳边者是五子礼郎的后裔；而聚居洋子边、大坪头者是长子社郎的后裔。社郎一脉至第九世时，福荣居住于洋子边，而福缘居住于大坪头，两人分别成为洋子边与大坪头的支祖。[3]

上保的近邻枧头村，是附近的第二大村，是为吴氏宗族的聚居

---

[1] 圳背是上保的角落名。
[2] 敦敬堂《范阳邹氏族谱》卷首，页 1a—1b；卷一，页 1a—5a。
[3] 综合敦敬堂《范阳邹氏族谱》卷一《世系》资料，民国三十五年木活字本。

地。谱载,其开基祖吴大郎大约是在南宋时期从江西南丰迁居枧头的。吴氏二至四代均单丁。第四世吴念七郎生有二子:吴伯义与吴小八,他们的子孙成为吴氏的两大房,大房叫上祠或上门,小房叫下祠或下门(一说中门)。[1]

社下前分新、老两个聚落——分别称为老社下前和新社下前,均在上保村附近,是杨氏宗族的聚居点。老社下前位于上保村西北面,而新社下前位于上保南面。这个村名的来源,可能是因为老社下前位于上保水口社坛之前。社下前杨氏的始祖杨六三郎据称是宋儒杨时(1053—1135)的后裔。他原居于将乐龙湖村,后因逃避战乱,与兄弟迁居汀州社下阁。后来,他前来四保经商,最后决定在社下前开基。[2] 杨氏何时在新社下前开辟新村,不可考。笔者在四保田野调查期间,只有少数杨氏族人居住于老社下前,多数都已迁入新村。

上保约的成员中,还有赖氏宗族。其始祖赖传禄约于16世纪末从上杭县古田里迁居四保。[3] 赖氏最初以新社下前南面的高屋坑为主要聚居点。后来,族人几乎全部迁居到黄坑村,这是四保最南端的一个村落,往南就进入连城县境。黄坑分为上黄坑、下黄坑两部分,前者是赖氏聚居地,而后者是邹氏聚居地。邹氏是从雾阁迁来的,迁居时间是明代的某个时期。从目前资料来看,他们并未参加上保约。显然,他们有强大的雾阁邹氏宗族做后盾,无须托庇于上保约。在有关上保约的文字中,还提及李姓。他们似乎是居住在上保附近的一个亲属群体,但现已绝嗣或迁居他处,因为当地已完全没有李姓了。

像严屋严氏一类小族一样,上保邹氏、枧头吴氏、社下前黄氏和黄坑赖氏都是在18世纪末才开始开展收族实践的,上距其建

---

[1] 睦本堂《吴氏族谱》卷一,《世系》,页1a—2a,光绪己亥年木活字本。
[2] 亲逊堂《宏农杨氏族谱》卷一,《世系》,页8a—9a,1996年木活字本。
[3] 邹南英的《闽连城四保南塘乡赖氏族谱叙》载:"兹余同里赖氏贵族,考其先世,自前明问择居于汀之四保南塘乡,迄今二百余年,世发凡八。"该文作于乾隆六十年(1795),由此可知赖氏迁居时间在16世纪末前后。松阳堂《松阳郡赖氏族谱》卷首,第4页,1995年铅印本。

立乡约的时间已晚了将近两个世纪。这段历史证明了巴博（Burton Pasternak）提出的一个看法，在某种特定环境下——如在边疆社会下，首先出现的社会组织是基于非亲属之间的结合，而宗族建构只是社会发展到一定阶段才会开始的。[1] 而且，即使在有意识的收族实践将松散的亲属群体改造成宗族之后，地缘纽带在这一带仍旧颇为重要。最明显的一个表现是，这些亲属组织几乎在相同的时间编修族谱。

乾隆五十九年（1794），上保邹氏三支先后创修族谱。首先，此年春，礼郎房（圳边）创修族谱。其次，社郎房（洋子边）于同年夏创修族谱。最后，到了秋天，福郎房（大坪头）也创修了本房族谱。[2] 接着，次年，枧头吴氏两大房、社下前杨氏和黄坑赖氏均创修了本族族谱。[3] 同样，各族二修族谱的时间也非常接近。洋子边与圳边邹氏、杨氏和赖氏于咸丰元年（1851）续修，而吴氏两房于次年续修。[4] 三修族谱的时间也是如此：光绪二十年（1894），洋子边、圳边邹氏续修族谱；次年，大坪头邹氏续修族谱；杨氏续修时间是光绪二十三年（1897）；而吴氏续修是在光绪二十五年（1899）。[5] 只有赖氏等到民国时期才续修族谱。这些修谱时间的安

---

[1] Burton Pasternak, "The Role of the Frontier in Chinese Lineage Development," *Journal of Asian Studies* 28.3 (1969), pp. 551-561.
[2] 敦敬堂《范阳邹氏族谱》卷首，《邹氏族谱序》，页 1a—1b，民国三十五年木活字本。
[3] 敦善堂《吴氏族谱》卷首，《渤海郡吴氏族谱序》，页 1a—1b，光绪己亥木活字本；敦本堂《吴氏族谱》卷一，《吴氏小八公房谱旧序》，页 1a—1b，光绪己亥木活字本；亲逊堂《宏农杨氏族谱》卷首，《重修族谱旧序》，页 1a—1b，1996 年木活字本；《松阳郡赖氏族谱》卷首，第 4 页，1995 年铅印本。
[4] 敦敬堂《范阳邹氏族谱》卷首，《重修谱序》，页 1—1b，民国三十五年木活字本；敦本堂《范阳邹氏族谱》卷一，《邹氏重修谱序》，页 1a—1b；敦善堂《吴氏族谱》卷首，《重修族谱序》，页 1a—1b，光绪己亥木活字本；敦善堂《吴氏族谱》卷一，《吴氏小八公重修房谱序》，页 1a—1b；亲逊堂《宏农杨氏族谱》卷首，《杨氏重修族谱序》，页 1a—1b；《松阳郡赖氏族谱》卷首，第 5 页。笔者没有找到大坪头重修族谱的记录。
[5] 敦敬堂《范阳邹氏族谱》卷首，《三修族谱序》，页 1a—1b，《大坪头三修族谱序》，页 1a—1b，民国三十五年木活字本；敦本堂《范阳邹氏族谱》卷一，《邹氏重修谱序》，页 1a—1b，光绪二十一年木活字本；敦善堂《吴氏族谱》卷首，《重修族谱序》，页 1a—4b，光绪己亥木活字本；敦善堂《吴氏族谱》卷一，《重修谱序》，页 1a—3a，枧头下祠，光绪己亥木活字本；亲逊堂《宏农杨氏族谱》卷首，《首事题名》，页 1b。

排,当然不是巧合。它们从侧面显示了地缘纽带,尤其是下面讨论的上保约,对亲属组织的影响。因此,这几个小族的发展模式,体现了一种有别于马屋马氏、雾阁邹氏等大族的路径。

上保约的兴起

关于上保约早期的历史,圳边《范阳邹氏族谱》作了如下记载,可作为我们讨论上保约的起点:

> 右约所在邹公庙前山下,甲山庚向。东至山,西至双泉乡饮福亭与庙坪,南至田,北至坪。大明崇祯十七年春,七郎公裔孙完尧等首建上保乡约所一植,毗连五间,中厅设立圣谕一座,上悬"乡约所"匾额,右畔竖"上保乡约所"大石碑,以杜混淆。每逢正、三、七月三季,衿耆诣约所议论约规,递年正月十二、十三、十五日,六月廿日、廿一日、廿三日,上保庆祝神诞,衿耆饮福于内,世世勿替。……至国朝康熙四年春正月,吴、杨、李、赖四姓同议合约,奈无约所,恳借邹七郎公约所商议约规。后邹、吴、杨、李、赖五姓,编立仁、义、礼、智、信五班字号,拈阄为定,轮流办备约务。[1]

这段文字需要澄清几个表述。首先,上保约建立的时间,并不是崇祯十七年(1644),而是万历年间,洋子边《范阳邹氏族谱》明确记载:"上保乡约所,古建于邹公庙山之下,甲山庚向,明万历间设立圣谕六言,安于约所中栋。"[2] 上引文字中的"首建"之"首"字应作"为首"之"首"解。大概上保乡约所始建于万历年间,至崇

---

[1] 敦本堂《范阳邹氏族谱》卷一,第117页,《乡约所图》,1995年铅印本。
[2] 敦敬堂《范阳邹氏族谱》卷一九,《上保约公产》,页1a。

祯十七年重建。其二，上保约最初应为上保村邹氏所组织，亦即创建之初，并无其他村落参与，上保约之名，盖即源于此。至康熙四年（1665），吴、杨、李、赖等姓组织的另一个乡约，由于没有固定的乡约所，经与上保约磋商，最终合而为一，组建成新的上保约。其三，两个乡约的合并与五姓编立字号二事，并不是同时进行的。前者应该发生于康熙四年前后，而后者可能发生于康熙十几年至三四十年之间。理由是，杨姓首次接约的时间，并非康熙初年，而是康熙四十三年（1704）。由于杨姓二十五年接约一次，编立字号的时间不太可能早于康熙十八年（1679）（详见下文）。[1]

为什么马屋、上保、长校、南柴坑等几个村落，到了万历年间都先后组织乡约呢？海内外社会史学者提出的两种解释，或可作为我们讨论的起点。三木聪认为，明后期乡约保甲制的出现，是里甲制度解体的结果。明初建立的里甲制度，具有征收赋役、维持再生产与维持治安和秩序等职能。至明代中叶，随着乡绅土地所有制的展开，作为里甲制度基础的在地地主层逐渐没落，从而引起乡村支配体系的崩溃，里甲制解体了。原先由里甲制执行的种种机能，便改由各种新的制度执行，而乡约保甲制，便是其中重要的一种。[2] 郑振满则从明后期地方行政的演变入手，为乡约保甲制的推行提供了另一种解说。他指出，明代后期，由于倭乱、赋税加派等原因，福建地方政府出现了财政危机；而明中叶开始的财政改革，由于重在"节流"而不是"开源"，遂使各级地方财政的规模屡受压缩。结果，政府被迫放弃包括各种地方公共事务在内的许多地方行政职能，社会秩序的维持，最终便不得不依赖于乡约保甲组织与乡族武装，乡约保甲制由此应运而生。但是，这种由地方政府"授权"的乡族自治，势必导致乡族势力的恶性膨胀，引起乡族械斗与乡族割据的持续发展。[3]

---

[1] 亲逊堂《杨氏族谱》卷首，页4a—5a，《邹公庙约所》。
[2] 三木聪《明末の福建における保甲制の展開》，第278—288页。
[3] 郑振满《明后期福建地方行政的演变》，第147—156页。

第七章　乡约、乡村仪式与地域社会

而这种局面,又可能为乡约的普及提供必要的社会土壤。

概括来说,三木聪与郑振满两位观点的差别在于,前者侧重行政系统最基层的一环——里甲制度——的演变,而后者注重州县行政尤其是州县财政的演变。但两者都强调地方行政系统内部的变化与乡约保甲制兴起之间的密切关系,认为后者实际上是地方行政职能萎缩的产物。[1] 两人所讨论的情况,在明后期的福建还是比较普遍的,其结论应可用于理解四保推行乡约制的比较一般的制度史背景。的确,笔者掌握的一些证据,显示了里甲系统与上保约之间的某种相关性。对明清户籍制度的研究已揭示,从明中叶开始,户籍系统下的户常常跟实际的家户没有关系,它已转变为税收单位,每个户头下面,可能是若干个小族,也可能是一个大族的某一房派。[2] 从笔者掌握的资料看,上保也不例外。

笔者在上保约最重要的四个亲属群体(上保洋子边,圳边,枧头吴氏上门、下门)的族谱中,都发现了明清里甲组织的一些有趣资料。这些资料表明,上保约各族或其房支在里甲户籍系统中登记了自身的户籍,如邹启太户、吴通仁户、吴德其户等。前两户和曾太长户[3],合称为"老三户"或"老里长",它们在明代共同朋当长汀县四保里五图五甲的里长。至清代康熙三十四年(1695)与乾隆二十三年(1757),上保约的另外三个户(吴德其、邹煌观、邹广发)也先后加入"老三户"的行列,共同朋当五图五甲的里长。为此,这些新老户进行了具体安排,规定了各自在官府十年审丁、五

---

[1] 铃木博之根据对明代徽州乡约的研究,认为当地乡约出现之初,目的在于维护"礼的秩序",只是到后来社会危机日益加深后,才进而侧重维护"社会秩序"。参见铃木博之《明代徽州府の乡约について》,收入明代史研究会论丛编集委员会编《山根幸夫教授退休纪念明代史论丛》,东京:汲古书院,1990年,第1045—1060页。
[2] 片山刚《清代广东省珠江ヂルタの图甲制について——税粮・户籍・同族》,《东洋学报》第63卷第3—4号(1982),第1—34页;郑振满《明清福建的里甲户籍与家族组织》,《中国社会经济史研究》1989年第2期,第38—44页;刘志伟《在国家与社会之间——明清广东里甲赋役制度研究》,第244—275页。
[3] 曾太长户的情况,今不可考。在上保周围,并没有曾姓人家。

年接役中的责任：

> 一邹启太：戊、甲、己、乙、庚、丙、辛、丁、壬；
> 二吴通仁：己、乙、庚、丙、辛、丁、壬、戊、癸；
> 三曾太长：庚、辛、壬、癸、甲；
> 四吴德其：辛、丙、壬、丁、癸、戊、甲、己、乙；
> 五邹煌观：壬、丁、癸、戊、甲、己、乙、庚、丙；
> 六邹广发：癸、戊、甲、己、乙、庚、丙、辛、丁。[1]

除了邹启太户每十年接役一次外，其他五户均是每四年或五年接役一次。从这条史料看来，这六个户原本并不属于同一个里甲系统，后来加入这个系统的几户，之所以共同朋当里长，也许正是因为它们属于同一个乡约的缘故。但是，值得注意的是，五图五甲这个系统是一直存在的，而且，"老三户"包括了邹氏与吴氏，说明两姓在明代办理地方公务时已有合作。假如明初里甲体系执行了征收赋役、维持再生产与维持治安和秩序等职能，那么，到了明末，应付官府公务仍是里甲体系的一项基本职能，但是，维持地方治安与社会秩序的职能，很可能已从里甲系统的手中，逐渐转移到乡约之上。

在地方财政方面，情形应和郑振满所言相似。实际上，他引述的一些重要例证，正是来源于明后期的汀州府。[2] 国家从公共事务抽身而出，结果是地方自治空间的扩大。为了处理公共事务，各个村落，尤其是小村之间寻求彼此合作，这带来新的社会群体与网络的出现。因此，明代覆亡前，在吴氏、杨氏与李氏加入上保约之前，他们已经和上保邹氏在水利工程建设方面展开了合作（详下）。这种早期的合作，很可能为日后他们在乡约事务方面的合作提供了契机。

---

[1] 敦善堂《吴氏族谱》卷一，《招耕田片》，页 1b—4b，光绪己亥年刊本。
[2] 比如，郑振满在《明后期福建地方行政的演变》一文中，广泛援引了李世熊编纂《宁化县志》一书中的资料。

倘若里甲系统和地方财政的变动，为乡约的出现提供了基本历史背景，那么，上保等几个村落建立乡约组织的具体原因又是什么呢？笔者谈到，在解释组织乡约的缘由时，马屋乡约的发起人马孟复强调道，他面临的是一个"乡俗日薄，百孔千疮"的社会，他所推行的乡约，多少带有"移风易俗"的味道。上保、枧头等村落组织乡约，则别有情由。由于处于长汀、连城两县的交界处，上保约所属区域常有土匪出没，不时骚扰边境附近的小村，这就给这一带提出了加强地方防卫的要求。同时，当地的传说认为，聚居在上保、枧头、社下前、高屋坑等村的小族，因规模小，人丁少，常常受到附近大族的欺凌。我们知道，四保盆地中心的几个亲属群体，早在明中后期就已开始了收族实践，17世纪初以后，它们大都已建有祠堂、编修族谱，置买了若干族田，成为这一地域较为重要的政治、社会势力，而加入上保约的几个村落，直至将近两个世纪以后才开始进行收族。加强这些小村之间的联系，无疑有助于对抗大族的欺凌。

一个枧头吴氏中间流传的传说，为了解上保约所在乡村与大族之间的关系提供了一个旁证。这个传说解释的是，为何吴氏不许娶四保盆地的某姓女子为妻。传说讲述道，一位某氏女子嫁到枧头，到八十多岁时，这个妇女寿终正寝了。可是，她娘家人纠集了一大批族人，浩浩荡荡来到枧头亲家家中，借口某氏妇人为吴姓族人所害，将后者的家财洗劫一空。[1]吴姓势力单薄，敢怒不敢言，最后定下规矩，凡吴姓子孙，永不许娶某氏女子为妻。上保与北面的双泉也曾发生过官司。崇祯年间（1628—1644），上保邹氏与双泉邹氏就因上保邹公庙的祭祀问题发生争执，告到县衙门，最后由知县出面调解，才得到解决。[2]双泉邹氏的实力虽然无法跟马屋马氏或雾

---

[1] 这条史料和笔者在四保的田野调查均显示，娘家在乡民的家庭生活中扮演颇为重要的角色。有关华北妇女与娘家的关系，参见 Ellen R. Judd, "*Niangjia*: Chinese Women and Their Natal Families," *Journal of Asian Studies* 48.3 (Aug. 1989), pp. 525-544.

[2] 敦敬堂《邹氏族谱》卷首，《三乡分定致祭日期规例》，页1a。

阁邹氏相提并论，但跟后来加入上保约的几个小族相比还是要强一些——这个亲属群体也是在万历年间开始进行收族实践的。

如此看来，上保约的创建和后来的重组，也许为联合几个小族的力量，与大族和盗匪抗衡提供了一种途径。根据当地流传的一个传说，在上保约一个约众受到大族欺凌之后，约中首领即召集约众，前往肇事者处抄家，而大族族众也无可奈何。正因为乡约在维持地方秩序、抵御外来势力的侵扰上发挥了重要作用，它在上保一带具有很高的显示度。留在当地文献中的一些珍贵资料，正可说明乡约在当地的重要性。总之，对马屋、雾阁、双泉等中大规模的宗族而言，内部秩序的重建和衙门差役的处理是倡行乡约的直接动机。而对于参加上保约的小族来说，组织一个跨村落的小族联盟，以此抗衡大族和盗匪，才是组织乡约最根本的缘由。正因为如此，上保约除了维护社会秩序外，还被赋予若干社会、宗族功能，包括地方治安等，而明中叶以后地方财政演变与里甲制度变动，是其背后的一般性历史背景。至于为何这些小族选择乡约而不是其他组织形式（比方说，寺庙），我们没有直接的资料。一个合理的推断是，乡约在当时由不少士大夫广为推行，因此，与寺庙等组织形式相比，具备更强的正统色彩和合法性。

上保约成立之初的组织形式，现在已无从知晓。我们可以确定的是，康熙朝前中期，在吴、杨、李、赖等姓加入后，上保约建立了相对稳定的轮值制度，这个制度延续了二百余年，一直存在至民国初年。根据这种轮值制度，约内五姓约众，以拈阄的方式，组织成五个班，分别命名为仁、义、礼、智、信，五班的姓氏分配状况是：

仁字班：枧头吴姓下门、社下前杨姓与高屋坑赖姓；

义字班：枧头吴姓上门；

礼字班：圳边邹姓；

智字班：大坪头邹姓；

信字班：洋子边邹姓。[1]

这五个班每年轮流负责乡约的事务，周而复始。上述五班中，只有仁字班涉及三个亲属群体，那么，就在这三个群体中间进行分工，根据族众多寡，决定轮值周期的长短。因此，以每班而言，五年接约一次。仁字班的杨姓因人数较少，每二十五年接约一次。据《杨氏族谱》记载：

> 每年正月初二日，在约所宰牲，上轮下接约。枧头下门吴、杨二姓合拈阄得仁字班。当日经众原议，下门吴姓并高屋坑在内接约，轮流连五班共廿五年。至每年杨姓接约一次。杨姓接约在洋子边信字班约，送交下枧头上门义字班。脱约人须具帖请新乡约一餐。又于本家敦请二人一餐。诸（？）邹公庙接拜圣送约，另请二人一餐。每年七月初二日，行约一次，宣讲《圣[论]（谕）》六言，化民敦淳，严肃约束。……
>
> 康熙四十三年甲申岁立起杨姓接约一次；
>
> 雍正七年己酉岁接约一次；
>
> 乾隆十九年甲戌岁接约一次；
>
> 乾隆四十四年己亥岁接约一次；
>
> 嘉庆九年甲子岁接约一次；
>
> 道光九年己丑岁接约一次；
>
> 咸丰四年甲寅岁接约一次；
>
> 光绪五年己卯岁接约一次，永远不得摧（前）速后。[2]

根据上引资料，杨姓拈阄拈得仁字班，与吴姓下门、高屋坑赖姓同

---

[1] 敦善堂《吴氏族谱》卷一，《祠图记》，页5a，光绪己亥年刊本；亲逊堂《杨氏族谱》卷首，《邹公庙约所》，页5a。

[2] 亲逊堂《宏农杨氏族谱》卷首，《邹公庙约所》，页4a—5a。

属一班。吴姓与赖姓每五年共同接约一次，而杨姓每二十五年接约一次。杨姓在康熙四十三年（1704）开始接约，此后于雍正七年（1729）、乾隆十九年（1754）、乾隆四十四年（1779）、嘉庆九年（1804）、道光九年（1829）、咸丰四年（1854）、光绪五年（1879）先后接约七次。杨氏接约头一年是信字班（洋子边邹姓），次年送交义字班（枧头吴姓上门）。此外，吴姓下门与高屋坑赖氏共同接约，两者如何进行分工，文献没有记载。上保一带的几部族谱都提到李姓参与约务一事，但是，李氏究竟被编排到哪一班，也未见明文记载。最后，这条资料还提供了上保约长期运转的旁证，重组后的上保约，至迟从18世纪初开始运转，直至19世纪后期，它还在依照原先的轮值方式进行运转。

综合圳边《范阳邹氏族谱》和社下前《杨氏族谱》的记载可知，根据约规，每年正月初二日，上保约当年轮值字班承接上一班的约务，称"接约"；至次年同一日，移交约务给下一班，称"脱约"。接约、脱约之日，需行帖通知各班相关人士。以下两纸是流传至今的约帖：

（一）《请乡约帖》

    伏以
  腊去旧除
  春来新接乃上保约古设交代约任之良规也谨择来年新正月初二日辰刻敢屈
  某字班新乡约公诣约所领接
  《圣谕广训》［辩］（办）理约束是望
    右启
    请
  大乡望某字班新乡约公大人尊驾文几

第七章　乡约、乡村仪式与地域社会

某字班新乡约某名顿首　拜

（二）《正月初二日㝍月初三日约帖正月用不得下本抄有》

　　　谨遵于前规某月某日约所宰牲凡属约中绅耆英俊人等各带分金酒米齐集约所议论约规庶风清俗美共乐 太平特字
　　通知
　　民国某年某月某日某字班　乡约　具白[1]

上述两纸约帖，第一帖是请下一字班接约的帖子，第二帖是全年例行公事通用的帖子。从帖后年份看来，上保约至民国初年还在运行。

由于每次接约对于乡约的成员宗族来说，都是件关乎本族声望的大事，这些宗族对于接约和脱约，大都十分谨慎，有的甚至定下规矩，郑重其事地将之载入谱牒。枧头吴姓上门的规矩是：

　　一逢乙、庚两年，轮该祠内为乡约，丙、辛脱约。有会约行约，值月值年人邀同有值事才者共成其事，毋推诿退缩。遇点册，每家的要科钱，不宜专望松子，至少要出钱二十五文，众擎易举。
　　一脱约之年，将祖祠所备猪移宰约所，生、监、礼生凡该饮福者同临约所款待，上午祭祠则无酒筵，或待鼓乐一位。[2]

根据上述规定，吴姓上门逢乙、庚年接约，丙、辛年脱约。接约之年，族内要求有管理才能的族人积极参与约务。所谓"点册"，当即南柴坑《马氏族谱》所云"官府往来点册"，亦即官府胥吏衙役下乡

---

[1] 第0401号祭文本，页23a—23b，民国抄本。
[2] 睦本堂《吴氏族谱》卷八，《具开祭祖祠规例》，页2b。

进行的种种例行公事。"松子"是当地对松树的称呼，这里指的应是该族公山的收入。从这条规定可以看出，上保约与八将约一样，负有协助官府办理公务的职责。第二条显示了礼生对乡约事务的参与，我们提到，他们很可能是应邀前往赞相礼仪的。

既然当地宗族对于乡约事务如此重视，那么，上保约的首领究竟属于何种社会经济背景呢？乡约的活动与地方士绅有何关系呢？这些问题对于理解上保约的性质颇为重要。由于笔者只掌握了四位乡约首领的资料，目前只能为这两个问题的讨论提供一点思路。

第一位吴大顺（1572—1648），字若初，是明末的冠带耆宾，其兄长吴大行是一位岁贡生。吴氏在年轻时外出经商，"略创家业"，后扶助兄长读书，由于他"忠直自持，人多悦服，里人重之，举为乡约，事无大小，处之裕如。将更约，仍留公督理。此以见公之素行深孚于闾里也"。他之被推举为乡饮宾，可能是因其兄长的科举功名，更重要的是因为他在乡约任上的突出表现。[1]

第二位杨九公，据说"生平不侮鳏寡，不畏强暴，判断人间曲直，是则是，非则非，毫无曲苟与人。干事竭力料理，铁胆忠心，毫无苟且与人。然诺一言既出，千金不移。乡中之事，一一综理精致"。笔者推断他曾担任乡约首领，是因为传记记载他的事迹时指出："吾约乡禁会立下规条甚酷，或送官惩治，无不果敢而遵行，迄今约内贼风不致猖獗，居民得高枕而卧者，皆兄之赐也。"这里的"乡禁会"亦称"乡禁社"[2]，很可能是上保约之别称，也可能是上保约下属的专门处理地方公务的一个组织。以杨氏的性格与才干，被族人推举参与约务是情理中的事。传记还提到，杨九公因"争路径"与邻村族人发生冲突，最终因此身故。[3]

---

[1] 睦本堂《吴氏族谱》卷八，《若初公传》，页1a。
[2] "禁"字也有写作"正"字的，四保话两字同音。
[3] 亲逊堂《宏农杨氏族谱》卷首，《文传·杨九公传》，页1b。

第七章　乡约、乡村仪式与地域社会　　225

第三位是杨俭忠[1],家境似乎不太好,他的传记说他是"本质之人","生平俭朴,耕种自食",分家时他父亲没有给他留下任何财产,因此,他不得不"恒以肩挑贸易,贩米于宁(化),转运连城出售,稍负微利,养活家口",因此,他是在宁化、连城之间贩运米豆的众多四保挑夫中的一员。不过,这个身份并不影响他在族中的地位。其传记载云,杨俭忠曾管理十二世祖公堂,"以数祖蒸尝存起,权其子母,为祖增光",又说"十六世洪先公乏嗣,翁发慈祥,颇积祭赀",足见他有理财之才。[2]

最后一位是邹永远,字致堂,家境比杨俭忠要好,在十二岁时即捐监,其性格"忠厚信实,谦逊待人","凡地方有故,无不竭力勷助,修桥路以利行旅,存众款以祀祖宗,他如建造大桐桥戏台、重修天后宫,维持景初公圣诞会",他都热心参与或主持,至三修、四修家乘,邹永远担任总理校对。[3]

在上述四位乡约首领中,经济状况与社会身份都不尽相同,第一位与最后一位算是下层士绅,另外两位则是没有功名、身份的庶民。就经济状况来说,除了最后一位外,其余三位的家境都比较一般,算不上什么殷实人家。这说明,身份与家境并不是决定乡约资格的主要条件。这四个人的共同点,是他们在理财与处理地方事务上表现出来的才干。即使是被称为"本质之人"的杨俭忠,管理公堂时可以做到有条不紊。须知乡约处理的无非地方上的种种公共事务与民事纠纷,没有一定的管理才能,是无法胜任这种工作的。上引《吴氏族谱》所云"有值事才者",强调的正是这一点。这四位乡约首领所具备的"经理之才",正是乡约组织所需要的。

---

[1] 笔者在查阅枧头上门《吴氏族谱》时,在谱内意外发现纸条一张,上书"乡约公",后列吴志英、邹永远、杨俭忠、吴丰有、传炳五人,方知杨俭忠与下文将要提到的邹永远都曾担任上保约的首领。可惜的是,笔者未能找出其余三人的传记,不过,可以确定,他们都没有获得过功名,因为在族谱的《题名》中未能找到他们的名字。
[2] 亲逊堂《宏农杨氏族谱》卷首,《文传·俭忠翁传》,页1a。
[3] 敦本堂《范阳邹氏族谱》卷七,《永远贤侄行述》,页1a,民国十九年木活字本。

上保约与地域社会

上保约处理约务的地点，是位于上保邹公庙侧的乡约所。邹公庙创建于元代，是当地最为重要的寺庙之一（参见第八章）。乡约所建于邹公庙侧，多少有借重邹公权威的意思。再者，考虑到邹公庙在四保的地位，这个地方很早就可能成为附近村落的仪式和社会中心。约所共有房屋五间，中厅竖有《圣谕》，这就是明太祖朱元璋的《圣谕六言》：孝顺父母、尊敬长上、和睦乡里、教训子孙、各安生理、毋作非为。

乡约的例行活动，每年主要有三次。首先是正月初二日，此日约众在约所聚餐，各个字班也在此日交接约务。另一次是三月初三日，主要活动是"议定规条"，其主要事务大约是处理地方纠纷，商议公共事务。最后一次是七月初二日，此日在约所内宣讲《圣谕》六言。[1]此外，乡约还临时处理地方纠纷。试举一例。某年，有邹姓族人（可能是上保人）在社下前杨氏先祖六三郎祖坟之侧挖坟一穴，危及后者的风水，杨氏族人乃"的投乡约、保正、公亲"，在这些人的斡旋下，双方最后达成和解。[2]

除了一年三次的例行活动之外，上保约还在其成员的经济、社会与宗族生活中扮演了颇为重要的角色。在二百多年时间里，这一组织操持着本地的一系列公共事务，特别是那些通常很难跟乡约联系起来的地方公务。这些实践让我们可以更好地把握这个乡约的实质。

上保约从事的第一项社会活动，就是维护水利工程。上保约的主要成员村落，除了高屋坑、黄坑以外，基本上属于同一个水利体系。这个体系的水源来自于四保东部的鳌峰山，流经上保村，最后

---

[1] 敦善堂《吴氏族谱》卷一，《祠图记》，页5a；敦本堂《范阳邹氏族谱》卷一，第117页，《乡约所图》。雍正二年（1724）后，宣讲的文本应该是《圣谕广训》或此书的各种衍生版本。
[2] 亲逊堂《宏农杨氏族谱》卷首，《乡图》，页3b。

到达枧头与社下前两地。明万历年间,还在吴、杨、李等姓加入上保约之前,他们便与上保邹氏一道,在本里油杭前溪中用石头筑堵陂头一座,以便灌溉当地大墘上的一片粮田。各村还购置了一定数量的土地,其租金用于支付维护陂头的费用。至乾隆年间,"有本乡希吞公产之徒,其陂圳渗漏并不顾管、无工霸耕之端",乾隆二十七年(1762)四月,"合约等齐集,编立合同,以开垦踏陂公产田亩,召邹新德承耕,每年办交田租铜钱陆百文,交轮值年乡约人收领,以付出工踏圳者买米、酒、菜等用,毋得短少,其合同当日付在乡约内存一纸"。[1]也就是说,在发生本地人无端霸耕影响水利的问题之后,上保合约众等组织人力,开垦田地一处,召佃耕作,其收入用于维持陂圳的正常运行。

上保约的第二项社会文化实践,是组织神明祭祀和打醮活动。上保村后有一座山峰,称古峰山,又以供奉赖仙公的缘故,称作赖仙崇。山顶有古庙,称赖仙庵,供奉赖仙公及欧阳、罗二仙公。赖仙公与欧阳、罗二仙公是闽西地区著名的"三仙二佛一侯王"中的"三仙"。赖仙公俗名玄,大约生活于宋代(一说在明初),在连城姑田员峰山得道。[2]赖仙庵的建置时间不详,从庵内保存的两方捐款碑刻来看,这座庵场在长汀、连城、清流一带有一定影响。[3]赖仙崇山麓,建有积福庵一座,内供欧阳真仙、罗仙公、赖仙公、三大祖师、观音和弥勒等神明,这座寺院建于明弘治年间(1488—1505)。[4]据说九月初一是赖仙公的诞辰,每年此日,来自上保约及

---

[1] 敦善堂《吴氏族谱》卷一,《祠图记》,页5b。
[2] 华钦进:《员峰山的赖仙公及其道士》,收入杨彦杰主编《闽西的城乡庙会与村落文化》,第399—415页;民国三十六年《清流县志》卷二二,《人物志·方外》,福州:福建地图出版社,1989年,第560页。
[3] 这两方碑刻均是捐款题名碑,一方额题"降福孔皆"四字,无立碑年月;另一方额题"以垂不朽"四字,立于光绪二十年(1894),此碑捐款人名之后列有董理十二人之人名,其中长汀县十人,连城县、清流县各一人,长汀县董理中,邹姓七人,吴姓二人,杨姓一人,这种姓氏构成与上保约的情况基本相同。
[4] 敦善堂《吴氏族谱》卷一,页4b。

长汀、连城、清流一带的香客上山进香,齐集庵中打醮。上保一带的拜神活动,由上保约主持进行,届时,乡约组织人员上山朝谒赖仙公。乡约还专门置有田产,以供每年赖仙公生日备办彩仪、鼓吹、香烛等物之用。圳边《范阳邹氏族谱》云:

> 一南嶂山顶,上保约众人建造神庙一所,名曰古峰山,内装金像而祀焉。凡四方善男信女,各宜诚心斋戒,登山朝谒,此必仙公之灵显也。惜乎吾乡自建造以来,原无祀田,只得鸠(纠)集同人,题捐存息,后置买粮田三处,将仁、义、礼、智、信五班乡约轮流,每班值年至九月朔日,将田钱买办硝磺、香烛、彩仪、吹手等物,登山朝拜,至庙庆贺仙公,千秋勿替。[1]

拜毕下山,例于积福庵进香。[2] 上保约在同治五年(1866)于大桐桥开设公平墟后,又在墟场搭建戏台,组织演戏酬神等活动,庆祝赖仙公的生日。由于赖仙庵位于海拔一千余米的陡峭山顶,神诞期间的活动比较复杂,因此,乡约内部形成了一系列联络与组织的规矩,以协调庙内与墟场的各种活动。赖仙庵内举行仪式的详情,文献没有留下记载。2001年10月17日(农历九月初一),当笔者考察这座寺庙时,上保附近的乡村雇请了两位隔川道士前来打醮。在本次仪式中,礼生没有出现,不过在1949年前,他们肯定曾例行参与神诞活动。笔者在上保搜集到的一本祭文本抄录了赖仙庵打醮的祭文。很明显,礼生一度参与过赖仙公的祭祀活动。[3]

---

[1] 敦本堂《范阳邹氏族谱》卷一,第124页,1995年铅印本。此外,敦敬堂《范阳邹氏族谱》卷一九《社田片》页2a载有赖仙公田片二处,每年收入归乡约;同卷页4a载有仙公社田一处、朝山社田二处,这三处田产的收入应该归神明会所有,并不是乡约的公产。
[2] 敦本堂《范阳邹氏族谱》卷首,《积福庵梵刹记》,第1页,1995年铅印本。
[3] 第0401号祭文本,页11a。

第七章 乡约、乡村仪式与地域社会　229

同治五年，在上保约的倡导组织下，在靠近上保水口的约属大桐桥（一作大衢桥）地方，开设了一处新的墟场，称公平墟。关于开设这个墟场的来龙去脉，敦善堂《吴氏族谱》有如下的记载：

> 一本境公平墟，设立于大衢桥，正南北通衢之所。其间有一罗星，系邹姓之锁钥。衅因龙足乡新墟五、九集期路稍远，买卖维艰，又恐少年滋事，只得鸠（纠）集邹、吴、杨、赖四姓即仁、义、礼、智、信五班人等，和同集议另设集场，筹之久而事不果。迨至同治五年间，复商此举，佥谋定议，择于本境大衢桥新设公平墟，仅一桥难容乡众，以故于仁、义、礼、智、信五［斑］（班），每班科派铜钱贰拾千文正，架造一厅于罗星上，以便籴粜风雨无惊，并无安神塑佛之说。每逢三、八期，往来懋迁者历世年而莫异。越光绪十一年，于粜米亭前复构戏台一座，本为九月初一朝古峰山搬演梨园之有归，更以壮集场之色，其架造费款，实系乡正社捐出数百金，以资土木之需，倘世远年湮，粜米厅与戏台有颓圮之虞，宜乡正社协同修复，不涉一乡一姓之事，恐后无凭，各存族谱为据。[1]

这条史料很明确地记载了大桐桥墟场开设的时间与过程。开设墟场的建议，早就有人提出，不过直到同治五年，才被付诸实践。引文称大桐桥墟场开设的原因有二，一则"路稍远"，一则"恐少年滋事"。其实，雾阁新墟场距上保约十华里，仅有不足一小时的路程，步行赴墟来回，也仅需一两个时辰的路程。因此，开墟的主要原因，恐怕还在于"恐少年滋事"一端，亦即担心与四保盆地的大族发生不必要的摩擦。[2] 开设新墟，一方面可以避免与大族正面冲突，另一方面也可以

---

[1] 敦善堂《吴氏族谱》卷一，《大衢桥古迹》，页1a—b。
[2] 有趣的是，雾阁墟场和大桐桥墟场都自称"公平墟"。

免受后者的钳制。这与组织上保约的原因本身也是相通的。

要把握上保约这个举措的意义，我们必须理解拥有自身墟场的意义与墟场和地域社会之间的复杂关系。由于第九章将对这个主题进行更充分的讨论，笔者只想在此指出墟场的基本意涵。简单地说，在地方权力的建构、挑战和角逐当中，对墟场的控制具有颇为关键的重要性。明中叶以前，四保地区最为重要的、也许唯一的墟场，是位于四保盆地中心的赖家墟。从名称看，这个墟场最初可能是由在此聚居的赖氏建立的。至明中叶前后，随着马屋马氏宗族势力的扩张，他们逐渐控制了这个墟场。从明末开始，由于来自印刷出版业和其他工商业的利润及科举上的成功，雾阁邹氏宗族逐渐获得了与马氏角逐地域社会控制权所必需的经济与社会文化资源。乾隆四十三年（1778），邹氏宗族在本村村口开设新墟，这个墟场的墟期，是每月逢五、九日，与赖家墟完全相同。上引文字中的"龙足乡新墟"，指的便是此墟。第三个墟场是民国时期江氏宗族在江坊开设的墟场。其墟期也是逢五、九，跟赖家墟和雾阁同日。这种日程安排清楚显示了开设墟场背后的动机：通过将赶集的日子定在同一天，大族之间相互角逐对地域社会的控制权。与此不同，大桐桥墟的墟期逢三、八。这种日程安排意味着，跟雾阁邹氏和江坊江氏不同，上保约并不想正面挑战邹、马等大族的权威。对于上保约所属宗族而言，建立一个独立的墟场，意在避免与马屋、雾阁大族发生对抗与冲突，而非去挑战他们的权威。

像八将约一样，上保约也试图通过发布禁约、禁条，规范约内乡村的社会经济生活。这些禁约的主要目的，是减少境内的民间纠纷，维护公共安全。笔者在上保一本祭文本内，找到了五件署名为上保约的禁条、禁约（详见附录七）。它们显示了上保约在境内的影响力。这五件文书的主要内容是对私有财产的保护。第一、三件侧重保护庄稼免遭家禽、家畜和盗贼的侵扰。第二、五件处理的是偷窃、抢劫和土匪问题。第四件涉及的范围较为笼统，禁约的对象包括各种违规行为，同时也意在改良本地陋俗。这些禁约、禁条显示，上保约不仅是一个主导当地经济、社会和宗族生活的社会制度，也具备一定的治安方面的职能。[1]通过这些禁约，我们可以看到，上保约俨然已成为境内一种重要的公共权力。

跟目前学界讨论的大多数乡约相比，上保约至少在两个方面是独特的。其一，这个组织从晚明开始，似乎不间断地存续至20世纪初，前后存续了将近三个世纪，这比目前学界讨论的所有乡约存续的时间都要长。王阳明推行的南赣乡约，几年之后就停止运转。[2]其他类似的例子包括嘉靖四年（1525）吕柟行于山西的解州乡约、嘉靖十三年（1534）吕柟门人余光行于解州运城的河东乡约、嘉靖十八年（1539）吕柟门人张良知行于河南许州的许昌乡约以及嘉靖中叶江右王门名人聂豹、邹守益、罗洪先等在吉安府属县所行的乡约，这些乡约大都仅维持了数年。寿命较长的，嘉靖二十三年（1544）成立的徽州歙县岩镇乡约大概行了十年，正统三年（1438）或稍后成立的潮州饶平黄冈乡约行了三十年，持续时间最长的可能是正德六年（1511）开始的山西潞州雄山乡约，这个乡约的寿命大约也只有六十年。[3]相比之下，四保乡约的寿命要长得多。马屋、长校、双泉与雾阁四村的乡约，由于没有确凿的证据，还难以断定其延续性，可是，八将约始行于明代万历年间，到清代乾隆年间还很可能在乡村发挥作用。即使撇开八将约不论，本书侧重讨论的上保约，前后共存续了三百年左右。这种历史延续性就远非单由官府

---

[1] 笔者发现，相关的禁约、禁条，常见于元明以来的日用类书。对这些史料的讨论，参见仁井田陞《中国法制史研究：奴隶农奴法·家族村落法》，修订版，东京：东京大学出版会，1980年，第790—829页。
[2] 曹国庆《明代乡约研究》，第202页；Hauf, "The Community Covenant in Sixteenth Century Ji'an Prefecture," pp. 7-11.
[3] 朱鸿林《明代嘉靖年间的增城沙堤乡约》，第135页；朱鸿林《明代中期地方社区治安重建理想之展现——山西河南地区所行乡约之例》，《中国学报》1992年8月，第88—97页。

或士大夫倡行的乡约可比。

其二，上保约所从事的活动，与目前论者所指明的乡约活动存在较大差距。以沙堤乡约为例，这个组织的主要活动包括：一、听读圣训、宣谕；二、听讲训谕、经书；三、礼献约宾；四、燕礼；五、读乡约、听讲书；六、记录入册；七、礼成送客。[1]曹国庆所举明代乡约的活动，除了调解约内纠纷、处理涉及本约的官方及民间事务外，也不外乎约会、讲约、彰善、纠恶诸事。[2]萧公权对清代乡约制度的讨论，更简单地将乡约视为清政府借以控制乡村的、以讲解"圣谕"为中心的意识形态控制工具。[3]上保约当然也从事上述大多数活动，不过，它还组织人力维护水利工程，也组织迎神赛会活动，又开设新墟场，另外还发布禁约、禁条，甚至组织约众对敌对势力进行报复性攻击。它实际上更像是由一群利益攸关的小族组成的命运共同体。

在其存续的长达三个世纪的时间里，上保约跟其他由官府和士绅建立的乡约一样，也经历了一系列变动。在晚明和清中叶以后，官府和士绅建立的乡约先后与保甲制和团练结合在一起。本章讨论的五件禁约显示，上保约可能经历了类似的过程，社会秩序的维护日益成为这个乡约的重要职能。第一件禁约中提及的"勇"的存在，意味着上保约很可能卷入某种形式的地方防卫事务。在这一方面，上保约与晚清广东地区所见乡约或差别不远。[4]

上保约之所以显得较为独特，主要是因为这个组织涉及的种种活动，超出了目前学术界对乡约的预期，这一点也需要稍作讨论。笔者认为，这个差别首先跟本书使用的史料有关。历史学者借以重构过去的不同史料，在很大程度上限定了他们对历史的不同理解。以往对乡

---

[1] 朱鸿林《明代嘉靖年间的增城沙堤乡约》，第119—121页。
[2] 曹国庆《明代乡约研究》，第205—207页。
[3] Hsiao, *Rural China: Imperial Control in the Nineteenth Century*, pp. 184-205.
[4] 杨念群《论十九世纪岭南乡约的军事化——中英冲突的一个区域性结果》，《清史研究》1993年第3期，第114—121页。

约的研究，之所以经常强调这种制度与王朝和士大夫的关系，在很大程度上是其使用的基本资料使然。由于这些基本资料大都是由士大夫留下的，乡约在载入历史资料之时，本身已经被士大夫所"诠释"了。通过这些资料重构乡约的历史，史学家的视野几乎难免不为士大夫的"大叙事"——王朝的历史乃是乡民被教化的历史——所左右。的确，没有官府和士绅的推动，上保约可能不会出现。但是就像在明末以降收族实践和寺庙修建过程中看到的，这些士绅大都属于下层士绅，包括数量可观的监生。更何况从上保约的个案看，主持约务的那些地方精英，常常没有获得过任何功名和头衔，至多只能说是处于士大夫的边缘，也就是介于士绅和普通庶民之间的中间层。他们留下的记载，和士大夫文集中的记载不尽相同，并不是毫无原因的。对于这样一个群体，我们如何能够期望他们跟受过系统儒学训练、花费数年乃至数十年时间准备科考的士绅那样行动和思考呢？上保约之所以偏离宋儒的乡约理念，跟这个背景恐怕不无关系吧。

最后，对乡约礼仪引入乡村的意涵稍作讨论。就像明清时期祭祖礼仪引入乡民中间一样，16世纪开始的乡约礼仪引入乡村一事，应视为儒家礼仪渗入乡村的一个重要时刻。姜士彬在寻找晋东南阴阳生的礼仪渊源时，没有忽视这一点。他在介绍周绍明的乡约研究后评论道："这种由受教育精英设计，由地方社首引导的非常简单的、得到官方认可的仪式传统，在中国各地被表演，故而肯定曾被许许多多有志于引导重要的、收益颇丰的地方仪式的青年阴阳生（此处应理解为礼生）目击过。"[1] 不过，这里最重要的问题并非儒家礼仪的传播。上保约个案显示，包括生员、监生、没有功名的地方精英和乡民在一起的四保民众，并非国家和士大夫推广的"儒家"礼仪的被动接受者，他们根据当地情形，积极地诠释和改编了国家推广的礼仪和制度。

---

[1] Johnson, *Spectacle and Sacrifice*, p. 311.

第八章 土神与社公

2004年夏，我有幸观摩了连城县宣和乡举行的一场盛大的仪式。宣和位于四保之南，两地相距仅数十华里，土改以前，此地跟后来的连城县四堡乡同属长汀县管辖，土改期间一同划归连城县。这场仪式被称为"入公太"，是为了庆祝这一带最重要的神明——蛤蟆公王——的诞辰而举行的。整个活动牵涉到十几个自然村，所涉人口将近三万人。从现存文献看，这个活动已有四百多年历史了。笔者发现，宣和的祭神仪注与四保地区基本相同。

跟1949年以前一样，现在参与这个仪式的乡村被编为十三坊。每年二月初二，轮值村落负责牵头组织一次出巡，将神像从马埔村公王庙抬到自己的村落，在此后的一年里，安排村民照看神明，直至下一个诞辰。十三坊每坊轮值一年。出巡时间一天，数以千计的民众参与出巡，出巡队伍长达一公里。

从马埔村前往目的地的过程中，每经过一个村落，村民就会邀请神明前往村中的祖祠或村庙接受祭祀。村民在祠庙内搭建摆设供品的平台，村中各家各户都向神明献上供品。村中还会动用公共基金，或动用向村民收取的丁口钱，购买一头肥猪，宰杀并清理干净后，由耆老献给神明。整个献祭过程由两位礼生赞相。同时，礼生还前往附近的社坛举行祭礼。在上述两个地点，礼生引导预先推举的主祭举行祭礼，并诵读提前写好的祭文。在整个出巡仪式中，除了有时神童会出现外，礼生是唯一参与活动的仪式专家。[1]

　　笔者在培田（十三坊之一）一位礼生家中找到的祭文本，也显示了长期以来礼生在"入公太"仪式中扮演的重要角色。这本祭文本抄录的六篇祭文和十二副对联均与这个蛤蟆公王有关，其中三篇祭文用于"入公太"：一篇用于四月初七的"入公太"仪式，一篇用于四月初八邀请神明参与出巡，另一篇用于四月初八在祖祠安奉神像。而十二副对联全部用于"入公太"仪式。此外，祭文本还抄录了用于蛤蟆公王祭祀的仪注，这是由两位礼生赞相的。[2]

　　这个仪式事件为我们提供了一个观察礼生赞相神明祭祀的机会，对我们理解他们的礼仪手册及礼生在地方神祭祀中扮演的角色提供了具体的田野调查信息。在今日四保，礼生已很少参与神明祭祀活动。[3] 但1949年以前，尤其是在清代，他们无疑曾积极参与相关仪式。笔者在四保搜集的50种祭文本显示，礼生不仅在祭祖礼仪中扮演了重要角色，并曾赞相乡约礼仪，而且在地方神祭祀仪式中，通常也是不可或缺的。这些祭文本抄录的神明祭文的数量超过1500件，其数量仅次于丧礼祭文，与祭祖祭文大体相当（参见附录五）。

　　为了让读者对这些祭文有进一步认识，笔者以三本祭文本（第0102号、第0103号与第0401号）为例，谈谈它们抄录的神明祭文。在这三种祭文本中，前两种来自雾阁，第三种来自上保，其中第0102号抄录了59篇神明祭文，第0103号有62篇，第0401号有

---

[1] 上述对"入公太"仪式的描述，综合了笔者的田野调查笔记和杨彦杰的专题论文，参见杨彦杰：《蛤蟆公王：一个跨宗族的地方土神》，杨彦杰主编《闽西客家宗族社会研究》，第237—273页。郑振满、张侃所著《培田》（北京：生活·读书·新知三联书店，2005）一书也对"入公太"仪式进行了简短描述（第132—137页）。书中还刊布了笔者拍摄的相关照片。

[2] 这个祭文本大约抄写于20世纪八九十年代。2004年春，笔者访问培田时，吴来星老人（一位退休教师，也担任礼生）出示了这个文本。

[3] 据我所知，在四保盆地中南部，洋子边可能是唯一礼生继续参与地方神祭祀的村落。2001年，笔者在村中注意到张贴在一个祠堂墙壁上的红榜。红榜列出了参与2001年关帝神诞庆祝仪式的执事名单，其中就提到一位主祭和两位礼生。四保礼生撤出地方神祭祀本身是一个值得注意的现象，它与晚清民国以来政府和地方精英推动的"破除迷信"运动实有密切关系。早在20世纪二三十年代，四保地区就出现了破除迷信的风潮。参见胡冲杜《民国十六年至廿三年长汀匪乱史》，台中：人文出版社，1973年，第103—104页。

77篇（参见附录八）。这些祭文涉及的神明达24个——这仅仅是两个村落供奉的神明数。祭文最多的四位神明是关帝（40篇）、社公（25篇）、邹公与天后（各21篇）。另一方面，不少神明只有1篇祭文。在这两个极端之间，是祭文超过1篇的神明，如后土、龙神、玄天上帝、三将公王、雨师等。尽管祭文数量并不能精确反映特定神明在村落中的地位，但它们的确从侧面大致体现了每位神明的受关注度。从这种意义上说，关帝、社公、邹公和天后在四保经济、社会和宗教生活中扎根较深，理应给予特别的关注。

礼生在寺庙举行的祭礼，与祠堂祭祖礼仪大体相似。第四章讨论的仪注，不仅可用于祭祖，也可用于祭祀神明。[1]当然，在祭祀神明时，唱礼的言辞需稍作调整，如主祭应自称"弟子"或"信士"而非"裔孙"。不过仪式流程本身跟祭祖几乎完全一样。如果祭祀对象是重要神明，整个仪式通常由四位礼生、一位主祭和若干陪祭共同完成。不过，跟祭祖通常由礼生独立完成不同的是，以神明为主体举行的仪式，如打醮、庆贺神诞、出巡等，常常是由礼生和道士、和尚等其他仪式专家共同完成的。

为了让读者更好地理解地域信仰的演进和现状，附录九罗列了四保盆地主要村落的寺庙、神台和神坛。笔者给出了这些宗教场所的名称、处所、供奉神明与修建时间。在四保盆地的25个村落中，笔者共发现165座寺庙、神台和神坛。每村平均有6.6个宗教场所。如扣除77个神台和神坛，每村平均有3.52座寺庙。这个数据远低于20世纪40年代末华北万全地区的数据（6.5），稍低于宣化附近的数据（4.2），但与今天莆田平原的数据（3.25）颇为接近。[2]

---

[1] 第0102号祭文本，无页码。
[2] 贺登崧（Willem Grootaers）发现，在宣化和万全地区，每个村落平均分别有4.2座和6.5座寺庙。参见 Willem Grootaers, "Rural Temples Around Hsüan-hua (South China), Their Iconography and Their History," *Folklore Studies* 10.2 (1951), p. 9; idem, "Temples and History of Wanch'üan (Chahar): The Geographical Method Applied to Folklore," *Monumenta Serica* 13 (1948), p. 217。有关莆田平原村落寺庙的平均值，参见 Dean and Zheng, *Ritual Alliances of the Putian Plain*, p. 31。

在年代确定的67处宗教场所中，建于明代但具体时代不详者有6处，明初1处，15、16世纪7处，17世纪5处，18世纪8处，19世纪19处（多数集中于19世纪前期），民国时期4处，1949年以后20处。从这些数据判断，寺庙修建的第一个高潮兴起于明代中叶；第二个高潮发生于18世纪至19世纪前期。1949年以后，尤其是1983年以后，是寺庙修建和重建的第三个高潮。这个寺庙发展周期，与宗族建构的发展周期不完全同步，不过第一个寺庙修建的高潮，与收族实践第一波的时间大体相似；而寺庙修建的第二个高潮，与宗族建构的第三次高潮发生的时间大体相当。

本章和下一章的主要任务，是重构这些神明及其相关仪式进入四保历史舞台的进程：这些神明是何时、如何、为何被引入四保？他们在明清两代发生了哪些变动？笔者认为，这些神明的引入和传播，牵涉到不同的历史进程。邹公、社公、关帝和天后是四保最为流行的四位神明。邹公代表的是宋元时代在四保本土形成的信仰。社公代表的是明代以前就开始出现，但主要在明初官方推动下被标准化之后才被引入四保的神明。关帝和天后是在明中叶以后，尤其是清代，亦即人口日益增长、乡村经济日益商业化时期才进入四保的。因此，笔者认为，这三类神明代表了与不同社会经济和文化议程相关的历史进程，因而跟儒家礼仪或朝廷认可的礼仪有着颇不相同的关系。

邹公：神明与祖先

明代以前四保的神明与寺庙

细读汀州早期文献可以发现，当时的地方官员和士人对地方宗教的描述充满了矛盾和冲突。南宋《临汀志》的《祠庙》引言称：

"今郡所事多合于《礼》,未可谓闽俗机鬼云。"[1]但其他证据显示,汀州是一个山鬼淫祀相当流行、师巫传统相当活跃的地区。

唐天宝年间(742—756),莆田人林披授汀州曹掾,他发现当地"多山鬼淫祠",于是"著《无鬼论》晓之"。[2]林披的努力并未从根本上动摇汀州民间的仪式传统。南宋庆元二年(1196),当陈晔担任知州时,面临的还是类似的情形:

> 俗尚鬼信巫,宁化富民与祝史之奸者,托五显神为奸利,诬民惑众,侈立庙宇,至有妇人以裙襦奋土者。晔廉得之,窜祝史,杖首事者,毁其祠宇。郡人广西帐干吴雄,作《正俗论》二千余言绝其事。民有疾,率舍医而委命于巫,多致夭折,乃大索境内妖怪左道之术,收其像符祝火之,痛加惩禁,流俗丕变。[3]

在这些早期记述中,最可注意的是对"山鬼"的崇奉和师巫在乡村仪式生活中的地位。笔者谈到,在汉人大规模迁入之前,闽地是越人的生活区域。越人以崇鬼信巫著称。即使到了明清时期,在土著文化与汉文化长期接触之后,师巫的影响在汀州仍旧非常重要。16世纪中叶清流的一部方志评论道,当地民众"信巫淫祠,溺信风水"[4]。武平县民的情形也是如此。乾隆《汀州府志》引用旧志的评论称,武平民众"病不服药而崇鬼","专事师巫,不任医药"。[5]尽管信巫的族群并不限于越人与畲民[6],但汀州民间的这种族群文化,肯定让地方官和士绅整顿风俗的工作面临重重困难。

---

[1] 《临汀志》,第60页。
[2] 光绪五年刊《长汀县志》卷二三,《政绩》,页1b。
[3] 《临汀志》,第143页。
[4] 嘉靖二十四年刊《清流县志》卷二,页20a,《天一阁明代方志选刊续编》本。
[5] 乾隆十七年刊《汀州府志》卷六,页4b—5a,《中国方志丛书》本。
[6] 巫和巫技自商周以来就在王权建构与民间社会运作中扮演了重要角色。

第八章 土神与社公　239

明代以前，四保境内已形成了若干宗教仪式中心。最为知名的当推四保西部平原山上的广福院。这座寺院创建于南唐保大三年（945），后来供奉的主神是这座寺院的创建者——伏虎禅师（又称伏虎祖师）。后因屡次显灵，伏虎禅师多次被朝廷敕封，成为与定光齐名的神明，名列汀州最具影响的神明。[1]《临汀志》载广福院修建始末云：

> 广福院：在长汀县东六十里。乃伏虎大师道场。师得业开元寺。早游诸方，悟旨而返，憩于平原山麓，遂蹑其巅，以开元钱七为驻锡兆。继而有樵者怀其一以归，诘朝复故所。耆老欢传，材役辐辏，忽成刹，名"普护庵"。宋朝建隆三年九月十三日示寂，塑真身于庵。熙宁三年，郡以状闻，赐庵为"寿圣院"。元丰间鼎创。乾道间，改今名。[2]

伏虎禅师俗姓叶，法号惠宽，宁化人，得业于汀州开元寺，"州境山谷深窈，虎豹出没为害。师以解脱慈悲力，为之训饬柔服，众异之，号伏虎禅师"。据《临汀志》记载，其驻锡平原山的时间是南唐保大三年（945）。保大七年（949），祷雨有应。北宋建隆三年（962）圆寂后，"塑其坏（同"坯"）身于庵，凡有所祷，应如响答"。熙宁三年（1070），郡列状以闻，赐庵为"寿圣精舍"。乾道三年（1167），改赐"广福"，即今名。绍兴七年（1137），敕封伏虎为"净戒慈应大师"。后因祷雨有应，又于乾道三年（1167）、淳熙十一年（1184）先后加号"灵应""普惠"。绍定间（1228—1233），"群寇犯城，多方保护，显大威力，师与定光实相叶赞"。至嘉熙间（1237—1240），"州人士列状于郡，乞申奏加赐师号，复加'妙显'"，至此累封至八

---

[1] 对汀州伏虎祖师的讨论，参见 John Lagerwey, "Of God and Ancestors: The Ten-Village Rotation of Pingyuan Shan,"《民俗曲艺》第137期（2002），pp. 67-73。
[2]《临汀志》，第73页。

240　礼仪下乡：明代以降闽西四保的礼仪变革与社会转型

字。伏虎最重要的信仰中心是平原山，淳熙元年（1174），郡守迎武平均庆院定光入州，复于广福院迎伏虎禅师，"以便祈祷"[1]，如此便在州城出现了伏虎的信仰中心，这一举动可能削弱了平原山的信众基础，但同时应提升了伏虎在整个汀州的影响力。另外，长汀县东五里有伏虎廨院，县东五里东禅院右又有伏虎庵，应该都是供奉伏虎的寺院。[2]

平原山位于四保盆地西部，四保西部靠近平原山的几个村落，可能很早就深受广福院的影响，参与了围绕伏虎信仰形成的仪式圈子。旧日在平原山附近，曾有一个以奉祀伏虎为中心的十乡轮祀圈[3]，十乡中的彭坊、大埔、龙头坊、义家、珊坑、萧屋岭和南柴均在清代长汀县四保里境内。[4]现今已难以断定这个轮祀圈出现的年代，不过来自这些村落的民众，很可能在广福院修建后不久，就已加入崇奉伏虎的行列。[5]在这个圈子之外，伏虎的影响范围主要向西部而非东部——四保盆地的核心地带——扩张、延伸。伏虎在汀州城的香火很旺，但在四保多数乡村，其影响受到其他地方神的竞争、挤压。目前，四保盆地供奉伏虎的寺庙仅有江坊滴水岩、河排河排庙两处（参见附录九）。

在四保盆地中心，据说以马屋大佛庵的历史最为久远。其主神是弥勒。一位当地文化人说它建于北宋，不过这一说法无法得到书面史料的印证。[6]长校的忠武庙（李公庙）据说也建于宋代，不过这一说法同样没有文献的证明。据方志记载，部分四保社坛建于宋

---

[1]《临汀志》，第167页。
[2]《临汀志》，第73页。
[3] 周立方《长汀县平原山伏虎祖师十乡轮祀圈》，载杨彦杰主编《闽西的城乡庙会与村落文化》，第232—252页；Lagerwey, "Of God and Ancestors: The Ten-Village Rotation of Pingyuan Shan," pp. 73-99.
[4] 参见光绪五年刊《长汀县志》卷二，页3a—3b。
[5] 不过，这些村落最初参与广福院仪式活动的方式，可能是由村民独立参与。十乡轮祀的办法，很可能明清时代才开始出现。这个轮祀圈与下文讨论的八将约联盟之间的关系，尚待进一步的研究，不过两者的组织方式相似，值得注意。
[6] 孝思堂《马氏大宗族谱》，二集，第68页。

元时期（详后）。位于马屋与留坑接壤处的赤土岗地方的丰饶寺，据说建于元代[1]，后来跟附近几个村落都形成了密切关系。江坊东面贵人峰顶的贵人庙，据载建于元代。[2] 四保邹公庙的历史，最晚也可上溯至元代。鉴于这个神明在四保地区的重要影响，有必要在此对其早期历史详加讨论。

当神明变成祖先

土地改革前夕，邹公无疑是四保地区最有影响的神明，四保盆地的绝大多数村落，都曾参与对这个神明的祭祀活动。它们不是建庙供奉邹公，就是和其他乡村一同参与到邹公祭祀当中。这些村落包括：雾阁、马屋、上保、双泉、枧头、社下前、黄坑、洋背、严屋、留坑、江坊、茜坑、下谢、长校、黄石坑和大连坑（参见附录九"四保盆地寺庙与神明一览表"）。这个清单囊括了四保规模最大的村落和许多中等规模的村落。

在元末之前的若干年，四保人肯定已开始奉祀邹公，因为元末邹公信仰在四保地区已相当流行。在此期间，上保和马屋分别建庙供奉邹公。四保第一座邹公庙建于上保，修建时间是至正元年（1341），此后先后于成化三年（1467）、万历三十九年（1611）、顺治元年（1644）、雍正十年（1732）、道光三十年（1850）重建。[3] 上保邹公庙创建者的身份，今不可考。不过我们知道，成化三年邹公庙的重建，是由来自上保村的富户邹得良捐资的。[4] 崇祯十七年

---

[1] 敦本堂《马氏大宗族谱》卷一页31a 记载，马屋六世祖马千七郎生于宋元之际，因军功授武略将军，归田后"建清溪道院暨丰饶寺"。
[2] 《济阳郡江氏族谱》卷二七，页13b—14a。
[3] 敦睦堂《双泉乡邹氏族谱》卷一二，《景初公庙图》，页1b，光绪二十六年木活字本；敦本堂《范阳邹氏族谱》卷首；《上保邹公庙图》，第1页，1994年洋子边铅印本；光绪五年刊《长汀县志》卷一三，页6a。
[4] 敦本堂《范阳邹氏族谱》卷首，《上保邹公庙图》，第1页，1994年洋子边铅印本。

（1644），上保、双泉和雾阁三村重建邹公庙[1]，以此次重建为契机，双泉、雾阁加入到上保邹公庙的管理与祭祀当中，形成了以此庙为中心的邹氏跨村落联盟。明清之际，上保附近的梘头、社下前等村，也先后加入上保邹公庙祭祀，不过这个集团不同于邹氏跨村落集团，而是属于上保约集团。

元末建立的第二座邹公庙位于马屋。此庙名为感应庙，庙基由汀州左厢民陈有信所捐。[2]此人身份为何，为何在远离社区的马屋建庙，目前都无法找到答案。不过从这一信息判断，此庙并不属一村或一姓独占。康熙五十二年（1713），马屋邹公庙在一位书商的倡导下重建，除了马氏外，严氏、赖氏也捐款建庙。[3]庙内供奉邹公神像四尊，分别属于马、赖、严和溪头李氏各姓。当然，居中安放

图8.1　上保邹公像（刘永华摄）

---
[1] 敦睦堂《双泉乡邹氏族谱》卷一二，《景初公庙图》，页1b，光绪二十六年木活字本。
[2] 孝思堂《马氏大宗族谱》，二集，第28页。
[3] 孝思堂《马氏大宗族谱》，二集，第28页；《严氏族谱》卷四，页5b，《乡胜图》。

第八章　土神与社公　　243

的是马屋马氏供奉的邹公。[1]

有关邹公的生平，众说纷纭。2002年，笔者访问长校乡沙坪村时，村中一位六十五岁的老人向笔者讲述了一个故事。李公是邹公的女婿，邹公有经书一册，被其女儿用来夹鞋样（做布鞋的模子）。邹公女儿出嫁时，将经书带到李公家，李公得到经书后，学会书中的法术。这就是"邹公学法，李公得法"的传说。当地又有"李公学法，邹公得法"的传说，情节与前一传说相同，只是李公与邹公的身份被置换，邹公成了女婿，而李公成了岳父。这两个传说在四保仍有一些老人讲起，但雾阁邹氏一般不愿提及。这个传说无法确证，但它解释了人们崇奉邹公的缘由，同时也暗示了四保人眼中的邹公形象的一个维度：他与一组地方神明相似，生前身份是法师（详下）。

另有证据显示，邹公本属公王之一种。洋子边《范阳邹氏族谱》在提到邹公时，一般称之为公王。[2]现今上保在祭祀邹公时，仍称邹公为公王。在江坊，村民称邹公为公王或福主。[3]在汀州地区，公王和福主是同一类小神，与跟社公关系密切的土地公和伯公颇为相似。[4]劳格文在谈到赣南客家地区的福主信仰时指出："福主是典型的地方神：一个管辖一境的土地神，而非一个全国性甚或区域性神明。毫不奇怪的是，他生前常常是一个法师（Taoist shaman priest）：［之所以说］毫不奇怪，是因为生前这个法师便为这些神明表演科仪，他身带一整袋的巫术招式和神灵名册——［这些神灵是］福主站岗时击退入侵者不可或缺的军兵。"[5]尽管劳格文讨论的是赣

---

[1] 《严氏族谱》卷四，页5b，《乡胜图》。马屋附近现无溪头村。
[2] 敦本堂《范阳邹氏族谱》卷首，第2页，1994年铅印本。
[3] 《济阳江氏族谱》卷二七，页4a—4b。
[4] 崇祯十四年（1641），上杭县白沙西洋村修建社坛一所，供奉民主公王。上杭佛岭水口修建了社坛一所，供奉吕社大官福主。参见同治三年刊《上杭县志》卷二，页16a。
[5] John Lagerwey, "Introduction,"载刘劲峰《赣南宗族社会与道教文化研究》，香港：国际客家学会、海外华人研究社、法国远东学院，2000年，第31—32页。劳格文在此概括了刘劲峰对赣南社会与宗教的研究。

南的福主，他的看法指出了邹公的一个重要面向：他与宋代以来南方地区广为流传的法师传统之间的关联。

这个形象在明代发生了引人注目的变动，邹公作为四保邹氏始祖的角色越来越明确，越来越重要。这并不是说，在此之前，四保邹氏从未把邹公视为祖先，而是说，对于包括邹氏在内的四保人而言，邹公首先是一个神。即便作为一个祖先，其仪式内涵与后来也不尽相同。不管如何，16世纪末，邹氏开始收族之后，邹公的形象发生了颇值得注意的转变。一方面，在邹公与四保邹氏之间建立了明确的系谱关系。另一方面，邹公与泰宁状元邹应龙之间的关系也逐渐建立起来了。在长达几个世纪的过程中，邹公被纳入邹氏祖先系谱，成为邹氏的始祖。这一过程或可称为公共象征资源的私有化。

邹氏对邹公的私有化，并未止步于此。为将邹公的形象合法化，还有必要将这种形象编入官方或半官方文本，如方志。这种努力持续了两个多世纪。明代中叶，在四保邹氏开始收族实践，在邹公与四保邹氏之间建立明确的系谱关系之前，《汀州府志》并未提到邹公。[1] 万历四十年（1612），汀州知府陈以德途经长汀县四保里，据说曾拜谒邹公庙，他称邹公为"名臣"，认为"当与清流樊公并列祀典"，并"命庠生华庚为之记"。[2] 尽管这条史料没有交代陈以德如何了解到邹公的生平，但很可能这些说法来自四保邹氏。笔者谈到，此时四保邹氏的几个支派都已开始编纂族谱，把有关邹氏先祖的口头传说写入文本。汀州地方官获悉邹公传说的早期版本，很可能就发生在这一时期。因此，崇祯十年（1637）重修府志时，这些传说乃首次出现于方志。据该志卷六《祠庙》记载：

> 邹公庙，在县东上保乡。神名应龙，唐元和壬辰及第，封

---

[1] 修于南宋开庆元年（1259）现存汀州最早的方志《临汀志》、明弘治刊残本《汀州府志》（藏于国家图书馆）与嘉靖六年（1527）刊《汀州府志》均未有邹公庙及邹应龙的记载。
[2] 此篇记文不传于世。

第八章　土神与社公　245

鲁国侯。卒葬于此，乡人立庙祀之。祈祷辄应。宋绍兴、绍定间，戎马冲突，公神兵嘿助，荆襄、虹县、两淮、南京、灵璧、江州皆以捷闻，封昭仁显烈威济广祐圣王。[1]

在这里，邹公名应龙，是唐代一甲进士，南宋前中期，曾屡次率神兵阴助朝廷击退强敌，最后被敕封为王。这个说法与第五章讨论的李于坚所写碑记颇为相似，两者很可能来自同一个信息源。这种说法为乾隆《汀州府志》所沿用。[2] 考康熙年间重修《福建通志》载："邹公庙：在县东上保乡，唐敕建。"[3] 此条记载与崇祯《汀州府志》不尽相同，两者的差异在于，这条史料标明邹公庙为唐敕建，不知何据。两年后（1686）修撰的《长汀县志》对邹公庙的记载，文字与此完全相同，[4] 可见是从通志转抄而来。两志都没有交代邹公的身份，但从"唐敕建"一语看，编者不以邹公为宋泰宁状元邹应龙，则是显而易见的。

18世纪中叶，四保邹公的形象发生了明显的变动。经过一个多世纪的建构，邹公传说的新版本出现了。邹公与泰宁状元邹应龙之间的关系已基本确定。邹公成为南宋状元而非唐代士人。不过，方志中的邹公记载并未改变。为何如此？很可能是因为没有邹氏士人参与府志和县志的编纂。[5] 不过，乾隆四十七年（1782）《长汀县志》续修时，邹公的信息发生了一个重要的变化。在这一修县志中，邹公仍为唐人，并曾因护佑朝廷受到敕封。但是跟此前的县志记载不同的是，这个版本的县志明确记载邹公是四保邹氏的始祖。在介绍

---

[1] 崇祯十年刊《汀州府志》卷六，《祠庙·邹公庙》，页2a—2b，北京大学图书馆藏补抄本。
[2] 乾隆十七年修、同治六年刊《汀州府志》卷一三，《祠祀》，页3a—3b。
[3] 康熙二十三年《福建通志》卷一一，《祀典二·祠庙》，页11b，北京：书目文献出版社，1988年，第1473页。
[4] 康熙二十五年《长汀县志》，不分卷，《祠庙·邹公庙》，无页码，国家图书馆藏抄本。
[5] 乾隆十七年修、同治六年刊《汀州府志》卷首，页4a。此次续修名单中，没有找到邹氏士绅的名字。马屋有两位士绅参与续修，他们是马在观和马履端，前者是长汀县廪生，后者是长汀县附生。

邹公显灵与接受敕封等信息之后，县志交代道："公三子，七郎家上保乡，六郎家龙足乡，八郎家双井乡，云礽蕃衍，今以千计。"[1] 这就在邹公与雾阁等三村邹氏之间建立了明确的系谱关系。此外，这个版本县志的《封荫》和《人物》都收入邹应龙，只是他仍旧是唐人而非宋人。[2]

光绪五年（1879）《长汀县志》再次续修时，有关邹公形象的"标准"版本才最终被写入方志：

>邹公庙：在县东一百里上保乡，祀邹公讳应龙。公登庆元进士第一，历官十五任，封鲁国侯。年七十二卒。里人立庙于龙子围，塑像荐馨焉。祈祷辄应。昔传逆寇犯荆襄、虹县、两淮、南京、灵璧、江州间，公神兵嘿助，皆以捷闻，封昭仁显烈威济广祐圣王。明万历三十九年，乡子姓重修庙貌，值郡守陈以德修志，失纪。越明年，道经公庙，称为名臣，当与清流樊公并列祀典，命郝生华庚为之记。配陈氏、李氏封孚惠夫人，同享庙祀。崇祯间修。国朝康熙乙酉年，三乡子姓重修。一建折桂乡者，景泰间御史马驯报公[洋]（扬）子江飓风护舟之异，后年久倾圮。乙未年折桂乡重建。……旧志邹公为唐时人，误。[3]

据此，上保邹公庙崇奉的邹公是邹应龙，南宋庆元二年（1196）状元，去世后率领神兵协助朝廷击败逆寇，被封为王。尽管这个版本仍提及邹公显灵事迹，但以前的版本提到的显灵时间被完全抹去，因为要不如此进行处理，就会与其南宋状元的身份相冲突。其次，在建立邹公和邹应龙之间的关系后，这个文本中的邹应龙不再

---
[1] 乾隆四十七年刊《长汀县志》卷一二，页61b—62a。
[2] 乾隆四十七年刊《长汀县志》卷一七，页49b；卷一八，页2a。
[3] 光绪五年《长汀县志》卷一三，《祠庙》，页6a。

第八章　土神与社公

是唐人，而是成为状元和长汀的"名宦"。此即光绪《长汀县志》卷二十四的记载："邹应龙，一作应隆，字仲恭，号景初。自邵武军迁于汀，应宁宗庆元二年试，廷对第一。……淳祐四年卒于家，享年七十二，赠少保，谥文靖。原配陈氏、李氏皆封孚惠夫人。子三：长六郎居龙足乡；仲七郎居上保乡；季八郎居双井乡。云礽繁衍，称巨族焉。"[1]据此，邹应龙原本是闽北邵武人氏，后迁居长汀，最后卒于长汀。其妻室陈氏和李氏生三子，名六郎、七郎和八郎，分别居住于四保的龙足（雾阁）、上堡（上保）和双井（双泉）三村。光绪志对邹公身份进行调整是很自然的事，因为既然已确认邹公为南宋状元邹应龙，对其生卒年代、功名高低及显灵年代，自然要作相应的调整。而且在参与续修本次方志的名单中，我们找到了一位来自四保邹氏的士绅，此人就是来自上保的举人邹励成。[2]至此，在方志的记载当中，邹公的身份从最初不甚确定，到唐代进士，再到最终落实到南宋状元邹应龙，最后将其纳入长汀名臣清单，至少经过了从明崇祯朝到清光绪朝两百多年的时间。

笔者提到，作为四保的一个重要地方神，四保多数村落都以某种方式参与邹公祭祀。邹公的私有化，给四保村落带来了不同的反应。邹公的私有化和其他村落的反应，揭示了四保作为一个社区的象征维度：由此引发的一连串连锁反应显示，四保并不是由数十个关系不大的村落组成的空间单位，在这些村落之间其实存在着某种富有意味的关系，正是在这种意义上，我们可以将四保视为一个具有一定内在关联的社区。

毫不奇怪，最直接的反应来自马屋马氏。乾隆年间，马氏族人建庙奉祀汉伏波将军马援。[3]在奉祀马公的神明会的序文中，作者指出：

---

[1] 光绪五年《长汀县志》卷二四，《人物·名臣》，页1b—2a。
[2] 光绪五年刊《长汀县志》卷首，页4b。
[3] 孝思堂《马氏大宗族谱》，五集，第80页。

> 迩来祀神之设，非邀即媚，否则藉（借）神高爵，冒为祖宗。问其名，则曰始祖，而问其始自何代，迁自何方，遂杳不知其所由来。若此者，岂惟慢神，抑亦欺祖。吾族之祀忠显王公不然，代远年湮，无所稽考，不敢以为是，并不敢以为非，既曰神，则从而神之，而又非若祀他神之灵显，仅求福庇于一方也。然则何为祀之？以其有益名教而祀之也。[1]

在这里，作者将马氏对马援的崇拜与他姓的崇拜进行了对比，认为后者将神明冒为祖先，是"非邀即媚"、追求功利的做法；而马氏之崇拜马援，乃是出于"有益名教"的目的。这里提到的冒神明为祖先的做法，很可能影射的是邹氏将邹公奉为祖先一事，而所谓"问其名，则曰始祖，而问其始自何代，迁自何方，遂杳不知其所由来"，指的恐怕无非是邹氏在将邹公纳入祖先谱系过程中出现的前后矛盾的问题。

在《马氏大宗族谱》另一处，对邹氏"冒祖"的做法提出了更为直截了当的质疑："至于感应庙神祀邹公，或谓赵宋状元龙图阁学士邵武邹应龙，或谓为唐时邹仲恭。乐邱公致仕归来，书'聪明正直'及'山河一统今非李，庙貌千年尚有邹'联匾旌之，则神为唐人明矣。"[2] 此处引用据传是马驯所作的对联，来质疑邹氏在邹公与泰宁状元邹应龙之间画等号的可靠性，批评邹氏将唐人与宋人混为一谈。而在邹公传说中，邹氏通过认定邹公为始祖，并将他与邹应龙联系起来，揶揄马氏奉祀的是邹氏祖先，并得到了这位祖先的护佑。

马氏对私有化的另一种回应方式，是在先祖与邹公之间建立某种联系，以此为邹公信仰寻求某种合法性。邹公救马驯的传说，也许可以从这个角度理解。这个传说讲述的是，马驯前往京师，路经

---

[1] 孝思堂《马氏大宗族谱》，六集，第154—155页。
[2] 孝思堂《马氏大宗族谱》，二集，第28页。

扬子江,在渡江过程中遇见台风,船将倾覆,马驯祷于邹公,获救。为感谢邹公的护佑,马驯在汀州建庙奉祀邹公。[1]笔者对这个传说的理解是,这个传说实际上解释的是马氏为何供奉"他人的"祖先。在四保还流行一个说法,马公是邹公的女婿(也有说马公是邹公姐夫的)。这个传说的结构与长校的邹公学法、李公得法的传说颇为相似。

近些年对朝廷与民间信仰关系的研究,大致有两个基本思路。华琛(James Watson)认为,前近代中国政府处理文化整合的"天才之处",就在于国家推广的只是结构而非观念。国家的合法性仅仅建立于表述过程当中。[2]杜赞奇(Prasenjit Duara)进而指出,中华帝国不只关心推广核心象征,也注意借由将自身的诠释"刻写"在象征之上,建构自身的合法性。[3]不过,宋怡明挑战华琛的假说,认为朝廷常常无法控制结构或象征,朝廷对神明进行标准化的努力,有时化为某种"幻想"。[4]因此,华琛和杜赞奇强调朝廷的"天才之处",而宋怡明强调的是地域社会的能动性。四保邹公信仰显示的是一个有别于上述两个路径的案例。这个神明既非朝廷推广的神明,也不是跟朝廷推广的神明有着密切关系——即便是杜撰——的神明。在邹公的案例中,在地方精英的努力下,一位地方神被改造成

---

[1] 敦睦堂《范阳邹氏族谱》卷二一,第3—4页,1995年铅印本。
[2] James L. Watson, "Standardizing the Gods: The Promotion of T'ien Hou ('Empress of Heaven') Along the South China Coast, 960-1960," in Johnson, Nathan, and Rawski, eds., *Popular Culture in Late Imperial China*, p. 323; James L. Watson, "The Structure of Chinese Funerary Rites: Elementary Forms, Ritual Sequence, and the Primacy of Performance," in Watson and Rawski, eds., *Death Ritual in Late Imperial and Modern China*, pp. 3-19.
[3] Prasenjit Duara, "Superscribing Symbols: The Myth of Guandi, Chinese God of War," *Journal of Asian Studies* 47.4 (Nov. 1988), pp. 778-795; Rawski, "A Historian's Approach to Chinese Death Ritual," in Watson and Rawski, eds., *Death Ritual in Late Imperial and Modern China*, pp. 20-34.
[4] Michael Szonyi, "The Illusion of Standardizing of Gods: The Cult of the Five Emperors in Late Imperial China," *Journal of Asian Studies* 56.1 (1997), pp. 113-135; Michael Szonyi, "Making Claims About Standardization and Othopraxy in Late Imperial China: Rituals and Cults in the Fuzhou Region in Light of Watson's Theories," *Modern China* 33.1 (Jan. 2007), pp. 47-71.

祖先（当然对于外姓他仍是神明），进而又被关联到一位著名的士大夫，最后被写入方志。尽管朝廷和宗族都从这个神明的信仰中获益，这个事例中最值得注意的是一种反向的运动：在地方精英的推动下，地域社会将其象征及其诠释打入官方或半官方文献，以此建立自身的合法性。

社与厉的转型

明代以前汀州的社公

和邹公不同，社公是一个全国性的神明，并且与朝廷祀典关系密切。对社的崇拜，可上溯至西周（前1046—前1771年）。[1]唐宋时期，社不仅是官方祀典的基本组成部分，也成为民间供奉的神明。每届春秋二季，乡民来到社坛之前，祈求、感谢神明赐予丰收。祭祀之时，乡民不仅奏乐，还雇请巫师在坛前起舞娱神。这一做法一直延续至元代。[2]

在宋代的汀州，每县均建社稷坛一座。汀州社稷坛位于州衙西一里处，风雨雷师坛之侧。南宋时期，坛前竖屋，坛四周筑墙。其后，由于年久失修，神坛荒废，直至13世纪初才被重建。这种情况并不限于汀州，南宋武平县社稷坛也遭遇类似命运，由于社稷坛年久失修，"春秋寓祭于西庵净信堂"[3]。至于民间自发修建的社稷坛，

---

[1] 金井德幸《社神和道教》，载福井康顺、山崎宏、木村英一、酒井忠夫监修《道教》卷二，上海：上海古籍出版社，1992年，第129页。对社神的讨论，参见金井德幸《宋代浙西村社と土神——宋代乡村社会の宗教构造》，《宋代の社会と宗教》（《宋代史研究会研究报告》第二辑），东京：汲古书院，1985年，第81—118页；《南宋におかる社稷坛と社庙について——鬼の信仰を中心として》，福井文雅主编《台湾宗教と中国文化》，东京：汲古书院，1992年，第187—209页。和田博德《里甲制と里社坛乡厉坛——明代の乡村支配と祭祀》，庆应义塾大学东洋史研究室编《西と东——前岛信次先生追悼论文集》，东京：汲古书院，1985年，第413—432页。
[2] 金井德幸《社神和道教》，第134—136，140页。
[3] 《临汀志》，第83页。

笔者只找到一条史料。《临汀志》记载，清流北部的李田庙，"初为里社，散地而祭，不屋而坛"，南宋绍兴间被改建为庙。[1]这说明，宋代里社坛已开始在汀州乡村出现，但很可能尚未普及。

对元代的里社祭祀，徽州学者胡炳文（1250—1333）给我们留下了较为详细的记载。他的好友张泰宇在汀州做官，在后者的请求下，胡氏撰写了一篇文章记述好友重建社庙的经过：

> 社，古礼也。坛而不屋，因地所宜木为主。今庶民之社，往往多绘事于家，屋而不坛，非古。绘一皓首庞眉者，尊称之曰社公，而以老媪媲之，寝非古矣。游汀张公泰宇因见文公所述《政和礼仪》，取旧所绘焚之。于是就汀中印墩筑坛北向，以石为主，环植嘉树，前为屋四楹备风雨，捐秋田二亩共祭酒。社制之古，略见于今。[2]

这条史料表明，元代汀州官方的社神祭祀，也从坛变为屋，而供奉的对象也从木主变为神像，而张泰宇以北宋末年朝廷颁布的《政和五礼新仪》为依据，对这种从俗的做法进行整饬。

明代以降的里社坛和乡厉坛

明王朝建立后，下令天下每里建里社坛、乡厉坛各一所。从明代方志看，各县里社坛与乡厉坛的数量，与里数大致相当（参见表8.1）。由于四保地区分属四个不同的里，当地民众应该分别参与八所不同的里社坛、乡厉坛的祭祀。在这些神坛中，地处四保境内的神坛至少有四所，此即长汀四保里和清流四保里的里社坛和乡厉坛。

---

[1] 《临汀志》，第67页。
[2] 胡炳文《云峰集》卷二，页4b—5a，《四库全书珍本》第4辑第298册。

表 8.1　明代汀州府的里社坛与乡厉坛

县份	明初里数	成化九年里数	成化八年里社坛、乡厉坛数
长汀	10	10	10+10
宁化	12	12	14+14
清流	9	7	6+6
上杭	10	7	9+9
武平	7	7	6+6
连城	6	6	6+6
归化	—	7	7+7[a]
永定	—	5	5+5

资料来源：黄仲昭：《八闽通志》卷一六，页 9a—11b，卷五八，页 8a—9b；嘉靖《汀州府志》卷三，页 8b—10b。

注：（a）根据《八闽通志》，归化县的里社坛与乡厉坛均为 45 所，而嘉靖《汀州府志》的记载为 7 所，此处从后者之说。

在转入讨论明中叶以后里社坛和乡厉坛转型之前，我们对朝廷在乡村建立两坛的意义稍作讨论。在中国历史上，明太祖并非第一个在庶民中间推广祀典神明和王朝仪式的皇帝。正如笔者在导论中提到的，为庶民制礼开始于唐代中叶，从宋代起，为庶民制礼几乎成为历朝的通行做法。宋徽宗甚至下令庶民在行礼时严格按照朝廷颁布的礼仪。不过，在明太祖之前，没有任何皇帝像他那样，将王朝礼仪如此系统地推广至乡村。因此，在乡村修建里社坛和乡厉坛，并推行相应的祭祀制度，可以说是历史上乡民第一次如此密切而持久地接触、介入王朝礼仪。通过这种王朝礼仪的推广过程，乡民开始熟悉礼生引导的礼仪和他们诵读的祭文，而礼生可能也以此为契机，开始介入乡村礼仪。

像里甲制度一样，从明中叶开始，里社坛和乡厉坛制度也发生了剧烈变动。在福建某些地区，里社坛被弃置，其仪式被其他神庙

第八章　土神与社公　253

接管，[1]不过在四保这种情形并不多见。在多数情况下，社坛被许多村落分割。厉坛的演变轨迹也相似，不过可能分割时间稍晚。有证据显示，在四保某些地方，厉坛到清中叶才发生戏剧性的转变。

长汀县四保里最初的里社坛设于何处，现已难考其详，不过考虑到明初马氏在这个里的重要地位，里社坛很可能修建于马屋。不管如何，明初建立的里社坛已不复存在。马屋现存据传最为古老的社坛，建于马屋村后龙山上，坛内立有旧碑两通（参见图8.2），一碑无字，另一碑则有题刻：

> 大宋纪□始（？）祖马七郎　立
> 大元至治六代祖耸五……
> 扶风社稷之神……
> 大……
> 大明正统十代任磁州知州马河图
> 　十一代任湖湘巡抚……[2]

从文字判断，这通社坛碑应该是由马氏族人以马河图和马驯的名义建立的[3]，具体年代不详，不过清楚的是，这个社坛并非一里的社坛，而是马屋马氏全族（统合了千五郎、千七郎两房）所立的社坛。

另一条证据来自江坊。明清时期，江坊属清流县四保里。据《济阳江氏族谱》记载："一合乡设立社坛，架造石龛一所，内书

---

[1] 比如，弘治十六年《兴化府志》编者哀叹，莆田里社仪式"久废"。参见Dean, "Transformation of the She," p. 34. 长乐、惠安和福州等地也发生了类似现象。参见 Szonyi, *Practicing Kinship*, pp. 175-176. 不过，郑振满认为，尽管明中叶里社坛制度已废弛，但明初建立的里社坛制度，对明中叶以后莆田乡村神庙系统的发展影响颇深。参见郑振满《神庙祭典与社区发展模式——莆田江口平原的例证》，载郑振满《乡族与国家：多元视野中的闽台传统》，北京：生活・读书・新知三联书店，2009年，第222—227页。
[2] 社坛碑现立于马屋后龙山。
[3] 碑文中的"湖湘巡抚"之后的阙文，应即马驯。

'济阳郡社稷之神'。于崇正（当作祯）十二年戊寅重修。"江坊社坛名为"济阳郡社稷之神"，崇祯十二年（1639）重建[1]，可见这个社坛最晚建于16世纪末或17世纪初，而济阳郡是江氏郡望，无疑，这个社坛并非明初里社坛，而是江氏一族的社坛。这是目前可考的四保最早的村落层级的社坛记载。

更多的社坛可能是清代才修建的。年代可考的清代社坛碑，笔者在四保田野调查期间找到了几通。上保立有新旧两个社坛。旧坛建于村落西南面小溪边上的河背排地方，坛碑上题："道光二十一年/本境社公神/七郎公立"[2]，可知这是由邹七郎后裔亦即上保邹氏宗族所立。新坛建于上保水口的大桐桥下，修建年代不详。上保邹氏还专门划出社公田，其租金供社公祭祀之用。[3]严屋村社坛上书："大清甲戌众立/顺和乡社神一位"[4]，顺和乡即严屋，可见此社坛为严屋严氏宗族专有。到了晚清，社坛成为四保常见的景观。即使到了今日，四保各村还常常见到社坛，而且不少村落建有两个或两个以上的社坛。

笔者在四保实地也找到不少厉坛碑，其中尤以原清流县四保里所见厉坛碑最具史料价值。结合当地民间文献的记载，我们可大致重构清流县四保里乡厉坛的演变轨迹。从现存文献看，明初清流四保里的乡厉坛似乎设于长校村水口处。[5]若干村落设立厉坛的时间，可能比分社的时间更晚，大致不早于清代中叶。来自江坊的一则族谱史料称：

一厉坛，老上十年值甲者，往祭于长校水口，遗址尚存。后屋头门立于下冯钯头圻尾路边，塘垱上立于水口砂堤中间月

---

[1]《济阳江氏族谱》卷二七，页5b。
[2] 此碑现存于上保村内。
[3] 敦敬堂《范阳邹氏族谱》卷一九，"社田片"，页2b，民国三十五年木活字本。
[4] 此碑现存严屋村内，可能立于1874年。
[5] 长校水口现有厉坛一所，不过是近年重建，旧碑无存。这个位置在长校社会和仪式生活中相当重要，李公庙（供奉李氏始祖伍郎）与原乡约所均建于此处。

第八章　土神与社公

图 8.2　马屋社稷坛（刘永华摄）

形上，系万实公己助之业。坪上门立于会龙桥尾后土右手溪塥上。今嘉庆七年壬戌岁四月初二日，高盛、义魁、尧士等为首，立于今之营上下手石薮内，后靠复钟形，前朝大溪水，辛山乙向，天然佳境也。莘石下、横坑、井边各帮有钱。[1]

通过这则史料可知，清流四保里各村原本轮流到长校水口祭祀厉坛，至18世纪末，江坊江氏方才在村中修建厉坛。[2]一份道光十八年（1838）来自山村黄石坑的史料亦称，村民原本至长校水口祭祀厉坛，但若干年前已不再前往[3]，这为江坊族谱的记载提供了旁证。

---

[1]《济阳江氏族谱》卷二七，页5b。
[2] 从上引史料看，嘉庆七年（1802）前，江坊必已在本村设立厉坛。
[3]《榖城邹氏族谱》（1992年黄石坑铅印本）卷一页21b载："查得长校村口之无祀坛，吾乡歇祭历有年所……不如将此二处出租助归无祀坛，以便遇年清明永作设祭之需。"

256　礼仪下乡：明代以降闽西四保的礼仪变革与社会转型

笔者在考察黄石坑时发现，村中最早的厉坛碑，上书"嘉庆六年（1801）十二月 日吉立"[1]。其创建年代与江坊厉坛相近，可视为清中叶清流四保里厉坛分化的另一个旁证。

至清末，修建厉坛与社坛一样，成为四保乡村习见的做法。乡民祭祀厉坛有两种通行做法：其一，基于一村或一角落，或是一族或一房。其二，相关信众可结成自愿会社。马屋现有厉坛中，现有年代最早者建于嘉庆年间，碑文称：

> 嘉庆丁丑年十月吉日立
> 无祀神坛座位
> 折桂乡众祀[2]

这个建于嘉庆二十二年（1817）的厉坛（无祀即是厉坛），标明是"折桂乡众祀"，而折桂乡为马屋的雅称，可见这应是由马屋马氏合族共建的。位于四保盆地西面山间的小村珊坑，立有厉坛两所：嘉庆二十二年所立厉坛，标明为"杉坑合乡众全祀"，应为全村公立；另一所立于民国三十五年，是由村中邱氏所建（"邱二郎公"）。[3] 茜坑厉坛也是由村中王氏家族所立。[4] 江坊建有厉坛五所以上，四所是由村中的角落修建，修建年代早于嘉庆七年。[5] 江坊是江氏聚居的单姓村，这些角落的聚居者，应是江氏的某些房支。上保的厉坛立于后龙山上，具体时间是同治十一年（1872），为邹国柱裔孙所立，也是一房的厉坛。[6] 上保对面的枧头，是吴氏聚居的小村，村中的厉坛建于道光二十三年（1843），修建者为吴氏十七世祖吴其化

---

[1] 此碑现存于黄石坑后龙山。
[2] 此碑现存于马屋后龙山。
[3] 两碑均立于珊坑村水口。
[4] 此碑现存于茜坑王氏宗祠后。
[5] 《济阳江氏族谱》卷二七，页5b。
[6] 此碑现存于上保村后。

第八章 土神与社公

之裔孙。[1]

除了由村落或宗族及其支派建立的厉坛外,四保民众还建立自愿结社,集资修建厉坛,并定期举行祭祀。18世纪中叶,马屋十位民众组织了一个无祀神会,这是目前可考的四保最早的厉坛祭祀会社。有关这个会社的缘起,马氏的传记中作了介绍:

> 连辖许坊屡有溺水死者,时出为祟,群相惊怖,以告府君。府君曰:"此孤魂无祀也。"因捐金纠众,立无祀神会,每年七月十四日,设祭江边,嗣后遂安。[2]

这位传主是马屋书商马履智(1724—1788)。许坊位于连城县,是四保前往连城县城的必经之处。为了抚慰溺死的孤魂,马履智纠集同仁成立无祀神会,于每年七月十四日(中元)在江边祭祀孤魂。

19世纪和20世纪,这种会社时有出现。光绪二年(1876),几位村民在义家坊建立了一所厉坛。[3]江坊的一所厉坛是由十三位村民所建,时间是光绪十一年(1885)。[4]四保西部云峰的厉坛建于民国十八年,修建者是十位村民。[5]马屋的一所厉坛建于民国二十八年,由八位村民所建。[6]这些会社一般称作"无祀会",亦称"立夏会"(因为立夏祭祀厉坛)。

明初,下令各里建立乡厉坛,每年于清明、七月十五日和十月初一举行祭祀。马履智组织的无祀神会,似乎每年只举行一次祭祀,时间是七月十四日。到了晚清,每年祭坛一次成为较为通行的做法,时间常定于立夏日,这个安排一直持续到现在。马屋现存的

---

[1] 此碑现存于枧头村后。
[2] 孝思堂《马氏大宗族谱》,五集,第83页。
[3] 此碑现存于义家坊水口。
[4] 此碑现存于江坊村北。
[5] 此碑现存于云峰村水口。
[6] 此碑现存于马屋村水口。

图 8.3　枧头厉坛（刘永华摄）

一本无祀神会账簿，为我们了解这些神会的运作提供了若干细节。这个厉坛祭祀会社称作立夏庆神社，成立于道光六年（1826），成员十位，社友分为三班，每年轮值祭祀，三年轮流一周。该社置买祭田，其租金用于祭祀和办理酒席。这个会社延续了一百余年，至迟在1930年还见于相关文献，可能一直存续到20世纪50年代初的土改。[1] 清中叶以来，在四保各村普遍修建的厉坛，通常建于村落的后龙山上或水口。

"文革"结束后，旧厉坛得到修复，而新厉坛也不时得到修建，最近，厉坛甚至有复兴之势。当地老人告诉笔者，修建厉坛、祭祀

---

[1]《立夏庆神社簿》，道光六年至民国十九年，无页码。

第八章　土神与社公　259

孤魂，类似于做善事，是会得到福报的。这表明，四保民众并未把孤魂简单视为需要抚慰的超自然主体，它们还有可能给祭祀者带来福报。

笔者对四保社坛和厉坛的讨论表明，郑振满在福州、莆田等沿海地区发现的分社过程[1]，也见于四保地区，而且分割的对象不限于社坛，还包括厉坛。在此过程中，原属一里共有的里社坛和乡厉坛，被不同的村落或宗族及其支派分割，演变为不少村落或角落层面的社坛和厉坛。这一过程与"分香"过程不无相似之处。[2]不过与分香不同的是，分割后的社坛和厉坛，跟原本的里社坛与乡厉坛并未形成层级关系，前者无须定期前往根基社坛和厉坛更新其灵力。另外，这一分社、分厉的过程，很可能跟当地村落意识的兴起密切相关，笔者将在下一章集中讨论这个问题。

斗法传说的解读

在四保田野调查过程中，笔者搜集到几个有关社公的传说。这些传说在结构上与流传于汀州长汀、清流、武平和永定等地的若干社公传说颇为相似。这类传说的主旨，都在解释社公祭祀被土神取代，不再得到村民祭祀的缘由，可大致归入同一母题的传说类型。这些传说显示了汀州民众眼中的社公形象，为理解官方宗教、道教与地方宗教之间的复杂关系打开了一扇不可多得的窗户。不过为了诠释这些传说，我们需要求助于民俗学的形态分析法（morphological analysis），集中讨论其叙事结构和核心要素。[3]

---

[1] 郑振满《明清福建里社组织的演变》，收入郑振满《乡族与国家：多元视野中的闽台传统社会》，第238—253页。

[2] 对分香的讨论，参见 Kristofer M. Schipper, "The Cult of Pao-sheng Ta-ti and Its Spreading to Taiwan: A Case Study of *Fen-hsiang*," in E. B. Vermeer, ed., *Development and Decline of Fukien Province in the 17th and 18th Centuries*, Leiden: E. J. Brill, 1990, pp. 397-416.

[3] 形态分析法是由苏联学者弗拉基米尔·普洛普（Vladimir Propp）倡导的民间文学研究法，侧重对民间传说的叙事结构进行分析，20世纪八九十年代以来被引入文化史研究。

笔者搜集的社公传说共有九个，其中五个在四保或四保附近流传，其余四个流传于汀州其他地区。我们从四保长校流传的李公斗社公传说谈起。据说过去长校有个吃人的社公，神坛就在村边小河旁，他要求村民每年奉献一对童男童女。某年，轮到李公献祭，李公仅有一对儿女，不愿将他们献给社公。他到处求神拜佛，祈求得到神明的庇佑。某日，他在河边小桥上遇见一位白须老人，老人听完他的遭遇后，告诉他只要有决心，便有解决办法。他掏出一颗珠子，吹口气，珠子变成云，带着李公飞到一个悬崖边的庙宇。老人摇身变成一个高大的法师，告诉李公此处是茅山法厅，要他每天朝石头练功，当石头被打个洞时，他就可以回去斗社公了。李公天天发奋苦练，最后终于成功。他告别师傅回家，刚到村口，就听到放铳声，预示献祭马上就要开始了。他赶到小河边，一脚将社公踢进河里。社公顺着河往下漂，大喊救命，人们都不肯救他。最后，当他漂到田口村时，一位木匠救了他，条件是社公只能向村民索取一条木刻的鱼作为供品。[1]

这个传说不仅通过口头流传，也见于文献记载。《长校李氏族谱》收录了一篇题为《伍郎祖除妖灵异记》的文字，是这个传说最完整的书面版本：

> 粤稽祖出自唐太尉中书令西平忠武王苗裔，所繇（由）来远矣。缘先世避黄巢之乱，迁徙不一。公达观风土，于宋元祐三年由宁化会同里下坪盘固山，复迁于清流长校。斯时也，斯地也，林树蓊郁，风景未开。公乃于校溪之西而暂寓焉。旧名李家峤，即今禾上窠是也。……乃溪之傍有社，相传石塔前是其所，岁祀定规，以亲子女祭之，且必择其尤丽，否则祸随及，

---

[1] 李升宝主编《客家撷英：长校史踪》，北京：中国广播电视大学出版社，1996年，第160—161页；李升宝《清流县长校村的宗族传统调查》，载杨彦杰主编《汀州府的宗族庙会与经济》，香港：国际客家学会、海外华人研究社、法国远东学院，1998年，第280—282页。

而诸姓罔敢违。轮当祖为首祀，辄自揣曰：予只有一子一女，若以乡人不经之祭，漫无测识，坐致之死，随俗得矣，其如宗祀何？又如骨肉之情何？辗转以思。一日，于空头石岭遇一黄发之叟，告之曰：夫社也者，掌五土，育五谷，职以生民为务，何尝以养人者害人？此必妖假社之名以需食耳。我付子一册，子其图之。于是，执投巫毁淫之理，以除社所之木石座址焉。自是而后，载耕载凿，惟祀保护之神，嘱后人允不祀社。[1]

这篇文字题为"古临散人撰"，此人身份不可考。在此文之后，族谱又收录了"云孙承周于德氏"所撰《灵异记》一文，解释伍郎除妖社并非荒诞不经之事，撰于万历辛丑（1601）仲秋月。据此，则上引传说最晚当成于明后期，也就是说，有关李公斗社公的传说，至迟在明代后期，在李姓士大夫有意识地开展收族实践之前就已出现。

在离四保不远的长汀庵杰地方，劳格文听到一个类似的"李公斗社公"传说。这个传说的主角也叫李公，不过无法确定他是否长校的李公。同样，庵杰的社公也要求村民每年供奉一对童男童女，如若不从，他就会散布瘟疫。李公到梨山跟随梨山老母学法，最后把社公赶跑。[2]

第三个传说来自清流县长校镇东山村（在四保地区）。传说的主角是东山萧氏的一位先祖萧必达。在前往汀州城的路上，萧必达和亲戚发现一座大山，山门开着。萧必达好奇，走近山门，突然被吸入山中。三年后，必达回到家中，告诉妻子说，这三年他一直在茅山学法，已掌握了上天入地的本事。萧必达的故事迅速在村中传开，连村中的社公也听说了。五月初五，必达到田里干农活，社公变成

---

[1]《长校李氏族谱》卷首，页1a—1b，宣统元年木活字本。
[2]《李公斗社公》，长汀县民间文学集成委员会编《中国民间故事集成·福建卷·长汀县分卷》，第133—137页，长汀县民间文学集成编委会1991年铅印本。劳格文也提到这个传说，见 Lagerwey, "Notes on the Symbolic Life of a Hakka Village," pp. 743—744.

一条大蛇，挡住他的去路。必达掐指一算，知道它是社公变的。他早听说过这个"吃人精"，决定杀死他。经过一番搏斗，他用五雷法杀死了社公。必达死后，村民把他埋在社坛下。[1]

第四个传说流传于长汀县四都。传说的主角陈麻哩是四都陈氏的始祖，据说他神通广大，能以符役鬼神。[2]跟李公传说相似，四都出了一个社公，要求村民每年供奉一对童男童女，否则将祸害村民。当时陈麻哩还在骊山学法。学成回村后，他了解到社公祸害村民的情况，非常愤怒。于是他骑着土马，和徒弟一同来到社公坛。斗法之前，他要徒弟将他的赶山鞭拿到水里浸，并吩咐说要浸泡三个时辰。听到这句话后，社公摇身变为一个老人，站在徒弟面前，邀他一起下盘棋。于是他们下了三个时辰棋。突然，徒弟听到师傅的呼唤。在师傅的命令下，他一鞭赶跑了社公。[3]此后，四都村民不再供奉社公。

最后一个传说是在长汀涂坊搜集的。涂氏始祖涂能十从江西迁居长汀，村中住着一位社公。每年，村民都要向他供奉一对童男童女。涂能十和兄弟迁居涂坊后，轮到涂氏和赖氏出一对童男童女。他们决定赶走社公，于是他们来到三佛祖师面前许愿：如果祖师保佑他们，让他们学习法术，他们就会还以"千年故事，万年花灯"。[4]然后，他们出村找师傅学法。走了一日一夜，他们遇见一位老人。老人请他们帮他吸出背上的脓，他们依言吸出脓。老人又要他们跟着他的鸭子走，鸭子会在前面带路，并给他们一根竹鞭和一个鸡蛋，然后交代说："如果小鸡从蛋里孵化后，要用竹鞭抽它。"涂公和赖公跟着鸭子一直走，突然他们发现已回到村中。他们用竹

---

[1] 童金根《清流县东山肖氏的宗族传说及其庙会》，载杨彦杰主编《闽西的城乡庙会与村落文化》，第212—213页；杨彦杰《闽西东山萧氏的宗族文化及其特质》，载蒋斌、何翠萍主编《第三届国际汉学会议论文集·人类学组：国家、市场与脉络化的族群》，台北："中研院"民族学研究所，2003年，第125页。
[2] 赖光耀《四都镇的宗族与庙会》，载杨彦杰主编《长汀县的宗族、经济与民俗》，下册，第452页。
[3] 赖光耀《四都镇的宗族与庙会》，第468—469页。
[4] Lagerwey, "Notes on the Symbolic Life of a Hakka Village," p. 744.

第八章　土神与社公

鞭赶跑了社公。这是涂坊为何没有社公的原因。[1]

这类传说并不限于四保周围，同样的传说还流传于汀州其他地区，不过故事稍有变异。武平北部湘湖流传一个传说，社公被黑狗公王替代。[2]跟其他传说相似的是，他也要求人祭，不过只向村民要一个童男或童女。为了保护自己的家免遭灭顶之灾，村中的刘千八郎前往闾山学法。学成回村后，他最终打败了公王，把他赶出村。[3]这位黑狗公王也出现于武平北部中湍的一个传说中。[4]

在宁化泉上的一个传说中，社公要求每年供奉一个小祭品，三年供奉一个大祭品。小祭品包括猪、羊、酒等，而大祭品是指一对童男童女。这个传说的主角是谢朝安，他是一个普通村民，曾和朋友一同学法（不过传说没有交代学法的地点和法术名目）。他的法器是一本法术书和一条鞭。斗法后，他最终抓住了社公，社公可以继续留在村中，不过不能继续索取动物和人祭。[5]

在永定金沙的一个传说中，社公要求人祭。一位邱姓村民变卖家产，决定学习九鲤仙法。[6]他从潮州一路走到广州，终于找到了九鲤仙。他们给他一把剑、一方印和一条鞭，并告诉他社公实际上是一个"五狗妖"。回村后，他用这些法器打死了五狗妖中的四妖，只允许最后一只妖活下来，此后这只妖每年只能得到一壶酒、一对鸡蛋、一盘鱼虾和一串纸钱。[7]

---

[1] 劳格文、张鸿祥《涂坊的经济、宗族与节庆》，载杨彦杰主编《长汀县的宗族、经济与民俗》，下册，第606—607页。劳格文提供了这个传说的英译本，见 Lagerwey, "Notes on the Symbolic Life of a Hakka Village," pp. 742—743。
[2] 笔者谈到，公王与社公的相似之处颇多。
[3] 刘大可《传统客家村落的神明香火缘起类型——以闽西武平县北部村落为例》，《客家》2005年第3期，第25—26页；杨彦杰《永平帽村的方氏宗族》，载杨彦杰《闽西客家宗族社会研究》，第109页。
[4] 刘大可《传统客家村落的神明香火缘起类型——以闽西武平县北部村落为例》，第25页。
[5] 廖善金《泉上乡的传统经济与民俗文化》，载杨彦杰主编《宁化县的宗族、经济与民俗》，上册，第127—128页。
[6] 九鲤仙信仰发源于福建仙游。
[7] 道光十年修《永定县志》卷三一，《志余》，页1b—3a，福建师范大学图书馆藏抄本。亦见杨彦杰《闽西东山萧氏的宗族文化及其特质》，第125—126页。

264　礼仪下乡：明代以降闽西四保的礼仪变革与社会转型

这些传说颇多相似之处。它们都讲述了邪恶的社公或其变体——公王——的故事。社公索取人祭，不然将祸害村民。在三个案例中，社公是妖怪的化身。社公的敌手，通常是掌握了某种法术的法师。他们多数是一位始祖（长校、涂坊、四都和湘湖的传说），要不就是一位先祖（东山传说）。在传说的最后，这些始祖或先祖杀死并取代了本村社公（东山传说），或允许他留下来但必须接受村民提出的条件（泉上、金沙的传说），或将社公赶出村子（其他三个传说）。概而言之，这些传说的基本情节是某位法师用法术打败社公（有时是妖怪化身），其基本结构大体上都包含了三个基本情节：（Ⅰ）吃人的社公、（Ⅱ）学法与（Ⅲ）驱除社公。有的版本还叙述了社公的归宿（情节Ⅳ）（参见表8.2）。

表8.2 法师斗社公传说各版本比较表

版本号	流行地区	结构	主角名	学法地点/师傅	法术名	法器名
A	清流长校	Ⅰ→Ⅱ→Ⅲ	李公	—		
A'	同上	Ⅰ→Ⅱ→Ⅲ→Ⅳ	同上	茅山		
B	清流东山	Ⅱ→Ⅰ→Ⅲ	萧必达	茅山	五雷法	
C	长汀涂坊	Ⅰ→Ⅱ→Ⅲ	涂赖公	骊山		
C'	同上	Ⅰ→Ⅱ→Ⅲ→Ⅳ	同上	闾山	赶鬼	竹鞭
D	长汀庵杰	Ⅰ→Ⅱ→Ⅲ→Ⅳ	李公	梨山老母	—	镇妖鞭
E	长汀四都	Ⅰ→Ⅱ→Ⅲ	陈麻哩	骊山		赶山鞭
F	永定金沙	Ⅰ→Ⅱ→Ⅲ→Ⅳ	丘某	九鲤仙	—	剑、印与鞭
G	武平湘湖	Ⅰ→Ⅱ→Ⅲ→Ⅳ	刘千八郎	闾山		
H	武平永平	Ⅳ	—			
I	武平中湍	Ⅳ	—			

注：情节Ⅰ=吃人的社公；Ⅱ=学法；Ⅲ=驱除社公；Ⅳ=社公的归宿。

笔者之所以讨论这类传说的叙事结构，是想指出它们与福建民间道教之间的关系。具体而言，这类传说从结构上说与东南地区广为流传的陈靖姑（一作陈进姑）传说相当接近，而陈靖姑是闾山法的核心神明。[1]试举明刊本无名氏辑《三教源流圣帝佛祖搜神大全》一书所载陈靖姑传说为例：

> 昔陈四夫人祖居福州府，罗源县下渡人也。父谏议拜户部郎中，母葛氏，兄陈二相，义兄陈海清。嘉兴元年，蛇母兴灾吃人，占古田县之灵气，穴洞于临水村中，乡人已立庙祀，以安其灵。递年重阳，买童男童女二人以赛，其私愿耳，遂不为害。时观音菩萨赴会归南海，[急]（忽？）见福州恶气冲天，乃剪一指甲，化作金光一道，直透陈长者葛氏投胎。时生于大历元年甲寅岁正月十五日寅时，诞圣瑞气祥光罩体，异香绕闼，金鼓声，若有群仙护送而进者，因讳进姑。二相曾授异人口术瑜珈大教正法，神通三界，上动天将，下驱阴兵，威力无边。遍敕良民，行至古田临水村，正值轮祭会首黄三居士供享，心恶其妖，思靖其害，不忍以无辜之稚，啖命于荼毒之口，敬请二相行法破之。奈为海清酒醉，填差文券时刻，以致天兵阴兵未应，误及二相，为毒气所吸，适得瑜仙显灵，凭空掷下金钟罩覆，仙风所照，邪不能近，兄不得脱耳。进姑年方十七，哭念同气一系，匍往闾山学法。洞主九郎法师传度驱雷破庙罡法，打破蛇洞取兄，[轩]（斩？）妖为三。[2]

在这里，取代法师与社公的主角位置的，分别是陈靖姑和蛇妖

---

[1] Lagerwey, "Notes on the Symbolic Life of a Hakka Village," p. 744. 有关陈靖姑信仰，参见 Brigitte Baptandier, *The Lady of Linshui: A Chinese Female Cult*, trans. Kristin Ingrid Fryklund, Stanford: Stanford University Press, 2008；林国平、彭文宇《福建民间信仰》，第 162—180 页。

[2] 明刊《三教源流圣帝佛祖搜神大全》卷四，台北：学生书局，1989 年，影印西天竺藏板七卷本，"大奶夫人"条。成书于晚明的小说《海游记》，将陈靖姑的传说敷衍成一本中篇小说，情节自然远较此传文繁杂，但结构基本一致。这本小说初版于闽北建阳，乾隆十八年（1753）重印。Piet van der Loon, "Preface," 无根子《海游记》，叶明生校点，台北：施合郑基金会，2000 年，pp. 3-4。清代中叶成书的《闽都别记》一书，也以陈靖姑的传说为全书主要线索。参见里人何求《闽都别记》，福州：福建人民出版社，1987 年。又据魏应麒《福建三神考》的说法，陈靖姑斩蛇传说的主要情节，在《搜神记》与《西阳杂俎》等书中已开始出现。参见魏应麒《福建三神考》，叶春生主编《典藏民俗学丛书》，哈尔滨：黑龙江人民出版社，2004 年，中册，第 1606 页；无根子《海游记》，第 75 页。

（陈靖姑已不是普通的法师，而是观音指甲的化身）。在兄长被困后，她毅然前往闾山学法，最后将蛇妖制服。因此，就结构而言，它与前述斗法传说很类似，基本上包括了社公斗法传说中的第I、II、III个情节。

除了基本结构上的相似性外，斗法传说中的几个细节也很值得注意。其一，这些法师学法的地方，包括骊山、梨山、闾山和茅山。茅山从中古起就是道教名山，也是一个道教流派的名称。不过在东南地区的传说中，茅山不是一个高道修炼内丹的地方，而是不少法师学法之处。骊山和梨山很可能就是闾山，因为在客家话中，这三个词谐音。有位闽西道士甚至告诉劳格文，骊山实际上也是闾山，在那里涂赖二公跟闾山九郎、仙女和王姥仙娘学法。[1] 而闾山是福建民间法术最重要的类型，在汀州地区颇为流行。[2]

其二，这些传说中的若干细节，也见于晚明小说《海游记》等作品中。《海游记》是一部根据民间流传的陈靖姑传说敷衍而成的小说，由建阳出版商刊印于16世纪末至17世纪初，乾隆十八年（1753）重印。[3] 最明显的是吸脓一事，这个情节出现于此书卷一《靖姑学法救海通》一节。[4] 这几个传说中出现的法鞭，也是陈靖姑的一个重要法器，在离开闾山援救法通之前，她和两位结义妹妹从师父手上接过的就是一条金鞭。[5] 传说中提到的供奉童男童女的祭祀，是元明以来流传的陈靖姑传说的一个基本情节，也出现于闾山仪式戏《跳海青》，这出戏至今仍在长汀表演。在《跳海青》中，每年必须向白蛇妖供奉一对童男童女。[6] 鉴于这些传说与陈靖姑故事之间的相似性，劳格文认为这些传说很明显是"陈靖姑及其与古田

---

[1] Lagerwey, "Notes on the Symbolic Life of a Hakka Village," p. 744.
[2] 叶明生《福建省龙岩市东肖镇闾山教广济坛科仪本汇编》，第302—306页；劳格文《福建客家人的道教信仰》，载罗勇、劳格文主编《赣南地区的庙会与宗族》，香港：远东学院、海外华人研究社，1997年，第229—258页。
[3] Piet van der Loon, "Preface," 无根子《海游记》，第3—4页。
[4] 无根子《海游记》，第72页。
[5] 无根子《海游记》，第75页。
[6] 刘劲锋《河田镇社公醮述略》，载杨彦杰主编《长汀县的宗族、经济与民俗》，下册，第880页。

白蛇妖斗法故事的变体"。[1]有趣的是,陈靖姑是个以护婴保赤为主要职司的神明,由她制服索取童男童女的蛇妖似乎是很合适的。

其三,传说中提到的五雷法和五雷神,与宋代兴起的法师传统也有密切的关系。五雷法,一般称作雷法,乃是以雷为力量源泉,以役使雷神诸部为特征的咒术,用来驱逐不服正法的恶鬼邪神。这种法术自宋元以来就成为道教的重要法术之一,也是目前闾山法的重要法术之一。[2]以笔者管见所及,经常出没于四保的连城隔川道士,五雷令是其重要法器。

这些传说与闾山法之间的亲缘性,其实并不奇怪。根据劳格文的调查,包括长汀、清流、连城、武平、永定在内的汀州府南部地区,是闾山法较为流行的区域。[3]这大约有助于解释,一方面,为何这些传说与闾山法之间有诸多相似之处;另一方面,为何这些传说流传的地区,也大都是闾山法流行的地区。进一步说,此类民间道教在汀州的传播,或可追溯至宋代。这些传说中提到的法师,与12世纪至14世纪活跃于南中国地区的新道教法派有着密切的联系。这些法派专注于治疗和驱邪法术,此后在东南地区一直相当活跃。[4]相关的仪式专家在四保乡民的宗教生活中,曾经扮演着十分重要的角色,对当地的仪式象征生活有着不可忽视的影响。[5]直至最近,他们还在四保的打醮、丧葬等仪式中为乡民提供仪式服务。这一背景为我们理解邹公的法师形象提供了一个重要维度。从这个角度看,

---

[1] Lagerwey, "Notes on the Symbolic Life of a Hakka Village," p. 744.
[2] 松本浩一《道教与宗教仪礼》,见福井康顺、山崎宏、木村英一、酒井忠夫监修《道教》第一卷,朱越利译,上海:上海人民出版社,1990年,第187—192页;Edward L. Davis, *Society and the Supernatural in Song China*, Honolulu: University of Hawai'i Press, 2001, pp. 24-44.
[3] Lagerwey, "Popular Ritual Specialists in West Central Fujian," p. 436. 连城县也有较强的正一派传统。
[4] Davis, *Society and the Supernatural in Song China*, pp. 24-44. 同时参见 Lowell Skar, "Administering Thunder: A Thirteenth-Century Memorial Deliberating the Thunder Rites," *Cahiers d'Extrême-Asie* 9 (1996-1997), pp. 159-202。
[5] Davis, *Society and the Supernatural in Song China*, pp. 21-66.

有理由认为，邹公和李公并非四保乡民杜撰的子虚乌有的人物，他们的法师形象及相关传说，透露出了若干历史的真实。

如果说这些传说中击败社公的人物属于法师，那么如何理解他们的敌人——社公？在讨论涂坊斗法传说的基础上，劳格文认为，这个传说"构成了对一个特别自然的事实的象征叙述，此即畲民被客家取代的过程"[1]。对他来说，这个传说讲述的是某一人群（这里是畲）供奉的神明被另一人群（这里是掌握法术的汉人）妖魔化、驱赶的过程。[2]同样，丁荷生认为，汉人在福建的移民，可能朝着两条阵线展开。第一条阵线是大家熟知的军事征服。另一条阵线是，"在对这一地区的法术征服中，佛教与道教仪式专家与当地仪式传统展开角逐，可能还吸收了后者的成分"[3]。从这一角度看，在汀州南部地区流传的社公传说并不是独特的。它们仅仅是福建流传的同类民间叙事的一小部分。

然而，在这类传说中，为何被妖魔化、遭驱逐的是社公，而不是其他神明？当然，社公是一个复杂的超自然主体。对不同的人而言，社公意味着不同的东西。在中文文献中，社公可以指称官方推广的社神，也可能指代身份可疑的地方神。[4]因此，对此进行总体讨论太过笼统，几乎没有意义。劳格文对这个神明的态度较为暧昧。他当然清楚社神跟官方宗教的联系。正如他指出的，从周代开始，

---

[1] Lagerwey, "Notes on the Symbolic Life of a Hakka Village," pp. 748-749.
[2] 劳格文在此重申的是司马虚（Michel Strickmann）的看法。司马虚认为，道教科仪在华南地区的渗透过程，是一个长期的文化过程，在此过程中，"通过改宗道教，瑶和其他土著群体被汉化"。参见 Michel Strickmann, "The Tao Amongst the Yao: Taoism and the Sinification of South China," 酒井忠夫先生古稀祝贺纪念会编《历史における民众と文化：酒井忠夫先生古稀祝贺纪念论集》，东京：国书刊行会，1982年，pp. 27-28. 同时参见 Judith Magee Boltz, "Not by the Seal of Office Alone: New Weapons in the Battles with the Supernatural," in Patricia Buckley Ebrey and Peter N. Gregory, eds., *Religion and Society in T'ang and Sung China*, Honolulu: University of Hawai'i Press, 1993, pp. 271-272.
[3] Dean and Zheng, *Ritual Alliances of the Putian Plain*, p. 58.
[4] Dean, "Transformation of the She" 揭示了社的复杂面向。

社稷坛和太庙就是历代王朝最重要的宗教象征。不过在他建构的中国村落理想类型中,社公象征着地缘纽带。[1]在其对涂坊传说的诠释中,他甚至认为这个神明实际上是畲民的象征表述。这一诠释似乎颇契合司马虚提出的汉化理论——尽管这个理论难以证明或证伪。

笔者在此想要讨论的主题,不是这类传说的历史根源,而是它们在明清汀州地区流传的社会脉络及意涵。我们很难证明这种传说传达的基本信息:道教对畲的汉化和社公是畲民的象征表述。不过,我们可以观察明清四保士人和村民如何对这些传说作出回应。通过考察这些传说如何被讲述,可以确定在这些传说中,哪些要素发生变动,哪些没有发生变动,从而揭示村民态度的一个重要面向。

我们已谈到,李公传说讲述的是李公与社公如何斗法。现有证据显示,这一传说首次被写入文本,可能是在万历十七年(1589),此年李公庙重建,长校文人写了一篇文章记述此事。这篇文章简单地提到了李公传说。[2]另一篇文字写于万历二十九年(1601),解释了为何长校李氏不拜社公。[3]第三篇文字详细记录了李公传说,这是在16世纪80年代后期写成的。[4]

我们来看看这个传说的书面版本。其最值得注意的事实是,这个文本认为,霸占社坛的并非社公,而是一个妖怪。当李公要把儿女供奉给社公时,遇见了一位"黄发之叟",他告诉李公:"夫社也者,掌五土,育五谷,职以生民为务,何尝以养人者害人?此必妖假社之名以需食耳。"在这位老人的帮助下,李公"执投巫毁淫之理,以除社所之木石座址焉"。[5]

同样,长校的一位文人李承周也对这一问题进行了解释。在万历

---

[1] John Lagerwey, *China: A Religious State*, Hong Kong: Hong Kong University Press, 2010, 尤其是第一章与第四章。
[2] 《长校李氏族谱》卷首,《重修祖庙新建跃龙桥记》,页1a—2a,宣统元年木活字本。
[3] 《长校李氏族谱》卷首,《灵异记》,页2a—2b。
[4] 《长校李氏族谱》卷首,《五郎祖除妖灵异记》,页1a—2a。
[5] 《长校李氏族谱》卷首,《五郎祖除妖灵异记》,页1a—1b。

二十九年写的一篇文字中,他指出,长校之所以没有社坛,是因为长校的社公是一位妖怪。在他看来,李公在驱赶社公时,其实他是在仿效西门豹投巫于江和狄仁杰(630—700)捣毁淫祠的先例。[1]李承周说,长校是唯一没有社公的村落,这当然是不准确的。实际上,汀州各县流传的社公传说显示,长校的个案并不独特。有趣的是,涂坊和永定的传说都被记录成文,两者都提出了一样的说法:社坛住的不是社公,而是某个邪神。因此问题是,为何吃人的超自然主体必须是一个妖怪而非社公自身?考虑到上文介绍到的制度安排,这个问题不难回答。

　　明清政府规定,每里必须建立里社坛和乡厉坛各一所。没有理由认为,四保是一个例外。由于长校在清流县四保里占据核心位置,这个里的里社坛很可能就建于长校村内。事实上,这个里的乡厉坛就建于长校水口。因此,当村民讲述社公传说时,他们是清楚这个传说的意涵的。社公不可能吃人,因为他们代表的是朝廷——吃人的只能是妖怪。这是他们对这个传说中多少有点异端的要素作出的反应。

　　值得注意的是,这些传说的书面版本试图为社公开脱,而口传版本几乎没有触及这一问题。这一事实从侧面体现了普通村民在不断讲述这些传说时对社公的态度。通过把社公——一个官方宗教和超自然官僚体系的重要神明——表述为一个索取人祭,然后被赶走或杀死的神明,村民给这些传说赋予了一个暧昧的意义。是否有这样一种可能,这些表述,或更准确地说,村民对这一表述的反应,体现了他们对王朝国家暧昧甚或异端的看法——王朝国家不仅意味着剥削,还是缺乏人性的?基于对社的这种表述,社必须被清理。[2]这一表述为供奉另一个神明提供了便利,这个神明拥有很强的民间

---

[1]《长校李氏族谱》卷首,《灵异记》,页2a—2b。
[2] 值得注意的是,根据弘治《八闽通志》的记载,成化八年(1472)清流县有七里,但里社坛只有六所(参见表8.1)。很可能四保里就是唯一没有社稷坛的里。遗憾的是,由于文献阙如,我们无法了解明初四保里里社坛的修建情形。不过从前述江坊崇祯年间重建社坛事迹看,明初四保里很可能是建有社坛的。

第八章　土神与社公　271

道教的背景，而且可能在明初建立里社坛和乡厉坛祭祀制度之前，已经深深地在这个村落扎根下来。就像礼生祭文本中所见的道教元素和乡约的独特形态一样，这些传说中存在的不那么正统甚至有点颠覆性的要素，透露出朝廷规范民间信仰的努力和士绅推广礼教的努力的限度。在一个政治权力和士绅文化从未获得很强的显示度的区域，这完全是可以理解的。

第九章　寺庙进村

关帝和天后信仰起源于唐宋时期，至明清时代流行全国，并传播至海外。作为复杂的社会文化过程，这两个信仰的流行和传播，是朝廷、官员和地方精英"共谋"的结果，也与那个时代若干重要的社会进程有或近或远的关系。本章想要探讨的是，这两个神明如何进入四保，它们的传入，又与这一地域重要的社会文化过程有何联系。

寺庙修建与村落认同

上一章谈到，四保若干寺庙的历史，可以追溯至明代以前，广福院、丰饶寺、上保与马屋的邹公庙都是例证。不过这一时期寺庙与村落的联系应该并不密切，村民很可能是独立或结成松散的群体前往寺庙参与仪式活动的，很多村落没有寺庙，后来围绕村庙形成的社会组织也就无从谈起。[1] 明初在乡村建立的里社坛和乡厉坛，并不以村落为基本单位。明中叶以降，里社坛、乡厉坛逐渐分化，出现分社和分厉的现象，围绕这些神坛开始出现了某种村落意识的表达。与此同时，还可以观察到，这一时期绝大多数乡村在继续参与此前修建的寺院、神庙举行的仪式的同时，开始在村中修建自身

---

[1] 简单说，村庙是村落认同的一种表达，村庙及在庙中举行的仪式，通常界定了相应村落的边界。

独立经营的神庙，寺庙开始在村落普及，笔者称这一过程为"寺庙进村"，对于这一村落与寺庙结合的过程，应如何理解？

寺庙进村之前，寺庙与村落之间的关系不强，且多属非排他性关系。上文提到的广福院，是一个远近闻名的信仰中心，并非某一村独占性的象征资源。丰饶寺位于马屋与留坑之间，离江坊和严屋也不远，同时与四村保持密切关系，直到晚清民国时期，还是同时服务于四村，始终没有成为村庙。四保盆地南端的积福庵、邹公庙、赖仙庵也是如此，这些寺庙是这一带邹、吴、杨、赖等亲属群体之间相互结合的主要纽带，而非专属某村所有。类似的例子还有马屋邹公庙。

值得注意的是，这些寺庙中，并非全然看不到村落和宗族意识的表达。丰饶寺的普贤像，由江坊的江观政于成化二年（1466）捐资塑造，后来就成为其后裔的财产，而江观政的后裔也负责神像的重塑。寺中的地藏王、金童、玉女由江文通捐献，后来成为其后裔的财产。[1] 马屋邹公庙也是如此，庙内的四尊邹公像，分别属于四个乡村/宗族（详后）。上保积福庵是另一个例子。庵中的欧阳、罗、赖三仙公由上保邹氏家族所捐，太佛姑婆的捐献者是上保的邹文学，而观音、定光、伏虎三尊佛像，则由枧头吴氏上下门所立。[2] 上保的一部族谱谈到，吴氏的神像原本供奉于枧头一座神庙内，后来该庙失火被毁，经征询邹氏的同意，神像方才被放入积福庵。[3]

由于神像属于不同村落或宗族及其房支，神明祭祀和神像维护的责任，自然就落到捐献者头上，其中有能力的还捐助田产入寺，作为供奉各该神像香灯及相关仪式的专属庙产。在一些特殊事例中，

---

[1]《济阳江氏族谱》卷二七，页1a。
[2] 敦敬堂《范阳邹氏族谱》卷一五，第4页，1994年洋子边铅印本；敦善堂《吴氏族谱》卷一，《祠图记》，页4b，光绪己亥年木活字本。
[3] 敦敬堂《范阳邹氏族谱》卷一五，第4页，1994年洋子边铅印本。

神像的捐献者还从神庙取回神像自行供奉。丰饶寺的元帝祖师、赵元帅、殷元帅由江坊江氏的一个房支捐塑。后来因为某种原因,他们从寺中取回神像,将它们供奉于江坊的一座庙内。此后,这个房又重塑了三尊神像送入寺中供奉。[1]在上述事例中,村落、宗族、房支的认同是围绕寺庙内的神像,而非寺庙本身来进行建构的。在极端情况下,神像像是股份一样,可以相对自由地加入、撤回。在宗族兴起之前,这类事例可能就已出现,宗族兴起后继续存在。这也许是村落认同表达的一种变异形态,或是寺庙进村之前寺庙与村落互动的某种过渡形态。

为回报村民对寺院的捐助,这些寺院的僧人负责为村民提供若干仪式服务。他们的责任包括管理寺产、照看神明、书写吉契、办理丧事、打醮等,有时还包括照料村民的祖先。[2]如上保邹氏是积福庵的檀越主,该寺召请的住持必须"朝夕奉祀香灯,赴应上保乡大小吉契、礼忏、功德、香花之类,毋得推托、违误日期等事"[3]。丰饶寺也是如此,据《马氏大宗族谱》记载:

> 去乡二三里,有丰饶寺,地隶清流,寺则吾族所共建者也。昔子仁公字福寿者,曾施田若干亩以为常住资,其粮米若干,尚隶伊户焉。寺僧数十,皆香花教也,往往供吾乡应[伏](状?)。昔朱子曰:今之僧,古之巫也。然则彼为吾祷神驱疫,是亦吾乡中所不可缺者哉。[4]

这里明确提到丰饶寺应为马屋民众祷神驱疫,这种关系与积福庵和

---

[1] 《济阳江氏族谱》卷二七,页2a—2b。
[2] 敦敬堂《范阳邹氏族谱》卷一五,第4页,1994年铅印本;敦善堂《吴氏族谱》卷一,页4a,光绪己亥年木活字本。
[3] 敦敬堂《范阳邹氏族谱》卷一五,《集福庵历来古迹序》,页1a—1b,民国三十五年洋子边木活字本。
[4] 孝思堂《马氏大宗族谱》,二集,第25页。

上保邹氏的关系非常相似。除了马屋马氏、留坑谢氏外，江坊江氏和严屋严氏都曾先后捐助丰饶寺，因而与该寺建立了某种仪式关系。[1]在若干特殊场合，僧人还需提供其他服务。如上保邹氏要求积福庵僧人每年办席三次，招待邹氏族人。[2]

寺庙进村是个漫长的过程。从现有史料看，最早的村庙可能是江坊的江公庙，据当地族谱记载，其修建年代是明弘治年间（1488—1505）。[3]黄石坑的邹公庙，据庙碑记载，也建于弘治年间。[4]村中的悟真堂，供奉欧阳、罗、赖三仙和真武祖师，可能修建于成化十年（1474）。[5]上保积福庵修建于弘治年间，不过这不是真正意义上的村庙。雾阁是目前四保地区最大的村落，不过直到明末，当地才独立修建了一座佛寺。[6]同样，这座佛寺能否算作村庙，目前没有明确的证据。笔者认为，直到晚明关帝信仰进入四保后，村庙才获得比较清晰的表达。

明中叶以前，四保修建的神庙通常供奉的是土神，诸如邹公、江公、三太祖师之类，或是具有佛教或道教背景的神明，如普贤、地藏等。从明末开始，一组全国性或区域性神明开始进入四保，关帝和天后就是其中最重要的两位。这些神明引入四保，是王朝、区域和地方因素交相互动的结果，体现了在一个日益商业化的时代村落社区的开放面向与封闭面向之间的微妙关系。

关帝是明清时期最为流行的神明之一，清代关帝信仰遍及帝国各

---

[1] 马屋马氏、留坑谢氏与江坊江氏与丰饶寺的关系，已见于上文。衍庆堂《严氏族谱》卷之四所收《捐田丰饶寺并乐助鼎建正禅室厅基承帖字》一纸，落款题顺治十六年（1659）立，此承帖字显示了严氏捐入寺并修建禅室的一段史实，帖字提到"至于后日，任凭严主送立神主，朝夕奉香火，僧人不得阻当（挡）"等语。
[2] 敦本堂《范阳邹氏族谱》卷一，第105页，1995年圳边铅印本。
[3] 《济阳江氏族谱》卷二七，页26a。
[4] 《邹公庙记》，李于坚撰，此碑现存于黄石坑邹公庙内。
[5] 悟真堂神龛右侧现存石碑一通，形如神主，上书"大明成化十年二月初十乙丑良日敬清（？）/丰山得道妙应真仙神座/会龙乡信士江□□"。
[6] 敦本堂《范阳邹氏族谱》卷二九，页7b，民国三十六年雾阁木活字本。

图 9.1　雾阁关帝像（包筠雅摄）

地。[1]关帝首次进入四保应该是在明后期。嘉靖三十六年（1557），马屋万寿桥的神台供奉了一尊关帝像。这座桥本来没有屋顶，嘉靖三十五年（1556），村中的马良举（生员，1517—1608）梦见关帝莅临桥上，于是倡建桥屋，并在此桥设置神台，供奉关帝。万历年间，神像被移至村中一个亭子内供奉，取代其位的是北帝。[2]在四保地区，桥不仅是交通要道，也意味着村落的边界。乡民将桥建于重要的关口，比如说水口，其目的在于防止村"财"外流，同时也克服风水方面的缺陷，并把邪魔外道阻挡在村外。因此，在桥上供奉神明，有助于强化这些功能。从这种意义上说，桥和神都标示了

---

[1] 有关明清时期的关帝信仰，参见原田正巳《关羽信仰の二三の要素について》,《东方宗教》第 8—9 号（1955 年 3 月），第 29—40 页；Duara, "Superscribing Symbols," p. 782；郭松义《论明清时期的关帝崇拜》,《中国史研究》1990 年第 3 期。
[2] 孝思堂《马氏大宗族谱》，二集，第 27 页。

村落的边界。

及至清代，不少四保村落都兴修了关帝庙。在倒塌前，双泉村的关帝庙是村中最大的神庙，建于18世纪初，大殿供奉关帝、关平和周仓，左右两侧供奉刘备和张飞。正殿之前，修建戏台一座。每年村民在庙内打醮。每年农历六月二十三日，村民还在庙内给邹公过生日。[1]主修关帝庙的邹国仪，是一位积极参与地方公务的商人。此公传记谈到，他不仅主持重修了上保邹公庙，还倡导在本村兴建了心田庵、乡约所、罗星塔和关帝庙等建筑。[2]关帝庙和罗星塔的兴建，目的都在于加固风水：村子北面没有护山，而通过修建庙、塔，可以构筑某种"锁钥"，阻挡神煞长驱直入村内，因而实质上也具备划清村界的意义。

雾阁村的关帝庙历经重建，目前仍屹立于村南。该庙的具体修建年代不详，不过很可能兴建于18世纪中叶，最早大概不会早于18世纪初。[3]该庙规模不大，只有一间庙殿。现在庙内供奉关帝、关平、周仓、天后和观音。[4]雾阁每年的打醮活动原本在天后宫举行，如今没了天后宫，就转移至关帝庙。该庙位于村南溪侧，其修建也有风水方面的考虑：和横跨小溪的水坝和小桥一样，该庙的兴修目的也是防止村"财"外流。一坝，一桥，一庙，共同标示了雾阁的村界。

四保南端的洋子边和圳边，是上保的两个角落，原本都建有关帝庙，不过目前只有圳边的关帝庙幸存。这座庙是一间独立的小屋，庙内供奉关帝、关平和周仓，我们不知道它们是何时供奉

---

[1] 春攸《双泉村史》，双泉，1996年油印本，第177页。
[2] 敦睦堂《双泉乡邹氏族谱》卷首，页9a—9b，光绪二十六年木活字本。
[3] 新修雾阁敦本堂《范阳邹氏族谱》称关帝庙建于万历二十年（1592），重修于崇祯五年（1632），不知何据。参见敦本堂《范阳邹氏族谱》卷三，第100—101页，1996年雾阁铅印本。笔者所见最早的关帝庙记载，是乾隆三十年（1765）的一幅庙图。参见新奕堂《范阳邹氏族谱》卷首，《关帝庙图》，页1a，宣统三年木活字本。
[4] 天后应该是20世纪中叶天后宫被拆毁后才放入庙内的，也可能是八九十年代重塑的。

在此的。洋子边关帝庙修建年代不详,不过据敦敬堂《范阳邹氏族谱》记载,该庙是在邹隆殿(1789—1863)倡导下重建的,重修年代大约是19世纪前期。[1]每年二月初二,洋子边组织关帝出巡,并搬演木偶戏。从两村分建两座关帝庙推断,修建原因可能是为了划清两个角落之间的界限,这意味着两庙是两个角落地域认同的焦点。

这些关帝庙有何共同之处?不少关帝庙的修建,是为了修补风水缺陷和确保村落安全。值得注意的是村民选择的是关帝(还有北帝)而非其他神明,背后的原因很可能是,关帝不仅是忠义的象征,而且象征着勇武,这正是一个村落保护神所需具备的神明性格。以这种方式庇护特定的村落,关帝实际上划清了这个村落的边界,关帝庙成为村落认同的象征。

寺庙、商人与商业

赖家墟天后宫的修建

18世纪,四保兴建了两座天后宫,而且都建于墟场。这并非巧合。天后如何进入四保?天后宫为何建在墟场?这两个问题牵涉到天后与商人群体、商业活动之间的关系,有必要在此详加讨论。

天后生于北宋初,生前是福建莆田湄洲岛的一个灵媒。[2]北宋末年,开始受到朝廷的敕封。南宋绍熙元年(1190),被敕封为妃。元明两代,这个神明继续获得朝廷的支持。清王朝对之更是推崇备

---

[1] 敦敬堂《范阳邹氏族谱》卷一五,《十九世继仁公传》,页1a—1b;卷五,页13a—14a,民国三十五年木活字本。
[2] 有关明清时期的天后信仰,参见 Watson, "Standardizing the Gods"; 林国平、彭文宇《福建民间信仰》,第146—162页。陈支平主编《福建宗教史》(福州:福建教育出版社,1996年)第496—497页简单讨论了天后与福建商人和移民之间的关系。

至，在清代二百多年时间里，天后共接受敕封达七次之多。康熙十九年（1680），在施琅（1621—1696）的奏请下，这个神明被敕封为天后。[1]

华琛指出，这个神明从一个地方小神升格为全国崇奉的天后，主要应归功于"国家的干预"。[2]朝廷在天后普及中扮演的重要角色是不容置疑的。不过笔者想要指出的是，在推广天后信仰方面，福建士人和商贾也功不可没。明清时期，天后与福建出外士人和商贾的关系，类似于许真君和旅外赣人、六祖和旅外粤人之间的关系。天后宫常常是福建会馆的别称，旅居外地的福建人在北京、上海、潮州和四川等地修建的会馆，几乎毫不例外地供奉天后。[3]

从笔者搜集的史料判断，明代天后（天妃）信仰尚未进入四保。四保最早的天后宫建于18世纪中叶，位于长汀、清流两县交界的赖家墟。据后人回忆，这座神庙占地面积1亩，在倒塌前是马屋最大的寺庙。前为主殿，后为寝宫，主殿建筑面积约为250平方米。主殿之前，有戏台一座，约40平方米。每逢天后诞辰和打醮期间，雇戏班在庙内演戏，有时一连演出达一月之久。[4]

这座神庙的兴建，部分得益于马龙（1702—1781）的捐助。马龙，字斯见，号文田，出生于一个出版商家庭。其祖父马权亨是最早进入出版行业的四保人之一。其父马定邦（号怡庵，1672—1743）是清前期一位出色的书商。马定邦生有二子，即马龙及其弟弟马就。在父亲的安排下，马龙在家读书，而马就外出贩书。马就"每岁载携书籍往粤，冬则载币旋乡，扩充家产，数倍从前"[5]。马龙进了学，

---

[1] 林国平、彭文宇《福建民间信仰》，第146—162页。
[2] Watson, "Standardizing the Gods," p. 295.
[3] 陈支平主编《福建宗教史》，第496—497页。
[4] 马传永《连城县四保乡马屋村民间习俗》，载杨彦杰主编《闽西的城乡庙会与村落文化》，第328页。
[5] 孝思堂《马氏大宗族谱》，五集，第55—58页。马定邦的传记，参见乾隆十七年刊《汀州府志》卷三二，页14a。

280　礼仪下乡：明代以降闽西四保的礼仪变革与社会转型

后来被选为贡生，并曾获赠修职郎（正八品），而马就由父亲捐了监生。由于身家富裕，马龙不用担心自身的生计，还有余裕捐建公共建筑。

马定邦在世时，就参与修建了几座公共建筑。四十二岁时，他捐助重修马屋邹公庙。六年后，参与重修马氏大宗祠。他还参与督造连接四保和宁化、长汀的两座桥梁。[1] 跟父亲一样，马龙也积极参与马屋的公共事务，尤其在马屋两座神庙的修建中发挥了很重要的作用。有关他参与修庙的经过，《马氏族谱》收录了一篇行述，出于马龙一位孙辈之手，对此作了记载：

> 我族屡有往广西售书者，见各地方立伏波马公庙，岁时致祭，群谓灵应，因亦祷公默佑，历年以来，水陆平安，归，辄设公神位建醮酬恩。后并塑公小像回乡奉祀。大父见之，曰："此汉之功臣也，余之宗室也。"欣然商于众，而建庙于赖家墟侧，规模宏敞，大塑金身，所费殆以千计，[象]（众）捐半而大父所捐亦半。每至三月十六日，合族诣公庙致祭。
>
> 众议建天后宫，择其地，惟大父田内为佳，因商于大父而请让。大父曰："天后圣母娘娘[获]（护）国庇民，恩同天地，历朝加封，无或有异。上至朝廷，下及郡邑，山陬海隅，无不崇奉，今吾乡此举，诚美且重也，田需多寡，任裁起建，焉用价为？"今宫在伏波忠显王庙右畔。[2]

很明显，马屋原本并无马援庙（伏波庙），清代马屋书商至广西贩书，遂从当地带回伏波将军的香火，最终在此基础上修建了马公庙。马屋天后宫虽然未必由商人引入，但像马定邦、马龙父子这种世代

---

[1] 孝思堂《马氏大宗族谱》，五集，第55—58页；乾隆十七年刊《汀州府志》卷三二，页14a。
[2] 孝思堂《马氏大宗族谱》，五集，第80—81页。

第九章　寺庙进村

从事货殖的商人，在寺庙修建过程中的确发挥了重要作用，而且天后宫与马公庙都建于墟场而非村内，也从侧面体现了两座神庙与商业活动之间的内在关系。天后宫与商业活动的关系，也可见于雾阁天后宫的修建。不过在讨论这个问题之前，有必要先考察一个18世纪四保历史上颇为重要的事件：雾阁新墟的开设。

18世纪雾阁开墟始末

乾隆四十三年（1778），雾阁在村内开设墟场。从四保权力格局的变动看，这是一个极具意义的事件。一方面，这个墟场离当时四保盆地中心的赖家墟很近，仅有数华里之遥。为何在如此之近的距离内开设新墟？另一方面，新墟的墟期与赖家墟完全相同，这与理性经济人的预期似乎完全相反。[1]为了理解这个事件，我们不仅需要考虑理性算计问题，还需把四保的内生社会动力机制列入考虑范围，换句话说，有必要从地方政治的角度思考这个问题。[2]

从开庆《临汀志》看，南宋时期四保境内并无墟市。不过，在四保周边，有四个墟市。西部有长汀县的归仁墟（今馆前），东北部有宁化县的安乐墟与滑石墟，南部是连城县的北团墟。至明代中叶，四保北部出现了三个市场：一是赖家墟，一是位于清流县长校村的长校市，一是长校以北数华里处的转水会。[3]这三个市场中，赖家墟是定期市。长校市是日日都可交易的小规模集市，转水会则至每

---

[1] 我们知道，这是施坚雅（G. William Skinner）市场和区域分析理论的核心。参见 G. William Skinner, "Marketing and Social Structure in Rural China, Part I," *Journal of Asian Studies* 24 (1964), pp. 3-43。
[2] 由于主题所限，此处无法对明清四保墟市与地方政治的关系进行全面讨论，有兴趣的读者，可参阅笔者的专题论文《墟市、宗族与地方政治——以明代至民国时期闽西四保为中心》，《中国社会科学》2004年第6期，第185—198页。
[3] 嘉靖二十四年（1545）刊《清流县志》卷之一，《圩市》，第14页。赖家墟出现的时间可能较早，15世纪中叶已见于文字（详后）。而嘉靖二十四年《清流县志》的这条史料，是长校市和转水会第一次见于志书记载。

年重阳节前后才进行贸易，性质与庙会相似。这种市场格局维持到清乾隆四十三年新墟开设。

也就是说，明代中叶，四保盆地应该只有赖家墟一个墟场。四保唯一的墟场之所以开设在这个地方，很可能是因为此处位于四保盆地的中心。从墟名看，这个墟市可能是由赖氏建立的，或至少是在赖氏的聚居地建立的。据笔者调查，赖家墟墟场所在，原来确曾住有赖姓人家，到近代才迁往他处。赖家墟最早见诸文献，是在明代中叶。马驯在所著《训语书》中，有"驯以一介书生叨籍科名，历官中外四十余年，钦承皇上念以微劳，擢任都宪巡抚湖湘。成化甲辰（1484）秋，复蒙福建藩、臬二司暨郡县诸公立牌坊于墟镇，去驯家一里许，固所以荣驯也。亦以墟镇之所，当连、清二县之接壤，乡人贸易之要冲，竖牌于此，又所以壮观集场，增秀山川，激劝士民也"等语[1]，说明在明成化年间之前，赖家墟即已存在，成为长汀、清流边境地区重要的商贸场所。

明中叶马氏崛起后，逐渐控制了这个墟场。马驯手定的《祠规》，为理解这一过程提供了线索。祠规十五条，内有一条称："……况都宪坊下每月六墟，毋得倚势欺人，强买强卖，坏我家声。又行使假银一节，尤为大蠹，今后有强使假银，并强买强卖者，送官惩治。"[2]可见，赖家墟上恐怕曾出现过强买强卖、强使假银等问题，而且祠规针对的是本族族众，说明这些问题可能出在马氏族人身上，这也从侧面体现此时马氏对墟场的控制。

那么，新墟开设的背景是什么？有关雾阁村开墟的原委，新奕堂《范阳邹氏族谱》收录有《初起公平墟原立簿序》一文，对此作了交代：

---

[1] 孝思堂《马氏大宗族谱》，三集，第13—14页。
[2] 孝思堂《马氏大宗族谱》，二集，第10页。

间尝读《易》，有曰：日中为市，致天下之民，聚天下之货，交易而退，各得其所。后世相沿，随地有之。吾乡龙足，户口千烟，可谓巨族矣。前人早有以旧墟稍远，每思自开一区，第时未至，而［竞］（竟）不果行。兹于戊戌之十一月十八日，始议此举，而十九日即起墟场。一唱百和，人心齐一。且未择吉，而暗合黄道，此莫之为而为之也。更有为风水之见，欲于乡之水口开墟造店，惬符堪舆家水朝不如人朝之美，今于此处而墟之。尤最异者，族中路径狭窄太逼，于风水有锁肚之嫌，可一番纡徐，大观之至，欲为更改大路，而问之吾乡有田之家，毫无吝啬，欣然乐从，并不校及锱铢，若为一人之业。其路之或弯或直，田间任吾筑砌。斯举踊跃大度，直千古而仅见也。今墟事告竣，聊弁数语，以志云尔。[1]

引文中的龙足即雾阁村，旧墟为赖家墟。序文认为，雾阁开辟新墟的缘由是"旧墟稍远"，其实，两墟之间相隔约五华里，仅有半个小时的脚程。而且，纵使路程较远，为何墟期完全相同呢？可见开墟另有隐情。

　　当地流传的一个传说，披露了开辟新墟的具体起因。这个传说认为，赖家墟上常有强买强卖的现象，导致不公平的交易。某些地头蛇上午到墟场后，就跟卖东西的小商贩说：这些东西我要了。可是，他们一直不去买。商贩惧于这些人的势力，也不敢轻易将东西卖给别人。到了散墟客商都要回家时，这些地头蛇才回来，然后以低价买下东西。这个传说是否属实很难断定。不过，从上引《马氏大宗族谱》所载祠规看，强买强卖、强使假银等问题，恐怕在赖家墟上多少还是存在过的。在这段史料中还可看出，设置墟市的动机，最初跟风水无关，但开墟之后，墟市成为当地风水体系相当重要的

---

[1] 敦本堂《范阳邹氏族谱》卷首，页2a，宣统三年木活字本。

一个环节。

必须指出,这个传说解释了开辟新墟的直接起因。可是,为何新墟采用同样的墟期,这个传说没有提供有说服力的解释。要回答这个问题,我们还必须考察雾阁邹氏宗族的发展情形。笔者谈到,与马氏相比,雾阁邹氏是比较后起的宗族。15世纪前中期,马河图、马驯等担任朝廷的重要官职,而此时邹氏还处于近乎默默无闻的状态。从17世纪后期起,雾阁邹氏进入出版业,从这个行业赚取了可观的利润,邹氏的实力大幅提高。在经济上,随着越来越多的族人参与雕版印刷业,雾阁邹氏成为当地比较富有的宗族;在科举上,虽然邹氏考中文举人的数量还比较有限,但是有相当数量的族人考取武举人,考取生员资格的族人数量更多;在社会上,雾阁邹氏的两个房支在乾隆年间进行了合族的尝试,他们编成雾阁历史上唯一的合族族谱。至此,四保盆地中心的地方权力结构开始发生值得注意的变动,在地域控制中,邹氏成为马氏的劲敌。

在这个脉络下,在离马屋控制的赖家墟数华里的地方,开设一个墟期完全相同的墟场,其政治意涵是不言而喻的。在这种意义上说,开辟新墟并不是商品经济推动下的自然结果,而应该看作雾阁邹氏角逐地域控制权的各种策略中至关重要的一个环节。事实上,新墟开辟后,赖家墟的服务范围逐渐受到新墟的蚕食,马屋以南的村落基本上都被纳入新墟的服务范围。借由这种方式,雾阁邹氏也就在很大程度上动摇了马氏在四保地区的支配地位。

地方政治对于理解开设新墟的重要性,还可以从龙光墟的开设事例看到。龙光墟设于江坊村西面,大致位于马屋与长校两村的中点,离两地均不到十五华里。龙光墟开辟的具体年份,地方文献没有记载,四保老人只记得,这个墟场大概是民国二三十年开辟的。民国县志明确指出,墟场曾在民国三十二年(1943)迁址[1],说明此

---

[1] 民国三十六年修《清流县志》卷三,《建置志》,第101页。

前墟场就已存在。这个墟场不仅离赖家墟、长校墟不远，而且其墟期与赖家墟、雾阁墟完全相同。要充分解释这种墟期安排，我们也同样不能求助于施坚雅或经济地理学的模式，或是归结为乡村经济的商业化，而应该在当地的族际关系和地方政治中寻找答案。

开辟龙光墟的江坊江氏，是四保地区目前四大族之一。从晚清开始，几位江氏族人成为四保地域社会十分显赫的人物，与龙光墟直接相关的，是民国后期四保地区最大的地方军阀江瑞声（1899—1947）、江雄生（1916—1951）兄弟。江氏兄弟的父亲江乐天，是福建军阀郭锦堂部参谋长，曾任永安县县长。江瑞声曾在闽西地方军阀中担任要职。1934年，所属部队被红军歼灭后，江瑞声逃到福州避难。1937年回到家乡后，江瑞声曾担任小学校长、乡长等职，同时积极购买私枪，收罗土匪，后来全力向外发展，问鼎清流政治，被选为清流县参议员、副议长与国大代表等。依凭兄长的势力，江雄生在1940年前后出任乡长职务，开始迅速扩充势力。据说在顶峰时期，他拥有四百条枪，成为四保周围最有实力的人物。[1]龙光墟的开辟，据说是由江瑞声组织的，也是在江氏兄弟势力走向鼎盛时期进行的。此时江氏兄弟清除了马屋的敌对势力，也摆平了雾阁的政敌。因此，在江坊这一地点开辟逢五、九墟期的墟市，其问鼎地域控制权的意图是很明显的。江坊附近村落的老人至今还记得，龙光墟开辟后，江雄生下令，凡是江坊以北地区的赴墟者，必须到龙光墟做买卖，若发现有赴赖家墟或雾阁新墟的，不仅货物全部没收，而且还要遭受体罚之苦。

民国十七年，长校重建墟场，引发了一场大族之间的冲突。《长校李氏族谱》对此进行了记载：

---

[1] 清流县地方志编纂委员会编《清流县志》卷三〇，《人物》，北京：中华书局，1994年，第748—749、756—757页。

> 侄名大荣，字绮城，一名桐芳，炳南公之六子也。自幼试读称佳，惜时当清季，科举既停，国家即有学校之改设，而我里[当]（尚？）未推及，未由造就，乃不得不兼学农圃。及年届舞象，又奉父命随兄粹芳等实习名烟手工业。旋粹兄病卒，侄即继承业务，开设恒丰商号于本乡。……毕业后，鉴及乡人外助马屋新辟赖家墟之非计，又鉴乡内牛坪里每逢四八日集场规模过小，不足以发展商业，乃于（民国）十七年力倡移设屋桥头之老岗上，族众亦觉悟，极赞成之。于是集众力，而统率指挥，斩除荆棘，填平泥土，画庄址，延工师，不数月而建筑告成，并由族众推任墟长。改原有四八日墟期为三八。连年秉工负责，其远近商民之集，辐辏货物之中，市面繁荣，诚大有可观。第我乡此墟既旺盛，则彼马屋之赖家墟不无遭受打击影响而趋于衰落。该乡墟长马贤康等不思自食前言，虐待友好，反变羞成怒。[1]

长校墟于民国十七年迁址后，吸引了附近不少村民，影响到马氏控制的赖家墟的生意，引发了马氏实力派人物马贤康的嫉恨，最后，长校墟的管理者被逼出走外乡。平心而论，长校墟期安排（逢三、八），对赖家墟并不构成直接的威胁，相比之下，雾阁新墟与龙光墟的开辟，简直就是对马氏势力的公然对抗了。

乡村墟市的兴起和发展，是明清时期一个引人注目的现象。墟市绝对数量的大幅度增长，单位面积内墟市密度的提高，专业性墟市的出现，都表明这一时期的墟市较前已有飞跃性的发展。从事宋代以来社会经济史研究的学者，通常将墟市数量的增加，视为乡村经济商业化的基本证据，是很自然的事。[2] 原因很简单，没有商业

---

[1]《长校李氏七修族谱》卷二，《行传》，页48b—49a，1992年木活字本。
[2] 比如，斯波义信《宋代商业史研究》，庄景辉译，台北：稻乡出版社，1997年，第338—380页；Evelyn S. Rawski, *Agricultural Change and the Peasant Economy of South China*, Cambridge, Mass.: Harvard University Press, 1972, pp. 8-9, 69-71。

化，墟市无从谈起。商业化可说是墟市发展的必要条件。但上述讨论的案例显示，墟市设置的时机、动因，墟市数量的增加和单位面积内墟市密度的提高，无法单纯用商业化程度的提高来解释，而主要是地方政治运作的结果。从地方政治的角度看，墟场不仅是贸易场所，也是挑战、角逐和扩大地方群体权势和影响的一个重要空间。在进行权力较量与角逐的过程中，各个地方社团尤其是宗族组织动员了各种经济的、社会的与文化的资源，而墟市则是这些资源中至关重要的一种。这意味着在考察墟市的发展时，我们不能单纯诉诸理性经济逻辑，同时还要把墟场开设的社会脉络与地方政治列入考虑范围。

通过开设新墟，邹氏逐渐跻身地方权力格局的核心。乾隆五十七年（1792），事隔十五年后，雾阁新墟修建了一座天后宫。据族谱记载，这座神庙由雾阁阖乡修建，主事者是出版商邹淡轩。[1]这座神庙已毁于"文革"，据老一辈村民回忆，此庙为雾阁规模最大的寺庙。从当地族谱刊刻的庙图看，天后宫有正殿一间，殿前为余坪，再前为庙门。[2]庙前建有戏台。每逢天后诞辰，请戏班来庙演出。这个年度庆典背后的主要组织者，是一个叫龙翔会的会社。龙翔会成立于乾隆五十七年，亦即天后宫修建当年。刚成立时，该社共有社友46人，48股会份（其中1位社友持3股），每股股金2银圆，分为4组，轮流负责组织天后祝寿仪式。股金除用于支付仪式、宴席等费用外，如有积余，用于放贷。嘉庆十七年（1812），该会积攒了506银圆，社友将其中495元购买了三块田地，此后租金用于支付祭祀、酒席费用。[3]

从表9.1可见，商人在这个会社中扮演了颇为重要的角色。在

---

[1] 新奕堂《范阳邹氏族谱》卷二〇，页65b，宣统三年雾阁木活字本。
[2] 敦本堂《范阳邹氏族谱》卷二九，页1b，雾阁，民国三十六年木活字本。
[3] 敦本堂《范阳邹氏族谱》卷二九，页3a—4b，雾阁，民国三十六年木活字本。

46位社友中，社会背景可考者共23位。在这23位会友中，商人8位，约占三分之一，他们基本上是书商。其余成员的社会背景是举人、生员、监生、族产管理者、乡饮宾，可能还包括若干富农。尽管他们没有直接参与商业活动，但其中不少人的亲属经商。比如，邹仁宽、邹仁盛兄弟家中，就有若干人从事商业活动。[1]邹元暄（1795—1857）来自雾阁的一个书商世家。其曾祖邹述文（1692—1756）是一位书商，在江西樟树镇开书肆，在这个市镇贩书数十载。[2]邹元暄的祖父邹铉猷（1723—1772）及后者的弟兄邹铉起（1726—1762）、邹铉兴（即首班的邹时运，1732—1816）经营樟树的书肆，并曾在湖北的江夏和汉川、福建崇安、苏州和杭州贩书。[3]邹元暄的父亲邹孔昌（1770—1834）和叔叔邹孔爱（1755—1827）也从事书业。他们印书，并将书籍发售至江夏、赣州、樟树、吴城甚至云南。[4]同样，邹清官、邹振官、邹宗官是邹运官的兄弟，而邹运官是一位书商。[5]还有一个值得注意的现象，在这些社友中，9人捐了监生，可见身家不菲，其中4位是书商。

表9.1 龙翔社社友社会背景表

姓名	班次	社会背景	资料出处
时运	首班	商人	敦本堂《范阳邹氏族谱》卷三三，页44a—44b
子仁	首班	商人；监生	敦本堂《范阳邹氏族谱》卷三三，页60a—60b
子荣	首班	商人	敦本堂《范阳邹氏族谱》卷三三，页61b—62a
仁宽	首班	贡生	敦本堂《范阳邹氏族谱》卷三三，页35a—35b
元暄	首班	监生	敦本堂《范阳邹氏族谱》卷末，页11a
仁盛	首班	武生员	敦本堂《范阳邹氏族谱》卷三三，页37a—37b

---

[1] 敦本堂《范阳邹氏族谱》卷三三，页35b，雾阁，民国三十六年木活字本。
[2] 敦本堂《范阳邹氏族谱》卷三三，页30b—31a，雾阁，民国三十六年木活字本。
[3] 敦本堂《范阳邹氏族谱》卷三三，页43a—43b、44a—44b、45a—45b，雾阁，民国三十六年木活字本。
[4] 敦本堂《范阳邹氏族谱》卷三三，页60a—60b、61a—61b，雾阁，民国三十六年木活字本。
[5] 新奕堂《范阳邹氏族谱》卷二〇，页56a—56b，宣统三年木活字本。

第九章 寺庙进村　289

续表

姓名	班次	社会背景	资料出处
元超	首、三、四班	商人；监生	敦本堂《范阳邹氏族谱》卷三三，页69b—70a
观辉	二班	乡宾	敦本堂《范阳邹氏族谱》卷末，页1b
寿官	二班	监生	新奕堂《范阳邹氏族谱》卷二〇，页61a—61b
成官	二班	武举人	新奕堂《范阳邹氏族谱》卷二〇，页61b—62a
殿赓	二班	商人；监生	新奕堂《范阳邹氏族谱》卷二〇，页84a—84b
新顺	二班	商人	新奕堂《范阳邹氏族谱》卷二〇，页51a
雄彦	三班	监生	新奕堂《范阳邹氏族谱》卷末，页4b
本官	三班	武举人	新奕堂《范阳邹氏族谱》卷二〇，页68a—68b
礼光	三班	乡民（？）	敦本堂《范阳邹氏族谱》卷三三，页65a—66a
殿试	四班	监生	敦本堂《范阳邹氏族谱》卷末，页12a
显登	四班	族产经理	敦本堂《范阳邹氏族谱》卷三三，页72a—73a；卷三四，20b—21a
郎官	四班	商人；生员	新奕堂《范阳邹氏族谱》卷八下，页1a
清官	四班	监生	新奕堂《范阳邹氏族谱》卷二〇，页55b—56a
运官	四班	商人；监生	新奕堂《范阳邹氏族谱》卷二〇，页56a—56b
振官	四班	武举人	新奕堂《范阳邹氏族谱》卷二〇，页57a—58a
宗官	四班	生员	新奕堂《范阳邹氏族谱》卷二〇，页57a—57b
琪官	四班	乡民（？）	新奕堂《范阳邹氏族谱》卷二〇，页67a—67b

雾阁天后宫的地点、倡建者和龙翔会的社会构成，都显示了天后宫与商人群体、商业活动之间的密切关系。这种关系其实并不奇怪。笔者谈到，有清一代，不仅朝廷对天后恩宠有加，这个来自福建的神明，作为全国各地福建会馆主祀的神明，也深受福建商人的青睐。由于朝廷的恩宠和商人的崇奉，天后成为墟场神庙主祀的最佳选择。另外，像大桐桥墟场的戏台一样，在新墟修建戏台，很可能也是为了"壮集场之色"。墟场演戏，无疑可以吸引外村乡民的注意，招徕更多的客商前来做买卖。

上保的天后宫

四保第三座天后宫位于上保,道光二十四年(1844)建。该庙位于上保西北,靠近附近的交通要道。上保邹氏三房均捐资修建神庙。有关此庙修建的原委,当地《范阳邹氏族谱》作了交代:

> 道光甲辰,吴门俳优于保生大帝之庙,族人邹明章、华林、世本、朝梅仝往视焉。观看之下,相顾而言曰:"吾等皆属七郎公之裔,分处三门。上祖之时,三门皆可云富盛。其于奉祀神明,可谓极其诚敬。如积福庵建造禅堂,广施香田,招僧主持香火,敬奉神佛;太祖庙丹楹刻桷,极其美丽。而又助下香田,架造庙亭,俾庙祝栖止奉祀太祖。独于天后宫未之有焉。岂圣母灵显之不如诸神哉!实未有人焉出而倡之耳。"归而与玉生、继院、继仁、裕和、隆选、华有诸人言,佥曰:"圣母诞生于闽,大而京师、会城、郡邑,小而市镇、乡村、山陬野澨,无不建宫奉祀。虽是女流,自天子以至于庶人,莫不焚香礼拜。且我等叨蒙圣母庇佑,或舟行涉水,凡有傆险倾危之际,有呼即赴,此所谓镇狂澜如衽席,压洪波如砥道,岂非普天慈母而天下之人之莫不尊亲,吾等所当出而倡事也哉。"于是订簿题捐,各各欢欣,而或多或少,量其分以出。虽不能出助钱米者,或助石,或助工,无不踊跃而乐赴焉。不数月,题捐共算得花银数百许,又钱几万许。因择其基址,取于三门下手之罗星上大路傍,戌山辰向,兼辛乙分金,即择于十月初十日辰时兴工动土架马。……[1]

此处提到的吴门,就是上保近邻枧头吴氏。道光七年(1827),吴氏

---

[1] 敦敬堂《范阳邹氏族谱》卷首,《鼎建天后宫源流序》,页1a—1b,民国三十五年木活字本。

在村南修建保生大帝庙（俗称吴公庙），保生大帝祖庙在闽南，其香火遍及闽南、台湾和南洋各地，[1]但在汀州甚为罕见。此庙倡建者吴源旺（1766—1840）是枧头的一位书商，[2]他应该是在闽南一带经商时了解到这个信仰的。

保生大帝庙的修建，很可能给观看演出的上保邹氏族人留下很深的印象。在看戏回家的路上，四位族人——邹明章、邹华林、邹世本、邹朝梅——进行了讨论，他们认为村中已有积福庵和邹公庙，"独于天后宫未之有焉"。这场讨论引出了一座天后宫的兴建。在邹氏族人的对话中，提到了两个建庙理由：其一，天后是流行于帝国各地的一个重要信仰，来自不同社会阶层的人都崇奉天后；其二，天后庇护"我等"，尤其是那些"舟行涉水"之人，亦即以商人为主体的经常需要外出旅行的社会群体。因此，尽管上保天后宫的修建跟墟场无关（不过它靠近大桐桥墟场），商人群体、商业活动是这座神庙修建过程中不容忽视的因素。

总之，对三座天后宫的讨论显示，在四保天后宫的修建过程中，商人群体和商业活动（包括墟市买卖和长距离贸易）在其中扮演了相当重要的角色。[3]在赣南安远县进行田野考察时，一位村民告诉刘劲峰，如果没有天后宫，墟场会倒。笔者在四保没有听过这一说法，不过在四保，天后宫跟墟市商业活动的关系同样相当密切。天后与商业之间的密切关系，首先当然应归因于天后被朝廷崇奉及其庇护旅行者的神格，不过同时也许跟其性别有关。桑高仁（Steven

---

[1] 对保生大帝信仰的讨论，参见 Kristopher Schipper, "The Cult of Pao-sheng Ta-ti and Its Spreading to Taiwan," in E. B. Vermeer, ed., *Development and Decline of Fukien Province in the 17th and 18th Centuries*, Leiden: E. J. Brill, 1990, pp. 397-416; Kenneth Dean, *Taoist Ritual and Popular Cults of Southeast China*, Princeton: Princeton University Press, 1993, pp. 61-93.

[2] 睦本堂《吴氏族谱》卷八，页1a，《旺生宗翁老先生大人传》，光绪己亥木活字本。

[3] 据笔者考察，四保历史上修建过四座天后宫，除上文讨论的三座外，还有一座在严屋，不过对这座天后宫的历史（参见附录九），我们几乎一无所知。

Sangren）曾讨论过女神的包容性。[1]从墟场主事者的角度看，前来做买卖的民众不应限于一村一姓，而是多多益善。在这一方面，像天后这样被列入祀典的女神，可能在表达包容性方面，具有关帝难以比拟的优势。从这个角度看，天后宫进村的动力，与关帝庙进村的动力形成有趣的对比。[2]

跨村落联盟与神明会社

明清四保寺庙的演变，不仅体现为寺庙与村落的结合，还表现在跨村落联盟的兴起和神明会社的涌现上。神明祭祀不仅为宗族、村落和特定社会群体的建构提供了仪式框架，在跨村落层面，它们也扮演着重要角色。在台湾，以神明祭祀为纽带形成的跨村落结合，与族群之间的界分和矛盾关系密切。[3]在莆田平原，这种跨村落结合（当地称为"七境"）与地方公共事务，尤其是水利灌溉有着密切的关系。[4]那么，四保跨村落联盟表现出何种形态？其基本动力是什么？

四保跨村落联盟开始出现的时间，现在已难以知晓。从现有史料判断，明末清初是跨村落联盟兴起的一个重要时期。第七章讨论的万历年间推行的乡约保甲制，就为四保跨村落联盟的出现提供了基本的制度动力。八将约和上保约都是以此为契机建立的。这两个乡约组织均是由几个规模较小的村落组成的跨村落联盟，代表了四保跨村落联盟的一个较为重要的类型。围绕广福院伏虎祖师祭祀形

---

[1] 参见 P. Steven Sangren, "Female Gender in Chinese Religious Symbols: Kuan Yin, Ma Tsu, and the 'Eternal Mother'," *Sign* 9.1 (Autumn 1983), pp. 15-20。
[2] 当然这不妨碍天后宫成为建构村落认同的关键象征，而且我们应记住，这里的墟市从本质上说，并非真正意义上的公共空间，而是归属某一村落或村落联盟所有的。
[3] 许嘉明《彰化平原福佬客的地域组织》，《"中央研究院"民族学研究所集刊》第36期（1973），第165—188页；施振民《祭祀圈与社会组织》，《"中央研究院"民族学研究所集刊》第36期（1973），第191—206页。
[4] Dean and Zheng, *Ritual Alliances of the Putian Plain*.

成的十乡轮祀圈,大体也可归入这种类型。与此同时,还有两种结为联盟的方式,其一是由大族主导的跨村落联盟,其二是由同姓或同宗组成的跨村落联盟。前者以马屋邹公庙联盟为代表,后者以上保邹公庙邹氏三村联盟为代表(这一联盟应区别于上保约联盟)。

有关马屋邹公庙联盟,我们可以从《严氏族谱》卷四《邹公庙图》的几行文字中了解其大概:

> 吾乡奉祀邹公福主神像一尊,其庙在于折桂乡之南,吾乡之北。庙貌巍峨,名以"显烈"。当日建造其庙,系马、严、赖三姓共勷盛举,惟马姓大族,出金倍多。其马姓祀奉邹公,安立于正中之左;赖姓祀奉邹公,安立于正中之右;吾乡祀奉邹公,安立于正中后座;其溪头祀奉邹公,安立于正厅左角上。[1]

很明显,修建邹公庙的三姓,地位并不平等。邹公祭祀很可能是马氏控制周边乡村小族的一种方式,这种联盟的存在形态与上保约是有相当大的差别的。

围绕上保邹公庙形成的邹氏跨村落联盟,不同于上保约和马屋邹公庙联盟,因为同宗关系是这个联盟的基础。这个联盟成立的契机,很可能是顺治元年(1644)的邹公庙重建活动,据《双泉乡邹氏族谱》记载:

> 谨按:景初公庙,元至治元年建于本里上保乡之石桥小溪边,号金鲤上滩形,坐庚向甲,兼西三分。嗣于顺治甲申年,三乡重新建造。自后庙宇金像历久屡经修饰。三乡原置祀田数处,历付庙祝耕收为香火之需,契帖俱系上保乡收执。每年二次祭祀日期定限:正月十三日,上保乡;十四日,龙足

---

[1] 衍庆堂《严氏族谱》卷四,页5b,民国二年木活字本。

乡；十五日，双泉乡，各分日致祭。六月二十一日，上保乡；二十二日，龙足乡；二十三日，双泉乡，亦各按日致祭。若每年张灯谐庙，庆贺上元节期限，双泉乡，正月十四夜；上保乡，十五夜，俱系历代相沿，并无违误。所有庙右砖封大厅，系双泉乡饮福亭，于顺治丙戌年建立。庙前兼右边建屋一植，系龙足、上保二乡公共之饮福亭。其余庙之前后左右界内，三乡公议俱不许架屋开坟。并庙右近山现蓄古杉大木玖杆，亦不得擅伐。[1]

上保邹公庙最初系由上保邹氏所建，与四保邹氏的其他支派应本无关（尽管他们都视邹公为祖先）。以顺治元年重建为契机，邹氏聚居的双泉和雾阁两村通过参与重建，加入上保邹公庙祭祀，在此基础上实际上结成了三村邹氏的联盟。当时，上保、双泉本来人丁就不多，而雾阁尚未进入出版业并从中获益，因此在当时的地方权力格局中，这一联盟对三村而言都是颇具意义的。不过从仪式安排看，这一联盟的组织较为松散，具体体现在：其一，三村分别在三个不同时间举行邹公祭祀，而不是在同一时间共同举行祭祀；其二，三村只是利用相同仪式空间进行祭祀，各自饮福时间不同，地点也不尽相同（雾阁、上保合一，双泉则另建饮福亭）；其三，三村共同参与管理的主要事务，仅限于祀田的经营，这是由三村共同出资购置的，也由三村共同管理。

明末清初在四保兴起的跨村落联盟，应区别于元代至明前期存在于寺庙、神坛的那种跨村落的社会—仪式网络，前者通常并非后者的历史性延续。明末清初跨村落联盟的出现，与宗族组织的兴起、村庙的普及常常是同步进行的。跟明中叶以前的跨村落网络相比，这些联盟是制度化程度较高乃至实体化的社会群体，这种联盟的社

---

[1] 敦睦堂《双泉乡邹氏族谱》卷一二，《景初公庙图》，页 1b—2a，光绪二十六年木活字本。

会基础通常是村落，尤其是宗族聚居的单姓村落，而不是制度化程度较低甚或尚未制度化的跨村落人际网络。

不过，跟莆田平原和台湾北部乡村相比，明清以来四保的跨村落联盟较为松散，缺乏较为明显的系统性和层级特征（如天后宫虽然建于墟场，但并未与市场圈内村庙形成层级关系）。[1]笔者认为，其原因在于明清时期四保缺乏形成大规模跨村落联盟的基本动力，这里的水利工程较为零碎，没有灌溉数十或数百村的大中型水利工程；也不存在较为明显的族群矛盾和大规模社会矛盾。在这里，尽管少数大族也组织跨村落联盟，但这种联盟在地方权力角逐中扮演的角色不甚重要，联盟多半像上保约、八将约那样，是由若干小族、小村组织的，属于弱势群体对抗大族的一种武器。在这种环境下，很难想象类似于晚清莆田平原联合数十个村落的联盟。不过，无论在四保盆地还是莆田平原，这种跨村落联盟还是拥有其存在空间的，而作为这些联盟的社会—仪式框架的主要提供者，寺庙和地方神祭祀获得了持续介入乡村社会的一个重要渠道。

清代神明信仰方面另一个值得注意的进展，是大量神明会社的涌现。在清代、民国的碑刻、分家文书和土改档案等文献中，都可以发现为数甚多的自愿性结社，其中相当部分与信仰和仪式有关，对寺庙、神明与地域社会之间关系的讨论，自然应把这一现象纳入考虑。

1952年，黄石坑乡工作组在一份调查中谈到，黄石坑公田占全村土地总数的65.5%，而公田名目繁多，大体可分为祖公田、学田和神会田三大类，其中"神会田有念经会、无是会、山客岩会、祖

---

[1] 许嘉明《彰化平原福佬客的地域组织》；施振民《祭祀圈与社会组织》；P. Steven Sangren, *History and Magical Power in a Chinese Community*, Stanford: Stanford University Press, 1987, pp. 104-126; Dean and Zheng, *Ritual Alliances of the Putian Plain*。

师会等二十余种，其中公王安会又有五六种之多"[1]。光绪三十二年（1906）所立上保《造天后宫门楼碑》，共列举了一系列会社，如奉敬社、同敬社、波恬社、永庆社、清澜社、诚敬社、升平社、永清社、森春社、暖寿社等。[2] 仅仅从这些会社的名字，难以知晓所有会社的结社缘由，不过它们似乎大多数是神明会社，其中的波恬社、清澜社一类，很可能是围绕天后祭祀结成的自愿会社。光绪三十五年（1909）长校的一份李氏分家文书，列举了19个会社，其中一半——李公会、天后会、关帝会、新立夏会、真武会、厉坛会、仙公会、四月八会、太保会——很明显属神明会。[3]

为理解这些会社的运作与背后的社会关系，此处选取两个会社稍加讨论。上节谈到围绕厉坛祭祀形成的自愿会社，在清代、民国时期的四保，这种会社颇为常见。上文提到的黄石坑"无是会"，应作无祀会，亦即厉坛祭祀会社。李氏文书中提到的厉坛会，明显是围绕厉坛祭祀形成的结社，而新立夏会应该也是以厉坛祭祀为主要目的而形成的结社，因为立夏是当地祭祀厉坛的时间（其渊源可追溯至明初的乡厉坛祭祀制度）。上文提到的马履智在马屋发起组织了无祀神会，这是四保的另一个厉坛祭祀会社。除了无祀神会外，马屋还有另一个厉坛祭祀会社——立夏庆神社。该社成立于道光六年（1826），成员十位，社友分为三组，每年轮值祭祀，三年轮流一周。该社置买祭田，其租金用于祭祀和办理酒席。这个会社延续了一百余年，至迟在1930年还见于相关文献，可能一直存续到20世纪50年代初的土改。[4] 上文提到的雾阁龙翔会，是围绕天后祭祀而形成的会社，这个会社成立于乾隆五十七年（1792）。最初成立时，该社

---

[1]《清流县土改档案》第十五宗第七十一卷，《第五区黄石坑、田坪乡：有关土改、土整、镇反、反霸工作的计划、方案、简报、总结（1952年3月2日—7月8日）》，《黄石坑乡公田情况调查报告》（1952年3月23日），第13页。
[2] 此碑现存于上保村内。
[3] 长校李氏阄书，宣统元年立。
[4]《立夏庆神社簿》，道光六年至民国十九年，无页码。

共有社友46人。该会的中坚主要来自下层士绅、商人家庭。

如何理解这些会社的兴起？从目前搜集的史料判断，这些会社很少越过宗族的边界，但同时它们跟宗族组织本身的关系也不密切——其成员的确来自某一宗族，但同宗关系并非形成会社的基本条件，它们通常是在宗族内部以神明祭祀为契机形成的功能性会社。照当地人的说法，这种会社是由"爱吃酒"的人组成的，祭神仅仅是吃酒的一个由头。20世纪50年代初的工作组在调查中也指出："神会田是前人积资买田共起的，多是假［籍］（藉）一个名目，以达其酒肉征逐之欲，纯粹用于迷信浪费。"[1]可见在酬神的同时获取口腹之乐，是成立会社的重要起因之一。同时，从对神明会社成员的分析看，尽管进入会社的门槛不高，但并非具备相应经济能力的村民就会参与这些会社。在某种意义上说，加入某一会社的民众，多半具备类似的社会背景和阅历（如具备商业背景，拥有监生、生员等功名），因此，建构、再生产人际关系，很可能也是参与会社的一个重要动机。跟清代、民国四保相当流行的钱会、谷会等经济性会社相比，这类会社的主要职能不是积累财富，而是提供娱乐（本身也是社会性的）与人际网络的建构和再生产。因此，作为神明与民众结合的一种特殊方式，这类会社体现为部分民众与某一神明之间的关系，实质上可能代表了借助神明为纽带建构、再生产人际关系的努力。

第八章与本章通过对四保三组神明的讨论，重构了这些神明及其相关仪式步入四保历史舞台的过程，讨论了它们在明清两代发生了何种变动，对这些问题的探讨，涉及明清四保社会文化史的几个重要议题。

笔者首先考察了四保土神在明清时期经历的种种变动，讨论了宋元时期的信仰遗产在明清两代的社会文化遭遇。在本书处理的几

---

[1]《黄石坑乡公田情况调查报告》，第13页。

个主题当中,围绕神明信仰形成的宗教话语与实践,是历史最久远、最具地域色彩的一种社会文化现象,从某种意义上说,它们构成了明代以降社会文化变动的一个底色,邹公就是这类土神的代表。

笔者通过梳理历修族谱、方志对邹公形象的记述,结合口头传说传达的信息,重构了邹公形象变动的系谱,考察了这个系谱中书面版本与口头版本之间的交错,勾勒出了邹公的法师面向逐渐被淡化乃至刻意遗忘,其士大夫面向逐渐形成和强化的过程。这一变动过程,其实与明清时期四保经历的社会文化变迁大致是同步的,可以说是礼仪步入四保乡村的一个插曲。在此过程中,这个元代就已扎根乡土的土神,在地域社会有深厚的根基,他并未被社公、乡厉、关帝、天后等外来的祀典神所取代,其重要地位得到维系。不过,围绕这个神明形成的仪式和话语发生了深刻的变化,儒家的仪式与话语,逐渐凌驾于原先的法师传统之上,这就是邹公的法师面向逐渐淡出、士大夫面向逐渐被强调的深层原因。

因此,明清四保神明信仰演进的基本路径,并非早期土神被外来祀典神压制和取代,早期土神并未消失,甚至其主导性地位没有被根本动摇,但是其仪式与话语发生了值得注意的转变。最终,新信仰叠加在旧信仰之上,两者在同一个人文地理空间共同生存。可以说,跟礼生的仪式来源于复杂多元的仪式传统一样,四保地域信仰的发展,也显示了一个通常以涵化和合成,而不是以压制和取代为基本特征的文化史过程。[1]

其二,笔者以神明祭文为线索,以社公、乡厉、关帝和天后信仰为例,讨论了礼生及其礼仪与朝廷祀典之间的关系。笔者认为,这四个超自然主体可分为两组:社公和乡厉是明初进入四保地区的,而关帝和天后是在16世纪末方才开始在四保出现,他们代表了朝廷

---

[1] 笔者在此提出的看法,得益于萨林斯对文化"死亡"问题的讨论。参见 Marshall Sahlins, "What Is Anthropological Enlightenment? Some Lessons of the Twentieth Century," *Annual Review of Anthropology* 28(1999), pp. i-xxiii。

崇奉的祀典神明及相关祭祀礼仪进入乡村的两个不同阶段和两种不同途径。

社公和乡厉早在明初就已进入四保乡村,并在当地乡村社会文化景观中打下了持久的烙印。社公和厉坛进入四保的主要动因,首先来自明初朝廷的制度安排。具体来说,里社坛和乡厉坛的建置,属于明初设计的自都城至乡里的神明祭祀等级体系的一个构成部分,位于朝廷祭祀等级的末梢。在里的层面建立神坛并定期举行祭祀,是历史上第一次在县级以下长期推行朝廷制定的祭祀礼仪制度。通过这一制度,四保乡民首次长期、频繁地见证、参与了王朝礼仪,礼生及其礼仪,很可能就是以此为契机首次进入四保乡村,并在当地乡村扎根下来的。由礼生引导的、依照朝廷制定的礼仪进行神明祭祀的方式,也很可能是通过这个制度,移植到其他早期土神(如邹公)之上的。[1]如果这个假设可以成立,那么我们长期低估乃至忽视了这个制度给乡村礼仪带来的影响。

与里社坛和乡厉坛不同,关帝与天后并非在明初,而是在16世纪末,尤其是到了18世纪才逐渐进入四保民众的象征生活的。在这一过程中,朝廷对这两个神明的尊崇,对其普及起了颇为重要的作用。不过,两者进入四保乡村,都不是由于朝廷直接干预的结果,而是由于来自地域社会本身的动因。笔者认为,村落意识的兴起,尤其是借由村庙来表达村落意识这一做法的出现,以及商人群体与商业活动在乡村生活中扮演的日益重要的地位,是关帝和天后进入四保乡村的主要动力(值得注意的是,这也可能是分社、分厉的主要动力)。在此过程中,朝廷祀典制定的相关祭祀礼仪,也可能随之进入四保,最终被写入礼生的祭文本,以此为契机,礼生传抄或撰写了数量可观的祭文。

无论是通过政府的推动,还是由于民间的内在动力,这些来自

---

[1] 很难想象,早期土神的祭祀会遵照笔者在第二部分谈到的礼仪。

远方的神明进入四保民众的仪式生活，四保乡民与王朝礼仪开始有了较为正面、直接的接触。以神明及其礼仪为纽带，乡民与朝廷之间的距离被拉近了。这些信仰进入四保后，当地的社会文化景观发生了变动。对这些神明的祭祀，不仅为四保民众表达国家认同提供了契机，也为建构村落、跨村落联盟认同和人际关系网络提供了基本的仪式—社会框架。

其三，这一部分对社公、厉坛、关帝和天后信仰的讨论，还触及村庙的兴起过程。对寺庙进村，亦即寺庙与村落之结合过程的讨论提醒我们，不要把村庙当作一种理所当然的现象，村庙本身其实也拥有一段历史过程。这并不是说，在寺庙进村前，四保乡村就没有寺庙——这个说法当然是没有历史根据的。本书强调的观点是，至少就东南地区的一些乡村而言，寺庙与村落相互结合，进而逐渐普及的过程，并非自古有之，而主要是发生于明中叶以来的历史现象。在此过程中，村落选择某些寺庙服务于本社区的目的，这个寺庙及其主神遂成为所在祭祀圈的主庙、主神。在这种意义上说，祭祀圈并非"台湾汉族移民社会的特殊历史产物"，"而是中国传统社会中的普遍历史现象"。[1] 进而言之，原乡社会祭祀圈的兴起，也有一个历史过程。村庙的兴起，与村落意识的出现有何关系，尚有待于日后进行深入研究。假如村落意识早已有之，那么在寺庙进村之前，这种意识借助何种象征进行表达？假如这种意识的出现与村庙的兴起同步，那么应该追问，为何到了16世纪末以后村落意识逐渐抬头？朝廷制度和商业化在其中扮演了何种角色？这些问题都有待于日后进行探讨。

最后，笔者对四保神明与寺庙的讨论，还触及四保社会演进模式的问题。在近数十年华南研究中，学者对明清社会转型提出了几个不同的模式。在对珠江三角洲进行长期研究的基础上，科大卫和

---

[1] 郑振满《神庙祭典与社区发展模式》，第237页。

刘志伟认为，这一地区的社会转型主要体现为官方认可的祭祖形态的渗透及这一过程带来的深刻的社会文化影响。祠堂的修建和族谱的编纂，不仅改变了社会组织的基本原则，而且对这一地区的寺庙网络也带来了很大的冲击。结果，一度扮演"地方组织之焦点"的寺庙网络，遭到宗族的强势竞争、压制，乃至被降格至次要地位，有时甚至被祠堂取代。它们生存于"大族阴影下"，在地域社会中只扮演着"次等"角色。[1]

丁荷生和郑振满在多年进行莆田平原研究的基础上，对华南的社会文化过程作出了不同的诠释。[2]他们认为，从宋元至明代中叶，莆田地区就形成了若干在地域社会中颇有权势的宗族。从16世纪后期至17世纪中叶，在倭寇和迁界的冲击下，这些世家大族逐渐衰落。不过它们"在整个清代、民国时期都持续发生变化"，"在今日地域社会中继续扮演强有力的角色"。[3]同时，他们还发现，莆田平原的仪式联盟是在明代中叶而非宋代开始出现的——也就是说，今日在莆田平原观察到的寺庙力量较为强势、宗族势力相对衰弱的格局，并非宋代历史可以解释的。村落寺庙和这些寺庙组成的仪式联盟，"形成了'第二政府'，跟国家与地方政府官员相比，它们在处理某些地方事务上更有效率"。它们筹办神诞、庙会和出巡，举办神童修炼活动，邀请仪式专家到庙表演科仪，乃是"重要的地域政治、经济、社会与道德权力的中心"。[4]正如丁荷生指出的，只是到了明中叶以后，随着地方历史的演进，"社坛和地域寺庙系统才逐渐取代

---

[1] Faure, "Lineage as a Cultural Invention"; idem, "The Emperor in the Village," pp. 279-298; idem, *Emperor and Ancestor*, 特别是 pp. 351-368; 刘志伟《大族阴影下的民间神祭祀：沙湾的北帝崇拜》，载汉学研究中心编《寺庙与中国文化》，台北：汉学研究中心，1994年，第707—722页；科大卫、刘志伟《宗族与地方社会的国家认同》。

[2] Dean, "Transformation of the She"; 郑振满《莆田平原的宗族与宗教》；Dean and Zheng, *Ritual Alliances of the Putian Plain*。

[3] Dean, "Transformation of the She," pp. 70-71.

[4] Dean and Zheng, *Ritual Alliances of the Putian Plain*, p. 3.

以宗族为中心的地域空间支配模式"[1]。

四保的个案展示的地域社会演进模式,与珠江三角洲和莆田平原都不尽相同。四保的宗族建构过程,并未导致对寺庙系统的冲击乃至压制,寺庙并未降格至次要地位,但同时在地域社会的运作中,这些寺庙也没有强大到足以挑战、取代宗族的主导地位。明清四保社会经历的历史进程是,在宗族逐渐普及的同时,大量的寺庙得到修建(最后达到每村将近3座寺庙的规模),寺庙与村落逐渐结合起来。比如,18世纪不仅是个宗族普及的世纪,也是寺庙系统大幅扩张的时代,天后宫、马公庙等几个重要的寺庙正是在这个时代兴建的。因此,宗族的普及与寺庙的扩张,在四保似乎是同步进行而非相互排斥的。

四保为何走上了一条有别于珠江三角洲和莆田平原的社会演进路径?笔者认为,一个地域的社会文化景观的塑造,不仅仅跟此一地域进入王朝体系的历史进程密切相关,更重要的,它是王朝制度、士绅群体、区域生态、商业化等诸多因素共同作用的结果。明清时期四保乃至汀州走过的社会演进路径,就是在上述各种因素相互作用下形成的。首先,作为一个边缘地区,明清时期汀州的"国家空间"相对单薄,士绅群体(尤其是中上层士绅)人数较少,这为地方宗教的存续、发展提供了某些空间。其次,尽管从明中叶到清初,汀州也经历社会动乱,但跟莆田不同的是,这一地区在17世纪后期逐渐复苏。乡村经济的商业化,不仅为宗族建构提供了相对充足的经济资源,也为村庙的大量兴修提供了资金和动力。第三,汀州基本上缺乏形成强大宗族组织和大规模跨村落仪式联盟的地理动力:这个地区不像珠江三角洲那样拥有面积广袤的沙田,也无须像莆田平原那样协调复杂的跨村落水利系统。

---

[1] Dean, "Transformation of the She," pp. 70-71; Dean and Zheng, *Ritual Alliances of the Putian Plain*, pp. 53-150.

总之，在诸多因素的影响下，四保走出了一条有别于珠江三角洲和莆田平原的社会演进路径：明中叶以降宗族的普及，侵蚀了地方宗教的部分职能，但并未将之降格为次等的社会力量；明末以来村庙、跨村落联盟和神明会社的兴起，是地方宗教在宗族内外寻找自身的生存空间的一个结果，在此过程中，寺庙本身也迎来了对乡村生活渗透日益深入的扩张时代。

第十章 结 论

1918年,鲁迅《狂人日记》发表。这篇小说所传达的信息,如今已然是家喻户晓:中国文明四千年的历史,其实就是吃人文化的演进史。李欧梵指出:"狂人大胆的指控,当然与流行于五四知识分子中间的反传统主义立场是一致的。"对于鲁迅和其他许多激进知识分子而言,中国传统文化本质上不过是主流儒家礼仪和伦理,吞噬国人心灵的正是这套理念。"礼教吃人"这个观点,应为当时不少新文化运动倡导者的共识,而将之普及的是鲁迅。这一信息"显示了鲁迅激进认识论的第一个姿态——对价值某种蓄意的颠覆:在钦定历史中一直被视为文明的事实,实际上可能是野蛮的;一度被鄙视或忽视的东西,反而会被证明具有更为恒久的价值"[1]。

鲁迅提出"礼教吃人"的看法,有其文化和政治考量,从他所处的那个时代来看,也完全是可以理解的。然而,对于社会文化史学者而言,这一"激进认识论"之所以值得注意,不仅仅因其反传统主义姿态,还因为这样一个事实:通过把中国文化遗产固化为儒家礼教,鲁迅采取的立场,在某种意义上与他攻击的文化遗产本身——新儒家仪式—伦理体系——颇为相似。鲁迅以其独特的方式,重申了儒家士大夫不断讲述的大叙事。在这种大叙事下,中华文明演进的历史,被表述为儒家礼仪和道德信条被用于教化民众的

---

[1] Leo Ou-fan Lee, *Voices from the Iron House: A Study of Lu Xun*, Bloomington: Indiana University Press, 1987, p. 54.

历史。当然,这两种叙事之间有一个本质差异:鲁迅固化传统中国文化,是为了批判之、捣碎之,而新儒家士大夫则是为了践行之、推广之。

当然,教化民众的努力及相关叙事并非新生事物。这种努力可以上溯至孔子(前551—前479)或韩愈(768—824),孔子试图在礼崩乐坏的世界中对秩序进行重新定位[1],而韩愈则竭力"从被道释二教迫在眉睫的灭绝行动中,把儒家抢救出来"[2]。不过,只是到了唐代以后,朝廷和士大夫才开始更正面、更系统地考虑礼仪与庶民之间的关系。唐中叶以后,朝廷在制礼方面开始出现值得注意的新进展。《开元礼》首次为庶民制礼,只是相关礼制还较为简略。及至明清时期,相关礼制臻于完备。在士大夫方面,宋代新儒家的仪式话语与实践,从吕大钧《蓝田乡约》到司马光《书仪》,再到朱子《家礼》,大都以排挤佛、道,推广儒家礼仪为宗旨。由宋入明,在这一理念影响下的士大夫,开始是针对士绅群体自身进行礼仪整顿,后来则致力于将礼仪推广至普通民众中间,视之为教化民众的重要途径和步骤。在这种思想文化背景下,越来越多的士大夫借由改革祭祖礼仪、践行乡约、推广祀典神明等方式,推广儒家礼仪及相关伦理。清代中叶的学者甚至提出了"以礼代理"的观点,强调礼仪在重建社会和伦理秩序中扮演的关键角色。

唐宋以降朝廷和士大夫致力于推广儒家礼仪及相关伦理,是对他们所面临的时代问题的一种反应。唐代统治者政治理念的改变,唐宋之际政治结构与政治精英构成的变迁,宋代思想界内部的变动,明中叶以降社会关系的日益商业化等因素,都为朝廷和士大夫重新思考礼仪与庶民的关系提供了契机。尽管并非所有士大夫都赞成礼下庶

---

[1] Herbert Fingarette, *Confucius-The Secular as Sacred*, New York: Torchbooks, 1972, pp. 71-79.
[2] Wing-tsit Chan, *A Source Book in Chinese Philosophy*, Princeton: Princeton University Press, 1963, p. 450.

人的做法[1]，但总体而言，这一路径已成为多数拥有经世情怀的士大夫的共识。假如说宋代以前，"礼不下庶人"还能落到实处，宋代以来，尤其是明代以降，庶民日益卷入朝廷与士大夫设计、推广的儒家礼仪，并被期待根据礼仪调整自身的言行，儒家礼仪逐渐步入庶民中间，成为他们象征生活的一个基本组成部分。就其影响的广度和深度而言，这一过程或类似于埃利亚斯（Norbert Elias）所说的"文明进程"[2]。不过，这个过程的开启和展开，并不仅仅是中央朝廷、地方官和地方士绅共同推动的结果，不少地方精英乃至普通民众都基于不同的脉络、出于各自的目的，能动地挪用了朝廷和士大夫象征。

就本书考察的四保地区而言，儒家礼仪进入乡村的过程，很可能在明代以前就已开启，毕竟汀州各县的行政建置大都是在两宋时期奠定的。不过，考虑到全国礼仪下乡的总体进程和汀州在整个福建行政、经济和文化方面的边缘地位，这一时期礼仪下乡无论在广度和深度方面都应是极其有限的。进入明清时代后，随着朝廷对汀州实行更直接、更有效的政治和军事控制，地方官和士绅对民众推行更积极、更激进的教化措施，以及乡村经济的日益商业化，礼仪下乡进入了新阶段。本书探讨的三个社会文化进程——新型祭祖礼仪的引入、乡约的践行和祀典神明的进入——都开始于明代。这三个过程都在不同程度上涉及礼仪——如何祭祀祖先，如何与神明沟通，以及如何在不同社会情境下做出得体的举止。对这三个进程的讨论，从侧面揭示了儒家礼仪进入四保乡村的曲折过程。

---

[1] 面对16世纪以降的商业化，一些士大夫对丧礼、祭礼进行整顿，其宗旨在于排挤佛、道，重新界定士大夫文化，而非将礼仪推广及于庶人。参见 Timothy Brook, "Funerary Ritual and the Building of Lineages in Late Imperial China," *Harvard Journal of Asiatic Studies* 49.2 (Dec. 1989), pp. 470-471。不过在多数情况下，士大夫改革丧礼、祭礼的对象，不仅包括他们自己，还包括普通民众。

[2] Norbert Elias, *The Civilizing Process: The History of Manners and State Formation and Civilization*, Oxford: Blackwell, 1994.

早在明初，朝廷就在乡村推行了里社坛、乡厉坛祭祀制度。根据这一制度，在州县以下的里的层面建立里社坛和乡厉坛，并定期在坛场举行祭祀。笔者认为，这是中国历史上第一次在县级以下长期推行朝廷制定的祭祀礼仪制度。通过这一制度，四保乡民首次长期、频繁地见证、参与了王朝礼仪，礼生及其礼仪，很可能就是以此为契机首次进入四保乡村，并在当地乡村扎根下来的。

从15世纪前中期至18世纪末，在长达三个多世纪的时间里，在不同类型的地方精英的推动下，四保出现过三次收族的浪潮。首先，15世纪前中叶，在几位中上层士绅的倡导下，第一波收族实践在四保开启。16世纪末至17世纪，四保出现了第二波收族浪潮，这一时期收族的主要倡导者是低级官吏、下层士绅和没有功名的地方精英。第三波浪潮出现于18世纪末，此期主要在大族士绅的帮助下，一系列小姓也开始建祠修谱。借由这三波收族浪潮，以宗祠、族谱为标志的宗族组织，最终在四保地区完成了社会化。在此过程中，对远祖的祠祭和墓祭，由礼生赞相祭祖礼仪，在祭祖中利用祭祀文书和新仪式结构的做法，一步步融入当地乡民的象征生活，成为当地祭祖礼仪的一个重要部分。

16世纪末，在四保盆地中心的几个亲属群体开始创建或重建宗族的同时，地方官推行的乡约保甲制也开始进入四保乡村。这种以治安和移风易俗为主要目的而建立的乡村统治制度，与四保的地方权力结构相结合，其结果是在四保盆地的西部和南端，出现了几个值得注意的跨村落联盟。在四保地方权力格局的影响下，这些联盟获得了存续的动力，其中上保约存续了两个多世纪。礼仪的践行是乡约的一个基本面向，而乡约组织的长期存续，为乡约相关礼仪的践行与下传提供了组织的保障。在乡约扎根的村落，以乡约礼为主体的儒家礼仪，成为定期举行的一种仪式。

16世纪不仅是宗族兴起和乡约发展至关重要的时代，也是祀典神明开始进入四保的时代，关帝信仰就是在这一时期进入四保的。不过，朝廷倡导的祀典神深入渗透四保，并在当地扎根，主要还是

18世纪的事。无论是作为村落边界的守护神，还是作为商业和商人的象征，祀典神（关帝和天后）都是进入18世纪以后才开始长驱直入四保的。很可能借由这一过程，朝廷祀典，亦即朝廷崇奉的神明及相关祭祀礼仪，也进入了四保乡间。

尽管在四保民间文献中，礼下庶人过程本身并未留下多少明确的、正面的线索，但是从本书处理的、在四保乡间发现的许多祭文本中，我们找到了讨论这一过程的一个不可多得的视角和相关证据。这些内容丰富的礼仪手册，是礼下庶人过程的文字见证。在解读这些文书的基础上，我们可以大致认定，这些文书的传抄者和使用者，这些文书承传的仪式结构，乃至这些文本本身，大都源自王朝礼仪和士大夫礼仪，后来在长达数个世纪的礼仪下乡过程中，逐渐进入四保乡间。它们还显示了收族实践、乡约践行和祀典神明的进入等社会文化史过程，在推动礼仪下乡过程中扮演的关键角色。本书侧重从宗族、乡约和神明信仰三个角度讨论礼仪下乡的过程，正是基于这个考虑。

本书还揭示，礼仪下乡的过程，给四保社会带来了深刻影响。笔者对收族实践、乡约践行和祀典神明的讨论，都揭示了礼仪下乡不仅是个"送礼下乡"的过程[1]——一个王朝礼仪和士大夫礼仪步入乡民生活的过程，这一过程还影响了乡村社会的经济、社会与文化等不同侧面。

在礼仪下乡带来的诸多后果中，最为明显的是宗族组织的出现。明中叶以前，亲属群体在四保乡民的生活中就已扮演了一定角色。明中叶开始，随着宗祠的修建，族谱的编纂，以及对始祖和远祖祭祀的强调，亲属群体逐渐被制度化、实体化，成为多功能的社会组织，宗亲关系作为乡民社会行动最重要的参照之一，在很大程度上成为乡村生活的社会基础。与此同时，随着提留祭产和代代设祭习俗的流行，越来越多的土地从私人进入宗族之手，族田成为当地土地占有类型的

---

[1] "送礼下乡"一语是由饶佳荣君提出的，特此致谢。很明显，这个词语是仿照苏力的"送法下乡"造出来的。

主体。随着土地集中于某些大族之手，不少村落沦为佃户村落，它们在社会经济方面相当依赖田连阡陌的大族，结果出现了一种特殊的社会分化过程，一种阶级分化的特殊形态——社区分化。高比例的族田比重，还可能对地方精英的支配方式产生了一定影响。随着族产的扩张和个体地主经济的衰微，地方精英的权力支配方式也发生了某种变动，土地占有的重要性下降了，作为建立社会经济支配的一种重要方式，借贷在社会经济支配中扮演的角色则可能被强化了。

礼仪下乡影响所及，地方神信仰也发生了值得注意的变动。随着礼仪下乡过程的展开，不仅一批祀典神（如社稷、乡厉、关帝和天后）进入四保乡村，紧跟着祭祀神明的相关祀典也加入乡村礼仪，而且明代以前就已在四保出现的地方神也经历了显著的变动。这个过程既涉及神明信仰，又与宗族兴起密切相关。随着收族实践的进行，四保若干宗族更明确地指认地方神为始祖，并在近祖和这一神明之间建立了明确的系谱关系，结果是地方神被"私有化"。与这一过程同步，这个地方神的法师面向逐渐被淡化乃至刻意遗忘，而其士大夫面向则越来越频繁地被强调，这一变动的背后，是儒家的仪式与话语逐渐凌驾于原先的法师传统之上，因而本质上可以说是礼仪步入四保乡村的一个结果。

在践行乡约和寺庙进村的过程中，礼仪下乡带来的影响，也许没有宗族建构和地方神转型那么显而易见，但在这两个社会文化过程中，礼仪下乡都留下了自身的印迹。16世纪末政府推行乡约保甲制，是乡约进入乡村的制度动力。乡约进入乡村之后，本身发生了不同程度的变形，有的甚至被改造成半自治性跨村落联盟，但乡约还是为这些组织提供了合法的制度躯壳。在寺庙进村过程中，主要动力来自村落内部，而非王朝制度，但祀典神，而不是地方神，往往为表达村落认同提供了合法的象征。

总之，在明清四保乡村社会的变迁过程中，诸多因素成为这一变迁的推手，但礼仪下乡可以说是其中过去常常被忽视的最重要的动力之一。在这一因素的参与和推动下，明清四保的社会经济结构、社会关系、象征生活等都发生了重要的转变,近代乡村的基本结构于此底定。

这个礼仪下乡的进程应该如何加以理解?前人多从朝廷、地方官和重要儒家士大夫的角度,对此进行了探讨。由于文献和视角本身的限制,这些研究往往偏重从自上而下的角度,侧重从中央朝廷、地方官和士大夫的视角,探讨这些主体如何致力于民众的教化——从本质上说,这种路径实际上重申了儒家大叙事,将礼下庶人的过程,视为文化标准化的过程——鲁迅在提出"礼教吃人"观之时,重申的正是这种认识。与此不同,本书认为,礼仪步入乡村,进入普通民众生活世界的过程,其实是文化合成的过程。这一过程的主要特征,并非地方文化传统如何被另一个文化传统——不管是新儒家还是正一道教或是其他正统文化形态——压制和取代的过程,而是来自不同文化传统的成分,如何被整合至一个新的、不断变动的、也不必然是首尾一致的文化拼图的过程。文化的士大夫化和标准化,代表了这一过程的两个重要面向,但都无法充分把握这一过程的复杂性,因为从本质上说,两者都在不同程度上将这一过程视为单向度的。

为更充分地理解礼仪下乡过程中不同文化传统之间的互动过程,笔者建议使用"文化合成"这个概念。[1]借用法国年鉴派史学家让-

---

[1] "混杂性"(hybridity)是由 Homi Bhabha 和 Robert J. C. Young 提出的一个概念,用以描述后殖民文化的富于创造性的、不安定的状态。参见 Homi Bhabha, *The Location of Culture*, New York: Routledge, 1994; Robert J. C. Young, *Colonial Desire: Hybridity in Theory, Culture and Race*, New York: Routledge, 1994。笔者认为这一概念稍作调整,也可借用于描述非后殖民时代的语境,比如明清时期的地方文化。事实上,彼得·伯克(Peter Burke)在一本近著中,就运用了这个概念,他的讨论不仅触及后殖民世界的文化问题,也牵涉到跟后殖民时代无关的文化现象和过程。参见 Peter Burke, *Cultural Hybridity*, Cambridge: Polity, 2009。不过,考虑到"混杂性"这个中文表述可能隐含某种本质主义意味,笔者将之替换为"合成"(hybridization)一词,以期强调后者包含的流动、弹性和不安定的内涵,笔者认为,上述内涵正是本书探讨的几个重要文化过程的基本特征。另外,"文化合成"这一中文表述,是由已故台湾人类学者潘英海提出的。不过,潘英海的英文表述是"cultural synthesis",与本书的提法不尽相同。参见潘英海《文化合成与合成文化——头社村太祖年度祭仪的文化意涵》,载庄英章、潘英海编《台湾与福建社会文化论文集》,台北:"中央研究院"民族学研究所,1994年,第235—256页。

第十章 结 论 311

克劳德·斯密特（Jean-Claude Schmitt）的话来说，这一互动过程的基本特征是"多极的（而非两极）、互动的（而非屈从于单向流动）"，当中还牵涉到一系列中介过程。[1] 这一过程之所以是多极而非双极，是因为它不仅牵涉到上层文化和民间文化，还涉及朝廷礼仪文化、新儒家、佛教、道教以及其他通常被称为"地方"或"本土"的文化成分。使用"文化合成"这个概念，可以不必假设文化的内部构成是首尾一致的，相反，不同部分可以表达不同的乃至相互矛盾的声音。

笔者在讨论礼仪下乡过程时，一再强调这一过程并非单向度的礼仪进入乡村、步入乡民生活的过程，而是不同文化传统交相影响，进而逐渐借用、融汇、综合的过程，不仅收族实践、乡约践行和神明祭祀如此，礼生的祭文本所体现的文化过程也是如此。

15至18世纪，宗族的确在四保社会化了。但在祭祖仪式中，我们可以看到不同传统的矛盾与冲突。佛教、道教的影响，风水观念的介入，往往制约着士大夫倡导的儒家礼仪话语的影响和效用。新儒家话语倡导敬宗收族的理念，强调对始祖和远祖进行祭祀，而许多族人更关注的是近祖，他们参与祭祖的动机，主要不是为了尊祖敬宗，而是追寻一己之福。乡约本为朝廷倡导的以推行民众教化和维护地方治安为主旨的乡村统治制度，但上保约的案例告诉我们，这个组织实际上成为一个半自治性跨村落联盟，在其数百年的生命中，这个联盟在水利系统的维护、地方宗教节庆的举办、地方防卫的组织、新墟的开设等方面均曾扮演过重要角色。在这个案例中，新儒家制度被乡民挪用后，服务于完全不同于其设计者预设的目的。

神明信仰更明确地显示了不同文化传统之间的互动。明代以前，四保已有相当活跃的宗教仪式活动，法师及其仪式可能在其中扮演

―――
[1] Jean-Claude Schmitt, "Religion, Folklore, and Society in the Medieval West," in Lester K. Little and Barbara H. Rosenwein, eds., *Debating the Middle Ages: Issues and Readings*, Oxford: Blakwell, 1998, p. 382.

了重要角色。进入明清后,这些神明信仰和仪式传统并未消失。正如邹公的案例显示的,这些信仰和传统被保存下来——当然它们本身也经历了值得注意的转型。邹公非但没有像华琛笔下的华南地方小神沙江妈一样被祀典神"吃掉"[1],反而保持了持续的影响力,发展成为四保最重要的地方神。同时,那些进入四保的祀典神,尤其是社公,并非原封不动地被四保乡民接受。一方面,随着社坛的分化,社公和厉坛一道,渗入各个村落,成为界定人群边界的象征之一;另一方面,某些村落的社公遭遇了颇为激烈的变动乃至污名化过程,他们从帝国在乡村的"代理人",转变成为索取人牲、最终被乡村法师驱逐的邪神。

文化合成最为清晰的体现,当在本书详加处理的祭文本。笔者谈到,祭文本及相关仪式专家(礼生)与仪式传统,是在礼仪下乡的过程中形成的,从这种意义上说,它们是礼仪下乡的产物。但是,本书对这种文本的讨论,也揭示了祭文本的另一个面向。尽管祭文本深受儒家礼仪的影响,因而体现了四保文化精英对王朝礼仪和士大夫礼仪的挪用,但同时,祭文本抄录的相当数量的文书,尤其是符咒和建醮祭文、驱虫、驱虎祭文,基本上跟儒家礼仪无关,它们应该是礼生在与其他仪式专家,尤其是道士长期合作、互动的过程中,从道士科仪本中传抄、挪用,并因应自身的礼仪传统创制出来的。跟邹公信仰一样,这些文本折射出明代以前地方仪式文化的某些重要面向及其在明清时代的延续。有趣的是,这些可能在宋元时期进入当地乡村的仪式传统,很可能为明代以降礼教的渗透提供了前期的铺垫,因为两者具备类似的宇宙观,也都特别强调书写文字。

上述讨论表明,我们在处理文化互动的过程中,最好不要将之视为单向度的转型。明清四保发生的社会文化过程,更像是俄国中世纪史学家阿伦·古列维奇(Aron Gurevich)所说的不同层级意

---

[1] Watson, "Standardizing the Gods," pp. 310-311.

识之间的"对话—冲突"过程,或是法国年鉴派史学家乔治·杜比(George Duby)所说发生在不同文化层级之间的"交叉培育"(cross-fertilization)过程。[1]正如弗里德里克·巴斯(Fredrik Barth)指出的,这种不同文化传统乃至不同世界观、宇宙观并存的文化格局,实则是现实生活的一个重要特征。[2]对于文化发展来说颇为幸运的是,某种文化传统独立存在、一枝独秀的状况,在现实世界中即使存在,也是极其罕见的。而这种多种文化传统、多种世界观并存的格局,为不同传统之间的多边互动,为文化合成的展开提供了一个"混合场域"。

礼生引导的礼仪和传抄的祭文本,之所以成为文化合成最为突出的节点,并不出人意料。在一个不存在跨区域的中央宗教机构"来对经典文本的诠释进行管制,强制[在民众中间]推行对儒家礼仪程序的遵从,或[为民众]提供引导仪式所需的训练有素的专家"[3]的国度,礼生同时对儒家礼仪和道教、佛教、本土的等其他仪式传统表示兴趣是不难理解的。那些构成礼生主体的生员和监生群体,那些主要在17世纪末开始的书籍印刷和出版业中发家致富的商人们,本身大都没有受过儒家经典的系统训练,他们对新儒家思想的理解往往一知半解、不甚到位,因而他们在对待仪式传统时,表现出某种折中而非本质主义的态度,这是完全可以理解的现象。在这种意义上不妨说,这一群体理解新儒家仪式及相关理念的路径,可以说和卡洛·金兹堡(Carlo Ginzburg)笔下的磨坊主梅诺乔对基督教的理解不无几分相似。[4]

---

[1] Aron Gurevich, *Medieval Popular Culture: Problems of Belief and Perception*, trans. Janos M. Bak and Paul A. Hollingsworth, Cambridge: Cambridge University Press, 1988, p. xx; George Duby, "Problems and Methods in Cultural History," in George Dudy, *Love and Marriage in the Middle Ages*, trans. Jane Dunnett, Chicago: The University of Chicago Press, 1994, pp. 134-135.
[2] Fredrik Barth, *Balinese Worlds*, Chicago: The University of Chicago Press, 1993, p. 7.
[3] Ebrey, *Confucianism and Family Ritual in Imperial China*, p. 7.
[4] Carlo Ginzburg, *The Cheese and the Worms: The Cosmos of a Sixteenth-Century Miller*, tans. John and Anne Tedeschi, Harmondsworth, UK: Penguin Books, 1982.

本书对礼生、礼生引导的礼仪及其进入地域社会的相关历史进程的考察，揭示了明清乡村社会转型的动力机制和演进路径。在这一历史进程中，国家空间的拓展、地方文化精英的社会构成、地方权力的角逐、普通民众的社会文化实践等要素，都在推动和影响这一转型中扮演了一定角色。在社会群体方面，最值得关注的是不同阶层的士绅和大小商人（包括士绅化商人）在礼仪下乡过程中扮演的关键角色。正是在这些不同历史因素、不同社会群体、不同文化传统的交相作用下，儒家礼仪逐渐步入中国乡民的生活世界，中国乡村的社会经济与文化景观慢慢发生了转变，一个我们熟悉的乡村面貌开始形成。

　　对这个社会文化史进程的讨论，为解构儒家大叙事、深化我们对明清乡村文化转型的理解，提供了一个不可多得的契机。明清时代儒家礼仪和伦理在乡村的渗透，并不意味着官方文化征服、取代了各种地方文化传统。相反，这一过程传达的基本信息，是不同文化传统如何交相影响、相互借用。通过对这一过程进行微观分析，官方文化和其他文化传统之间的关系开始变得不再稳定，非官方、非正统的文化传统逐渐显现出来。此时，儒家大叙事开始被动摇，来自历史深处的"喃喃细语"（small voices）开始变得清晰起来。

附录一　明清汀州进士统计表

时期	长汀	上杭	永定	武平	连城	宁化	清流	归化	合计
1368—1418	8	3	0	1	1	2	2	0	17
1419—1468	3	3	0	0	0	0	1	0	7
1469—1518	3	5	1	0	0	0	2	0	11
1519—1568	0	0	1	0	0	0	3	0	4
1569—1618	2	0	1	0	0	0	1	0	4
1619—1644	2	1	2	0	0	0	2	0	7
小计	18	12	5	1	1	2	11	0	50
1645—1718	1	1	1	1	0	1	0	1	6
1719—1768	5	8	8	2	1	6	1	3	34
1769—1818	4	2	4	0	3	4	1	5	23
1819—1868	3	3	1	3	4	0	0	0	14
1869—1904	3	1	2	0	1	0	0	0	7
小计	16	15	16	6	9	11	2	9	84
总计	34	27	21	7	10	13	13	9	134

资料来源：朱保炯、谢沛霖编《明清进士题名碑录索引》，上海：上海古籍出版社，1980年。

附录二　四保村落与姓氏一览表

村落名	县属	主要姓氏	村落名	县属	主要姓氏
大埔	长汀	刘、曾、唐	庄下	长汀	赖、黄、马、李
宋坊	长汀	宋	桂口井	长汀	邱
井头[a]	长汀	吴	东坑背	长汀	马
萧屋岭	长汀	萧	砦下	长汀	马
马罗围	长汀	马	南坑	长汀	赖
彭坊	长汀	彭、魏	邱坊	长汀	邱
张坊	长汀	张	廖坊	长汀	廖
平原山	长汀	?	砦头	长汀	陈?
葛坪	长汀	丘	山坑[d]	长汀	丘
黄坑[b]	长汀	?	狂风	长汀	马、赖、萧
噎口	长汀	黄	井口	长汀	萧
曾坊	长汀	曾	石背	长汀	萧
龙头坊	长汀	张、邹、马	马屋	长汀	马
南茶坑[c]	长汀	马、赖	张坑	长汀	李
黄颈坑	长汀	李	洋头	长汀	赖
虚坑	长汀	?	洋背	长汀	包
员头	长汀	?	下洋背	长汀	林
魏家坊	长汀	马、王、萧	林屋	长汀	林?
石笋坑	长汀	丘	社下	长汀	杨

续表

村落名	县属	主要姓氏	村落名	县属	主要姓氏
圳边	长汀	邹	童家坑	清流	叶
大坪头	长汀	邹	黄石坑	清流	邹
黄坑	长汀	赖、邹	长校	清流	李
双井	长汀	邹	下谢	清流	谢
龙足乡[e]	长汀	邹	江坊	清流	江
上保	长汀	邹	赤土冈	清流	谢
竹围窑	清流	?	刘坑[h]	清流	谢、童
田头	清流	?	横坑	清流	?
曹屋	清流	?	李家寮	清流	李
杨坊	清流	?	茜坑	清流	王
李田[f]	清流	罗	丰饶	清流	?
洋背	清流	廖?	樟下	清流	李
童坊	清流	童?	焦坑	连城	?
深渡	清流	?	到湖	连城	?
大田坑[g]	清流	邹	大坑源	连城	邹
河排	清流	赖	助背岭	宁化	?

来源：光绪五年刊《长汀县志》卷二，页3a—3b；道光九年修《清流县志》，福州：福建人民出版社，1992年，第36页；笔者的田野调查笔记。

注：
（a）井头通常写作枧头。
（b）此黄坑属长汀县，清流县亦有黄坑村。
（c）南茶坑通常写作南柴坑。
（d）山坑，今写作珊坑。
（e）龙足乡为雾阁之别称。
（f）李田通常写作里田。
（g）大田坑通常写作大连坑。
（h）刘坑通常写作留坑。

附录三　汀州礼生及其礼仪

地点	农历日期	表演仪式	礼生数	资料出处
汀州城	9/16	祭祖	不详	张鸿祥 1997：97
汀州城	—	婚礼	不详	赖光耀 1998：365—368
汀州城	春秋二季	文庙祭祀	4	张鸿祥 2003：233—236
汀州城	5/13	关帝祭祀	不详	张鸿祥 2003：237—239
汀州城	5/5	祭龙头	不详	张鸿祥 2003：325—326
长汀汀东	9/10	进香	不详	张春荣 2002：216—217
汀州新桥	2/5	游神	2	黎治宣 2002：274—275
长汀童坊	8/13	进香	1	赖建 2002：306
长汀童坊	1/14	游神	不详	赖建 2002：311
长汀三洲	1/15；6/15	庙会	不详	章籁和 2002：439
长汀四都	4/8	庙会	不详	赖光耀 2002：485—486
长汀宣城	1/15	醮	2	钟晋兰 2002：683
长汀半坑	1/15	醮	2	赖建 2002：763—764；766
长汀半坑	4/15	醮	不详	赖建 2002：767
清流东山	1/5	祭神/祭祖	不详	童金根 1997：215
清流东坑	1/15	拨火仪式	3	江椿福、陈立忠 1997：373
清流留坑	清明	祭祖	4	童金根 1998：237—238
清流长校	1/13	祭祖	4	李升宝 1998：282—283
清流灵地	春秋两季	祭祖	2	黄于万 1998：309
连城培田	2/2	祭神	不详	杨彦杰 1996：258
连城马屋	清明	祭祖	4	马传远 1997：320

续表

地点	农历日期	表演仪式	礼生数	资料出处
连城姑田	1/15	祭龙灯	2	华钦进 1997：123
连城姑田	1/16	祭神	4	华钦进 1997：131
宁化河龙	不详	婚礼	不详	伊启烈、谢云吐、钟晋兰 2005：335
宁化河龙	不详	丧礼	不详	伊启烈、谢云吐、钟晋兰 2005：343—344
宁化淮土	不详	丧礼	4—5	黄承利 2005：696
宁化九寨堂	不详	祭祖	不详	廖仕耀 2005：733—734
武平湘村	清明	祭祖	不详	刘大可、刘文波 1997：275
武平湘村	—	丧礼	不详	刘大可、刘文波 1997：295
武平岩前	1/6	庙会	不详	李坦生、林善珂 1998：59
武平中山	冬季	醮	不详	钟德盛 1998：101
上杭濑溪	重阳	游神	不详	林凤年 1998：140
上杭溪口	1/8—13；4/8—13	游神	不详	陈秉传 1998：191
明溪县城	6/9	祭神	不详	林华东 2000：107
永定陈东	4/7—9	醮	不详	涂祥生、卢振福 1998：19—21

备注：在编制本表时，凡报告中提及引导礼仪的"司仪""司礼""先生"和"赞礼生"者均统计入内。

资料来源：陈秉传《上杭县溪口乡的六坊扛仙师》，收入杨彦杰主编《汀州府的宗族、庙会与经济》，香港：国际客家学会、海外华人研究社、法国远东学院，1998年，第185—192页；华钦进《连城县姑田镇正月游大龙》，收入杨彦杰主编《闽西的城乡庙会与村落文化》，香港：国际客家学会、海外华人研究社、法国远东学院，1997年，第114—139页；黄于万《清流县灵地镇黄姓民俗》，收入杨彦杰主编《汀州府的宗族、庙会与经济》，第298—358页；江椿福、陈立忠《清流县余朋乡东坑村民俗调查》，收入杨彦杰主编《闽西的城乡庙会与村落文化》，第344—378页；赖光耀《汀州传统婚俗》，收入杨彦杰主编《汀州府的宗族、庙会与经济》，第359—374页；赖光耀《四都镇的宗族与庙会》，收入杨彦杰主编《长汀县的宗族、经济与民俗》，香港：国际客家学会、海外华人研究社、法国远东学院，2002年，第447—503页；赖建《童坊村墟市与神明崇拜》，收入杨彦杰主编《长汀县的宗族、经济与民俗》，第285—319页；赖建《长汀三太祖师神明信仰》，收入杨彦杰主编《长汀县的宗族、经济与民俗》，第741—778页；李升宝《清流县长校村的宗族传统调查》，收入杨彦杰主编《汀州府的宗族、庙会与经济》，第263—297页；李坦生、林善珂《武平县岩前庙会醮会概况》，收入杨彦杰主编《汀州府的宗族、庙会与经济》，第53—

71页；黎治宣《新桥二月初五三圣公王迎醮活动》，收入杨彦杰主编《长汀县的宗族经济与民俗》，香港：国际客家学会、海外华人研究社、法国远东学院，2002年，第226—284页；林凤年《上杭县湖洋乡濑溪村的迎神赛会》，收入杨彦杰主编《汀州府的宗族、庙会与经济》，第122—142页；林华东《明溪县城与莘夫人庙会》，收入杨彦杰主编《闽西北的民俗宗教与社会》，香港：国际客家学会、海外华人研究社、法国远东学院、岭南大学族群与海外华人经济研究部，2000年，第89—116页；刘大可、刘文波《武北湘村的宗族社会与文化》，收入杨彦杰主编《闽西的城乡庙会与村落文化》，第253—298页；马传永《连城县四堡乡马屋村民间习俗》，收入杨彦杰主编《闽西的城乡庙会与村落文化》，第299—343页；童金根《清流县东山肖氏的宗族传说及其庙会》，收入杨彦杰主编《闽西的城乡庙会与村落文化》，第208—231页；童金根《清流县进士乡的民间信仰与民俗特色》，收入杨彦杰主编《汀州府的宗族、庙会与经济》，第222—262页；涂祥生、卢真福《永定县陈东四月八迎神活动》，收入杨彦杰主编《汀州府的宗族、庙会与经济》，第1—30页；杨彦杰《闽西客家宗族社会研究》，香港：国际客家学会、海外华人研究社、法国远东学院，1996年；张春荣《馆前镇汀东村传统社会调查》，收入杨彦杰主编《长汀县的宗族、经济与民俗》，第189—225页；张鸿祥《汀州城区的庙会大观》，收入杨彦杰主编《闽西的城乡庙会与村落文化》，第80—113页；章籁和《三洲乡三洲村的经济与三太祖师会期》，收入杨彦杰主编《长汀县的宗族、经济与民俗》，第412—446页；钟德盛《武平县中山镇庙会胜概》，收入杨彦杰主编《汀州府的宗族、庙会与经济》，第72—107页；钟晋兰《宣成乡的宗族与信仰习俗》，收入杨彦杰主编《长汀县的宗族、经济与民俗》，第630—699页；伊启烈、谢云吐、钟晋兰《河龙的宗族、信仰与婚丧习俗》，收入杨彦杰主编《宁化县的宗族、经济与民俗》，香港：国际客家学会、海外华人资料研究中心、法国远东学院，2005年，上册，第271—363页；黄承利《淮土传统社会经济与民俗》，收入杨彦杰主编《宁化县的宗族、经济与民俗》，下册，第658—705页；廖仕耀《九寨塘廖氏宗族社会与神明信仰》，收入杨彦杰主编《宁化县的宗族、经济与民俗》，下册，第706—744页。

附录四 五十种四保祭文本的内容（一）：基本事实

编号	地点	现持有人	抄录人	抄录时代	备注
0101	雾阁	邹群文/礼生	邹种梅	清末	封面题"雾阁育英书室邹种梅抄祭文广集"
0102	雾阁	邹群文/礼生	不详/监生	清末	—
0103	雾阁	邹桓彦/教师、礼生	邹国光	1936年	封面题"祭文本"，邹国光，长汀师范教师，此为小学毕业所抄者
0104	雾阁	邹善宝/礼生	邹联辉/生员	清光绪年间	—
0105	雾阁	邹洪明/礼生	邹金成	1931年	封面题"便用祭文，民国廿年岁次辛未邹金成，金成乃洪明祖父
0106	雾阁	邹洪明/礼生	邹金成	—	—
0107	雾阁	邹东生	邹新金/监生	清末	封面题"祭文全编锦"
0108	雾阁	邹升华	邹为鉴/监生	清末	—

322

续表

编号	地点	现持有人	抄录人	抄录时代	备注
0109	雾阁	邹清庆、邹洪康/礼生	邹维柱	—	复印件封面题"祭文选集，甲戌年十一月"
0110	雾阁	邹洪涛/礼生	邹洪涛	20世纪八九十年代	正面为佛经，背面自邹春标祭文本
0111	雾阁	邹鲁成/礼生	邹鲁成/礼生	2004年	封面题"祭文薄"，经邹正春合辑转抄自邹洪涛本
0112	雾阁	邹日彬/礼生	邹日彬/礼生	1995年	封面题"奠祭章通用文"
0201	马屋	兰阶氏/监生	兰阶氏/监生	民国初	封面题"各色祭文吉帖丧帖"
0202	马屋	马传光	马传光	20世纪90年代	传光为马氏大宗祠祭祖仪式之主祭
0203	马屋	马俊良/礼生	马俊良/礼生	20世纪90年代	封面题"祭祠纹杂文本"
0204	马屋	马俊良/礼生	马俊良/礼生	20世纪90年代	—
0205	马屋	马益彪/教师、礼生	马益彪/教师、礼生	20世纪90年代	封面题"祭文誊本，马兴炳抄于己巳年秋月"，兴炳即益彪
0206	马屋	马传永/礼生	马益盛	民国	益盛乃传永叔父
0207	马屋	马传永/礼生	马益盛	民国	—
0208	马屋	马汉华/礼生	马铭三/教师、礼生	民国	铭三乃汉华文
0209	马屋	马汉华/礼生	马铭三/教师、礼生	民国	封面题"天地神圣，民国卅四年冬月刊"
0210	马屋	马汉华/礼生	马铭三/教师、礼生	民国	封面题"春冬祭历代祖祠纹文"
0211	马屋	马汉华/礼生	马铭三/教师、礼生	民国	封面题"男人险殓通用祭文，民国廿五年孟夏月吉日订"

附录四 五十种四保祭文本的内容（一）：基本事实 323

续表

编号	地点	现持有人	抄录人	抄录时代	备注
0212	马屋	马汉华/礼生	马铭三/教师、礼生	民国	封面题"男妇大小祥烧金楼戚族通用祭文,民国廿五年蒲月吉日新订"
0213	马屋	马汉华/礼生	马铭三/教师、礼生	民国	封面题"杂色祭文,1947、5、23"
0301	双泉	邹纯基/礼生	邹纯基/礼生	—	自本村邹肇处抄来
0302	洋背	包良连/礼生	—	—	封面题"祭文"
0303	洋背	包良/礼生	—	—	封面题"祭文"
0304	洋背	包世雄/礼生	包良东/礼生、地理先生	—	良东乃世雄祖父
0305	洋背	包世雄/礼生	包良东/礼生、地理先生	民国初	封面题"祭神杂文",部分内容抄自0104号祭文本
0401	上保	邹木林/礼生	不详/监生	20世纪八九十年代	前残
0402	枧头	吴福辉/礼生	—	1988年	铅印本,封面题"家礼集"
0403	枧头	吴福辉/礼生	—	—	封面题"喜事祭文本",末页题"一九八八年岁次戊辰秋月翻印",油印本
0404	枧头	吴福辉/礼生	—	—	封面题"丧事祭文本",油印本
0405	枧头	吴嘉辉/礼生	—	—	
0406	枧头	吴德良/礼生	吴福辉/礼生	1947年/20世纪90年代	封面题"便用,一九四七年腊月",部分内容明显为近代所加

续表

编号	地点	现持有人	抄录人	抄录时代	备注
0407	砚头	吴德良/礼生	吴德良/礼生	2001年	原抄录者乃现持有人之师傅
0408	社下前	杨某/礼生	—	1938年前后	
0501	江坊	江木环/礼生	江木环/礼生	1940年	封面题"江树勋抄",树勋即木环
0502	江坊	江木环/礼生	江木环/礼生	—	封面题"各色丧事祭文"
0503	江坊	江木环/礼生	江木环/礼生	—	封面题"丧事祭文"
0504	江坊	江木环/礼生	江木环/礼生	1940年	封面题"案头随笔,二九年之春",即1940年
0505	江坊	江木环/礼生	江瑞恭/礼生	1928年以降	封面题"杂文、江清波抄、民国辛未二十订",屝页题"祭文、江清波抄、民国十七年、这共有二本,戊辰年订",清波即瑞恭
0506	江坊	江焕猷/教师,礼生	江焕猷/教师,礼生	1992年	屝页题"选录联文","摘录碎锦"
0601	长校	李春如/礼生	李春如/礼生	当代	
0602	长校	李春如/礼生	李春如/礼生	当代	封面题"预修年案诗、李春如记、甲申年抄"
0603	长校	李春如/礼生	李春如/礼生	1990年	封面题"杂抄本、李春如抄本、庚午年、一九九〇年"
0604	长校	李先岳/退休公安,礼生	李锦彬/教师,礼生	1996年	封面题"杂录"
0605	长校	李日坤	李日坤/教师	—	封面题"祭文选集"
0606	长校	李洪寿/退休教师	李洪寿/退休教师	—	封面题"念玉皇经资料"

来源:综合50种四保祭文本。

附录五 五十种四保祭文本的内容（二）：内容分类

编号	仪注	帖式	神明	祖先	丧葬	对联	符咒	契约	其他	合计
0101	2	4	61	99	216	1	—	—	—	383
0102	—	—	59	89	183	—	—	—	—	331
0103	—	5	48	30	3	—	—	—	—	86
0104	4	7	74	61	72	—	—	—	1	219
0105	—	—	64	24	1	—	—	—	—	89
0106	2	21	33	32	—	—	—	—	3	91
0107	1	—	67	72	208	—	—	—	—	348
0108	3	10	104	59	176	—	—	—	3	355
0109	6	3	72	92	72	1	—	—	—	246
0110	3	6	23	56	64	64	1	—	22	239
0111	2	—	2	45	—	—	—	—	—	49
0112	5	13	31	90	76	—	—	—	2	217
0201	—	20	—	11	6	—	—	1	1	39
0202	2	—	9	33	—	12	—	—	—	56
0203	—	—	27	64	—	7	—	—	—	98
0204	—	—	—	—	220	—	—	—	—	220
0205	—	—	52	42	83	3	1	—	2	183
0206	—	—	21	21	140	—	—	—	—	182
0207	3	—	22	42	57	—	—	—	—	124
0208	4	—	—	—	409	—	—	—	—	413
0209	—	—	80	—	—	—	1	—	—	81

续表

编号	仪注	帖式	神明	祖先	丧葬	对联	符咒	契约	其他	合计
0210	—	—	—	158	—	—	—	—	—	158
0211	—	—	—	—	44	—	—	—	—	44
0212	—	—	—	—	28	—	—	—	—	28
0213	—	—	—	—	145	—	—	—	—	145
0301	3	7	8	29	55	60	—	—	9	171
0202	3	2	30	30	32	—	—	—	—	97
0303	—	—	25	1	166	—	—	—	—	192
0304	3	2	81	33	203	—	—	—	1	323
0305	2	2	175	38	18	—	—	—	—	235
0401	—	6	77	47	271	—	2	12	18	433
0403	2	1	54	19	8	—	—	—	1	85
0404	2	12	14	—	136	—	—	—	—	164
0405	2	5	20	12	1	—	8	5	2	55
0406	2	14	4	4	4	4	—	1	2	35
0407	—	4	3	—	40	6	—	—	—	53
0408	1	1	30	30	107	—	—	—	2	171
0501	2	5	12	86	1	—	—	—	2	108
0502	—	2	—	—	152	—	—	—	—	154
0503	—	9	1	—	53	—	—	—	1	64
0504	—	17	8	2	3	110	—	—	14	154
0505	1	36	87	58	83	—	12	—	5	282
0506	—	—	14	12	40	21	—	—	19	106
0601	1	13	—	—	184	16	—	—	—	214
0602	—	10	—	—	—	—	—	—	5	15
0603	1	6	4	—	39	90	—	2	72	214
0604	1	3	22	44	5	113	—	1	10	199
0605	3	10	32	27	199	27	—	—	6	304
0606	—	—	20	1	—	174	—	5	13	213
共计	66	256	1570	1593	4003	709	25	27	216	8465

注：0402 未列入统计。

附录六　宗祠祀典

每年元旦。寅刻，值祭房子姓，各盆栉盛服赴祠，与上手值祭者交代。卯刻，启祠上香，作乐虔祭。祭毕，铺单以候各房子孙谒祠。谒后相见拜贺，奉茶一杯，候各房谒完，然后本房肃揖阖门而退。

一每年清明。先旬日，值祭房肃具一帖，晓谕各房子孙通知。仍具一全帖，请各房六十以上耆老及各房有执事者。又另设一帖，派主祭某、陪祭某、某执某事名次，以便遵行，俱粘牌坊下。违者罚银三钱。先一日，值祭房启祠洒扫。未刻，焚香宰牲。本日子刻，值祭雇人再鸣锣一轮。各房子孙起，[盆]（盥）洗。丑初刻，仍雇人鸣锣一轮。各盛服赴祠。丑中，概宜齐乐作，乐行，祭。不到者罚。

祭毕，于厅上照序相见后，值祭房即查各房陪祭若干人、执事若干人、每桌该坐若干人，将所额熟胙多寡均分。每桌若干，逐一传送，不得匿减，查出定以刻祭需论，值祭者、纠仪者一体重罚。若夫该房子姓及唤使役仆，值祭房另自赏劳，不得在祭需内扣。

祠中执事人等，除司乐、司厨、陈设、纠仪而外，必须读书子弟，庶衣冠整肃，进退雍容，有光俎豆。或在外肄业，不足所派，方许另择贤肖子孙以充之。如混行妄派，并在帖请内推故不与者，俱以不孝罪论，罚银五钱。若有不得已事所羁不能来者，必须先告知值祭房，以便另行佥请可也。

生子者，原设助银五分入祠。值祭房本日辰刻，佥一公正者与纠仪者同收。秤收完后，纠仪者即总计若干名、共计若干封，封押交值祭房暂贮，待交尝银之日，请各房祠长清算支销之外，所剩若干，总封次年值祭人用。

本日午刻，往祭历代祖坟。各房子孙即将家数录送宗祠，交祭主。总计若干家，均分四路。具帖揭牌坊下晓谕，以便往祭。各房子孙俱要衣冠登坟拜扫，违者重罚。

一于凹背起至茜坑隔；

一于寮坪上起至矺头；

一于赤土冈起至大丘背；

一于余家田起至梧桐冈桃源。

衣裳俱在坟上分胙。四路照家平分均拨，不得以远近更换。胙仪、登坟亦照家分表。

一八月初一。先一日，值祭房启祠洒扫，是（日）卯刻，盛服诣祠，值祭房虔祭，各房不与。祭后，随命子姓往各坟修划卦纸。如违，罚银一两三钱正。

一冬至。其事仪、祭品如清明一体。祭后，兄弟叔侄序昭穆，行礼拜贺，然后享胙。不上坟，不纳银助祭。

一除夕。本日辰刻，值祭房启祠洒扫。未刻，燃烛上香，盛服肃班虔祭。祭毕，铺单以俟各房子姓赴祠。供献毕，值祭房金贤肖子孙十人以上［辨］（办）［淆］（肴）酒果品，盛服在祠作乐守岁，不许喧哗酗醉，致失祠规。违者罚银五钱，仍唤到祠重责，以申不敬，以儆将来。丑刻，值祭雇人鸣锣一轮，催次年值祭房赴祠交代，必俟代后，然后肃揖而退。倘不俟代而竟先［面］（回），与代者迟至一体重罚。

一凡遇朔望，值祭房启祠洒扫，点灯焚香，供献茶饭。违者罚银一钱。

一凡奉主入祠，或数年一举，或十数年一举，必在清明、冬至之候。前一日，其子孙吉服鼓乐送入。至期，先告上祖，次安本主。行［体］（礼）毕，拜谢祠长及题主者并各执事人等。至于入祠所纳之银，随为子孙者之孝敬何如耳。孝敬者必自重也。所纳银登簿公

附录六 宗祠祀典 329

用。若题主者之润笔，祠长、赞礼者之谢席，皆祠中以所纳之银办。倘众中有贤者或困贫或艰嗣不能送［八］（入）配食，房亲附送。若所行不法者，不许混上神主。

一祠中田票并一切文簿支消数目，每年清明日请祠长到祠逐一面行点过，轮房交领，不得疏失。如违，罚银十两正（整）。

一或修祠宇，或置祭器，一切支销，俱于清明日在祠面行给发登簿。

一凡登簿，要择善写者直行楷书，不许糊涂浪写，填塞满纸，违者罚银一两正（整）。

一祠中祭器什物，详载尝簿，［遁］（递）年上下房逐一交明具领。如疏失一件，即该房置赔，仍照物轻重攻罚。

一宗祠田［祖］（租）、屋税，其数目悉载尝簿。［遁］（递）年值祭房按（簿？）收取，无得增减。

来源：孝思堂《马氏大宗族谱》，二集，第12—15页，马屋，1993年铅印本。

附录七　上保约禁约五种

（一）禁鸡鸭约

立禁字人上保约某字班乡约等，为严禁小手以及放纵鸡鸭。照得目下秋序将残之际，正禾稻成实之时，与薯姜芋子将收之日，最宜保护周全，方可以得收获。近有一班鼠盗之流，与徇利之辈，罔知耕稼之艰难，潜夜偷掘薯姜芋卵，放纵鸡鸭只，躁食（？）稻谷，甚是可恶。今申严禁，各宜谨戒。如有捉获掘薯姜芋卵者，定行拆屋重处。捉获鸡鸭躁食田谷者，其鸭交与义勇宰杀，决不宽放。特字。预闻。

一禁牵牛游田塝者罚钱若干
一禁捉获之鸭若要赎回每只罚钱若干
一禁偷盗秆草者每束罚钱若干夜间偷者罚钱若干
一禁偷割黄禾者拆屋重惩
一禁偷割粟子者罚钱若干
一禁拦途劫抢盗牵耕牛者拆屋重惩

（二）禁约

立禁字人上保约等为严禁盗贼以安民业以靖地方事。盖闻匪类不除，则地方无由而美；贼盗不灭，则民业无得而安。我上保俗尚淳良，各安生理，谁敢作奸犯科。诚恐约规稍弛，盗贼复起。是以通约集议，设立禁条。自禁之后，各宜痛改前非，以习正业，共为盛世之良民。切莫犯禁。乃若贪污之心存于中，而盗贼之事着于外。一经捉获，大则送官究治，小则依乡重罚，决不宽徇。凡约中人等，各宜父戒其子，兄戒其弟，交相儆戒，无犯乡禁焉可。特字通知。

（三）禁田禾

立禁字人上保约某等为严禁田禾事。窃见国以农为本，民以食为天。故及时耕种，栽布禾苗，输纳朝廷粮税，供养父母妻子。终岁勤苦，所系一家性命攸关。近有无耻之徒，罔知耕稼之艰难，徒徇一己之私欲。或纵牛羊践踏，或放鸡鹅噪食。遍地荒芜，举目惨伤。今会乡众歃血立盟，尽行禁止。且居民人等，务宜体谅遵守。各家俱要严固栏匦，毋得仍跟前弊。同盟之人，逐一轮次早夜巡察。不拘何人田地，若遇牛羊鸡鹅等畜践食禾苗，即时拿获，会众赔偿。倘有恃强不服者，必鸣于官府；阿纵不举者，连坐以问罪。使物不滋害，人得安生；庶粮有所出，家口有赖矣。特禁。

（四）禁约

长汀县四保里上保约正姓为严申大禁以一风俗事。窃见乡设禁条，原非私举。事有明征，法无私贷。且强者依势横行，弱者缄口畏缩。或徇情以容隐，或贪利以偏护。卒至禁令败坏，风俗益颓，人畜交害，不堪悉数。此祸不惩，曷所底止。今特置酒会众，写立禁条，以警后犯。如有犯者，公扯约所。小则议罚，大则重惩。再抗拒不服，定闻官究治。纠察之人，不得被嫌徇私，受钱卖放。又不得欺善畏恶，挟仇排捉。如有此情，查出同罪。凡我共约，至公罔私。庶乡邻不至受害，而风俗自此淳厚矣。

332　礼仪下乡：明代以降闽西四保的礼仪变革与社会转型

（五）禁条

立禁字人上保约某班等为申严禁以弭盗贼以靖地方事。昔太叔治郑，不听子产猛烈之言，以致萑［符］（苻）多盗之方，不在于宽而在于猛也。吾乡自数十年来，律禁森严，民之作奸犯科者渐息。无如世教衰微，民不兴行。诚恐禁令稍弛，则鸡鸣狗盗之流，复因之而迭出。是以通约集议，申立严禁。如有肆行无忌，敢干约禁者，无论夜窃抢夺诸大盗，即一切小手，亦在重惩，所不宥焉。凡尔匪徒，各宜痛改前非，毋致自贻伊戚，庶风清俗美，坐享升平，而上世之淳风不可复睹于今也哉。特字。预闻。

资料来源：第 0401 号祭文本，页 24a—26a。

附录八　三种四保祭文本中的神明与祭文

祭文本代号	神明	祭文数（篇）
0102	邹公	8
	天后	8
	关帝	4
	社公	3
	雨师	3
	三将公王	2
	厉[a]	2
	魁星	1
	赵大元帅	1
	井神	1
	文昌帝君	1
	五谷仙	1
	观音菩萨	1
	门神	1
	灶神	1
	水口尊神	1
	不具名神明	5
0103	关圣帝君[b]	21
	天后	8
	邹公	7
	社稷/社公/土地公	5

续表

祭文本代号	神明	祭文数（篇）
0103	文昌	3
	灶君	2
	门神	1
	大魁(c)	1
	观音大士	1
	玄帝(d)	1
	后土	1
	井神	1
	厉	1
	不具名神明	5
0401	关帝	16
	社公/土地/伯公	15
	广佑圣王(e)	6
	后土	6
	天后	5
	玄帝	5
	龙神(f)	4
	赖仙公	1
	文昌帝君	1
	朱夫子(g)	1
	观音大士	1
	不具名神明	18

资料来源：祭文本0102（雾阁，手抄本）；祭文本0103（雾阁，手抄本）；祭文本0401（上保，手抄本）。

注：
（a）祭文称厉为"厉坛尊神"，故而将之列入此表。
（b）此处祭文数计入了关帝曾祖、祖、父祭文。
（c）大魁是魁星别称。
（d）玄帝即玄天上帝。
（e）广佑圣王是邹公的封号。
（f）龙神与龙王不同，他是龙脉之神。
（g）朱夫子应即朱熹（1130—1200）。

附录九 四保盆地寺庙与神明一览表

寺庙名	所在村落	供奉神明	修建年代
邹公庙	上保	邹公	1341 年
积福庵	上保	欧阳真仙、罗仙公、赖仙公、三大祖师、弥勒	1488—1505 年
关帝庙	上保	关帝、关平、周仓	18 世纪?
社坛	上保	社公	1841 年
社坛	上保	社公	?
天后宫	上保	天后	1844 年
厉坛	上保	厉	1872 年
关帝庙*	上保	关帝	?
赖仙庵	上保	欧阳真仙、罗仙公、赖仙公	?
伯公庵	上保	伯公	?
五谷庙	上保	五谷真仙	?
厉坛	上保	厉	?
厉坛*	上保	厉	?
吴公庙	枧头	吴公/保生大帝	1827 年
厉坛	枧头	厉	1843 年
社坛	枧头	社公	?
伯公坛	枧头	伯公	?
泗洲坛	枧头	泗洲菩萨	?
厉坛	枧头	厉	?
雪峰寺	黄坑	三宝、观音、四大天王、弥勒、韦陀、地藏王	20 世纪 80 年代

续表

寺庙名	所在村落	供奉神明	修建年代
?	社下前	观音	?
?	洋背	邹公？伯公？	?
关帝庙*	洋背	关帝	?
社坛	洋背	社公	?
厉坛*	洋背	厉	?
关帝庙*	双泉	关帝、关平、周仓、刘备、张飞	18世纪早期
心田庵*	双泉	?	1718年
真武庙*	双泉	真武	?
社坛	双泉	社公	?
蒲竹寺	张坑	龙神尊者	1524年？
伯公祠	张坑	伯公	2001年
伯公祠	张坑	伯公	?
伯公祠	张坑	伯公	?
厉坛	张坑	厉	?
神宫庵	雾阁	三宝、地藏、观音、弥勒、目连	晚明
关帝庙	雾阁	关帝、关平、周仓、天后、观音、五谷仙	18世纪
天后宫*	雾阁	天后	1792年
厉坛	雾阁	厉	1806年
厉坛	雾阁	厉	1826年
龙胜寺	雾阁	三宝、观音、弥勒	20世纪90年代
厉坛	雾阁	厉	1997年
瑞龙亭	雾阁	福德长生土地	1998年
巅峰岩	雾阁	观音	?
伯公祠	雾阁	石勇将军	?
伯公祠	雾阁	灵应石神	?
伯公祠	雾阁	东衙参将	?
伯公祠	雾阁	李广将军	?
公王坛	雾阁	三圣公王	?
公王坛	雾阁	八将公王	?

附录九 四保盆地寺庙与神明一览表 337

续表

寺庙名	所在村落	供奉神明	修建年代
福德祠	雾阁	福德正神	?
井神祠	雾阁	井神	?
天后宫*	严屋	天后	?
社坛	严屋	社公	?
社坛	严屋	社公	?
厉坛	严屋	厉	?
大佛庵	马屋	三宝、弥勒、地藏王、观音、阿弥陀佛	宋代?
感应庙*	马屋	邹公	元代
康国侯祠*	马屋	康国侯	1436—1449年
社坛	马屋	社坛	1439—1449年?
关帝神台	马屋	关帝、周仓	1557年
北帝神台*	马屋	北帝	16世纪后期
马公庙*	马屋	马公/伏波将军	18世纪中叶
天后庙*	马屋	天后	18世纪中叶
厉坛	马屋	厉	1807年
六祖庙*	马屋	六祖	1795—1850年
社坛	马屋	社公	1939年
社坛	马屋	社公	1981年
社坛	马屋	社公	1981年
厉坛	马屋	厉	1999年
魁星阁*	马屋	魁星	?
东岳庙*	马屋	东岳	?
观音亭*	马屋	观音	?
社坛	马屋	社公	?
社公	马屋	社公	?
厉坛	马屋	厉	?
丰饶寺*	赤土岗	地藏、普贤、元帝祖师、赵殷二将、观音	15世纪中叶
邹公庙*	赤土岗	邹公	?

续表

寺庙名	所在村落	供奉神明	修建年代
社坛	赤土岗	社公	?
厉坛	赤土岗	厉坛	?
厉坛	赤土岗	厉坛	?
伯公坛	留坑	伯公	1709 年
真武庙*	留坑	真武	清代
厉坛	留坑	厉	1983 年
邹公庙*	留坑	邹公	?
社坛	留坑	社公	?
社坛	留坑	社公	?
厉坛	留坑	厉	?
厉坛	留坑	厉	?
厉坛	留坑	厉	?
厉坛	留坑	厉	?
贵人寺	江坊	江公、释迦、地藏、弥勒、观音	元代?
忠烈庙	江坊	江公、邹公、关帝、关平、周仓	1488—1505 年
社坛	江坊	社公	16 世纪末
会龙桥*	江坊	观音、真武祖师	1664 年
后土坛	江坊	后土	1674 年
望江亭*	江坊	观音	1786 年
厉坛	江坊	厉	1885 年
云峰寺*	江坊	释迦、观音、文殊、普贤、欧阳真仙、赵公、雷公、电母	1934 年
厉坛	江坊	厉	1943 年
厉坛	江坊	厉	20 世纪 40 年代
会龙寺	江坊	三宝、观音、文殊、普贤	20 世纪 90 年代
滴水岩	江坊	定光、伏虎	?
关帝庙*	江坊	关帝	?
五谷庙*	江坊	五谷真仙	?

续表

寺庙名	所在村落	供奉神明	修建年代
社坛	江坊	社公	?
厉坛	江坊	厉	?
福主庙	茜坑	邹公、王公、万四郎公	?
社坛	茜坑	社公	?
厉坛	茜坑	厉	?
狮石庙	下谢	邹公、吴公	1614年
观音庵	下谢	观音	20世纪90年代
土地庙	下谢	土地公	?
厉坛	下谢	厉	?
厉坛	下谢	厉	?
厉坛	下谢	厉	?
李公庙	长校	李公、李晟、邹公	元代?
厉坛*	长校	厉	明初?
松大夫祠	长校	松大夫	1998年
厉坛	长校	厉	1998年
永乐寺	长校	观音、地藏、伽蓝	20世纪90年代
太保苗	长校	太保	?
土地祠	长校	长生土地	?
福源寺	沙坪	?	元代?
翠峰寺	沙坪	三宝、观音、五谷真仙、欧阳真仙	1473年?
圆通寺	沙坪	?	1991年
厉坛	沙坪	厉	1997年
醉峰寺	沙坪	三宝、罗汉、地藏	?
?	沙坪	欧阳真仙、罗仙公、赖仙公、五谷真仙	?
伯公祠	沙坪	伯公	?
太保庙	童家坑	太保	?
社坛	童家坑	社公	?
厉坛	童家坑	厉	?
山嘴庵*	河排	佛祖	清代?

续表

寺庙名	所在村落	供奉神明	修建年代
河排庙*	河排	定光、伏虎、观音	?
三姓祖师庙*	河排	三姓祖师?	?
社坛	河排	社公	?
厉坛*	河排	厉	?
邹公庙	大连坑	邹公	?
萧公庙	大连坑	萧公	?
社坛	大连坑	社公	?
厉坛*	大连坑	厉	?
龙门庵	荷坑	释迦、观音、药王菩萨、弥勒、韦陀、护法、五谷	明代
太保庙	荷坑	李太保、玄天上帝、土地公	?
夫人宫	荷坑	陈夫人、林夫人、李夫人	?
社坛	荷坑	社公	?
社公	荷坑	社公	?
厉坛	荷坑	厉	?
厉坛	荷坑	厉	?
萧公庙	东山	萧公	1406年?
白云寺	东山	三宝、观音、吉祥子、土地	?
五显庙	东山	五显真仙	?
社坛*	东山	社公	?
理他*	东山	厉	?
悟真堂	黄石坑	欧阳真仙、罗仙公、赖仙公、真武祖师	1474年?
邹公庙	黄石坑	邹公	1639年
厉坛	黄石坑	厉	1801年
五谷庙	黄石坑	五谷真仙	?
社坛	黄石坑	社公	?
伯公坛	黄石坑	伯公	?
靛坑庵	富尾	观音、五谷、欧阳真仙	晚清

续表

寺庙名	所在村落	供奉神明	修建年代
社坛	富尾	民主尊王	20世纪80年代
邹公庙	富尾	邹公、陈夫人、李夫人	1991年
邹公庙	岌下	邹公	民国初
五谷庙	岌下	五谷真仙	1982年
社坛	岌下	社公	?

注：带*的寺庙现已不存在。
资料来源：综合四保族谱、碑刻等民间文献与笔者的田野调查笔记。

参考文献

一、原始文献

（一）地方志

《八闽通志》。陈道修，黄仲昭纂。弘治四年刊本。《北京图书馆古籍珍本丛刊》第33—34册。北京：书目文献出版社影印本，1988年。

《长汀县志》。陈朝义纂修。乾隆四十七年刊本。《故宫珍本丛刊》第121册。海口：海南出版社影印本，2000年。

《长汀县志》。刘国光、谢昌霖等纂修。光绪五年刊本。《中国方志丛书》第87号。台北：成文出版公司影印，1967年。

《长汀县志》。黄恺元等修，邓光瀛、丘复等纂。民国三十年铅印本。《中国地方志集成·福建府县志辑》第35册。上海：上海书店影印本，2000年。

《福建通志》。金鋐修，郑开极、陈轼纂。康熙二十三年刊本。《北京图书馆古籍珍本丛刊》第34—35册。北京：书目文献出版社影印本，1988年。

《连城县志》。杜士晋修，谢家宝等纂。康熙五年修。北京：方志出版社标点本，1997年。

《连城县志》。陈一堃修，邓光瀛纂。民国二十八年石印本。《中国方志丛书·华南地方》第239号。台北：成文出版社有限公司影印本，1975年。

《连城县志》。邹日昇主编。北京：群众出版社，1993年。

《临汀汇考》。杨澜撰。光绪四年刊本补抄本。厦门大学古籍部藏。

《龙岩县志》。马龢鸣修，杜翰生等纂。民国九年铅印本。《中国方志丛书》

第 86 号。台北：成文出版公司影印本，1967 年。

《龙岩州志》。彭衍堂等修，陈文衡等纂。道光十五年修，光绪十六年补刻本。《中国方志丛书》第 85 号。台北：成文出版公司影印本，1967 年。

《闽书》。五册。何乔远编撰。福州：福建人民出版社标点本，1994 年。

《宁化县志》。祝文郁修，李世熊纂。同治八年重刊本。《中国方志丛书》第 88 号。台北：成文出版公司影印本，1967 年。

《清流县志》。陈桂芳纂修。嘉靖二十四年刊本。《天一阁藏明代方志选刊续编》第 38 册。上海：上海书店影印本，1990 年。

《清流县志》。林善庆修，王琼纂。民国三十六年修。福州：福建地图出版社标点本，1989 年。

《清流县志》。乔有豫修，雷可升等纂。道光九年修。福州：福建人民出版社标点本，1992 年。

《上杭县志》。顾人骥等修，沈成国纂。乾隆二十五年刊本、同治三年增刊本。厦门大学图书馆古籍部藏。

《上杭县志》。张汉等修，丘复等纂。《中国地方志集成·福建府县志辑》第 36 册。上海：上海书店影印本，2000 年。

《邵武府志》。王琛等修，张景祈等纂。光绪二十六年刊本。《中国方志丛书》第 73 号。台北：成文出版公司影印本，1967 年。

《汀州府志》。邵有道等纂修。嘉靖六年刊本。《天一阁明代方志选刊续编》第 39—40 册。上海：上海书店影印本，1990 年。

《汀州府志》。唐世涵修，马上荣纂。崇祯十年刊本。北京大学图书馆古籍善本部藏。

《汀州府志》。吴文度修，杜观光纂。弘治十年刊本。国家图书馆古籍部藏。

《汀州府志》。曾曰瑛等修，李绂等纂。乾隆十七年刊本。《中国方志丛书》第 75 号。台北：成文出版公司影印本，1967 年。

《武平县志》。丘复纂。民国三十年修。武平：武平县志编纂委员会标点本，1986 年。

《永定县志》。徐元龙修，张超南等纂。民国三十八年石印本。《中国地方志集成·福建府县志辑》第36册。上海：上海书店影印本，2000年。

（二）族谱

《长校李氏族谱》。长校，宣统元年敦伦堂木活字本。
《长校李氏族谱》。长校，民国三十四年敦伦堂木活字本。
《范阳邹氏族谱》。雾阁，宣统三年新奕堂木活字本。
《范阳邹氏族谱》。雾阁，民国三十六年敦本堂木活字本。
《范阳邹氏族谱》。洋子边，民国三十五年敦敬堂木活字本。
《范阳邹氏族谱》。洋子边，1994年敦敬堂铅印本。
《范阳邹氏族谱》。圳边，1995年敦本堂铅印本。
《谷城邹氏族谱》。黄石坑，1992年木活字本。
《宏农杨氏族谱》。社下前，1996年亲逊堂木活字本。
《厚坊邹氏族谱》。泰宁，民国九年刊本。
《济阳江氏族谱》。江坊，1990年油印本。
《兰林谢氏族谱》。留坑，乾隆十九年木活字本。
《李氏族谱》。长校，光绪二十一年木活字本。
《马氏大宗族谱》。马屋，1993年敦本堂铅印本。
《马氏大宗族谱》。马屋，1993年孝思堂铅印本。
《马氏族谱》。南柴，2000年抄本。
《双泉乡邹氏族谱》。双泉，光绪二十六年敦睦堂木活字本。
《松阳郡赖氏族谱》。黄坑，1995年铅印本。
《太原郡王氏宗公世系》。王枧坑，抄本，无年代。
《童氏族谱》。留坑，道光二十三年木活字本。
《吴氏族谱》。枧头，光绪己亥敦善堂木活字本。
《吴氏族谱》。枧头，光绪己亥睦本堂木活字本。
《严氏族谱》。严屋，民国二年木活字本。

（三）碑铭

《降福孔皆》。无年代。现立于上保赖仙庵。

厉坛碑。嘉庆六年。现立于黄石坑后龙山。

厉坛碑。嘉庆二十二年。现立于马屋后龙山。

厉坛碑。嘉庆二十二年。现立于珊坑村。

厉坛碑。道光二十三年。现立于枧头后龙山。

厉坛碑。同治十一年。现立于上保村。

厉坛碑。光绪二年。现立于义家坊村。

厉坛碑。光绪十一年。现立于江坊村。

厉坛碑。民国十八年。现立于云峰村。

厉坛碑。民国二十八年。现立于马屋村。

厉坛碑。民国三十五年。现立于珊坑村。

厉坛碑。无年代。现立于茜坑村。

社坛碑。道光二十一年。现立于上保村。

社坛碑。同治十三年（？）。现立于严屋村。

社稷坛碑。15世纪末（？）。现立于马屋后龙山。

社稷坛碑。无年代。现立于马屋后龙山。

无题禁碑。乾隆十八年。现立于义家坊水口。

《永垂不朽》。光绪二十年。现立于上保赖仙庵。

《造天后宫门楼碑》。光绪三十二年。现藏于上保村。

《邹公庙记》。崇祯十二年。现立于黄石坑邹公庙。

（四）账簿

《定祚公祭簿》。雾阁，1901—1923年。

《立夏庆神社簿》。马屋，1826—1930年。

《龙川公祭簿》。雾阁，1897—1929年。

《万卷楼抄契簿》。雾阁，1822—1843 年。

（五）档案

《连城土改档案》。连城县档案馆。

《清流县土改档案》。清流县档案馆。

（六）其他中文文献

长汀县民间文学集成编委会编：《中国民间故事集成·福建卷·长汀县分卷》。长汀县铅印本，1991 年。

《大元圣政国朝典章》。大德七年刊本。《续修四库全书·史部》第 787 册。上海：上海古籍出版社影印本，2002 年。

范晔：《后汉书》。北京：中华书局，1973 年。

《分关》。长校，宣统元年立。

《洪武礼制》。日本内阁文库本。收入张卤编：《皇明制书》，下册，东京：古典研究会，1967 年，第 475—510 页。

黄佐：《泰泉乡礼》。《四库全书珍本》第 4 辑第 54 册。台北：商务印书馆，1969 年。

纪昀等：《续文献通考》。乾隆刊本。杭州：浙江古籍出版社影印本，2000 年。

江浩然、江健资：《汇纂家礼帖式集要》。清刻本。嘉庆十五年序。

李宝嘉：《官场现形记》。沈阳：春风文艺出版社，1994 年。

李昉：《太平广记》。《笔记小说大观》第 2 册。扬州：江苏广陵古籍刻印社影印本，1995 年。

李清平纂：《得利酬世锦囊》。香港：得利书局，1964 年。

李世熊：《寇变纪》。余扬等：《莆变纪事》。南京：江苏古籍出版社，2000 年。

梁章钜：《称谓录》。长沙：岳麓书社，1991 年。

陆游：《家世旧闻》。北京：中华书局，1993 年。

《明会典》。申时行等纂。万历十五年修。北京：中华书局，1989年。

《明太祖实录》。上海：上海古籍书店影印本，1983年。

《明孝宗实录》。上海：上海古籍书店影印本，1983年。

《明宣宗实录》。上海：上海古籍书店影印本，1983年。

《明英宗实录》上海：上海古籍书店影印本，1983年。

欧阳修、宋祁：《新唐书》。北京：中华书局，1975年。

《钦定礼部则例》。道光二十四年刊本。台北：成文出版公司影印本，1966年。

《清高宗实录》。北京：中华书局影印本，1986。

丘濬：《大学衍义补》。北京：京华出版社，1999年。

《三教源流圣帝佛祖搜神大全》。明刊本。台北：学生书局影印本，1989年。

司马光：《司马氏书仪》。《丛书集成初编》第1040册。北京：中华书局，1985年。

《宋朝大诏令集》。《续修四库全书·史部》第456册。上海：上海古籍出版社影印本，2002年。

苏洵：《嘉祐集笺注》。曾枣庄、金成礼笺注。上海：上海古籍出版社，2001年。

孙希旦：《礼记集解》。台北：文史哲出版社，1990年。

脱脱等：《宋史》。北京：中华书局，1990年。

王溥：《唐会要》。北京：中华书局，1955年。

文康：《儿女英雄传》。天津：百花文艺出版社，2003年。

无根子：《海游记》。叶明生整理。台北：施合郑民俗文化基金会，2000年。

颜元：《颜元集》。北京：中华书局，1987年。

姚思廉：《梁书》。北京：中华书局，1973年。

叶春及：《石洞集》。《文渊阁四库全书》第1260册。上海：上海古籍出版社影印本，1993年。

《义方训子》。宣统元年枧头刻本。

《永乐大典》。台北：世界书局影印本，1977年。

詹元相：《畏斋日记》。中国社会科学院历史研究所清史研究室编：《清史资料》第 4 辑，北京：中华书局，1983 年，第 184—274 页。

张卤编：《皇明制书》。两册。东京：古典研究会影印本，1967 年。

张廷玉等：《明史》。北京：中华书局，1987 年。

中国人民大学清史研究所、档案系中国政治制度史教研室编：《康雍乾时期城乡人民反抗斗争资料》。北京：中华书局，1979 年。

朱国祯：《涌幢小品》。《笔记小说大观》本。

邹可庭、谢梅林纂：《酬世锦囊续编》。文诚堂刊本。

二、研究论著

（一）中日文

曹国庆：《明代乡约研究》。《文史》第 46 辑，北京：中华书局，1998 年，第 197—221 页。

常建华：《中华文化通志：宗族志》。上海：上海人民出版社，1998 年。

陈秉传：《上杭县溪口乡的六坊扛仙师》。杨彦杰主编：《汀州府的宗族庙会与经济》，香港：国际客家学会、海外华人研究社、法国远东学院，1998 年，第 185—192 页。

陈支平主编：《福建宗教史》。福州：福建教育出版社，1996 年。

陈支平、郑振满：《清代闽西四堡族商研究》。《中国经济史研究》1988 年第 2 期，第 93—109 页。

费孝通：《乡土中国》。北京：北京出版社，2005 年。

费孝通、张之毅：《云南三村》。天津：天津人民出版社，1990 年。

冯俊杰：《阳城县下交村汤王庙祭考论》。《民俗曲艺》第 107—108 期（1997 年 5 月），第 3—36 页。

冯俊杰：《山西戏曲碑刻辑考》。北京：中华书局，2002 年。

福建省地图册编委会编：《福建省地图册》。福州：福建地图出版社，2001 年。

福建省连城县地名办公室编：《连城县地名录》。连城铅印本，1981 年。

福建省农民协会编:《福建省农村调查》。无出版地点:华东军政委员会土地改革委员会,1950年。

傅衣凌:《明末清初闽赣毗邻地区的社会经济与佃农抗租风潮》。傅衣凌:《明清社会经济史论文集》,北京:人民出版社,1982年,第338—380页。

沟口雄三:《礼教与革命中国》。《学人》第10辑,南京:江苏文艺出版社,1996年,第121—139页。

沟口雄三、丸山松幸、池田知久监修:《中国思想文化事典》。东京:东京大学出版会,2001年。

郭松义:《论明清时期的关羽崇拜》。《中国史研究》1990年第3期,第127—139页。

和田博德:《里甲制と里社坛乡厉坛——明代の乡村支配と祭祀》。庆应义塾大学东洋史研究室编:《西と东と——前岛信次先生追悼论文集》,东京:汲古书院,1985年,第413—432页。

胡师杜:《民国十六年至廿三年长汀匪乱史》。台中:人文出版社,1973年。

华钦进:《连城县姑田镇正月游大龙》。杨彦杰主编:《闽西的城乡庙会与村落文化》,香港:国际客家学会、海外华人研究社、法国远东学院,1997年,第114—139页。

华钦进:《员峰山的赖仙公及其道士》。杨彦杰主编:《汀州府的宗族庙会与经济》,香港:国际客家学会、海外华人研究社、法国远东学院,1998年,第399—415页。

黄承利:《淮土传统社会经济与民俗》。杨彦杰主编:《宁化县的宗族、经济与民俗》,香港:国际客家学会、法国远东学院、海外华人研究社,2005年,下册,第658—705页。

黄于万:《清流县灵地镇黄姓民俗》。杨彦杰主编:《汀州府的宗族庙会与经济》,香港:国际客家学会、海外华人研究社、法国远东学院,1998年,第298—358页。

蒋炳钊:《畲族史稿》。厦门:厦门大学出版社,1988年。

江椿福:《大丰山与欧阳真仙》。杨彦杰主编:《汀州府的宗族庙会与经济》,香港:国际客家学会、海外华人研究社、法国远东学院,1998年,第416—440页。

江椿福、陈立忠:《清流县余朋乡东坑村民俗调查》。杨彦杰主编:《闽西的城乡庙会与村落文化》,香港:国际客家学会、海外华人研究社、法国远东学院,1997年,第344—378页。

金井德幸:《宋代浙西村社と土神——宋代乡村社会の宗教构造》。《宋代の社会と宗教》(《宋代史研究会研究报告》2),东京:汲古书院,1985年,第81—118页。

金井德幸:《社神和道教》。福井康顺、山崎宏、木村英一、酒井忠夫监修:《道教》第2卷,朱越利等译,上海:上海古籍出版社,1992年,第129—161页。

金井德幸:《南宋におかる社稷坛と社庙について——鬼の信仰を中心として》。福井文雅主编:《台湾宗教と中国文化》,东京:风响社,1992年,第187—209页。

井上彻:《中国の宗族と国家の礼制》。东京:研文社,2000年。

科大卫(David Faure)、刘志伟:《宗族与地方社会的国家认同:明清华南地区宗族发展的意识形态基础》。《历史研究》2000年第3期,第3—14页。

赖光耀:《汀州传统婚俗》。杨彦杰主编:《汀州府的宗族庙会与经济》,香港:国际客家学会、海外华人研究社、法国远东学院,1998年,第359—374页。

赖光耀:《四都镇的宗族与庙会》。杨彦杰主编:《长汀县的宗族、经济与民俗》,香港:国际客家学会、海外华人研究社、法国远东学院,2002年,第447—503页。

赖建:《童坊村墟市与神明崇拜》。杨彦杰主编:《长汀县的宗族、经济与民俗》,香港:国际客家学会、海外华人研究社、法国远东学院,2002年,第285—319页。

赖建:《长汀三太祖师神明信仰》。杨彦杰主编:《长汀县的宗族、经济与民俗》,香港:国际客家学会、海外华人研究社、法国远东学院,2002年,第741—778年。

劳格文(John Lagerwey):《福建客家人的道教信仰》。罗勇、劳格文主编:《赣南地区的庙会与宗族》,法国远东学院、海外华人研究社,1997年,第229—258页。

劳格文、张鸿祥:《涂坊的经济宗族与节庆》。杨彦杰主编:《长汀县的宗族、经济与民俗》,香港:国际客家学会、海外华人研究社、法国远东学院,2002年,第594—628页。

李丰楙:《礼生与道士:台湾民间社会中礼仪实践的两个面向》。王秋桂、庄英章主编:《社会、民族与文化展演国际研讨会论文集》,台北:汉学研究中心,2001年,第331—364页。

李丰楙:《礼生、道士、法师与宗族长老、族人——一个金门宗祠奠安的图像》。王秋桂主编:《金门历史、文化与生态国际学术研讨会论文集》,台北:施合郑民俗文化基金会,2004年,第215—247页。

李鹏年、刘子扬、陈锵仪:《清代六部成语词典》。天津:天津人民出版社,1990年。

李升宝:《四堡地名考》。《清流文史资料》第8辑(1992),第19—20页。

李升宝主编:《客家撷英: 长校史踪》。北京:中国广播电视大学出版社,1996年。

李升宝:《清流县长校村的宗族传统调查》。杨彦杰主编:《汀州府的宗族庙会与经济》,香港:国际客家学会、海外华人研究社、法国远东学院,1998年,第263—297页。

李坦生、林善珂:《武平县岩前庙会醮会概况》。杨彦杰主编:《汀州府的宗族庙会与经济》,香港:国际客家学会、海外华人研究社、法国远东学院,1998年,第53—71页。

李正宇:《唐宋时代的敦煌学校》。李正宇:《敦煌史地新论》,台北:新文丰出版公司，1996年，第173—192页。

李正宇：《伎术院》。季羡林主编：《敦煌学大辞典》，上海：上海辞书出版社，1998年，第596页。

黎治宣：《新桥二月初五三圣公王迎醮活动》。杨彦杰主编：《长汀县的宗族、经济与民俗》，香港：国际客家学会、海外华人研究社、法国远东学院，2002年，第226—284页。

廖仕耀：《九寨塘廖氏宗族社会与神明信仰》。杨彦杰主编：《宁化县的宗族、经济与民俗》，香港：国际客家学会、法国远东学院、海外华人研究社，2005年，下册，第706—744页。

林凤年：《上杭县湖洋濑溪村的迎神赛会》。杨彦杰主编：《汀州府的宗族庙会与经济》，香港：国际客家学会、海外华人研究社、法国远东学院，1998年，第122—142页。

林富士：《汉代的巫者》。台北：稻乡出版社，1999年。

林国平、彭文宇：《福建民间信仰》。福州：福建人民出版社，1993年。

林华东：《明溪县城与莘夫人庙会》。杨彦杰主编：《闽西北的民俗宗教与社会》，香港：国际客家学会、海外华人研究社、法国远东学院、岭南大学族群与海外华人经济研究部，2000年，第89—116页。

铃木博之：《明代徽州府の乡约について》。明代史研究会明代史论丛编集委员会编：《山根幸夫教授退休记念明代史论丛》，东京：汲古书院，1990年，1045—1060页。

刘大可：《闽西武北的村落文化》。香港：国际客家学会、海外华人研究社、法国远东学院，2002年。

刘大可：《传统客家村落的神明香火缘起——以闽西武平县北部村落为例》。《客家》2005年第3期，第24—27页。

刘大可、刘文波：《武北湘村的宗族社会与文化》。杨彦杰主编：《闽西的城乡庙会与村落文化》，香港：国际客家学会、海外华人研究社、法国远东学院，1997年，第253—298页。

刘劲峰：《赣南宗族社会与道教文化研究》。香港：国际客家学会、海外华人研究社、法国远东学院，2000年。

刘劲峰：《河田镇社公醮仪述略》。杨彦杰主编：《长汀县的宗族、经济与民俗》，香港：国际客家学会、海外华人研究社、法国远东学院，2002年，第871—888页。

刘永华：《关羽崇拜的塑成与民间文化传统》。《厦门大学学报》1995年第2期，第78—84页。

刘永华：《17至18世纪闽西佃农的抗租、农村社会与乡民文化》。《中国经济史研究》1998年第3期，第139—150页。

刘永华：《明清时期闽西四保的乡约》。《历史人类学学刊》第1卷第2期（2003年10月），第21—45页。

刘永华：《亦礼亦俗——晚清至民国闽西四保礼生的初步分析》。《历史人类学学刊》第2卷第2期（2004年10月），第53—82页。

刘永华：《墟市、宗族与地方政治——以明代至民国时期闽西四保为中心》。《中国社会科学》2004年第6期，第185—198页。

刘永华：《明末至民国华南地区的族田与乡村社会——以闽西四保为中心》。《中国经济史研究》2005第3期，第52—60页。

刘永华：《明清时期华南地区的祖先画像崇拜习俗》。《厦大史学》第二辑，厦门：厦门大学出版社，2006年，第181—197页。

刘永华：《道教传统、士大夫文化与地方社会：宋明以来闽西四保邹公崇拜研究》。《历史研究》2007年第3期，第72—87页。

刘永华：《明清时期的礼生与王朝礼仪》。《中国社会历史评论》第九辑，天津：天津古籍出版社，2008年，第245—257页。

刘永华：《明清时期的神乐观与王朝礼仪——道教与王朝礼仪互动的一个侧面》。《世界宗教研究》2008年第3期，第32—42页。

刘永华：《正德癸酉平阳尧庙改制考：平阳尧庙〈三圣庙碑〉解读》。《民俗曲艺》第167期（2010年3月），第151—188页。

刘志伟:《大族阴影下的民间神祭祀:沙湾的北帝崇拜》。《寺庙与民间文化》,台北:汉学研究中心,1995 年,第 707—722 页。

刘志伟:《在国家与社会之间——明清广东里甲赋役制度研究》。广州:中山大学出版社,1997 年。

罗志田:《隋废乡官再思》。《社会科学研究》2015 年第 1 期,第 1—9 页。

罗志田:《地方的近代史:"郡县空虚"时代的礼下庶人与乡里社会》。《近代史研究》2015 年第 5 期,第 6—27 页。

马传永:《连城县四堡乡马屋村民间习俗》。杨彦杰主编:《闽西的城乡庙会与村落文化》,香港:国际客家学会、海外华人研究社、法国远东学院,1997 年,第 299—343 页。

蒙思明:《元代社会阶级制度》。北平:哈佛燕京学社,1938 年。

潘英海:《文化合成与合成文化——头社村太祖年度祭仪的文化意涵》。庄英章、潘英海编:《台湾与福建社会文化论文集》,台北:"中央研究院"民族学研究所,1994 年,第 235—256 页。

仁井田陞:《中国法制史研究:奴隶农奴法·家族村落法》。增订版。东京:东京大学出版会,1980 年。

三木聪:《明清福建农村社会の研究》。札幌:北海道大学出版会,2002 年。

森正夫:《十七世纪の福建宁化县における黄通の抗租反乱》。《名古屋大学文学部研究论集·史学》,第 20 号(1973),第 1—31 页;第 21 号(1974),第 13—25 页;第 25 号(1978),第 25—65 页。

沈建东:《元明阴阳学制度初探》。《大陆杂志》第 79 卷第 6 期(1989 年 12 月),第 21—30 页。

斯波义信:《宋代商业史研究》。庄景辉译。台北:稻乡出版社,1997 年。

谭伟伦:《中国东南部醮仪之四种形态》。《历史人类学学刊》第 3 卷第 2 期(2005 年 10 月),第 131—155 页。

谭伟伦:《印肃普庵(1115—1169)祖师的研究之初探》。谭伟伦主编:《民间佛教研究》,北京:中华书局,2007 年,第 205—243 页。

唐立宗:《在"盗区"与"政区"之间:明代闽粤赣湘交界的秩序变动与地方行政演化》。台北:台湾大学出版委员会,2002年。

童金根:《清流县东山肖氏的宗族传说及其庙会》。杨彦杰主编:《闽西的城乡庙会与村落文化》,香港:国际客家学会、海外华人研究社、法国远东学院,1997年,第208—231页。

童金根:《清流县进士乡的民间信仰与民俗特色》。杨彦杰主编:《汀州府的宗族庙会与经济》,香港:国际客家学会、海外华人研究社、法国远东学院,1998年,第222—262页。

童万亨主编:《福建农业资源与区划》。福州:福建科学技术出版社,1990年。

涂祥生、卢真福:《永定县陈东四月八迎神活动》。杨彦杰主编:《汀州府的宗族庙会与经济》,香港:国际客家学会、海外华人研究社、法国远东学院,1998年,第1—30页。

王汎森:《清初"礼治社会"思想的形成》。陈弱水主编:《中国史新论——思想史分册》,台北:"中央研究院"、联经出版事业股份有限公司,2012年,第353—392页。

王见川:《从僧侣到神明:定光古佛、法主公、普庵之研究》。中沥:圆光佛学研究所,2007年。

王铭铭:《从礼仪看中国式社会理论》。王铭铭:《经验与心态:历史、世界想象与社会》,桂林:广西师范大学出版社,2007年,第235—270页。

汪毅夫:《试论明清时期的闽台乡约》。《中国史研究》2002年第1期,第131—144页。

王振忠:《水岚村纪事》。北京:生活·读书·新知三联书店,2005年。

王振忠:《礼生与仪式——明清以来徽州村落的文化资源》。王振忠:《明清以来徽州村落社会史研究》,上海:上海人民出版社,2011年,第138—181页。

吴世灯:《清代四堡刻书业调查报告》。《出版史研究》第2辑(1994年),第129—161页。

小岛毅：《中国近世における礼の言说》。东京：东京大学出版会，1996年。

许大龄：《清代捐纳制度》。许大龄：《明清史论集》。北京：北京大学出版社，2000年，第1—173页。

杨念群：《论十九世纪岭南乡约的军事化——中英冲突的一个区域性结果》。《清史研究》1993年第3期，第114—121页。

杨彦杰：《闽西客家宗族社会研究》。香港：国际客家学会、海外华人研究社、法国远东学院，1996年。

杨彦杰：《方平帽村的方氏宗族》。杨彦杰：《闽西客家宗族社会研究》，香港：国际客家学会、海外华人研究社、法国远东学院，1996年，第82—116页。

杨彦杰：《蛤蝴公王：一个跨宗族的地方土神》。杨彦杰：《闽西客家宗族社会研究》，香港：国际客家学会、海外华人研究社、法国远东学院，1996年，第237—273页。

杨彦杰主编：《闽西的城乡庙会与村落文化》。香港：国际客家学会、海外华人研究社、法国远东学院，1997年。

杨彦杰主编：《汀州府的宗族庙会与经济》。香港：国际客家学会、海外华人研究社、法国远东学院，1998年。

杨彦杰主编：《闽西北的民俗宗教与社会》。香港：国际客家学会、海外华人研究社、法国远东学院、岭南大学族群与海外华人经济研究部，2000年。

杨彦杰主编：《长汀县的宗族、经济与民俗》。两册。香港：国际客家学会、海外华人研究社、法国远东学院，2002年。

杨彦杰：《闽西东山萧氏的宗族文化及其特质》。蒋斌、何翠萍主编：《第三届国际汉学会议论文集·人类学组》，台北："中央研究院"民族学研究所，2003年。

杨彦杰主编：《宁化县的宗族、经济与民俗》。两册。香港：国际客家学会、法国远东学院、海外华人研究社，2005年。

杨志刚：《中国礼仪制度研究》。上海：华东师范大学出版社，2001年。

叶明生:《论"八将"在福建的流布、变异及傩文化意义》。《民俗曲艺》第85期(1993年9月),第63—103页。

叶明生:《闽西上杭高腔傀儡与夫人戏》。台北:施合郑民俗文化基金会,1995年。

叶明生:《福建省龙岩市东肖镇闾山教广济坛科仪本汇编》。台北:新文丰出版公司,1996年。

叶明生:《闽西北普庵清微等派调查》。杨彦杰主编:《闽西北的民俗宗教与社会》,香港:国际客家学会、海外华人研究社、法国远东学院、岭南大学族群与海外华人经济研究部,2000年,第384—451页。

叶明生、袁洪亮:《福建上杭乱弹傀儡夫人传》。台北:施合郑民俗文化基金会,1996年。

伊东贵之:《从气质变化论到礼教:中国近世儒教社会秩序形成的视点》。沟口雄三、小岛毅主编:《中国的思维世界》,孙歌等译,南京:江苏人民出版社,2006年,第525—552页。

伊启烈、谢云吐、钟晋兰:《河龙的宗族、信仰与婚丧习俗》。杨彦杰主编:《宁化县的宗族、经济与民俗》,香港:国际客家学会、法国远东学院、海外华人研究社,2000年,上册,第271—363页。

余丰:《传统与嬗变:地方社会转型中的宗族与民间信仰——以闽西客家桂龙乡为例》。厦门大学硕士学位论文,2001年。

原田正巳:《关羽信仰の二三の要素について》。《东方宗教》第8—9号(1955),第29—40页。

张春荣:《馆前镇汀东村传统社会调查》。杨彦杰主编:《长汀县的宗族、经济与民俗》,香港国际客家学会、海外华人研究社、法国远东学院,2002年,第189—225页。

张灏:《宋明以来儒家经世思想试释》。张灏:《张灏自选集》,上海:上海教育出版社,2002年,第58—81页。

张鸿祥:《汀州城区的庙会大观》。杨彦杰主编:《闽西的城乡庙会与村落文化》,香港:国际客家学会、海外华人研究社、法国远东学院,1997年,第 80—113 页。

张鸿祥:《长汀城关传统社会研究》。香港：国际客家学会、法国远东学院、海外华人研究社，2003 年。

章籁和:《三洲乡三洲村的经济与三太祖师会期》。杨彦杰主编：《长汀县的宗族、经济与民俗》，香港：国际客家学会、海外华人研究社、法国远东学院，2002 年，第 412—446 页。

张寿安:《以礼代理：凌廷堪与清中叶儒学思想之转变》。石家庄：河北教育出版社，2001 年。

张正明、科大卫主编：《明清山西碑刻资料选》。太原：山西人民出版社，2005 年。

郑振满:《清至民国闽北六件分关的分析》。《中国社会经济史研究》1984 年第 3 期，第 32—36 页。

郑振满:《明清福建的里甲户籍与家族组织》。《中国社会经济史研究》1989 年第 2 期，第 38—44 页。

郑振满:《明清福建家族组织与社会变迁》。长沙：湖南教育出版社，1992 年。

郑振满:《神庙祭典与社区发展模式——莆田江口平原的例证》。《史林》1995 年第 1 期，第 33—47 页。

郑振满:《明后期福建地方行政的演变》。《中国史研究》1998 年第 1 期，第 147—157 页。

郑振满:《明清福建里社组织的演变》。郑振满:《乡族与国家：多元视野中的闽台传统社会》，北京：生活·读书·新知三联书店，2009 年，第 238—253 页。

郑振满:《乡族与国家：多元视野中的闽台传统社会》。北京：生活·读书·新知三联书店，2009 年。

郑振满、张侃:《培田》。北京：生活·读书·新知三联书店，2005 年。

钟德盛:《武平县中山镇庙会胜概》。杨彦杰主编：《汀州府的宗族庙会与经济》，香港：国际客家学会、海外华人研究社、法国远东学院，1998 年，第 72—107 页。

钟晋兰：《宣成乡的宗族与信仰习俗》。杨彦杰主编：《长汀县的宗族、经济与民俗》，香港：国际客家学会、海外华人研究社、法国远东学院，2002年，第630—699页。

钟其生：《论福建宗族土地》。《社会科学》（福州）第5卷第2期（1949年），无页码。

中国少数民族社会历史调查资料丛刊福建编辑组编：《畲族社会历史调查》。福州：福建人民出版社，1986年。

周立方：《长汀县平原山伏虎祖师十乡轮祀圈》。杨彦杰主编：《闽西的城乡庙会与村落文化》，香港：国际客家学会、海外华人研究社、法国远东学院，1997年，第232—252页。

周振鹤：《圣谕广训：集解与研究》。上海：上海书店，2006年。

朱保炯、谢沛霖编：《明清进士题名碑录索引》。上海：上海古籍出版社，1980年。

朱鸿林：《明代中期地方社区治安重建理想之展现——山西河南地区所行乡约之例》。《中国学报》第32期（1992年8月，韩国），第87—100页。

朱鸿林：《明代嘉靖年间的增城沙堤乡约》。《燕京学报》新8期（2000年5月），第107—159页。

朱鸿林：《二十世纪的明清乡约研究》。《历史人类学学刊》第2卷第1期（2006年4月），第175—196页。

诸桥辙次：《大汉和辞典》。东京：大修馆，1976年。

朱瑞熙：《宋代社会研究》。郑州：中州书画社，1983年。

［邹］春攸：《双泉村史》。双泉，油印本，1996年。

邹日昇：《中国四大雕版印刷基地之一：四堡——浅谈四堡雕版印刷业的盛衰》。《连城文史资料》第4辑（1985），第102—115页。

（二）西文

Baker, Hugh D. R. 1968. *A Chinese Lineage Village: Sheung Shui*. Stanford:

Stanford University Press.

Baptandier, Brigitte. 2008. *The Lady of Linshui: A Chinese Female Cult*. Trans. Kristin Ingrid Fryklund. Stanford: Stanford University Press.

Barth, Fredrik. 1993. *Balinese Worlds*. Chicago: The University of Chicago Press.

Bhabha, Homi K. 1994. *The Location of Culture*. London and New York: Routledge.

Bol, Peter K. 2008. *Neo-Confucianism in History*. Cambridge, Mass.: Harvard University Asia Center.

Boltz, Judith Magee. 1993. "Not by the Seal of Office Alone: New Weapons in the Battles with the Supernatural." In Patricia Buckley Ebrey and Peter N. Gregory, eds., *Religion and Society in T'ang and Sung China*, pp. 241-305. Honolulu: University of Hawai'i Press.

Brokaw, Cynthia J. 1996. "Commercial Publishing in Late Imperial China: The Zou and Ma Family Businesses of Sibao, Fujian." *Late Imperial China* 17.1: 49-92.

———. 2007. *Commerce in Culture: The Sibao Book Trade in the Qing and Republican Periods*. Cambridge, Mass.: Harvard University Asia Center.

Brook, Timothy. 1989. "Funerary Ritual and the Building of Lineages in Late Imperial China." *Harvard Journal of Asiatic Studies* 49.2: 465-499.

Burke, Peter. 1994. *Popular Culture in Early Modern Europe*. Aldershot, Eng.: Scolar.

———. 2009. *Cultural Hybridity*. Cambridge: Polity.

Chan Wing-hoi. 1995. "Ordination Names in Hakka Genealogies: A Religious Practice and Its Decline." In David Faure and Helen F. Siu, eds., *Down to Earth: The Territorial Bond in South China*, pp. 65-82. Stanford: Stanford University Press.

——. "Ethnic Labels in a Mountainous Region: The Case of She 'Bandits'." In Pamela Kyle Crossley, Helen F. Siu, and Donald S. Sutton, eds., *Empire at the Margins: Culture, Ethnicity, and Frontier in Early Modern China*, pp. 255-284. Berkeley and Los Angeles: University of California Press.

Chan, Wing-tsit. 1963. *A Source Book in Chinese Philosophy*. Princeton: Princeton University Press.

Chartier, Roger. 1987. *The Cultural Uses of Print in Early Modern France*. Trans. Lydia G. Cochrane. Princeton: Princeton University Press.

——. 1989. "Texts, Printing, Readings." In Lynn Hunt, ed., *The New Cultural History*, pp. 154-175. Berkeley and Los Angeles: University of California Press.

Chen Han-seng. 1973 [1936]. *Landlord and Peasant in China: A Study of the Agrarian Crisis in South China*. Westport, Conn.: Hyperion Press. Reprint.

Chia, Lucille. 2002. *Printing for Profit: The Commercial Publishers of Jianyang, Fujian (11th– 17th Centuries)*. Cambridge, Mass.: Harvard University Asia Center.

Chow, Kai-wing. 1994. *The Rise of Confucian Ritualism in Late Imperial China: Ethics, Classics, and Lineage Discourse*. Stanford: Stanford University Press.

Chu, Hung-lam [Zhu Honglin]. 1993. *The Community Compact in Late Imperial China: Notes on Its Nature, Effectiveness, and Modern Relevance*. The Woodrow Wilson Center Occasional Paper Number 52.

Ch'ü, T'ung-tsu. 1961. *Law and Society in Traditional China*. Paris: Mouton.

——. 1962. *Local Government in China under the Ch'ing*. Cambridge, Mass.: Harvard University Press.

Chun, Allen. 1992. "The Practice of Tradition in the Writing of Custom, or Chinese Marriage from *Li* to *Su*." *Late Imperial China* 13.2: 82-125.

Clart, Philip F. 2003. "Confucius and the Mediums: Is There a 'Popular Confucianism'?" *T'oung Pao* 89.1-3: 1-38.

Clifford Geertz. 1973. "Religion as a Cultural System." In Clifford Geertz, *The Interpretation of Cultures*, pp. 87-125. New York: Basic Books.

Connerton, Paul. 1989. *How Societies Remember*. Cambridge: Cambridge University Press.

Davis, Edward L. 2001. *Society and the Supernatural in Song China*. Honolulu: University of Hawai'i Press.

Dean, Kenneth. 1988. "Funerals in Fujian." *Cahiers d'Extrême-Asie* 4: 19-78.

——. 1993. *Taoist Ritual and Popular Religion in Southeastern China*. Princeton: Princeton University Press.

——. 1998. *Lord of the Three in One: The Spread of a Cult in Southeast China*. Princeton: Princeton University Press.

——. 1998. "Transformations of the *She* (Altars of the Soil) in Fujian." In F. Verellen, ed., *Cults of Saints/Cults of Sites, Cahiers d'Extrême-Asie* 9: 19-75.

—— and Zheng Zhenman. 2010. *Ritual Alliances of the Putian Plain, Vol. I, Historical Introduction to the Return of the Gods*. Leiden: Brill.

Doolittle, Justus. 1868. *Social Life of the Chinese*. London: Sampson Low, Son, and Marston.

Duara, Prasenjit. 1988. *Culture, Power, and the State: Rural North China, 1900-1942*. Stanford: Stanford University Press.

——. 1988. "Superscribing Symbols: The Myth of Guandi, Chinese God of War." *Journal of Asian Studies* 47.4: 778-795.

Duby, George. 1994. "Problems and Methods in Cultural History." In George Duby, *Love and Marriage in the Middle Ages*, pp. 129-135. Trans. Jane Dunnett. Chicago: University of Chicago Press.

Eberhard, Wolfram. 1968. *The Local Cultues of South and East China*. Leiden: E.

J. Brill.

Ebrey, Patricia Buckley. 1986. "The Early Stages in the Development of Descent Group Organization." In Patricia Buckley Ebrey and James L. Watson, eds., *Kinship Organization in Late Imperial China, 1000-1940*, pp. 16-61. Berkeley and Los Angeles: University of California Press.

——. 1989. "Education Through Ritual: Efforts to Formulate Family Rituals During the Sung Period." In Wm Theodore de Bary and John W. Chaffee, eds., *Neo-Confucian Education*, pp. 277-306. Berkeley and Los Angeles: University of California Press.

——. 1991. *Confucianism and Family Rituals in Imperial China: A Social History of Writing about Rites*. Princeton: Princeton University Press.

——, trans. 1991. *Chu Hsi's* Family Rituals: *A Twelf-Century Chinese Manual for the Performance of Cappings, Weddings, Funerals, and Ancestral Rites*. Princeton: Princeton University Press.

—— and James L. Watson, eds. 1986. *Kinship Organization in Late Imperial China, 1000-1940*. Berkeley and Los Angeles: University of California Press.

—— and James L. Watson. 1986. "Introduction." In Patricia Buckley Ebrey and James L. Watson, eds., *Kinship organization in Late Imperial China, 1000-1940*, pp. 1-15. Berkeley and Los Angeles: University of California Press.

Elias, Norbert. 1994. *The Civilizing Process: The History of Manners and State Formation and Civilization*. Oxford: Blackwell.

Faure, David. 1986. *The Structure of Chinese Rural Society: Lineage and Village in the Eastern New Territories, Hong Kong*. Hong Kong: Oxford University Press.

——. 1989. "The Lineage as a Cultural Invention: The Case of the Pearl River Delta." *Modern China* 15.1: 4-36.

——. 1999. "The Emperor in the Village: Representing the State in South

China." In Joseph P. McDermott, ed., *State and Court Ritual in China*, pp. 267-298. Cambridge: Cambridge University Press.

——. 2007. *Emperor and Ancestor: State and Lineage in South China*. Stanford: Stanford University Press.

Feuchtwang, Stephan. 1978. "School-Temple and City God." In Arthur P. Wolf, ed., *Studies in Chinese Society*, pp. 103-130. Stanford: Stanford University Press.

Fingarette, Herbert. *Confucius-The Secular as Sacred*. New York: Torchbooks, 1972.

Fiske, John. 1989. *Understanding Popular Culture*. Boston: Unwin Hyman.

Freedman, Maurice. 1958. *Lineage Organization in Southeastern China*. London: The Athlone Press.

——. 1979. "The Handling of Money: A Note on the Background to the Economic Sophistication of Overseas Chinese." In G. W. Skinner, ed., *The Study of Chinese Society: Essays by Maurice Freedman*, pp. 22-26. Stanford: Stanford University Press.

Ginzburg, Carlo. 1982. *The Cheese and the Worms: The Cosmos of a Sixteenth-Century Miller*. Trans. John and Anne Tedeschi. Harmondsworth: Penguin Books.

Grootaers, Willem. 1948. "Temples and History of Wanch'üan 萬全 (Chahar): The Geographical Method Applied to Folklore." *Monumenta Serica* 13: 209-315.

——. 1951. "Rural Temples Around Hsüan-hua (South Chahar), Their Iconography and Their History." *Folklore Studies* 10.2: 1-125.

Gurevich, Aron. 1988. *Medieval Popular Culture: Problems of Belief and Perception*. Trans. Janos M Bak and Paul A. Hollingsworth. Cambridge: Cambridge University Press.

Handlin, Joanna F. 1983. *Action in Late Ming Thought: The Reorientation of Lü K'un and Other Scholar-Officials*. Berkeley and Los Angeles: University of California Press.

Hauf, Kandice. 1996. "The Community Covenant in Sixteenth Century Ji'an Prefecture, Jiangxi." *Late Imperial China* 17.2: 1-50.

Hayes, James. 1985. "Written Materials in the Village World." In David Johnson, Andrew J. Nathan, and Evelyn S. Rawski, eds., *Popular Culture in Late Imperial China*, pp. 75-111. Berkeley and Los Angeles: University of California Press.

Ho, Ping-ti. 1962. *The Ladder of Success in Imperial China: Aspects of Social Mobility, 1368-1911*. New York: Columbia University Press.

Hsiao, Kung-chuan. 1960. *Rural China: Imperial Control in the Nineteenth Century*. Seattle: University of Washington Press.

Huang, Philip C. C. 1982. "County Archives and the Study of Local Social History: Report on a Year's Research in China." *Modern China* 8.1: 133-143.

——. 1985. *The Peasant Economy and Social Change in North China*. Stanford: Stanford University Press.

Hucker, Charles O. 1985. *A Dictionary of Official Titles in Imperial China*. Stanford: Stanford University Press.

Hymes, Robert P. 2002. *Way and Byway: Taoism, Local Religion, and Models of Divinity in Sung and Modern China*. Berkeley and Los Angeles: University of California Press.

Jao Tsung-i (Rao Zongyi 饶宗颐). 1967. "The She Settlements in the Han River Basin, Kwangtung." In F. S. Drake, ed., *Symposium on Historical, Archaeological, and Linguistic Studies on Southern China, South-east Asia and Hong Kong Region*, pp. 101-109. Hong Kong: Hong Kong University Press.

Jing, Jun. 1996. *The Temple of Memories: History, Power, and Morality in a Chinese Village*. Stanford: Stanford University Press.

Johnson, David. 1993. "Temple Festivals in Southeastern Shanxi: The Sai of Nashe Village and Big West Gate." *Minsu quyi* 民俗曲藝 91: 641-734.

——. 1997. "'Confucian' Elements in the Great Temple Festivals of Southeastern Shanxi in Late Imperial Times." *T'oung Pao* 83: 126-161.

——. 2009. *Spectacle and Sacrifice: The Ritual Foundations of Village Life*. Cambridge, Mass.: Harvard University Asia Center.

——, Andrew J. Nathan, and Evelyn S. Rawski, eds. 1985. *Popular Culture in Late Imperial China*. Berkeley and Los Angeles: University of California Press.

Jones, Stephen. 2010. *In Search of the Folk Daoist of North China*. Farnham: Ashgate.

Judd, Ellen R. 1989. "*Niangjia*: Chinese Women and Their Natal Families." *Journal of Asian Studies* 48.3: 525-544.

Lagerwey, John. 1992. "The Pilgrimage to Wu-tang Shan." In Susan Naquin and Chun-fang Yu, eds., *Pilgrims and Sacred Sites in China*, pp. 293-332. Berkeley and Los Angeles: University of California Press.

——. 1994. "Notes on the Symbolic Life of a Hakka Village." In *Proceedings of the Popular Belief and Chinese Culture International Conference*, pp. 733-761. Taibei: Hanxue yanjiu zhongxin.

——. 2000. "Introduction." In Liu Jingfeng 劉勁峰, *Gannan zongzu shehui yu daojiao wenhua yanjiu* 贛南宗族社會與道教文化研究, pp. 1-36. Hongkong: International Hakka Studies Association, Overseas Chinese Archives and École Française d'Extrême-Orient.

——. 2001. "Popular Ritual Specialists in West Central Fujian." In Wang Qiugui 王秋桂, Zhuang Yingzhang 莊英章, and Chen Zhongmin 陳中民,

eds., *Proceedings of the International Conference on Society, Ethnicity, and Cultural Performance*, pp. 435-507. Taibei: Center for Chinese Studies.

——. 2002. "Of Gods and Ancestors: The Ten-Village Rotation of Pingyuan Shan." *Minsu quyi* 137: 61-139.

——. 2010. *China: A Religious State*. Hong Kong: Hong Kong University Press.

Lee, Leo Ou-fan. 1987. *Voices from the Iron House: A Study of Lu Xun*. Bloomington and Indianapolis: Indiana University Press.

Lemoine, Jacques. 1982. *Yao Ceremonial Paintings*. Bangkok: White Lotus Co.

Leong, Sow-theng. 1997. *Migration and Ethnicity in Chinese History: Hakkas, Pengmin, and Their Neighbors*. Ed. Tim Wright. Stanford: Stanford University Press.

Li, Huaiyin. 2005. *Village Governance in North China, 1875-1936*. Stanford: Stanford University Press.

Liu, Yonghua. 2003. "The World of Rituals: Masters of Ceremonies (Lisheng), Ancestral Cults, Community Compacts, and Local Temples in Late Imperial Sibao, Fujian." Ph. D. dissertation, McGill University.

——. 2012. "Daoist Priests and Imperial Sacrifices in Late Imperial China: The Case of the Imperial Music Office (Shenyue Guan), 1379-1743." *Late Imperial China* 33.1 (June): 55-88.

Liu Zhiwei. 1995. "Lineage on the Sands: The Case of Shawan." In David Faure and Helen F. Siu, eds., *Down to Earth: The Territorial Bond in South China*, pp. 21-43. Stanford: Stanford University Press.

Mair, Victor H. 1985. "Language and Ideology in the Written Popularizations of the Sacred Edict." In David Johnson, Andrew J. Nathan, and Evelyn S. Rawski, eds., *Popular Culture in Late Imperial China*, pp. 325-359. Berkeley and Los Angeles: University of California Press.

McDermott, Joseph P. 1999. "Emperor, Élites, and Commoners: The Community

Pact Ritual of the Late Ming." In Joseph P. McDermott, ed., *State and Court Ritual in China*, pp. 299-351. Cambridge: Cambridge University Press.

———. 2013. *The Making of a New Rural Order in South China, I. Village, Land, and Lineage in Huizhou, 900-1600*. Cambridge: Cambridge University Press.

Min Tu-ki. 1989. "The *Sheng-yuan-Chien-sheng* Stratum (*Sheng-Chien*) in Ch'ing Society." In Min Tu-ki, *National Polity and Local Power: The Transformation of Late Imperial China*, ed. Philip A. Kuhn and Timothy Brook, pp. 21-49. Cambridge, Mass.: Council on East Asian Studies, Harvard University.

Naquin, Susan. 1988. "Funerals in North China: Uniformity and Variation." In James L. Watson and Evelyn S. Rawski, eds., *Death Ritual in Late Imperial and Modern China*, pp. 37-70. Berkeley and Los Angeles: University of California Press.

Overmyer, Daniel. 1989-1990. "Attitudes Towards Popular Religion in Ritual Texts of the Chinese State: The Collected Statutes of the Great Ming." *Cahiers d'Extrême-Asie* 5: 199-221.

———. 2002. "Introduction." In Daniel Overmyer, ed., *Ethnography in China Today: A Critical Assessment of Methods and Results*, pp. 3-11. Taipei: Yuan-Liou Publishing Co., Ltd.

Ownby, David. 1996. *Brotherhoods and Secret Societies in Early and Mid-Qing China: The Formation of a Tradition*. Stanford: Stanford University Press.

Rawski, Evelyn Sakakida. 1972. *Agricultural Change and the Peasant Economy of South China*. Cambridge, Mass.: Harvard University Press.

———. 1988. "A Historian's Approach to Chinese Death Ritual." In James L. Watson and Evelyn S. Rawski, eds., *Death Ritual in Late Imperial and Modern China*, pp. 20-34. Berkeley and Los Angeles: University of California Press.

Sahlins, Marshall. 1999. "What Is Anthropological Enlightenment? Some Lessons of the Twentieth Century." *Annual Review of Anthropology* 28: i-xxiii.

Sangren, Steven. 1987. *History and Magical Power in a Chinese Community*. Stanford: Stanford University Press.

——. 1983. "Female Gender in Chinese Religious Symbols: Kuan Yin, Ma Tsu, and the 'Eternal Mother'." *Signs* 9.1 (Autumn): 4-25.

Schipper, Kristofer M. 1974. "The Written Memorial in Taoist Ceremonies." In Arthur P. Wolf, ed., *Religion and Ritual in Chinese Society*, pp. 309-324. Stanford: Stanford University Press.

——. 1985. "Taoist Ritual and the Local Cults of the T'ang Dynasty." In Michel Strickmann, ed., *Tantric and Taoist Studies in Honor of R. A. Stein*, Vol. 3: 812-24. Brussels: Institut belge des hautes études chinoises.

——. 1990. "The Cult of Pao-sheng Ta-ti and Its Spreading to Taiwan: A Case Study of *Fen-hsiang*." In E. B. Vermeer, ed., *Development and Decline of Fukien Province in the 17th and 18th Centuries*, pp. 397-416. Leiden: E. J. Brill.

——. 1993. *The Taoist Body*. Trans. Karen Duval. Berkeley and Los Angeles: University of California Press.

——. 1995. "An Outline of Taoist Ritual." In Anne-Marie Blondeau and Kristopher Schipper, eds., *Essais sur le Rituel*, III, pp. 97-126. Louvain-Paris: Peeters.

Schmitt, Jean-Claude. 1998. "Religion, Folklore, and Society in the Medieval West." In Lester K. Little and Barbara H. Rosenwein, eds., *Debating the Middle Ages: Issues and Readings*, pp. 376-387. Oxford: Blackwell.

Scott, James C. 2009. *The Art of Not Being Governed: An Anarchist History of Upland Southeast Asia*. New Haven: Yale University Press.

Scribner, Bob. 1989. "Is a History of Popular Culture Possible?" *History of European Ideas* 10.2: 175-191.

Skinner, G. William, ed. 1977. *The City in Late Imperial China*. Stanford: Stanford University Press.

——. 1977. "Regional Urbanization in Nineteenth-Century China." In G. William Skinner, ed., *The City in Late Imperial China*, pp. 211-249. Stanford: Stanford University Press.

——. 1985. "The Structure of Chinese History." *Journal of Asian Studies* 44.2: 271-292.

Strickmann, Michel. 1982. "The Tao Amongst the Yao: Taoism and the Sinification of South China." In Sakai Tadao sensei koki shukuga kinen no kai 酒井忠夫先生古稀祝賀記念の會, ed., *Rekishi ni okeru minshū to bunka: Sakai Tadao sensei koki shukuga kinen ronshū* 歴史における民衆と文化：酒井忠夫先生古稀祝賀記念論集 (*People and culture in history: Sakai Tadao Festschrift*), pp. 22-30. Tokyo: Kokusho kankōkai.

Sutton, Donald S. 2007. *Ritual, Cultural Standardization, and Orthopraxy in China: Reconsidering James L. Watson's Ideas*. *Modern China* 33.1 (Jan.), special issue.

Szonyi, Michael. 1997. "The Illusion of Standardizing of Gods: The Cult of the Five Emperors in Late Imperial China." *Journal of Asian Studies* 56.1: 113-135.

——. 1998. "The Cult of Hu Tianbo and the Eighteenth-Century Discourse of Homosexuality." *Late Imperial China* 19.1: 1-25.

——. 2002. *Practicing Kinship: Lineage and Descent in Late Imperial China*. Stanford: Stanford University Press.

——. 2007. "Making Claims about Standardization and Orthopraxy in Late Imperial China: Rituals and Cults in the Fuzhou Region in Light of Watson's

Theories." *Modern China* 33.1 (Jan.): 47-71.

Twitchett, Denis C. 1959. "The Fan Clan's Charitable Estate, 1050-1760." In David S. Nivison and Arthur F. Wright, eds., *Confucianism in Action*, pp. 97-133. Stanford: Stanford University Press.

Übelhör, Monika. 1989. "The Community Compact (Hsiang-yueh) of the Sung and Its Educational Significance." In Wm. Theordore de Bary and John W. Chaffee, eds., *Neo-Confucian Education: The Formative Stage*, pp. 371-388. Berkeley and Los Angeles: University of California Press.

van der Loon, Piet. 2000. "Preface." In Wugengzi 無根子, *Hai you ji* 海遊記 (*Journey to the sea*), pp. 3-6. Ed. Ye Mingsheng. Taibei: Shi Hezheng jijinhui.

van Gennep, Arnold. 1960. *The Rites of Passage*. Trans. Monika B. Vizedom and Gabrielle L. Caffee. Chicago: The University of Chicago Press.

Wang Yang-ming. 1963. *Instructions for Practical Living and Other Neo-Confucian Writings*. Trans. Wing-tsit Chan. New York: Columbia University Press.

Watson, James L. 1982. "Chinese Kinship Reconsidered: Anthropological Perspectives on Historical Research." *China Quarterly* 92: 589-622.

——. 1985. "Standardizing the Gods: The Promotion of T'ien Hou ('Empress of Heaven') Along the South China Coast, 960-1960." In David Johnson, Andrew J. Nathan, and Evelyn S. Rawski, eds., *Popular Culture in Late Imperial China*, pp. 292-324. Berkeley and Los Angeles: University of California Press.

——. 1988. "The Structure of Chinese Funeral Rites: Elementary Forms, Ritual Sequence, and the Primacy of Performance." In James L. Watson and Evelyn S. Rawski, eds., *Death Ritual in Late Imperial and Modern China*, pp. 3-19. Berkeley and Los Angeles: University of California Press.

Watson, Rubie. 1985. *Inequality among Brothers: Class and Kinship in South China*. Cambridge: Cambridge University Press.

Wiens, Herold J. 1967. *Han Chinese Expansion in South China*. New York: The Shoe String Press.

Wilkerson, James Russell. 1990. "Other Islands of Chinese History and Religion." Ph. D. dissertation, University of Virginia.

Wilson, Thomas A. 2002. "Ritualizing Confucius/Kongzi: The Family and State Cults of the Sage of Culture in Imperial China." In Thomas A. Wilson, ed., *On Sacred Grounds: Culture, Society, Politics, and the Formation of the Cult of Confucius*, pp. 43-94. Cambridge, Mass.: Harvard University Asia Center.

Wolf, Arthur P. ed. 1974. *Religion and Ritual in Chinese Society*. Stanford: Stanford University Press.

Yang, C. K. 1959. *A Chinese Village in Early Communist Transition*. Cambridge, Mass.: M. I. T. Press.

Young, Robert J. C. 1994. *Colonial Desire: Hybridity in Theory, Culture and Race*. London and New York: Routledge.